El Libro de Yashar

Edición Anotada por Hakeem Valcin

También se llama
Sepher HaYasher (en hebreo)
O
El Libro de los Justos
Una Nueva Edición Anotada
Referenciado en Josué 10:13; 2 Samuel 1:18; Aludido en 2 Timoteo 3:8

ISBN: 978-1-967787-59-3

Tabla de contenido

Dedicación...vii

Acerca del Autor.............................ix

Introducción......................................xi

1 - Creación de Adán y Eva Hasta Abel.......................2

2 - Set Hasta Enoc...........................5

3 - La vida de Enoc.........................8

4 - Apostasía hasta el nacimiento de Noé.............12

5 - Noé hasta la muerte de Matusalén......................14

6 - El Diluvio......................................17

7 - Las generaciones de Noé.....................20

8 - Los sabios de Nimrod el nacimiento de Abram.24

9 - Abram y la Torre de Babel; la confusión de........27

10 - Los descendientes de Noé.....................31

11 - El malvado Reinado de Nimrod....................34

12 - Abram Huye de Nimrod.....................39

13 - Abram en Canaán.........................45

14 - El Faraón Rikayon.........................48

15 - Abram en Egipto (la hambruna)....................51

16 - Abram contra los cinco reyes............................55

17 - El Rapto de las Sabinas.........................58

18 - Comienza la Circuncisión........................60

19 - Sodoma Destruida.........................64

20 - Abraham y los Filisteos 69

21 - Nace Isaac...........................71

22 - El Pozo de Abraham y la Muerte de Taré.........74

23 - Abraham Ofrece a Isaac.........................78

24 - Isaac y Rebeca.........................85

25 - Hijos de Cetura.........................89

26 - Muerte de Abraham.........................91

27 - Muerte de Nimrod.........................94

28 - Isaac y los Filisteos.........................96

29 - El Engaño de Ya'akov.........................98

30 - Ya'akov y Raquel 102

31 - Los Matrimonios de Ya'akov.........................104

32 - Ya'akov se Reconcilia con Esaú.........................110

33 - Siquem y Dina.........................116

34 - Masacre de Siquem.........................120

35 - Reacción de los Amorreos.........................126

36 - Los Edomitas Crecen en Poder.........................128

37 - Comienzan las Guerras Cananeas.........................131

38 - Continúan las Guerras Cananeas.........................135

39 - Continúan las Guerras Cananeas.........................140

40 - Los Cananeos Buscan la Paz.........................146

41 - El sueño de José 151

42 - José Vendido Como Esclavo.........................154

43 - Los Hermanos de José Lloran.........................159

44 - José Vendido a Potifar.........................163

45 - Las Familias de los Hijos de Ya'akov.........................170

46 - José Interpreta dos Sueños.........................173

47 - Ya'akov y Esaú Hacen las Paces.........................175

48 - José interpreta el sueño del Faraón.........................178

49 - José Como Virrey Todo Egipto.........................183

50 - Los Egipcios se Preparan Para la Hambruna.187

51 - Los Israelitas Van a Egipto por Comida.........190

52 - Los Israelitas Regresan a Egipto.........................195

53 - Benjamín en Egipto.........................199

54 - José se Revela a Sus Hermanos.........................202

55 - Los Israelitas se Asientan en Egipto.........................211

56 - La Muerte de Ya'akov.........................214

57 - Zefó Hace la Guerra.........................220

58 - Continúa la guerra edomita 224

59 - La Muerte de José 227

60 - La Guerra de Agneas-Turnus 229

61 - Zefó Unificó Italia 232

62 - Mueren los Hijos de Ya'akov 235

63 - Guerra Romano-Africana 238

64 - Guerra Romano-Egipcia 241

65 - Los Israelitas Esclavizados 245

66 - Matanza de Bebés Israelitas Varones 248

67 - Nace Miriam 250

68 - Nace Moisés 254

69 - Los Egipcios Maltrataron a los Israelitas 256

70 - El Infante Moisés 257

71 - Moisés Mata a Un Egipcio 261

72 - Kikianus 263

73 - Moisés en Etiopía 266

74 - El Reinado de Moisés en Cush 269

75 - Los Efraimitas Intentan salir de Egipto 271

76 - Moisés Salió de la Tierra de Cush 273

77 - La Vara de Moisés 277

78 - El llamado de Moisés 280

79 - Moisés Ante el Faraón 281

80 - Las Plagas Egipcias 285

81 - La Separación del Mar Rojo 289

82 - La Ley en el Sinaí 293

83 - Los Doce Espías 296

84 - La Rebelión de Coré 299

85 - Los Moabitas Seducen a Israelitas 302

86 - Israel Ataca a Madián 307

87 - La Muerte de Moisés 308

88 - Josué Cruza el Jordán 309

89 - La Conquista de Canaán 314

90 - Josué Divide la Tierra 318

91 - El Gobierno de Los Ancianos 322

*Apéndice A 324

Anexo B 328

*Anexo C 331

Anexo D: Análisis de Contradicciones 333

*Apéndice E: Prefacio a la Edición de 1840 339

Dedicación

Dedico este libro a YAHWEH, el Padre, a Yeshúa Hamashiach, el Hijo, y a Ruaj Hakodesh, el Espíritu Santo

Acerca del Autor

Hakeem Valcin nació en 1995 en Haití y se convirtió en cristiano a los 15 años. Pronto se dio cuenta de las diferencias doctrinales entre las diversas confesiones Cristianas y comenzó a buscar la interpretación correcta de estas cuestiones que dividen a los Cristianos. Estudió Biblia y Teología en el Nyack College de Nueva York y completó sus estudios en Campbell University, en Carolina del Norte, especializándose en estudios Cristianos enfocados en el ministerio juvenil. Obtuvo su título de asociado en Estudios Cristianos en 2021 y su licenciatura en Estudios Cristianos con énfasis en Ministerio Juvenil en 2022. Después de realizar un estudio intensivo sobre la iglesia del primer siglo y las Sagradas Escrituras, se dedicó a restaurar las enseñanzas de los apóstoles, de los discípulos de los 12 apóstoles, y de los profetas del Antiguo Testamento. Hakeem Valcin es un autor que aborda diversas cuestiones relacionadas con la nación de Israel en la Biblia, la verdadera realidad del Israel actual y la historia antigua del pueblo de Dios. Estas son historias importantes que no siempre se encuentran en la iglesia tradicional, pero que tienen gran relevancia. Proyectos Actuales Tiene varios proyectos en curso para abrir los ojos del pueblo de Dios, entre ellos: El Libro de Jashar. Videos animados basados en el Libro de Jashar (próximamente). Una aplicación para acceder a los libros apócrifos. Libros en formato de audio. Diversos temas y programas diseñados para iluminar verdades clave. El propósito de Hakeem es escribir y traducir libros, servir a las personas y ofrecer luz para guiar a quienes buscan conocer verdades que transforman vidas y generan un impacto duradero en sus comunidades. Presencia en Línea Actualmente, Hakeem Valcin dirige un canal de YouTube llamado Realité Ebre y otro en inglés llamado Hebrew Realities, donde comparte temas relacionados con estos libros y otros tópicos de interés. Mantente atento a más libros y contenido sobre la palabra de Dios.

Introducción

¿Qué es el Libro de Yashar?

El Libro de Yashar es uno de los llamados libros apócrifos, parte de una colección de más de 36 textos históricos antiguos que la Biblia recomienda leer. Entre estos más de 36 textos, encontramos el Libro de Yashar, que todavía existe a pesar de todos los intentos por borrarlo de la historia. Según el texto, esta es su breve historia: Este libro fue escrito hace más de 3,500 años, aproximadamente en la misma época que el libro de Génesis en la Biblia. Cubre un período de tiempo similar al de Génesis y Éxodo, pero contiene el doble de información que Génesis. Responde a muchas preguntas que la gente tiene sobre Génesis y se extiende hasta el libro de Josué.

¿Cómo podemos estar seguros de que este es el verdadero Libro de Yashar? ¿Podría ser una falsificación de la Edad Media?

Es cierto que han existido al menos dos falsificaciones del Libro de Yashar. Una es un tratado ético de la Edad Media, que, hasta donde sé, no ha sido traducido al inglés. Además, esta primera falsificación tiene un estilo gnóstico, comenzando con una sección sobre los misterios de la creación, según los eruditos. Una segunda falsificación fue publicada en 1829, supuestamente traducida por Flaccus Albinus Alcuinus. Sin embargo, estas falsificaciones no se comparan en credibilidad con el Libro de Yashar que tienes en tus manos. Además, ambas falsificaciones carecen de la información que las Sagradas Escrituras atribuyen al verdadero Libro de Yashar.

Este Libro de Yashar en particular corresponde con lo que la Biblia dice sobre él, asegurando que la versión traducida es una copia fiel del original. Muchos de los detalles adicionales en Yashar también se encuentran en textos judíos como el Talmud Babilónico, la Mishná y Legends of the Jews traducido por Louis Ginzberg. En muchos casos, hay referencias que muestran que el rabino Eleazar, un destacado erudito judío, utilizó extensamente el Libro de Yashar en el siglo I d.C. La Mishná se completó alrededor del año 200 d.C., y el Talmud Babilónico, alrededor del año 800 d.C. Por lo tanto, está claro que la Mishná y el Talmud usaron el Libro de Yashar como documento fuente, y no al revés.

Además, dado que el Seder Olam fue escrito alrededor del año 169 d.C. y hace frecuentes referencias a Yashar, sabemos que el Libro de Yashar fue utilizado por otros historiadores en el siglo II d.C. Todo esto demuestra cuán conocido y significativo era el Libro de Yashar entre muchos escritores judíos.

¿Qué dice la Biblia sobre el Libro de Yashar?

Las Sagradas Escrituras registran un evento en el que Dios hizo que el Sol y la Luna se detuvieran hasta que Josué y su pueblo derrotaron a los amorreos. Este evento fue tan extraordinario que el autor del libro de Josué afirmó que era verdad porque el mismo evento está registrado en el Libro de Yashar como testigo. Esto nos dice dos cosas:

El Libro de Yashar original es más antiguo que el libro de Josué.

La Biblia recomienda leer este libro histórico.

"Entonces Josué habló al SEÑOR el día en que el SEÑOR entregó a los amorreos en manos de los hijos de Israel, y dijo en presencia de Israel: 'Sol, detente en Gabaón, y tú, luna, en el valle de Ajalón.' Y el sol se detuvo, y la luna se paró, hasta que la nación se vengó de sus enemigos. Esto está escrito en el Libro de Yashar. Y el sol se detuvo en medio del cielo, y no se apresuró a ponerse como un día entero. Nunca hubo un día como ese, ni antes ni después, cuando el SEÑOR escuchó la voz de un hombre; porque el SEÑOR luchaba por Israel." (Josué 10:12-14)

Así describe Yashar el mismo evento:

"Josué dijo a la vista de todo el pueblo: 'Sol, detente sobre Gabaón, y tú, luna, en el valle de Ajalón, hasta que la nación se vengue de sus enemigos.' Y el sol se detuvo en medio de los cielos, y no se apresuró a ponerse durante treinta y seis momentos. La luna también se detuvo, y el día no terminó por completo. Nunca hubo un día como ese antes ni después, cuando el SEÑOR escuchó la voz de un hombre, porque el SEÑOR luchaba por Israel." (Yashar 88:63-64)

La referencia a Yashar en 2 Samuel ocurre cuando David lamenta las muertes de Saúl y Jonatán: "David entonó este lamento por Saúl y por su hijo Jonatán, y ordenó que se enseñara a los hijos de Judá el cántico del arco (está escrito en el Libro de Yashar):" (2 Samuel 1:17-18)

Este pasaje remite a un momento en el que Ya'akov, cerca de la muerte, reunió a sus hijos para profetizar sobre ellos. Este evento está registrado en Génesis 49. Sin embargo, el mandato específico de Ya'akov a Judá no se encuentra en las Sagradas Escrituras, sino en el antiguo Libro de Yashar, como se señala:

'...Solo enseñen a sus hijos el uso del arco y todas las armas de guerra, para que luchen por sus hermanos que reinarán sobre sus enemigos.'" (Yashar 56:9)

Pablo también menciona los nombres de dos magos, Janes y Jambres, que se opusieron a Moisés. Este evento está registrado en Éxodo 7:8-13, pero los nombres de los magos no se dan en el Antiguo Testamento. Pablo aprendió sus nombres y otros detalles de textos hebreos externos, siendo el Libro de Yashar uno de ellos:

"Y de la manera que Janes y Jambres resistieron a Moisés, así también estos resisten a la verdad; hombres corruptos de entendimiento, reprobos en cuanto a la fe. Mas no prevalecerán; porque su insensatez será manifiesta a todos, como también lo fue la de aquellos." (2 Timoteo 3:8-9)

"Cuando se retiraron, Faraón convocó a Balaam, el mago, junto con Janes y Jambres, sus hijos, y a todos los magos, ilusionistas y consejeros del rey. Aarón rápidamente arrojó su vara delante de Faraón y sus siervos, y esta se convirtió en una serpiente." (Yashar 79:27,36)

El antiguo Seder Olam, otro texto histórico hebreo escrito en el año 169 d.C., señala que el rabino Eliezer fue uno de los más precisos en calcular fechas y eventos porque se basaba en gran medida en el antiguo Libro de Yashar. Esto indica cuán conocido y respetado era el Libro de Yashar en el siglo I d.C. Consulta el capítulo 4 del Seder Olam para más detalles.

El prefacio original de la traducción al inglés del Libro de Yashar también menciona que Josefo Flavio, un historiador judío, lo consideraba una fuente histórica altamente creíble. Consulta el Apéndice E al final de este libro para más información:

"Este libro proporciona una sabia comprensión de ciertos registros cuidadosamente preservados, dando cuenta de eventos entre los hebreos año tras año. Se le llamó Yashar o El Justo por su confiabilidad histórica." ~Josefo Flavio

¿Por qué el Libro de Yashar no está en la Biblia?

La respuesta a esta pregunta es compleja y tiene múltiples facetas. En resumen, el Libro de Yashar fue redescubierto y publicado en el siglo XVII. Para el año 70 d.C., el libro había sido trasladado de Jerusalén a España, lo que hizo que no estuviera disponible en copias suficientes cuando se tomaron las decisiones sobre el Canon Bíblico. Esto significó que, cuando la Iglesia Católica y los grupos protestantes finalizaron sus propios libros canónicos, ya era demasiado tarde. El último gran concilio que influyó en la versión de la Biblia que tenemos hoy ocurrió en 1885, moldeado por reuniones celebradas desde 1546, 1563 e incluso antes, como en el año 325 a.C. Tengo la intención de escribir un comentario sobre el Libro de Yashar para ayudarte a entender mejor su historia.

¿Quién fue Yashar?

Al unir la información encontrada en varios pergaminos antiguos, el prefacio original del Libro de Jashar y numerosas referencias similares, en 1 Crónicas 2:18 y Génesis 46:12, descubrimos que Jashar, también escrito Yesher, o en hebreo HaYashar, con variaciones ortográficas entre versiones (pero todas refiriéndose a la misma persona), nació en la tierra de Canaán (Israel). Fue el hijo primogénito de Caleb. En resumen, este Caleb del que estamos hablando no es el mismo Caleb, hijo de Jefone, que estaba entre los doce espías enviados por Moisés (Números 13:6). Ahora bien, este Caleb era hijo de Hezrón, nacido después de Caleb, el hijo menor de Jefone; por lo tanto, eran dos generaciones diferentes.

Según los registros históricos, Jashar afirma haber obtenido su información de Caleb, su padre; Hezrón, su abuelo. Jashar registró acontecimientos de los que fue testigo, como el momento en que el sol y la luna se detuvieron durante un día entero, así como relatos de acontecimientos que ocurrieron antes de su tiempo y quizás durante su tiempo. Jashar relató estos hechos tal como sucedieron, con sencillez y fuerza de verdad. En general, sus relatos concuerdan con los de los libros de Moisés. En los casos en que divergen, parece haber registrado fielmente los hechos con mayor detalle, lo que refleja su papel como guardián de la verdad. Este compromiso con la verdad y la rectitud le valió desde muy joven el nombre de "HaYashar", que literalmente significa "el justo". En Israel, debido a su fidelidad en sus obras y su papel como cronista entre su pueblo, se decía que era "Este es el hombre justo". Por eso, Jashar escribió el volumen que lleva su nombre.

A pesar de esta información, hay debates y desacuerdos sobre este tema. Algunos intelectuales argumentan que "Yashar" no era una persona, sino más bien un título que significa "El Libro de los Justos," ya que el término ספר הישר se traduce literalmente como "El Rollo del Justo o Correcto." Mientras que muchos otros creen que el libro se refiere a una persona específica, el asunto sigue siendo motivo de disputa. Independientemente de si el libro lleva el nombre de una persona o significa "El Libro de los Justos," sigue siendo un documento útil y valioso para leer. Como dijo Martín Lutero sobre los libros apócrifos: "Son útiles y buenos para leer." Además, la Biblia recomienda este libro en tres ocasiones: dos veces por su nombre y una vez por alusión. Por estas razones, el Libro de Yashar es digno de leerse y considerarse como una fuente histórica, inspirada y religiosa que merece atención.

¿Cuál es la historia detrás del Libro de Yashar?

Según la leyenda rabínica, el Libro de Yashar y varios otros textos antiguos no bíblicos fueron llevados de Jerusalén a España después de la caída de Jerusalén en el año 70 d.C. Uno de los oficiales romanos del emperador Tito, llamado Sidrus, creía en el Dios de los hebreos. Aseguró que varios textos sagrados fueran llevados de Jerusalén a un lugar seguro en la ciudad de Sevilla, España. Los rabinos sefardíes (nombre dado a los judíos que vivían en España) protegieron estos textos. En 1613 d.C., se publicó la primera versión hebrea impresa oficialmente del Libro de Yashar en Venecia, Italia. La primera traducción de esta versión hebrea al inglés se completó en 1840 d.C.

¿El texto de Yashar fue corrompido a lo largo de los siglos?

Estos pergaminos antiguos estaban en malas condiciones cuando el libro se imprimió en hebreo en 1613. El texto, inspirado por Dios y históricamente preciso, muestra signos de errores de copistas similares a los encontrados en nuestra Biblia canonizada. Sin embargo, debemos recordar que este rollo tiene más de 3,500 años de antigüedad. Sin máquinas de escribir ni modernas impresoras, los textos tenían que ser copiados a mano de un idioma a otro, lo que hacía inevitables los errores. Aun así, estos errores no alteran el mensaje ni el contenido histórico del original. La Santa Escritura recomienda encarecidamente el Libro de Yashar.

El Calendario Hebreo

El calendario cristiano se basa en el nacimiento de Cristo. Si este calendario no hubiera sido alterado, el año 2024 d.C. significaría que Jesucristo nació hace 2,024 años. Por otro lado, el calendario hebreo se basa en la creación del mundo. El año cristiano 2024 d.C. corresponde al año hebreo 5785 AM. La abreviatura "AM" significa Anno Mundi, que significa "Año del Mundo," de manera similar a cómo "d.C." significa Anno Domini, que significa "Año del Señor." La mayoría de los cristianos fundamentalistas creen que al calendario hebreo le faltan o ha añadido al menos 168 años. Sin embargo, esa discusión excede el alcance de este trabajo. Todas las fechas en el Libro de Yashar son desde la Creación hasta la entrada de los israelitas en la Tierra Prometida. Cubre los primeros 2,516 años de la historia de la humanidad.

Organización de este libro

Después de este capítulo introductorio, encontrarás el texto del Antiguo Libro de Yashar. Las historias en el Libro de Yashar están organizadas con referencias a los capítulos bíblicos correspondientes, proporcionando claridad y contexto. Tras el texto, hay cinco apéndices. El Apéndice A proporciona una tabla cronológica para tu conveniencia, que obtuve del sitio web de

Dr. Ken Johnson, Biblefacts.org. El Apéndice B contiene notas sobre cronología y una tabla de naciones, organizada para nosotros por Biblefacts.org. El Apéndice C proporciona información sobre eventos importantes y una lista de reyes gentiles (Biblefacts.org). El Apéndice D ofrece mi propio análisis detallado e investigado sobre las supuestas contradicciones entre Yashar y la Biblia. El Apéndice E incluye el prefacio original agregado a la edición de 1840. Por favor, envía todas las preguntas y comentarios a nosotros vía email a ReyaliteEbre24@outlook.com. Nos encantaría saber cómo este libro te ha bendecido. El Antiguo Libro de Yashar contiene 91 capítulos.

EL LIBRO DE YASHAR

ESTE ES EL LIBRO DE LAS GENERACIONES DE LA HUMANIDAD, QUE DIOS CREÓ EN LA TIERRA, EL DÍA EN QUE EL SEÑOR DIOS HIZO LOS CIELOS Y LA TIERRA.

1 – Creación de Adán y Eva Hasta Abel

(Génesis 1-4)

[1] Y Elohim dijo, Vamos a hacer al hombre a nuestra imagen, al estilo de nuestra semejanza, y Elohim creó al hombre a Su propia imagen.

[2] Y Elohim formó al hombre del suelo, y sopló en sus narices el aliento de vida, y el hombre se convirtió en un alma viviente dotado con habla.

[3] Y YAHWEH dijo, no es bueno que el hombre esté solo ; le haré una compañía.

[4] Y YAHWEH causó un profundo sueño que cayera sobre Adán. Y él durmió. Y El quitó una de sus costillas y formó carne sobre ella, y la formó, y la trajo a Adán. Y Adán se despertó de su sueño y miró a la mujer de pie delante de él.

[5] Y él dijo, esto es un hueso de mis huesos y será llamada mujer, porque esto ha sido tomado del hombre; y Adán llamó su nombre Eva, porque ella fue la madre de todo lo viviente.

[6] Y el Todopoderoso los bendijo y llamó sus nombres Adán y Eva en el día que El los creó a ellos. Y YAHWEH el Todopoderoso dijo, sean fructíferos y multiplíquense y llenen la tierra.

[7] Y YAHWEH, el Todopoderoso, tomó a Adán y su esposa, y los puso en el jardín del Edén para abonarlo y cuidarlo; y El les ordenó y dijo a ellos: De cualquier árbol del jardín pueden comer, pero del árbol del conocimiento del bien y del mal no comerán, porque en el día que coman de él, ustedes ciertamente morirán.

[8] Y Elohim los había bendecido y les había ordenado, El salió de ellos, y Adán y su esposa vivieron en el jardín conforme al mandamiento que YAHWEH les había ordenado.

[9] Y la serpiente, cual el Todopoderoso había creado con ellos en la tierra, vino a ellos para incitarlos a transgredir el mandamiento del Todopoderoso cual El les había ordenado.

[10] Y la serpiente engatusó y persuadió a la mujer a comer del árbol del conocimiento, y la mujer escuchó a la voz de la serpiente, y ella transgredió la Palabra del Todopoderoso y tomó del árbol del conocimiento del bien y del mal, y ella comió, y ella lo tomó y dio también a su esposo y él comió.

[11] Y Adán y su esposa transgredieron el mandamiento del Todopoderoso cual El les ordenó, y el Todopoderoso lo sabía, y Su ira fue rebullida contra ellos y el los maldijo.

[12] Y YAHWEH, el Todopoderoso, los echó ese día del jardín del Edén, para labrar la tierra de la cual fueron tomados, y habitaron al este del jardín del Edén; y Adán conoció a su esposa Eva y [primeramente] ella tuvo dos hijos y tres hijas.

[13] Y ella llamó el nombre del primogénito Kayin, diciendo, he obtenido un hombre de YAHWEH, el nombre del otro ella llamó Hevel, porque ella dijo, en vanidad entramos a la tierra, y en vanidad seremos tomados de ella.

[14] Y los niños crecieron y su padre les dio una posesión en la tierra; y Kayin era labrador de la tierra, y Hevel era cuidador de ovejas.

[15] Y fue al término de unos pocos años, que ellos trajeron una ofrenda aproximadora a YAHWEH, y Kayin trajo del fruto de la tierra y Hevel trajo de las primicias de su rebaño de la grasa de ellos, y el Todopoderoso se volvió y se inclinó a Hevel y su ofrenda, y un fuego descendió de YAHWEH del cielo y la consumió.

[16] Y a Kayin y su ofrenda YAHWEH no se volvió, y El no se inclinó a ella , porque él había traído de la fruta inferior de la tierra delante de YAHWEH, y Kayin estaba celoso contra su hermano Hevel por causa de esto, y buscó un pretexto para matarlo.

[17] Y un tiempo después, Kayin y su hermano fueron un día al campo para hacer su trabajo y ellos ambos estaban en el campo, Kayin labrando y arando su tierra, y Hevel dando de comer a su rebaño; y el rebaño pasó por esa parte que Kayin había arado en la tierra , y profundamente enfureció a Kayin por causa de esto.

[18] Y Kayin se acercó a su hermano Hevel en enojo, y él le dijo, ¿Qué hay entre yo y tú que tú vienes a hacer tu hogar y traes tu rebaño para darle de comer en mi tierra?

[19] Y Hevel respondió a su hermano Kayin y le dijo a él: ¿Qué hay entre yo y tú que tú comes la carne de mi rebaño y te vistes con su lana?

[20] Y ahora, por lo tanto, quítate la lana de mis ovejas con la que te has vestido, y recompénsame por su fruto y carne que tú has comido, y cuando hayas hecho esto, yo me iré de tu tierra como tú has dicho.

[21] Y Kayin le dijo a su hermano Hevel: Ciertamente yo te mataré este día, ¿quién requerirá tu sangre de mí?

[22] Y Hevel respondió a Kayin, diciendo: Ciertamente el Todopoderoso quien nos ha hecho en la tierra , El vengará mi causa, y El requerirá mi sangre de ti si tú me matas; pues YAHWEH es el juez y árbitro, y es El quien devolverá al hombre de acuerdo a su mal, y al hombre perverso de acuerdo a su perversidad que él haga sobre la tierra.

[23] Y ahora, si tú me mataras aquí, ciertamente el Todopoderoso conoce tus pensamientos secretos, y El te juzgara por el mal que me has declarado este día.

[24] Y cuando Kayin oyó las palabras cuales Hevel su hermano había hablado, he aquí que la furia de Kayín fue rebullida contra su hermano Hevel por declarar esta cosa.

[25] Y Kayín se apresuró y se levantó, y tomó la parte de hierro de su instrumento de arar, con la cual de repente golpeó a su hermano y lo mató, y Kayin derramó la sangre de su hermano Hevel sobra la tierra, y la sangre de Hevel corrió por sobre la tierra delante del rebaño.

[26] Y después de esto Kayin se arrepintió de haber matado a su hermano, y estaba tristemente agravado, y lloró sobre él y lo desconcertó extremadamente.

[27] Y Kayin se levantó y cavó un hueco en el campo, donde puso el cuerpo de su hermano, y volvió el polvo sobre él.

[28] Y YAHWEH sabía lo que Kayin le había hecho a su hermano, y YAHWEH se le apareció a Kayin y dijo a él: ¿Dónde está Hevel tu hermano que estaba contigo?

[29] Y Kayin disimuló, y dijo: Yo no sé, ¿Soy yo el cuidador de mi hermano? Y YAHWEH le dijo a él: ¿Qué has hecho? La voz de la sangre de tu hermano clama a Mí de la tierra donde los has matado.

[30] Porque has matado a tu hermano y has disimulado delante de Mí, y te imaginaste en tu corazón que Yo no vi, ni sabía todas tus acciones.

[31] Pero tú hiciste esta cosa y mataste a tu hermano con picardía , y porque él te habló rectamente, y ahora, por lo tanto, maldito serás desde la tierra que abrió su boca para recibir la sangre de tu hermano de tu mano, y de donde lo enterraste .

[32] Y será cuando la ares, ya no te dará más su vigor como en el principio, porque espinos y cardos la tierra producirá, y tú te estarán moviendo y vagando por la tierra hasta el día de tu muerte.

[33] Y en ese momento Kayín salió de la presencia de YAHWEH, del lugar donde él estaba, y él se fue moviendo y vagando hacia el este del Edén, él y todo lo que le pertenecía a él.

[34] Y Kayin conoció a su mejer en esos días, y ella fue preñada y tuvo un hijo, y llamó su nombre Enoc, diciendo, en ese tiempo YAHWEH comenzó a darle descanso y quietud en la tierra.

[35] Y en ese tiempo Kayin también comenzó a edificar una ciudad, y él edificó la ciudad y llamó el nombre de la ciudad Enoc, conforme al nombre de su hijo; porque en esos días YAHWEH le había dado descanso sobre la tierra, y no se movió de aquí para allá y no vagó como al principio. E Irad fue nacido a Enoc, e Irad tuvo a Mejuyael, y Mejuyael tuvo a Metushael.

2 – Set Hasta Enoc

[1] Y fue en el año 130 de la vida de Adán sobre la tierra que él de nuevo conoció a Eva su esposa, y ella fue preñada y dio a luz a un hijo a su semejanza y en su imagen, y llamó su nombre Shet, diciendo, porque el Todopoderoso me ha nombrado otra semilla en lugar de Hevel, porque Kayin lo ha matado.

[2] Y Shet vivió 105 años, y a él le fue nacido un hijo; y Shet llamó el nombre de su hijo Enosh, diciendo, porque en ese tiempo los hijos de hombres comenzaron a multiplicarse, y a afligir sus almas y corazones por transgredir contra el Todopoderoso.

[3] Y fue en los días de Enosh que continuaron rebelándose y transgrediendo contra el Todopoderoso para aumentar la ira de YAHWEH contra los hijos de hombres.

[4] Y los hijos de hombres fueron y sirvieron otros diose, y ellos se olvidaron de YAHWEH quien los creó en la tierra; y en esos días los hijos de hombres hicieron imágenes de bronce y hierro, madera y piedra, y ellos se inclinaron y las sirvieron.

[5] Y cada hombre hizo su dios y ellos se inclinaron a ellos, y los hijos de hombres abandonaron a YAHWEH todos los días de Enosh y sus hijos; y la ira de YAHWEH fue rebullida a causa de sus obras y abominaciones cuales ellos hicieron en la tierra.

[6] Y YAHWEH causó las aguas del río Guijon que los sobrecogiera a ellos, y El los destruyó y los consumió, y El destruyó la tercera parte de la tierra, y a pesar de esto, los hijos de hombres no se volvieron de sus sendas malditas, y sus manos aún estaban extendidas para hacer el mal a la vista de YAHWEH.

[7] Y en aquellos días no había siembra ni cosecha en la tierra; y no había comida para los hijos de hombres, y la hambruna fue muy grande en esos días.

[8] Y la semilla cual ellos plantaban en esos días se convertía en espinos, cardos y zarzas porque desde los días de Adán había esta declaración referente a la tierra; y la maldición del Todopoderoso cual El maldijo la tierra, a causa del pecado cual Adán pecó delante de YAHWEH.

[9] Y fue cuando los hombres continuaron rebelándose y transgrediendo contra el Todopoderoso, y a corromper sus sendas, que la tierra también se volvió corrupta.

[10] Enosh vivió 90 años y a él le nació Kenan;

[11] y Kenan creció y tenía 40 años de edad, y se hizo sabio y tenía conocimiento y destreza en toda sabiduría; y él rigió sobre los hijos de hombres, y él condujo a los hijos de hombres a sabiduría y conocimiento; pues Kenan era un hombre muy sabio y tenía entendimiento en toda sabiduría, y con su sabiduría él rigió sobre ruajim y demonios;

[12] y Kenan supo por su sabiduría que el Todopoderoso destruiría a los hijos de hombres por haber pecado sobre la tierra, y que YAHWEH traería en días futuros las aguas de la inundación.

[13] Y en aquellos días Kenan escribió en tablas de piedra lo que vendría a suceder en tiempos venideros, y las puso en sus tesoros.

[14] Y Kenan reinó sobre toda la tierra, y él volvió a algunos de los hijos de hombres al servicio del Todopoderoso.

[15] Y cuando Kenan tenía 70 años a él le nacieron tres hijos y dos hijas.

[16] Y estos son los nombres de los hijos de Kenan: el nombre del primogénito, Mahalaleel, el segundo Enan, y el tercero Mered, y sus hermanas fueron Adah y Tzilah; esos son los cinco hijos de Kenan que le nacieron a él.

[17] Y Lemej, el hijo de Metushael, se relacionó con Kenan por matrimonio, y tomó sus dos hijas por sus esposas, y Adah fue preñada y dio a luz a Lemej un hijo, y ella llamó su nombre Yaval.

[18] Y de nuevo fue preñada y dio a luz un hijo, y llamó su nombre Yuval; y Tzilah su hermana era estéril en esos días y no tuvo hijos.

[19] Y en esos días los hijos de los hombres comenzaron a pecar contra el Todopoderoso, y a transgredir los mandamientos que El le había ordenado a Adán, ser fructíferos y multiplicarse en la tierra.

[20] Y algunos de los hijos de los hombres causaron a sus esposas beber una mezcla que las hacía estériles, para que ellas pudieran retener su figura y por esto su apariencia bella no se disiparía.

[21] Y cuando los hijos de los hombres causaron a algunas de sus esposas beber, Tzilah bebió con ellas.

[22] Y las mujeres que estaban preñadas parecían abominables a la vista de sus esposos como viudas, mientras sus esposos vivían, porque sólo eran atraídos a las estériles.

[23] Y en el final de los días y años cuando Tzilah se hizo vieja, YAHWEH abrió su vientre.

[24] Y ella fue preñada y dio a luz un hijo y llamó su nombre Tuval-Kayin, diciendo, después que he marchitado he aquí lo he obtenido a él del Todopoderoso, el Gran Elohim.

[25] Y ella fue preñada de nuevo y dio a luz una hija, y la llamó Naamah, porque ella dijo; Después que me he marchitado he traído placer y delicia.

[26] Y Lemej era viejo y avanzado en años, y sus ojos estaban nublados y no podía ver, y Tuval-Kayin, su hijo, lo estaba guiando y fue un día que Lemej fue al campo y Tuval-Kayin estaba con él, y mientras ellos caminaban en el campo, Kayin el hijo de Adán avanzó hacia ellos; pues Lemej era muy viejo y no podía ver mucho, y Tuval- Kayin era muy joven.

[27] Y Tuval-Kayin le dijo a su padre que sacara su arco, y con las flechas golpeó a Kayin, quien estaba aún lejos, y él lo mató, porque pareció a ellos ser un animal.

[28] Y las flechas entraron en el cuerpo de Kayin a pesar que él estaba lejos de ellos, y él cayó a tierra y murió.

[29] Y YAHWEH devolvió el mal de Kayin conforme a su perversidad, cual él había hecho a su hermano Hevel, de acuerdo a la palabra de YAHWEH cual El había hablado.

[30] Y vino a suceder que Kayin había muerto, y Lemej y Tuval fueron a ver el animal que habían matado, y ellos vieron, y he aquí Kayin su abuelo había caído muerto sobre la tierra.

[31] Y Lemej estaba muy aturdido por haber hecho esto, y batiendo sus manos juntas él golpeó a su hijo y causó su muerte.

[32] Las esposas de Lemej oyeron lo que Lemej había hecho, y ellas buscaron matarlo.

[33] Y las esposas de Lemej lo odiaron desde ese día, porque él había matado a Kayin y a Tuval-Kayin, y las esposas de Lemej se separaron de él, y no le escuchaban en esos días.

[34] Y Lemej vino a sus esposas, y las presionó para que lo escucharan en este asunto.

[35] Y él dijo a sus esposas Adah y Tzilah, Oigan mi voz, O esposas de Lemej, atiendan a mis palabras, por ahora ustedes se han imaginado que yo maté un hombre con mis heridas, y a un joven con mis azotes por ellos hacer ninguna violencia, pero seguramente ahora que estoy viejo y canoso, y que mis ojos están pesados por mi edad, y yo hice esto sin conocimiento.

[36] Y las esposas de Lemej lo escucharon en este asunto, y ellas regresaron a él con el consejo de su padre Adán, pero ellas no tuvieron hijos para él desde ese tiempo, sabiendo que la ira de Elohim estaba aumentando en esos días contra los hijos de hombres, para destruirlos con las aguas de la inundación por sus obras malditas.

[37] Y Mahaleel el hijo de Kenan vivió 65 años y a él le nació Yered; y Yered vivió 62 años y a él le nació Enoc.

3 - La vida de Enoc
(Génesis 5)

[1] Y Enoc vivió 65 años y a él le nació Metushelaj; y Enoc caminó con el Todopoderoso después de haber tenido a Metushelaj, y él sirvió a YAHWEH, a pesar de las sendas malditas de los hombres.

[2] Y el alma de Enoc fue envuelta en la instrucción de YAHWEH, en conocimiento y entendimiento; y él sabiamente se retiró de los hijos de los hombres, y se secuestró de ellos por muchos días.

[3] Y fue al término de muchos años cuando él estaba sirviendo a YAHWEH, y orando delante de El en su casa, que un malaj de YAHWEH lo llamó desde el cielo, y él dijo: Aquí estoy.

[4] Y él dijo: Levántate, sal de tu casa y ve del lugar donde te escondes, y aparece a los hijos de los hombres, para que tú les puedas enseñar la senda por la cual deben ir y la obra que deben llevar a cabo para entrar en los caminos del Todopoderoso.

[5] Y Enoc se levantó de acuerdo a la Palabra de YAHWEH, y salió de su casa, de su lugar y de la cámara donde estaba escondido; y él fue a los hijos de los hombres y les enseñó los caminos de YAHWEH, y en ese tiempo congregó a los hijos de los hombres y los familiarizó con la instrucción de YAHWEH.

[6] Y él ordenó que se proclamara en todos los lugares donde vivían los hijos de los hombres, diciendo: ¿dónde está el hombre que desea conocer los caminos de YAHWEH y buenas obras? Que él venga a Enoc.

[7] Y todos los hijos de los hombres se congregaron hacia él, porque todos los que deseaban esta cosa fueron a Enoc, y Enoc reinó sobre los hijos de los hombres de acuerdo a la Palabra de YAHWEH, y ellos vinieron y se inclinaron a él y oyeron su palabra.

[8] Y el Ruaj del Todopoderoso estaba sobre Enoc, y él enseñó a todos sus hombres la sabiduría del Todopoderoso y Sus caminos , y los hijos de los hombres sirvieron a YAHWEH todos los días de Enoc, y ellos vinieron a oír su sabiduría.

[9] Y todos los reyes de los hijos de los hombres, ambos primero y último, junto con sus príncipes y jueces, vinieron a Enoc cuando oyeron de su sabiduría , y ellos se inclinaron a él, y ellos también requirieron que Enoc reinara sobre ellos, a lo cual él consintió.

[10] Y ellos reunieron por todo, 130 reyes y príncipes, y ellos hicieron a Enoc rey sobre ellos y ellos todos estaban bajo su poder y mando.

[11] Y Enoc les enseñó sabiduría, conocimiento, y los caminos de YAHWEH; y él hizo Shalom entre ellos, y Shalom por todo el Oriente en la vida de Enoc.

[12] Y Enoc reinó sobre los hijos de los hombres por 243 años, y él hizo justicia y rectitud con todo su pueblo, y él los guió en los caminos de YAHWEH.

[13] Y éstas son las generaciones de Enoc: Metushelaj, Elisha, y Elimelej, 3 hijos; y sus hermanas fueron Melca, Naamah; y Metushelaj vivió 87 años y a él le nació Lemej.

[14] Y fue en el año 56 de la vida de Lemej cuando Adán murió; 930 años tenía él cuando murió, y sus dos hijos con Enoc y Metushelaj su hijo lo sepultaron con gran pompa, como sepultura de reyes, en la cueva donde el Todopoderoso le había dicho.

[15] Y en ese lugar todos los hijos de los hombres hicieron gran luto y lamentos por causa de Adán; ha sido, por lo tanto, costumbre entre los hijos de los hombres hasta este día.

[16] Y Adán murió porque él comió del árbol del conocimiento; él y sus hijos después de él, como YAHWEH, el Todopoderoso, había hablado.

[17] Y fue en el año de la muerte de Adán, cual fue en el año 243 del reino de Enoc, en ese tiempo Enoc resolvió separarse de los hijos de los hombres y secuestrarse como al principio para servir a YAHWEH.

[18] Y Enoc lo hizo así, pero no se ocultó de ellos completamente, sino se mantuvo lejos de los hijos de los hombres por 3 días y después iba a ellos 1 día.

[19] Y durante los 3 días que él estaba en su cámara , él oraba y alababa a YAHWEH su Elohim y el día que él salía aparecía a sus súbditos y les enseñaba los caminos de YAHWEH, y todo lo que ellos le preguntaban acerca de YAHWEH, él les decía.

[20] Y él lo hizo de esta forma por muchos años, y después él se escondía por 6 días y aparecía a su pueblo 1 día en 7; y después de eso una vez al mes, y después una vez al año, hasta que todos los reyes y príncipes lo buscaban y querían ver el rostro de Enoc, y oír su palabra; pero ellos no podían, pues todos los hijos de los hombres estaban grandemente temerosos de Enoc, y temían acercarse a él por causa del sobrecogimiento semejante a Elohim que estaba asentado en su semblante; por lo tanto, ningún hombre podía mirarlo a él, temiendo que podía ser castigado y morir.

[21] Y todos los reyes y príncipes resolvieron reunir los hijos de los hombres, y venir a Enoc, pensando que ellos podrían hablar con él en ese tiempo cuando él de bía salir y estar entre ellos, y ellos así lo hicieron.

[22] Y el día llegó cuando Enoc salió y todos ellos se reunieron y vinieron a él, y Enoc les habló a ellos las Palabras de YAHWEH y él les enseñó sabiduría y conocimiento, y ellos se inclinaron delante de él y dijeron: ¡Que el rey viva! ¡Que el rey viva!

[23] Y un tiempo después, cuando los reyes y príncipes y los hijos de los hombres estaban hablando con Enoc, y Enoc les estaba enseñando los caminos de Elohim, he aquí que un malaj de YAHWEH llamó a Enoc desde el cielo, y deseaba traerlo al cielo para que él reinara sobre los hijos de Elohim como él había reinado sobre los hijos de los hombres en la tierra.

[24] Cuando en ese tiempo Enoc oyó esto, él fue y reunió los habitantes de la tierra, y les enseñó sabiduría y conocimiento y les dio instrucciones Divinas, y les dijo a ellos: He sido requerido ascender al cielo, yo por tanto no sé el día de mi partida.

[25] Y ahora por tanto les enseño sabiduría y conocimiento y les daré instrucción antes de que los deje, de cómo actuar sobre la tierra para que vivan; y así él hizo.

[26] Y él les enseñó sabiduría y conocimiento, y les dio instrucción, y él los reprendió, y puso delante de ellos estatutos y juicios para hacer sobre la tierra, e hizo Shalom entre ellos, y él les enseñó vida eterna, y vivió con ellos algún tiempo enseñándoles de todas esas cosas.

[27] Y en ese tiempo los hijos de los hombres estaban con Enoc, y Enoc estaba hablando con ellos, y ellos alzaron sus ojos y la semejanza de un gran caballo descendió del cielo, y el caballo daba pasos en el aire;

[28] y ellos le dijeron a Enoc lo que habían visto, y Enoc les dijo a ellos: Por causa mía este caballo desciende del cielo; el momento ha llegado cuando tengo que irme de ustedes y ya no seré visto por ustedes.

[29] Y el caballo descendió en ese momento y se paró delante de Enoc, y todos los hijos de los hombres que estaban con Enoc lo vieron.

[30] Y Enoc entonces de nuevo ordenó que una voz fuera proclamada, diciendo: Dónde está el hombre que se deleita en conocer los caminos de YAHWEH su Elohim que venga este día a Enoc antes de que él sea llevado de nosotros.

[31] Y todos los hijos de los hombres se reunieron y vinieron a Enoc ese día ; y todos los reyes de la tierra y sus príncipes y consejeros permanecieron con él ese día; y Enoc entonces enseñó a los hijos de los hombres sabiduría y conocimiento, y les dio instrucciones Divinas y les aconsejó servir a YAHWEH y caminar en Sus caminos todos los días de sus vidas, y él continuó haciendo Shalom entre ellos .

[32] Y fue después de esto que él se levantó y montó en el caballo; y él salió y todos los hijos de los hombres fueron tras él, cerca de 800,000 hombres, y ellos fueron con él la jornada de un día.

[33] Y el segundo día él les dijo a ellos: Regresen a casa a sus tiendas, ¿Por qué irán? Quizás puedan morir; y algunos de ellos se fueron de él, y aquellos que permanecieron siguieron con él una jornada de seis días; y Enoc les dijo a ellos todos los días: Regresen a sus tiendas, no sea que puedan morir; pero ellos no estaban dispuestos a regresar, y fueron con él.

[34] Y en el sexto día algunos de los hombres permanecieron y se agarraron a él, y ellos dijeron a él: Nosotros iremos contigo al lugar que tú vas; como YAHWEH vive, sólo la muerte nos separará.

[35] Y ellos urgieron tanto en ir con él, que él cesó de hablar con ellos; y ellos fueron tras él y no querían regresar.

[36] Y cuando los reyes regresaron ellos causaron que un censo fuera tomado, para poder saber el número de los hombres que permanecieron y fueron con Enoc; y fue el séptimo día que Enoc ascendió al cielo en un torbellino, con caballos y carruajes de fuego.

[37] Y en el octavo día todos los reyes que habían estado con Enoc enviaron para traer de regreso al número de hombres que estaban con Enoc, en ese lugar de donde ascendió al cielo.

[38] Y todos esos reyes fueron al lugar y encontraron que la tierra estaba llena de nieve, y sobre la nieve había grandes piedras de nieve, y uno dijo al otro: Vengan, vamos a romper por entre la nieve para ver, quizás los hombres que permanecieron con Enoc están muertos , y están ahora

bajo las piedras de nieve, pero buscaron pero no lo pudieron encontrar a él, porque él había ascendido al cielo.

4 – Apostasía hasta el nacimiento de Noé

(Génesis 6:1-8)

[1] Y todos los días que Enoc que vivió sobre la tierra fueron 365 años.

[2] Y cuando Enoc había ascendido a los cielos, todos los reyes de la tierra se levantaron y tomaron a Metushelaj su hijo y lo ungieron, y causaron que él reinara sobre ellos en lugar de su padre.

[3] Y Metushelaj actuó con rectitud como su padre Enoc le había enseñado, y él asimismo durante toda su vida enseñó a los hijos de los hombres sabiduría, conocimiento, y el temor de Elohim, y él no se volvió del buen camino ni a la derecha ni a la izquierda.

[4] Pero en los últimos días de Metushelaj los hijos de los hombres se volvieron de YAHWEH, y ellos corrompieron la tierra, ellos se robaron y saquearon el uno al otro, y ellos se rebelaron contra el Todopoderoso y transgredieron, y ellos corrompieron sus caminos, y no quisieron escuchar a la voz de Metushelaj, sino se rebelaron contra él.

[5] Y YAHWEH estaba extremadamente enojado contra ellos, y YAHWEH continuó destruyendo la semilla en esos días, así que no había siembra ni cosecha en la tierra.

[6] Porque cuando sembraban la tierra, para poder obtener alimento para su sostén, he aquí, espinos y zarzas fueron producidos cuales ellos no los sembraron.

[7] Y aún los hijos de los hombres no se volvieron de sus caminos malditos, y sus manos estaban extendidas para hacer el mal a la vista de Elohim, y ellos provocaron a YAHWEH con sus sendas malditas, y YAHWEH estaba muy enojado y se arrepintió de haber hecho al hombre.

[8] Y El pensó destruirlos y aniquilarlos y así El lo hizo.

[9] En esos días Lemej el hijo de Metushelaj era de 160 años de edad Shet el hijo de Adán murió.

[10] Y todos los días que Shet vivió fueron 912 años y después murió.

[11] Y Lemej era de 180 años cuando él tomó a Ashmua, la hija de Elisha, el hijo de Enoc su tío, y ella fue preñada.

[12] Y en esos tiempos los hijos de los hombres sembraban la tierra y poco alimento producía, aun los hijos de los hombres no se volvieron de sus sendas malditas, y ellos pecaron y se rebelaron contra el Todopoderoso.

[13] Y la esposa de Lemej estaba preñada y dio a luz un hijo en esos tiempos, en el transcurso del año.

[14] Y Metushelaj llamó su nombre Noé, diciendo: La tierra estaba en sus días en descanso y libre de corrupción, y Lemej su padre llamó su nombre Menajem, diciendo: Este nos confortará en nuestros trabajos y labor miserable en la tierra, cual el Todopoderoso ha maldecido.

[15] Y el niño creció y fue destetado, y él siguió los caminos de su padre (abuelo) Metushelaj, perfecto y recto delante del Todopoderoso.

[16] Y todos los hijos de los hombres abandonaron los caminos de YAHWEH en esos días mientras se multiplicaron en la faz de la tierra con hijos e hijas, y ellos se enseñaron el uno al otro sus prácticas malvadas y ellos continuaron pecado contra YAHWEH.

[17] Y cada hombre se hizo para sí un dios, y ellos robaron y saquearon cada hombre a su vecino, como también a sus parientes, y ellos corrompieron la tierra y la tierra estaba llena de violencia.

[18] Y sus jueces y regidores [en el libro de Enoc/Enoc, estos son llamados "Los Vigilantes."] y fueron a las hijas de los hombres y tomaron las esposas de los sus esposos por la fuerza de acuerdo a su escogencia, y los hijos de los hombres en esos días tomaron de las reses de la tierra, las bestias del campo, y las aves del aire, y enseñaron la mezcla de animales de una especie con la otra, para así provocar a YAHWEH; y el Todopoderoso vio que la tierra entera estaba corrompida, porque toda carne había corrompido sus caminos sobre la tierra, todos los hombres y todos los animales.

[19] Y YAHWEH dijo: Yo borraré al hombre, al cual he creado, de la faz de la tierra, sí, desde el hombre a las aves en el aire, junto con las reses y bestias que están en el campo porque me arrepiento de haberlas hecho.

[20] Y todos los hombres que caminaron en las sendas de YAHWEH murieron en esos días, antes de que YAHWEH trajera el mal sobre el hombre, cual había declarado, porque esto era de YAHWEH para que ellos no vieran el mal del cual YAHWEH habló referente a los hijos de los hombres.

[21] Y Noé encontró favor inmerecido a la vista de YAHWEH, y YAHWEH lo escogió a él y sus hijos para levantar zera de ellos sobre la faz de toda la tierra.

5 – Noé hasta la muerte de Matusalén

(Génesis 6)

[1] Y era en el año 84 de la vida de Noé, que Enoc el hijo de Shet murió, él tenía 905 años en su muerte.

[2] Y en el año 179 de la vida de Noé, Kenan el hijo de Enoc murió, y todos los días de Kenan fueron 910 años, y él murió.

[3] Y en el año 234 de la vida de Noé, Mahlallel el hijo de Kenan murió, y los días de Mahlallel fueron 895, y el murió.

[4] Y Yered el hijo de Mahlellel murió en esos días, en el año 336 de la vida de Noé; y Todos los días de Yered fueron 962 años, y él murió.

[5] Y todos los que siguieron a YAHWEH murieron en esos días , antes que ellos vieran el mal que YAHWEH declaró hacer sobre la tierra.

[6] Y después de un lapso de muchos días, en el año 480 de la vida de Noé, cuando todos esos hombres que siguieron a YAHWEH habían muerto lejos de los hijos de los hombres, y sólo Metushelaj quedó , el Todopoderoso dijo a Noé y a Metushelaj, diciendo:

[7] Hablen ustedes, y proclamen a los hijos de los hombres, diciendo: Así dice YAHWEH, vuélvanse de sus sendas malditas y abandones sus obras, y YAHWEH se arrepentirá del mal que El ha declarado hacerles a ustedes, para que no venga a suceder.

[8] Porque así dice YAHWEH: He aquí, Yo les daré un período de 120 años; y si ustedes se vuelven a Mí y abandonan sus sendas malditas, entonces Yo también me volveré del mal que les dije, y no existirá, dice YAHWEH.

[9] Y Noé y Metushelaj hablaron todas estas palabras de YAHWEH a los hijos de los hombres, día tras día, constantemente hablando a ellos.

[10] Pero los hijos de los hombres no querían escucharles, ni inclinar sus oídos a sus palabras, y ellos eran de dura cerviz.

[11] Y YAHWEH les otorgó a ellos un período de 120 años, diciendo: Si ellos regresan, entonces el Todopoderoso se arrepentirá de todo el mal, para así no destruir la tierra.

[12] Noé el hijo de Lemej se abstuvo de tomar una esposa en esos días, para tener hijos, porque él dijo: Seguramente ahora el Todopoderoso destruirá la tierra; por esa razón, entonces tendré hijos.

[13] Y Noé era un hombre justo, él era perfecto en su generación, y YAHWEH lo escogió a él para levantar zera de Su zera sobre la faz de la tierra.

[14] Y YAHWEH dijo a Noé: Toma para ti una esposa, y ten hijos, porque Yo he visto tu rectitud delante de Mí en esta generación.

[15] Y tú levantarás zera y tus hijos contigo, en el medio de la tierra; y Noé fue y tomó una esposa, y él escogió a Naamah la hija de Enoc, y ella era de 580 años de edad.

[16] Y Noé tenía 498 años cuando él tomó a Naamah por esposa.

[17] Y Naamah fue preñada y dio a luz un hijo, y llamó su nombre Yefet, diciendo: El Todopoderoso me ha aumentado en la tierra; y ella fue preñada de nuevo y dio a luz un hijo, y ella llamó su nombre Shem, diciendo: El Todopoderoso me ha hecho un remanente, para levantar semilla en el medio de la tierra.

[18] Y Noé tenía 502 años cuando Naamah dio a luz a Shem, y los niños crecieron y fueron por los caminos de YAHWEH, en todo lo que Metushelaj y Noé su padre le s enseñaron.

[19] Y Lemej el padre de Noé murió en esos días; aun en verdad él no fue con todo corazón en los caminos de su padre, y él murió en el año 195 de la vida de Noé.

[20] Y todos los años de Lemej fueron 770 años, y él murió.

[21] Y todos los hijos de los hombres que conocían a YAHWEH murieron en ese año antes de que YAHWEH trajera el mal sobre ellos; porque YAHWEH por Su voluntad los hizo morir; para que así no contemplaran el mal que el Todopoderoso traería sobre sus hermanos y parientes, como El así lo había declarado hacer.

[22] En ese tiempo, YAHWEH dijo a Noé y Metushelaj: Salgan adelante y proclamen a los hijos de los hombres todas las palabras que Yo hablé a ustedes en aquellos días, quizás ellos se vuelvan de sus caminos malvados, y entonces Yo me arrepentiré del mal y no lo traeré.

[23] Y Noé y Metushelaj salieron y dijeron en los oídos de los hijos de los hombres todo lo que el Todopoderoso había hablado referente a ellos .

[24] Pero los hijos de los hombres no quisieron escuchar, tampoco inclinaron sus oídos a todas sus declaraciones.

[25] Y fue después de esto que YAHWEH dijo a Noé: El fin de toda carne ha venido delante de Mí, a causa de sus obras malditas, y he aquí, Yo destruiré la tierra.

[26] Y tú toma para ti madera de gofer (cedro), y ve a cierto lugar y haz un arca grande, y ponla en ese lugar.

[27] Y así la harás; 300 codos de largo, 50 codos de ancho y 30 codos de alto.

[28] Y vas a hacer para ti una puerta, abierta en su lado, y en un codo terminarás arriba, y la cubres por dentro y por fuera con brea.

[29] Y he aquí, Yo traeré la inundación de aguas sobre la tierra, y toda carne será destruida de debajo de los cielos, y todo lo que está sobre la tierra perecerá.

[30] Y tú y tu casa irán y reunirán 2 parejas de toda cosa viviente, macho y hembra, y los traerán al arca, y levantarán zera de ellos sobre la tierra.

[31] recoge para ti toda la comida que es comida para todos los animales, y podrá haber comida para ti y para ellos.

[32] Y tú escogerás para tus hijos 3 doncellas, de las hijas de los hombres, y ellas serán esposas para tus hijos.

[33] Y Noé se levantó, y él hizo el arca, en el lugar que el Todopoderoso le había ordenado, y Noé hizo como el Todopoderoso le había ordenado.

[34] Y en su 595 año Noé comenzó a hacer el arca, y él hizo el arca en 5 años, como YAHWEH había ordenado.

[35] Y Noé tomó las 3 hijas de Eliakim, hijo de Metushelaj, por esposas para sus hijos, como YAHWEH había ordenado a Noé.

[36] Y fue en este tiempo que Metushelaj el hijo de Enoc murió, 960 años tenía él en su muerte.

6 – El Diluvio
(Génesis 7,8)

[1] En ese tiempo, después de la muerte de Metushelaj, YAHWEH dijo a Noé: Ve con tu casa dentro del arca; he aquí, Yo reuniré a ti todos los animales de a tierra, las bestias del campo y las aves del aire, y ellos todos vendrán y rodearán el arca.

[2] Y tú irás y te sentarás junto a las puertas del arca, y todas las bestias, los animales, las aves, se reunirán y se pondrán delante de ti, y tales de ellas mientras vienen se agacharán delante de ti, las tomarás y entregarás a las manos de tus hijos, y las traerás dentro del arca, y todas las que se paren frente a ti, tú dejarás.

[3] Y YAHWEH trajo esto a suceder al próximo día, y animales, bestias y aves vinieron en grandes multitudes y rodearon el arca.

[4] Y Noé fue y se sentó junto a la puerta del arca, y toda carne que se agachó delante de él, él trajo dentro del arca, y todos los que se pararon delante de él, él dejó sobre la tierra.

[5] Y una leona vino con sus 2 cachorros, macho y hembra, y los 3 se agacharon delante de Noé, y los dos cachorros se levantaron contra la leona y la golpearon y la hicieron huir del lugar, y ella se fue, ellos regresaron a sus lugares y se agacharon delante de Noé.

[6] Y la leona huyó corriendo, y se paró en el lugar de los leones.

[7] Y Noé vio esto y se puso muy pensativo, y se levantó y tomó los 2 cachorros, y los trajo dentro del arca.

[8] Y Noé trajo dentro del arca de toda criatura viviente que había sobre la tierra, así que no quedó ninguna que Noé no trajera dentro del arca.

[9] dos y dos vinieron a Noé dentro del arca, pero de los animales limpios , y las aves limpias, él trajo siete parejas, como el Todopoderoso le había ordenado.

[10] Y todos los animales, y las bestias, y las aves, aún estaban allí, y ellos rodearon el arca en todo lugar, y la lluvia no había descendido hasta 7 días después.

[11] Y en ese día YAHWEH causó toda la tierra temblar, y el sol se oscureció, y los cimientos de la tierra rugieron, y toda la tierra fue movida violentamente, y los relámpagos destellaron y los truenos tronaron, y todas las fuentes de la tierra fueron rotas , tal como no había sido conocido a los habitantes anteriormente. Y el Todopoderoso hizo esta obra poderosa, para así aterrorizar a los hijos de los hombres, que ya no hubiera más mal sobre la tierra.

[12] Y aun los hijos de los hombres no se quisieron volver de sus sendas malditas, y ellos aumentaron la furia de YAHWEH en ese tiempo, y ni aun dirigieron sus corazones a esto.

[13] Y al final de 7 días, en el año 600 de la vida de Noé, las aguas de la inundación estaban s obre la tierra.

[14] Y todas las fuentes de la profundidad fueron rotas, y las ventanas del cielo fueron abiertas, y la lluvia estaba sobre la tierra por 40 días y 40 noches.

[15] Y Noé y su casa y todas las criaturas vivientes que estaban con él, vinieron dentro del arca a causa de las aguas de la inundación, y YAHWEH lo encerró dentro.

[16] Y todos los hijos de los hombres que estaban sobre la tierra, se extenuaron por medio del mal a causa de la lluvia, porque las aguas estaban viniendo más violentamente sobre la tierra, y los animales y bestias aun estaban rodeando el arca.

[17] Y los hijos de los hombres se reunieron juntos, alrededor de 700,000 hombres y mujeres, y ellos vinieron a Noé al arca.

[18] Y ellos llamaron a Noé, diciendo: Abre para nosotros, para que podamos ir a ti dentro del arca, o nosotros moriremos por esa razón.

[19] Y Noé con voz alta les respondió desde el arca, diciendo: ¿No se han rebelado ustedes contra YAHWEH, y dijeron que El no existe? A causa de eso YAHWEH trajo este mal sobre ustedes para destruirlos y cortarlos de la faz de la tierra.

[20] ¿No es lo que yo hablé a ustedes desde 120 años atrás , y ustedes no quisieron escuchar a la voz de YAHWEH, y ahora desean vivir sobre la tierra?

[21] Ellos dijeron a Noé: Estamos listos para regresar a YAHWEH; sólo abre para nosotros para que vivamos y no muramos.

[22] Y Noé les respondió, diciendo: He aquí, ahora que ven la aflicción de sus almas , ustedes desean regresar a YAHWEH; ¿Por qué no regresaron durante los 120 años, cuales YAHWEH les otorgó como el período determinado?

[23] Pero ustedes escogieron decirme esto por la aflicción de sus almas, ahora tampoco YAHWEH les escuchará a ustedes, tampoco dará oído a ustedes este día, así que ahora ustedes no tendrán éxito en sus deseos.

[24] Y los hijos de los hombres se acercaron para irrumpir en el arca, para entrar a causa de la lluvia, porque ellos no podían soportar la lluvia sobre ellos.

[25] Y YAHWEH mandó todas las bestias y animales que rodeaban el arca. Y las bestias los sobrecogieron y los echaron de ese lugar, y cada hombre fue por su camino y de nuevo se dispersaron por la tierra .

[26] Y la lluvia estaba aun descendiendo sobre la tierra, y descendió 40 días y 40 noches, y las aguas prevalecieron grandemente sobre la tierra; y toda carne que estaba sobre la tierra o en las aguas murió , ya fueran hombres, animales, bestias, cosas que se arrastran, o aves del aire , y sólo quedó Noé y aquellos que estaban con él en el arca.

[27] Y las aguas prevalecieron y grandemente aumentaron sobre la tierra, y ellas levantaron el arca y fue levantada de la tierra.

[28] Y el arca flotó sobre la faz de las aguas, y fue lanzada sobre las aguas, así toda criatura viviente dentro de ella se volvían como potaje en un caldero.

[29] Y gran ansiedad sobrecogió a todas las criaturas viv ientes que estaban dentro del arca, y el arca parecía al romperse.

[30] Y todas las criaturas vivientes que estaban dentro del arca estaban aterrorizadas, y los leones rugieron, y los bueyes mugieron, y los lobos aullaron, y todas las criaturas vivientes que estaban dentro del arca hablaron y se lamentaron en su propio idioma, así sus voces llegaron a una gran distancia; y Noé y sus hijos lloraron y sollozaron en sus aflicciones; ellos estaban grandemente temerosos que habían llegado a las puertas de la muerte.

[31] Y Noé oró a YAHWEH, y clamó a El por causa de esto, y él dijo: O, YAHWEH, ayúdanos, porque nosotros no tenemos fuerza para soportar este mal que nos ha abarcado, porque las olas de las aguas nos han rodeado , torrentes maliciosos nos han aterrorizado, las trampas de la muerte han venido sobre nosotros; respóndenos, O YAHWEH, respóndenos, alumbra Tu semblante hacia nosotros, y sé misericordioso hacia nosotros , redímenos y libéranos.

[32] Y YAHWEH escuchó a la voz de Noé, y YAHWEH se recordó de él.

[33] Y un viento pasó sobre la tierra, y las aguas fueron quietas y el arca descansó.

[34] Y las fuetes de lo profundo y las ventanas del cielo fueron detenidas, y la lluvia del cielo fue restringida.

[35] Y las aguas decrecieron en esos días, y el arca descansó sobre las montañas del Ararat.

[36] Y Noé entonces abrió las ventanas del arca, y Noé aun llamó a YAHWEH en ese tiempo, y él dijo, O YAHWEH, quien hizo el cie lo y la tierra y todo lo que en ellos hay, trae adelante nuestras almas de esta reclusión, y de la prisión donde Tú nos has puesto, porque yo estoy muy agotado con suspiros.

[37] Y YAHWEH escuchó a la voz de Noé, y dijo a él: Cuando hayas completado un año entero, entonces saldrás .

[38] Y en el transcurso del año, cuando un año entero fue completado de Noé vivir en el arca, las aguas fueron secas de la tierra, y Noé quitó la cubierta del arca.

[39] Y en ese tiempo, el día 27 del segundo mes, la tierra estaba seca, pero Noé y sus hijos, y los que estaban con él, no salieron del arca hasta que YAHWEH les dijo.

[40] Y el día llegó que YAHWEH les dijo que salieran, y todos ellos salieron del arca.

[41] y Ellos fueron y regresaron a todos a sus caminos y sus lugares , y Noé y sus hijos vivieron en la tierra que el Todopoderoso les dijo, y ellos sirvieron a YAHWEH todos sus días , y YAHWEH bendijo a Noé y sus hijos cuando salieron del arca.

[42] Y El les dijo a ellos: Sean fructíferos y llenen toda la tierra; y sean fuertes y aumenten abundantemente en la tierra y multiplíquense en ella.

7 – Las generaciones de Noé

(Génesis 10)

[1] Y estos son los nombres de los hijos de Noé: Yefet, Ham y Shem, e hijos fueron nacidos a ellos después de la inundación, porque ellos habían tomado esposas antes de la inundación.

[2] Estos fueron los hijos de Yefet: Gomer, Magog, Madai, Yavan, Tuval, Meshej, y Tiras, 7 hijos.

[3] Y los hijos de Gomer fueron Ashkenaz, Rifat y Torgamah.

[4] Y los hijos de Magog fueron Elijanaf y Luval.

[5] Y los hijos de Madai fueron Ajon, Tzeelo, Hazoni y Lot.

[6] Y los hijos de Yavan fueron Elisha, Tarshish, Kittim y Dodanim.

[7] Y los hijos de Tuval fueron Arifi, Kesed and Taari.

[8] Y los hijos de Meshej fueron Dedon, Zaron and Shebashni.

[9] Y los hijos de Tiras fueron Benib, Gera, Lupirion y Gilak; estos fueron los hijos de Yefet de acuerdo a sus familias , y su número en aquellos días fue alrededor de 460 hombres.

[10] Y estos fueron los hijos de Ham: Kush, Mitzrayim, Put y Canaán, 4 hijos; y los hijos de Kush fueron Seva, Havilah, Savta, Ramah y Savteja, y los hijos de Rama fueron Sheba y Dedan.

[11] Y los hijos de Mitzrayim fueron Lud, Anom y Patros, Kaslot and Kaftor.

[12] Y los hijos de Put fueron Gebul, Hadan, Benah y Adan.

[13] Y los hijos de Canaán fueron Tzidon, Het, Emori, Girgashi, Hivi, Arki, Sini, Arodi, Zimadi y Hamati.

[14] Estos fueron los hijos de Ham de acuerdo a sus familias, y su número en aquellos días fueron alrededor de 730 hombres.

[15] Y estos fueron los hijos de Shem: Elam, Ashur, Arpajshad, Lud y Aram, 5 hijos; y los hijos de Elam fueron Shushan, Majul y Harmon.

[16] Y los hijos de Ashar fueron Mirus y Mokil, y los hijos de Arpajshad fueron Shelaj, Anar y Ashkol.

[17] Y los hijos de Lud fueron Petor y Bizayon, y los hijos de Aram fueron Utz, Hul, Gather y Mash.

[18] Estos fueron los hijos de Shem de acuerdo a sus familias y su número en aquellos días fueron alrededor de 300 hombres.

SHEM.

[19] Estas son las generaciones de Shem: Shem tuvo a Arpajshad y Arpajshad tuvo a Shelaj,y Shelaj tuvo a Ever y a Ever le nacieron 2 hijos, el nombre de uno fue Peleg, porque en sus días los hombres fueron divididos, y en los días tardíos la tierra fue dividida.

[20] Y el nombre del segundo fue Yoktan, significando que en su día las vidas de los hijos de los hombres fueron disminuidas y menguadas.

[21] Estos fueron los hijos de Yoktan: Almodad, Shelef, Hatzar-Mavet, Yeraj, Hadoram, Uzal, Diklah, Obal, Avimael, Sheva, Ofir, Havilah y Yoav; todos estos fueron los hijos de Yoktan.

[22] Y Peleg su hermano tuvo a Yen, y Yen tuvo a Serug, y Serug tuvo a Najor, y Najor tuvo a Teraj, y Teraj tenía 38 años y a él le nació Haran y Najor.

[23] Y Kush el hijo de Ham, el hijo de Noé tomó una esposa en aquellos días en su edad avanzada, y ella dio a luz un hijo, y ellos llamaron su nombre Nimrod, diciendo: En este tiempo los hijos de los hombres comenzaron a rebelarse y a transgredir contra Elohim, y el niño creció, y su padre lo amaba extremadamente, porque él era el hijo de su vejez.

[24] Y los atuendos de piel cuales el Todopoderoso hizo para Adán y su esposa, cuando ellos salieron del jardín, fueron dados a Kush.

[25] Porque después de la muerte de Adán y su esposa, los atuendos fueron dados a Enoc, el hijo de Yered, y cuando Enoc fue llevado a lo alto a Elohim, él los dio a Metushelaj su hijo.

[26] Y a la muerte de Metushelaj, Noé los tomó y los trajo dentro del arca, y estaban con él hasta que salieron del arca.

[27] Y en su salida, Ham robó los atuendos de Noé su padre, y él se los llevó y los escondió de sus hermanos.

[28] Y cuando Ham tuvo su primogénito Kush, él le dio los atuendos en secreto, y estuvieron con Kush muchos días.

NIMROD

[29] Y Kush también los escondió de sus hijos y hermanos, y cuando Kush tuvo a Nimrod, él le dio esos atuendos por su amor por él, y Nimrod creció y cuando él tenía 20 años de edad él se puso esos atuendos.

[30] Y Nimrod se hizo fuerte cuando se puso los atuendos, y el Todopoderoso le dio poder y fortaleza, y él era un cazador poderoso en la tierra, sí, él era un cazador poderoso en el campo, y él cazaba los animales y edificaba altares, y ofrecía sobre ellos los animales delante de YAHWEH.

[31] Y Nimrod se fortaleció, y él se levantó de entre sus hermanos, y él peleó las batallas de sus hermanos en contra de todos sus enemigos alrededor.

[32] Y YAHWEH entregó todos los enemigos de sus hermanos en sus manos, y el Todopoderoso lo prosperó de tiempo en tiempo en sus batallas, y él reinó sobre la tierra.

[33] Por tanto, se hizo costumbre en esos días , cuando un hombre guiaba a aquellos que él había entrenado para la batalla, él les decía: Como el Todopoderoso hizo a Nimrod quien era cazador poderoso sobre la tierra, y quien tenía éxito en la batallas que prevalecían contra sus hermanos, y él los liberaba de las manos de sus enemigos, así que el Todopoderoso nos fortalezca y nos libere este día.

[34] Y cuando Nimrod tenía 40 años de edad, en ese tiempo hubo guerra entre sus hermanos y los hijos de Yefet, así que estaban bajo el poder de sus enemigos.

[35] Y Nimrod salió adelante en esos tiempos, y él reunió a los hijos de Kush y sus familias, 460 hombres, y él contrató también de sus amigos y conocidos alrededor de 80 hombres, y él les dio su jornal, y él fue con ellos a la batalla, y cuando él estaba en el camino, Nimrod fortaleció los corazones de la gente que fueron con él.

[36] Y él les dijo a ellos: No teman, no estén alarmados, porque todos nuestros enemigos serán entregados en nuestras manos, y pueden hacer con ellos como les plazca.

[37] Y todos los hombres que fueron eran como 500, y ellos pelearon contra sus enemigos, y ellos los destruyeron, y los subyugaron, y Nimrod puso oficiales en pie sobre ellos en sus respectivos lugares.

[38] Y él tomó algunos de sus hijos como rehenes, y ellos eran todos sirvientes de Nimrod y de sus hermanos, y Nimrod y toda la gente que estaba con él se volvieron a casa.

[39] Y cuando Nimrod había felizmente regresado de la batalla, después de haber conquistado a sus enemigos, todos sus hermanos, junto con aquellos que lo conocían de antes, se reunieron para hacerlo rey obre ellos, y pusieron la corona real sobre su cabeza.

[40] Y él puso sobre sus súbditos y pueblo, príncipes, jueces y regidores, como es la costumbre entre reyes.

[41] Y él puso a Teraj el hijo de Nahor el príncipe de su ejército, y él lo dignificó y lo elevó por encima de todos sus príncipes.

[42] Y mientras él estaba reinando de acuerdo a los deseos de su corazón, después de haber conquistado a todos sus enemigos alrededor, él aconsejó con consejeros a edificar una ciudad para su palacio, y ellos así hicieron.

[43] Y ellos encontraron el valle grande opuesto hacia el este, y ellos le edificaron una gran y extensa ciudad, y Nimrod llamó el nombre de la ciudad que él edificó Shinar, pues YAHWEH vehementemente había sacudido sus enemigos y los había destruido.

[44] Y Nimrod vivió en Shinar, y él reinó en seguridad, y él peleó con enemigos y los subyugó, y él prosperó en todas sus batallas, y su reino se hizo muy grandioso.

[45] Todas las naciones y lenguas oyeron de su fama, y ellos se reunieron hacia él, y ellos se inclinaron a tierra, y le trajeron ofrendas, y él se convirtió en su señor y rey, y ellos todos vivieron con él en la ciudad de Shinar. Y Nimrod reinó en la tierra sobre todos los hijos de Noé, y ellos todos estaban bajo su poder y consejo.

[46] Y toda la tierra era de una lengua y palabras de unión, pero Nimrod no fue por las sendas de YAHWEH, y él era más perverso que todos los hombres que fueron antes que él, desde los días de la inundación hasta esos días.

[47] Y él hizo imágenes de dios de madera y de piedra, y él se inclinó a ellas, y él se rebeló contra YAHWEH, y enseñó a sus súbditos y a la gente de la tierra sus sendas perversas; y Mardon su hijo era aún más perverso que su padre.

[48] Y todos los que oían de los actos de Mardon el hijo de Nimrod decían referente a él: del perverso sale perversidad; por lo tanto, se hizo un proverbio en toda la tierra, diciendo: Del perverso sale perversidad, y era corriente en la boca de hombres desde ese tiempo hasta ahora.

[49] Y Teraj el hijo de Nahor, príncipe del ejército de Nimrod, era en esos días muy grande a la vista del rey y sus súbditos, y el rey y los príncipes lo amaban, y ellos lo elevaron muy alto.

[50] Y Teraj tomó una esposa y su nombre era Amtelo, la hija de Cornebo; y la esposa de Teraj fue preñada y dio a luz un hijo en esos días.

[51] Teraj tenía 70 años de edad cuando el fue nacido a él, y Teraj llamó el nombre de su hijo que fue nacido a él Abram, porque el rey lo había levantado en esos días, y lo había dignificado por encima de todos sus príncipes que estaban con él.

8 - Los sabios de Nimrod el nacimiento de Abram

[1] Y fue en la noche en que Abram nació, que todos los sirvientes de Teraj, y todos los hombres sabios de Nimrod, y sus magos vivieron y comieron y bebieron en la casa de Teraj, y ellos se regocijaron con él esa noche.

[2] Y cuando todos los hombres sabios y los magos salieron de la casa de Teraj, ellos levantaron su mirada a los cielos para ver las estrellas, y ellos vieron, y he aquí una grande estrella que venía del este, y corría en los cielos, y se tragó a cuatro estrellas en los cuatro lados de los cielos.

[3] Y todos los hombres sabios y los magos del rey estaban estupefactos con la visión, y los sabios entendieron este asunto, y ellos conocían su importancia.

[4] Y ellos se dijeron uno al otro: Esto sólo se traduce al niño que ha nacido a Teraj esta noche, quien crecerá y será fructífero y se multiplicará, y poseerá la tierra, él y sus hijos para siempre, y él y su zera matarán grandes reyes, y heredarán sus tierras.

[5] Y los hombres sabios y los magos fueron a casa esa noche, y en la mañana todos esos hombres sabios y magos se levantaron temprano, y se reunieron en una casa señalada.

[6] Y ellos hablaron y se dijeron uno al otro: He aquí la visión que vimos anoche está oculta al rey, no ha sido dada a conocer por él.

[7] Y si esto fuere conocido por el rey en los días postreros, él nos dirá a nosotros: ¿Por qué han ocultado este asunto de mí? Y después todos sufriremos la muerte; por lo tanto, vayamos ahora y digamos al rey la visión que vimos, y su interpretación, y entonces permaneceremos limpios.

[8] Y ellos así lo hicieron, y todos ellos fueron al rey y se inclinaron delante de él a tierra, y ellos dijeron: Que el rey viva, que el rey viva.

[9] Y nosotros oímos que un hijo fue nacido a Teraj el hijo de Najor, el príncipe de tu ejército, y ayer por la noche nosotros fuimos a su casa, comimos y bebimos y nos regocijamos con él esa noche.

[10] Y cuando tus sirvientes salieron de la casa de Teraj para ir a sus casas respectivas y quedarnos allí por la noche, nosotros levantamos nuestros ojos, y vimos una grande estrella viniendo del este, y la misma estrella corría a gran velocidad, y se tragó cuatro grandes estrellas que venían de los cuatro lados de los cielos .

[11] Y tus sirvientes estaban estupefactos con la visión que nosotros vimos, y grandemente aterrorizados, e hicimos juicio sobre lo que vimos, y supimos por nuestra sabiduría y la correcta interpretación de ello, que esto se refiere al niño que nació a Teraj, quien crecerá y se multiplicará grandemente , y será poderoso, y matará a todos los reyes de la tierra, y heredará sus tierras, él y su zera para siempre.

[12] Y ahora nuestro señor rey, nosotros verdaderamente te hemos hecho conocer lo que hemos visto referente a este niño,

[13] Si le parece bueno a rey dar a su padre valor por este niño, nosotros lo mataremos antes de que crezca y aumente en la tierra, y su mal aumente contra nosotros , y nosotros y nuestros hijos perezcamos por su mal.

[14] Y el rey oyó sus palabras y parecieron buenas a su vista, entonces él envió y llamó a Teraj, y Teraj vino delante del rey.

[15] Y el rey dijo a Teraj: Me ha sido dicho que un hijo fue nacido a ti ayer por la noche, y después esta forma fue observada en los cielos a su nacimiento.

[16] Y ahora por tanto dame al niño para que lo matemos antes de que su mal salte contra nosotros, y yo te daré por su valor tu casa llena de plata y oro.

[17] Y Teraj respondió al rey y dijo: Mi señor y rey, yo he oído tus palabras, y tu sirviente hará todo lo que su rey desee.

[18] Pero mi señor y rey, yo te diré lo que me sucedió a mí ayer por la noche, que yo pueda ver que consejo el rey da a su siervo, entonces yo responderé al rey sobre lo que él ha hablado; y el rey dijo, habla.

[19] Y Teraj dijo al rey: Ayon hijo de Mored vino a mí ayer por la noche, diciendo:

[20] dame el gran y bello caballo que el rey te dio, y yo te daré plata y oro, y paja y forraje por su valor; y yo le dije a él: Espera a que yo vea al rey referente a tus palabras, y he aquí, lo que el rey diga, yo haré.

[21] Y ahora mi señor y rey, he aquí yo he hecho conocido esto a ti, y el concejo que el rey de a su sirviente, eso seguiré.

[22] Y el rey oyó las palabras de Teraj, y su furia fue agitada y él lo consideró a la luz de un estúpido.

[23] Y el rey respondió a Teraj, y le dijo a él: ¿Eres tú tan tonto, ignorante y deficiente en entendimiento, de hacer esta cosa, de dar tu bello caballo por plata y oro, aun por paja y forraje?

[24] ¿Estás tú tan corto de plata y oro, que harás esta cosa, porque no puedes obtener paja y forraje pata alimentar a tu caballo? ¿Y qué es plata y oro para ti, o paja y forraje, que has de regalar ese buen caballo que yo te di, como tal no hay ninguno para ser encontrado en toda la tierra?

[25] Y el rey dejó de hablar, y Teraj respondió al rey, diciendo: Como esto ha el rey hablado a su sirviente;

[26] yo te suplico, mi señor y rey, qué es esto que me dijiste a mí, diciendo: Dame tu hijo, que yo pueda matarlo, y yo te daré plata y oro por su valor, y ¿qué haré yo con plata y oro después de la muerte de mi hijo? ¿Quién me heredará? Ciertamente a mi muerte la plata y el oro regresarán a mi rey quien lo dio.

[27] Y cuando el rey oyó las palabras de Teraj, y la parábola que él trajo referente al rey, lo entristeció grandemente, y él estaba irritado con esta cosa, y su furia quemaba dentro de él.

[28] Y Teraj vio que la furia del rey fue agitada contra él, y él respondió al rey, diciendo: Todo lo que yo tengo está en el poder del rey; lo que el rey desee hacer a su sirviente, eso que él lo haga, sí, aun mi hijo, él está en el poder del rey, sin valor a cambio, él y sus dos hermanos que son mayores que él.

[29] Y el rey dijo a Teraj: No, pero yo compraré tu hijo menor por un precio.

[30] Y Teraj respondió al rey, diciendo: Te suplico mi señor y rey que dejes que tu sirviente hable una palabra delante de ti, y que el rey oiga la palabra de su sirviente, que el rey me de tres días de tiempo hasta que yo considere este asunto dentro de mí, y consulte a mi familia referente a las palabras del rey; y él presionó al rey grandemente para que estuviera de acuerdo en esto.

[31] Y el rey escuchó a Teraj, y él lo hizo y le dio el tiempo de tres días, y Teraj salió de la presencia del rey, y él vino a casa a su familia y habló a ellos todas las palabras del rey; y la gente estaba grandemente temerosa.

[32] Y fue el tercer día que el rey envió a Teraj, diciendo: Mándame a tu hijo por un precio como yo hablé a ti; y si no lo hicieras, yo enviaré y mataré todo lo que tienes en tu casa, para que no tengas ni un perro que quede.

[33] Y Teraj se apresuró y tomó el hijo de uno de sus sirvientes, cual su sirvienta le había dado a luz a él ese día, y Teraj trajo el niño al rey y recibió valor por él.

[34] Y YAHWEH estaba con Teraj en este asunto, que Nimrod no causara la muerte de Abram, y el rey tomó al niño de Teraj y con todo su poder estrelló su cabeza contra el suelo, y él pensó que había sido Abram; y esto fue escondido de él desde ese día, y fue olvidado por el rey, y fue la voluntad de la Providencia de no sufrir la muerte de Abram.

[35] Y Teraj tomó a Abram su hijo secretamente, junto con su madre y nodriza, y los escondió en una cueva, y él les trajo provisiones mensualmente.

[36] Y YAHWEH estaba con Abram en la cueva, y él creció, y Abram estuvo en la cueva 10 años, y el rey y sus príncipes, los adivinos y sabios, pensaron que el rey había matado a Abram.

9 – Abram y la Torre de Babel; la confusión de lenguas

(Génesis 11 :1-9)

[1] Y Haran el hijo de Teraj, el hermano mayor de Abram, tomó una esposa en esos días,

[2] Haran tenía 39 años de edad cuando él la tomó; y la esposa de Haran fue preñada y dio a luz un hijo, y ella llamó su nombre Lot.

[3] Y ella fue preñada de nuevo y dio a luz una hija, y llamó su nombre Miljah; y ella de nuevo fue preñada y dio a luz una hija, y llamó su nombre Sarai.

[4] Haran era de 42 años de edad cuando Sarai fue nacida a él, cual era el año 10 de la vida de Abram; y en esos días Abram y su madre y nodriza salieron de la cueva, siendo que el rey y sus súbditos habían olvidado el asunto de Abram.

[5] Y cuando Abram salió de la cueva, él fue a Noé y su hijo Shem, y él permaneció con ellos para aprender la instrucción de YAHWEH y Sus sendas, y ningún hombre supo donde Abram estaba, y Abram sirvió a Noé y su hijo Shem por largo tiempo.

[6] Y Abram estuvo en la casa de Noé por 39 años, y Abram conoció a YAHWEH desde que tenía 3 años, y él caminó en las sendas de YAHWEH hasta el día de su muerte, como Noé y su hijo Shem le habían enseñado, y todos los hijos de la tierra en esos días grandemente transgredieron contra YAHWEH, y se rebelaron contra El y sirvieron otros dioses, y ellos se olvidaron de YAHWEH quien los creó en la tierra, y los habitantes de la tierra se hicieron para sí, en ese tiempo, todo hombre su dioses; tallaron dioses de madera y piedra, cuales no podían hablar, ni oír, ni liberar, y los hijos de los hombres les sirvieron y ellos fueros sus dioses.

[7] Y el rey y sus sirvientes y Teraj con su casa entonces fueron los primeros en servir dioses de madera y piedra.

[8] Y Teraj tenía 12 dioses de gran tamaño, hechos de madera y piedra, tras los 12 meses del año, y él servía a cada uno mensualmente, y todos los meses Teraj traía su ofrenda de comida y su ofrenda de libación a su dioses; así hizo Teraj todos los días.

[9] Y todos en esa generación eran perversos a la vista de YAHWEH, y así cada uno se hizo su elohim, pero ellos abandonaron a YAHWEH quien los había creado.

[10] Y no era encontrado un hombre en esos días , en toda la tierra, que conociera a YAHWEH excepto Noé y su casa, y todos aquellos que estaban bajo su consejo conocían a YAHWEH en aquellos días.

[11] Y Abram el hijo de Teraj estaba creciendo grandemente en esos días en la casa de Noé, y ningún hombre lo sabía, y YAHWEH estaba con él.

[12] Y YAHWEH le dio a Abram un corazón entendido, y él sabía que todas las obras de esa generación eran vanidades , y todos sus dioses eran vanos y no servían para nada.

[13] Y Abram vio el sol brillando sobre la tierra, y Abram se dijo a sí: Ciertamente este sol que brilla sobre la tierra es dios y a él yo serviré.

[14] Y Abram sirvió al sol en esos días y le oraba a él, y cuando venía la noche el sol se ponía como de costumbre, y Abram se dijo a sí: ¿Ciertamente este no puede ser el Todopoderoso?

[15] Abram aun continuaba hablando con sí mismo, ¿Quién es El que hizo los cielos y la tierra? ¿Quién creó sobre la tierra? ¿Dónde está El?

[16] Y la noche oscureció sobre él y él levantó sus ojos hacia el oeste, norte, sur y este, y él vio que el sol se desvaneció de la tierra y el día se hizo oscuro.

[17] Y Abram vio las estrellas y la luna delante de él, y él dijo: Ciertamente este debe ser el Todopoderoso quien creó la tierra entera como también al hombre, y he aquí, esos, sus siervos, son dioses alrededor de él; y Abram sirvió a la luna y oró a ella toda esa noche.

[18] Y en la mañana cuando estaba claro y el sol brillaba sobre la tierra como de costumbre, Abram vio todas las cosas que YAHWEH, el Todopoderoso, había hecho sobre la tierra.

[19] Y Abram se dijo a sí: Ciertamente esos no son dioses que hicieron la tierra y toda la humanidad, sino que ellos son siervos de Elohim, y Abram permaneció en la casa de Noé y allí conoció a YAHWEH y Sus sendas y sirvió a YAHWEH todos los días de su vida, y toda esa generación se olvidó de YAHWEH, y sirvieron otros dioses de madera y piedra, y se rebelaron todos sus días.

[20] Y el rey Nimrod reinaba con seguridad, y toda la tierra estaba bajo su control, y toda la tierra era una lengua y palabras de unión.

[21] Y todos los príncipes de Nimrod y sus grandes hombres tomaron consejo juntos; Put, Mitzrayim, Kush, y Canaán con sus familias, y ellos se dijeron el uno al otro: Vengan, vamos a edificarnos una gran ciudad y en ella una torre fuerte, y su cúspide alcanzando el cielo, y haremos fama para nosotros, para que reinemos sobre toda la tierra, para que el mal de nuestros enemigos cese de nosotros, y reinemos poderosamente sobre ellos, y para no ser dispersos sobre la tierra por causa de sus guerras .

[22] Y todos ellos fueron delante del rey, y ellos dijeron al rey esas palabras, y el rey estuvo de acuerdo con ellos en este asunto, y él así hizo.

[23] Y todas las familias se reunieron consistiendo en 600,000 hombres, y ellos fueron a buscar un pedazo extenso de tierra para edificar la ciudad y la torre, y buscaron en toda la tierra y no encontraron ninguna como un valle al este de la tierra de Shinar, alrededor de la caminata de dos días, y ellos fueron allí y allí vivieron.

[24] Y ellos comenzaron a hacer ladrillos y a encender fuegos para edificar la ciudad y su torre que ellos se imaginaban completa.

[25] Y la edificación de la torre fue para ellos una transgresión y un pecado, y ellos comenzaron a edificarla, y mientras edificaban contra YAHWEH, el Todopoderoso del cielo, ellos se imaginaron en sus corazones hacer la guerra contra El y ascender al cielo.

[26] Y toda esa gente y todas las familias se dividieron en tres partes; la primera parte dijo: Nosotros ascenderemos al cielo y pelearemos contra El; la segunda dijo: Nosotros ascenderemos al cielo y podremos nuestros propios dioses allí y los serviremos; y la tercera dijo: Nosotros

ascenderemos al cielo y lo golpearemos a El hacia abajo con arcos y flechas ; y el Todopoderoso conocía todas sus obras y todos sus pensamientos malignos, y El vio la ciudad y la torre cual ellos estaban edificando.

[27] Y cuando ellos estaban edificando ellos se edificaron para sí una gran ciudad y una torre muy fuerte y alta, y por causa de su altura el mortero y ladrillos no llegaron a los edificadores en su escalada a ello, hasta que aquellos que subieron habían completado un año entero, y después de eso, ellos alcanzaron a los edificadores y les dieron el mortero y los ladrillos; así era hecho diariamente.

[28] Y he aquí, aquellos ascendían, y otros descendían todo el día; y si un ladrillo caía de sus manos y se rompía, todos lloraban sobre eso, y si un hombre caía y moría, nadie lo miraba a él.

[29] Y YAHWEH conocía sus pensamientos, y llegó a suceder que cuando ellos estaban edificando tiraban flechas hacia el cielo, y todas las flechas caían sobre ellos llenas de sangre , y cuando ellos las vieron dijeron uno al otro: Ciertamente hemos matado a todos aquellos que están en el cielo.

[30] Porque esto era de YAHWEH para hacerlos errar, y para destruirlos de la faz de la tierra.

[31] Y ellos edificaron la torre y la ciudad, y ellos hicieron esto diariamente hasta que muchos días y años transcurrieron.

[32] Y el Todopoderoso dijo a 70 malajim que se paraban primeros delante de El, a aquellos que estaban cerca de El, diciendo: Vengan, vamos a descender y confundir sus lenguas, que un hombre no entienda la lengua de su vecino, y así hicieron a ellos.

[33] Y desde el siguiente día, ellos se olvidaron cada hombre la lengua de su vecino, y ellos no podían entender para hablar en una lengua, y cuando el edificador tomaba de las manos de su vecino cal o piedra cual él no había ordenado, el edificador la tiraba fuera y la echaba encima de su vecino, y él moría.

[34] Y ellos hicieron así por muchos años, y ellos mataron a muchos de esta forma.

[35] Y YAHWEH golpeó las tres divisiones que estaban allí, y El los castigó de acuerdo a sus obras y sus diseños; aquellos que dijeron: Nosotros ascenderemos al cielo y serviremos a nuestros dioses, se convirtieron como monos y elefantes; aquellos que dijeron: Nosotros asaltaremos los cielos con flechas, YAHWEH los mató, un hombre por medio de la mano de su vecino; y la tercera división de aquellos que dijeron: Nosotros ascenderemos al cielo y pelearemos contra El, YAHWEH los dispersó por la tierra.

[36] Y aquellos que quedaron entre ellos, cuando ellos vieron y entendieron el mal que venía sobre ellos, ellos abandonaron la edificación, y ellos también fueron dispersados por la faz de toda la tierra.

[37] Y ellos cesaron de edificar la ciudad y la tierra, por lo tanto, El llamó ese lugar Bavel, porque allí YAHWEH confundió el lenguaje de toda la tierra; y he aquí estaba al este de la tierra de Shinar.

[38] Y en cuanto a la torre que los hijos de los hombres edificaron, la tierra abrió su boca y se tragó una tercera parte de ella, y fuego también descendió del cielo y quemó otro tercio, y el otro tercio fue deja da hasta este día, y su circunferencia es de una caminata de 3 días.

[39] Y muchos de los hijos de hombres murieron en esa torre, un pueblo sin número.

10 – Los descendientes de Noé

(Génesis 10 Ampliado)

[1] Y Peleg el hijo de Ever murió en esos días, en el año 48 de la vida de Abram hijo de Teraj y todos los días de Peleg fueron 239 años.

[2] Y cuando YAHWEH dispersó a los hijos de los hombres a causa de su pecado en la torre, he aquí que se dispersaron en muchas divisiones y todos los hijos de los hombres fueron dispersos a las cuatro esquinas del mundo.

[3] Y todas las familias fueron cada una de acuerdo a su lenguaje, su tierra o su ciudad.

[4] Y los hijos de los hombres edificaron muchas ciudades de acuerdo a sus familias, en todos los lugares a donde fueron, y por toda la tierra donde YAHWEH los dispersó.

[5] Y algunos de ellos edificaron ciudades en lugares de donde fueron extirpados después, y ellos llamaron a esas ciudades como sus propios nombres, o el nombre de sus hijos, u ocurrencias particulares.

[6] Y los hijos de Yefet el hijo de Noé fueron y edificaron ciudades para ellos en los lugares a donde fueron dispersados, y ellos llamaron esas ciudades como sus nombres, y los hijos de Yefet fueron divididos en la faz de la tierra en muchas divisiones y lenguajes.

[7] Y estos son los hijos de Yefet de acuerdo a sus familias: Gomer, Magog, Medai, Yavan, Tuval, Meshej y Tiras; esos fueron los hijos de Yefet de acuerdo a sus generaciones.

[8] Y los hijos de Gomer, de acuerdo a sus ciudades, fueron los Francum, quienes viven en la tierra de Franza, junto al río Franza, junto al río Senah.

[9] Y los hijos de Refat son los Bartonim, quienes viven en la tierra de Bartonia junto al río Ledah, cual verte sus aguas en el gran río Guijon, esto es, Oceanus.

[10] Y los hijos de Torgamah son 10 familias, y estos son sus nombres: Buzar, Parzunac, Balgar, Elicanum, Ragbib, Tarki, Bid, Zebuc, Ongal and Tilmaz; todos ellos se difundieron y descansaron en el norte y se edificaron ciudades.

[11] Y ellos llamaron sus ciudades como sus propios nombres, estos son aquellos que habitan junto a los ríos Hitlah y Italac hasta este día.

[12] Pero las familias de Angoli, Balgar y Parzunac, ellos viven junto al gran río Dubni; y el nombre de sus ciudades son también de acuerdo a sus nombres.

[13] Y los hijos de Yavan son los Yavanim, que viven en la tierra de Makdonia, y los hijos de Medaiare son los Orelum, que viven en la tierra de Curson, y los hijos de Tuval son aquellos que viven en la tierra de Tuskanah junto al río Pashiah.

[14] Y los hijos de Meshej son los Shibashni y los hijos de Tiras son Rushash, Cushni, y Ongolis; todos esos fuero n y se edificaron ciudades, esas son las ciudades que son asequibles por el mar de Yabus por el río Cura, que desemboca en el río Tragan.

[15] Y los hijos de Elishah son los Almanim, y ellos fueron y se edificaron ciudades; esas son ciudades situadas entre las montañas de Job y Shibatmo; y de ellos fueron los pueblos de Lumbardi

que viven opuesto a las montañas de Job y Shibatmo, y ellos conquistaron la tierra de Italia y viven allí hasta este día.

[16] Y los hijos de Kittim son los Romim que viven en el valle de Canopia junto al río Tibreu.

[17] Y los hijos de Dudonim son esos que viven en las ciudades de Guijon, en la tierra de Bordna.

[18] esas son las familias de los hijos de Yefet de acuerdo a sus ciudades y lenguajes, cuando fueron dispersos después de la torre .

[19] Y los hijos de Ham fueron Kush, Mitzrayim, Put y Canaán de acuerdo a sus generaciones y ciudades.

[20] Todos ellos fueron y se edificaron ciudades según encontraron lugares propios para ellas, y llamaron las ciudades de acuerdo a los nombres de sus padres, Kush, Mitzrayim, Put, y Canaán.

[21] Y los hijos de Mitzrayim son los Ludim Anamim, Lehabim, Nahtujim, Patrusim, Caslujim y Cafto rim, 7 familias.

[22] Todos ellos viven junto al río Sijor, esto es el arroyo de Mitzrayim, y ellos edificaron ciudades y las llamaron como sus propios nombres.

[23] Y los hijos de Patros y Casloj se casaron entre sí, y de ellos salieron los Pelishim, los Azatim, y los Gerarim, los Gitim y los Ekronim, por todo, 5 familias; ellos también fueron y edificaron ciudades y las llamaron como el nombre de sus padres hasta este día.

[24] Y los hijos de Canaán también se edificaron ciudades, y llamaron sus ciudades como sus nombres, 11 ciudades y otras sin número.

[25] Y cuatro hombres de la familia de Ham fueron a la tierra de la planicie; estos son los nombres de los cuatro hombres: Sedom, Amorah, Admah y Tzevoyim.

[26] Y esos hombres se edificaron cuatro ciudades en la tierra de la planicie, y ellos llamaron los nombres de las ciudades como sus propios nombres.

[27] Y ellos y sus hijos y todo lo que les pertenecía vivieron en esas ciudades, y fueron fructíferos y se multiplicaron grandemente y vivieron en Shalom.

[28] Y Seir el hijo de Hur, hijo de Hivi, hijo de Canaán, fue y encontró un valle opuesto a la montaña de Paran, y él edificó una ciudad allí, y él y sus 7 hijos y su casa vivieron allí, y él llamó la ciudad cual él edificó Seir, de acuerdo a su nombre, y esa es la tierra de Seir hasta este día.

[29] Y esas son las familias de los hijos de Ham, de acuerdo a sus lenguajes y ciudades, cuando ellos fueron dispersos a su país después de la torre.

[30] Y algunos de los hijos de Shem hijo de Noé, padre de todos los hijos de Ever, también fueron y edificaron ciudades en los lugares donde fueron dispersos, y llamaron las ciudades como sus nombres.

[31] Y los hijos de Shem fueron Elam, Ashur, Arpa jshad, Lud y Aram, y ellos edificaron ciudades y llamaron las ciudades como sus nombres.

[32] Y Ashur hijo de Shem y sus hijos y su casa salieron en ese tiempo, un gran cuerpo de ellos, y fueron a una tierra distante que encontraron, y se encontraron con un valle muy extenso en la

tierra a donde fueron, y ellos se edificaron cuatro ciudades, y ellos las llamaron como sus propios nombres y ocurrencias.

[33] Y estos son los nombres de las ciudades que los hijos de Ashur edificaron: Ninveh, Resen, Kalaj y Rehobot; y los hijos de Ashur viven allí hasta este día.

[34] Y los hijos de Aram también fueron y se edificaron una ciudad, y llamaron el nombre de la ciudad Uz, como su hermano mayor, y ellos viven en ella, esto es en la tierra de Uz hasta este día.

[35] Y en el segundo año después de la torre un hombre de la casa de Ashur, cuyo nombre era Belah, fue de la tierra de Ninveh, para quedarse con su casa dondequiera que encontrara un lugar; y ellos vinieron opuesto a las ciudades de la planicie, contra Sedom, y ellos vivieron allí.

[36] Y el hombre se levantó y edificó una ciudad pequeña, y llamó su nombre Belah, como su nombre; esto es la tierra de Tzoar hasta este día.

[37] y esas son las familias de los hijos de Shem de acuerdo a sus lenguajes y ciudades, después que fueron dispersos sobre la tierra después de la torre.

[38] Y todo reino, ciudad y familia de los hijos de Noé se edificaron muchas ciudades después de esto.

[39] Y ellos establecieron gobiernos en todas sus ciudades, para ser reguladas pos sus órdenes; así hicieron todas las familias de los hijos de Noé para siempre.

11 – El malvado Reinado de Nimrod

(Génesis 11, Una Historia Omitida de la Torre de Babel)

[1] Y Nimrod hijo de Kush aún estaba en la tierra de Shinar, y él reinaba sobre ella y vivía allí, y él edificó ciudades en la tierra de Shinar.

[2] Y éste es el nombre de las cuatro ciudades que él edificó, y él llamó sus nombres como las ocurrencias que le sucedieron a ellos en la edificación de la torre.

[3] Y él llamó a la primera Bavel, diciendo: Porque YAHWEH allí confundió el lenguaje de toda la tierra, y el nombre de la segunda él llamó Erej, porque desde allí el Todopoderoso los dispersó.

[4] La tercera él llamó Ejed, diciendo que hubo una gran batalla en ese lugar; y la cuarta él llamó Kalnah, porque sus príncipes y hombres poderosos fueron consumidos allí, y ellos irritaron a YAHWEH, ellos se rebelaron y transgredieron contra El.

[5] Y cuando Nimrod había edificado esas ciudades en la tierra de Shinar, él puso en ella el remanente de su pueblo, sus príncipes y hombres poderosos que quedaban en el reino.

[6] Y Nimrod vivía en Bavel, y él allí renovó su reino sobre el resto de sus súbditos , y él reinó en seguridad, y los súbditos y príncipes de Nimrod llamaron su nombre Amrafel, diciendo que en la torre, sus príncipes y hombres cayeron por sus medios.

[7] A pesar de esto Nimrod no regresó a YAHWEH, y él continuó en perversidad y enseñando perversidad a los hijos de los hombres; y Mardon su hijo era peor que su padre, y continuó añadiendo a las abominaciones de su padre.

[8] Y él causó a los hijos de los hombres pecar, por lo tanto es dicho: Del perverso sale perversidad.

[9] Y en ese tiempo hubo guerra entre las familias de los hijos de Ham, mientras ellos vivían en las ciudades que ellos habían edificado.

[10] Kedor-laomer, rey de Elam, se fue lejos de las familias de los hijos de Ham, y él peleó con ellos y él los subyugó, y él fue a las cinco ciudades de la planicie y peleó contra ellos, y él las subyugó y ellos estaban bojo su control.

[11] Y ellos le sirvieron 12 años y le dieron un impuesto anual.

[12] Y en ese tiempo murió Nahor, hijo de Serug, en el año 49 de la vida de Abram hijo de Teraj.

[13] Y en el año 50 de la vida de Abram hijo de Teraj, Abram salió de la casa de Noé, y fue a la casa de su padre.

[14] Y Abram conocía a YAHWEH, y él caminaba en Sus sendas e instrucciones, y YAHWEH el Todopoderoso estaba con él.

[15] Y Teraj su padre era en esos días todavía el capitán del ejército del rey Nimrod, y aún él seguía a dioses extraños.

[16] Y Abram vino a la casa de su padre y vio 12 dioses, parados allí en sus templos, y la ira de Abram fue rebullida cuando él vio esas imágenes en la casa de su padre.

[17] Y Abram dijo: Como vive YAHWEH, estas imágenes no permanecerán en la casa de mi padre; así YAHWEH quien me creó me haga a mí si en el tiempo de tres días yo no las quiebro todas.

[18] Y Abram salió de ellas y su ira quemaba dentro de él. Y Abram se apresuró y fue de la cámara hacia el patio externo de su padre, y él encontró a su padre sentado en el patio, y todos sus sirvientes con él, y Abram vino y se sentó delante de él.

[19] Y Abram preguntó a su padre diciendo: Padre, dime donde está el Todopoderoso que creó la tierra, y todos los hijos de los hombres sobre la tierra, y quien nos creó a ti y a mí. Y Teraj respondió a su hijo Abram y dijo: He aquí, esos que nos crearon a nosotros están todos con nosotros en la casa.

[20] Y Abram dijo a su padre: Mi señor, muéstramelos por favor; y Teraj trajo a Abram a la cámara del patio interior, y Abram vio, y he aquí, la cámara completa estaba llena de dioses de madera y piedra, 12 grandes imágenes y otras menores sin número.

[21] Y Teraj dijo a su hijo: He aquí, estos son ellos los que crearon todo lo que ves sobre la tierra, y quienes me crearon a mí, a ti, y a toda la humanidad.

[22] Y Teraj se inclinó a sus dioses, y él después salió de ellos, y Abram, su hijo, salió con él.

[23] Y cuando Abram había salido de ellos, él fue a su madre y se sentó delante de ella, y él dijo a su madre: He aquí, mi padre me ha mostrado los que hicieron el cielo y la tierra, y a todos los hijos de los hombres.

[24] Y ahora, por lo tanto, corre y ve por un cabrito del rebaño, y hazlo de carne gustosa, para que yo los pueda traer a los dioses de mi padre como ofrenda para que ellos coman, quizás por esto yo sea aceptado a ellos.

[25] Y su madre lo hizo así, y ella fue por un cabrito, e hizo carne gustosa de él, y lo trajo a Abram, y Abram tomó la carne gustosa de su madre y lo trajo delante de los dioses de su padre , y él se aproximó a ellos para que pudieran comer; y Teraj su padre no sabía de ello.

[26] Y Abram vio en el día que él estaba sentado entre ellos que ellos no tenían voz, ni oído, ni movimiento, y ni uno de ellos podía alargar su mano para comer.

[27] Y Abram se burló de ellos y dijo: Seguramente la carne gustosa que yo he preparado no les ha complacido, o quizás era muy poco para ellos, y por esa razón no quisieron comer; por lo tanto, mañana yo preparé carne gustosa fresca, mejor y más abundante que ésta, para yo poder ver los resultados.

[28] Y fue el próximo día que Abram dirigió a su madre referente a la carne gustosa, y su madre se levanto y fue por tres cabritos del rebaño, y ella hizo una excelente carne gustosa, tal que su hijo estaba complacido, y ella se la dio a su hijo Abram; y Teraj su padre no supo de esto.

[29] Y Abram tomó la carne gustosa de su madre, y la trajo delante de los dioses de su padre dentro de la cámara; y él se aproximó a ellos para que pudieran comer, y él la puso delante de ellos, y Abram se sentó delante de ellos todo el día, pensando que quizás ellos comerían.

[30] Y Abram los miraba, y he aquí ellos no tenían voz, ni oído, ni uno de ellos extendió la mano hacia la carne para poder comer.

[31] Y en el anochecer de ese día en la casa Abram estaba ceñido con el Ruaj del Todopoderoso.

[32] Y él llamó y dijo: ¡Ay de mi padre y su generación perversa, cuyos corazones todos están inclinados a la vanidad, que sirven a todos estos ídolos de madera y piedra que no pueden comer, ni oler, ni oír, ni hablar, que tienen bocas sin habla, ojos sin vista, oídos sin oír, manos sin comer, y piernas que no se pueden mover; como ellos son aquellos que los hacen y confían en ellos.

[33] Y cuando Abram vio todas esas cosas su ira fue rebullida contra su padre, y él se apresuró y tomó un hacha en sus manos, y vino a la cámara de los poderosos, y quebró todos los dioses de su padre.

[34] Y cuando él había terminado de quebrar las imágenes, él puso el hacha en la mano del gran dioses que estaba allí delante de ellos, y él salió; y Teraj su padre vino a casa, porque él había oído a la puerta el sonido de un hacha golpeando, así que Teraj vino a la casa para saber lo que era esto.

[35] Y Teraj, habiendo oído el hacha en la cámara de las imágenes, corrió a la cámara de las imágenes, y él se encontró con Abram saliendo.

[36] Y Teraj entró en la cámara y encontró todos los ídolos caídos y quebrados, y el hacha en las manos del más grande, cual no estaba quebrado, y la carne gustosa que Abram su hijo había hecho aún estaba allí delante de ellos .

[37] Cuando Teraj vio esto su ira fue grandemente rebullida, y él se apresuró y fue de la camara a Abram.

[38] Y él encontró a Abram su hijo aún sentado en la casa; y él le dijo: ¿Qué es esta obra que has hecho a mis dioses?

[39] Y Abram respondió a Teraj su padre , y él dijo: No así, mi señor, porque yo traje carne gustosa delante de ellos, y cuando yo me aproximé a ellos con la carne para que pudieran comer, ellos todos al mismo tiempo extendieron las manos para comer antes que el grande hubo extendido su mano para comer.

[40] Y el grande vio las obras que ellos habían hecho delante de él, y su ira fue violentame nte rebullida contra todos ellos, y he aquí, el hacha aun está en su mano como puedes ver.

[41] Y la ira de Teraj fue rebullida contra su hijo Abram, cuando él habló esto; y Teraj dijo a su hijo Abram en su ira: ¿Qué es este cuento que has dicho? Tú me hablas mentiras.

[42] ¿Hay en estos dioses ruaj, nefesh, o poder para hacer todo lo que tú me has dicho? ¿No son ellos madera y piedra, y no los hice yo mismo, y puedes hablar tales mentiras, diciendo que el grande dioses que estaba con ellos los golpeó? Es que tú pusiste al hacha en sus manos, y después dices que él los golpeó.

[43] Y Abram respondió a su padre y le dijo a él: ¿Y cómo puedes tú servir estos ídolos en los cuales no hay poder para hacer nada? ¿Pueden esos ídolos en los cuales tú confías redimirte? ¿Pueden ellos oír tus oraciones cuando tú clamas a ellos? ¿Pueden ellos librarte de las manos de tus enemigos, o pelearán ellos las batallas por ti contra tus enemigos, que tú has de servir madera y piedra cuales no pueden hablar ni oír?

[44] Y ahora, ciertamente no es bueno para ti ni para los hijos de los hombres que están conectados contigo, hacer esas cosas, ¿eres tú tan tonto, o necio o tan falto de entendimiento, que sirves madera y piedra, y lo haces de esta forma?

[45] ¿Y olvidarte de YAHWEH, el Todopoderoso quien hizo el cielo y la tierra, y quien te creó a ti en la tierra, y por ellos traer gran mal sobre sus almas en este asunto por servir madera y piedra?

[46] ¿No pecaron nuestros padres de esta forma en los días antiguos, y YAHWEH, el Todopoderoso del universo trajo las aguas de la inundación sobre ellos y destruyó toda la tierra?

[47] ¿Y cómo puedes tú continuar haciendo esto y sirviendo dioses de madera y piedra, que no pueden oír, o hablar, o liberarte a ti de la opresión, y así trayendo la ira del Todopoderoso del universo sobre ti?

[48] Y ahora mi padre abstente de esto, y no traigas mal sobre tu alma y las almas de tu casa.

[49] Y Abram se apresuró y saltó de delante de su padre, y tomó el hacha del ídolo más grande de su padre, con el cual Abram lo quebró y huyó corriendo.

[50] Y Teraj, viendo todo lo que Abram había hecho, se apresuró en ir de su casa, y fue al rey, y fue delante de Nimrod y se paró delante de él; y él se inclinó delante del rey, y el rey dijo: ¿Qué quieres tú?

[51] Y él dijo: Yo te suplico mi señor, que me oigas. Ahora, hace 50 años un hijo me fue nacido, y así ha hecho a mis dioses, y así él ha hablado; y por lo tanto, mi señor y rey, envía por él para que él venga delante de ti, y lo juzgues de acuerdo a la ley, para que él sea liberado de su mal.

[52] Y el rey envió tres hombres de sus sirvientes, y ellos fueron y trajeron a Abram delante del rey. Y Nimrod y todos sus príncipes y sirvientes estaban sentados delante de él ese día, y Teraj también se sentó delante de ellos.

[53] Y el rey dijo a Abram: ¿Qué es esto que tú has hecho a tu padre y a sus dioses? Y Abram respondió al rey con las palabras que él habló a su padre, y él dijo: El grande dioses que estaba con ellos en la casa les hizo a ellos lo que has oído.

[54] Y el rey dijo a Abram: ¿Tenían ellos poder para hablar y comer y hacer lo que tú has dicho? Y Abram respondió al rey diciendo: Si no hay poder en ellos, ¿por qué tú los sirves y causas a los hijos de los hombres errar por medio de tus locuras?

[55] ¿Te imaginas que ellos te pueden liberar o hacer algo grande o pequeño, que los debas servir? ¿Y por qué no has de servir al Todopoderoso de todo el universo, quien te creó a ti y en cuyo Poder está el matar o mantener vivos?

[56] ¡O, necio, simple e ignorante rey, ay de ti para siempre!

[57] Yo pensé que tú enseñaría s a tus sirvientes la senda recta, pero tú no has hecho esto, sino has llenado toda la tierra con tus pecados y los pecados de tu pueblo que han seguido tus sendas.

[58] ¿No sabes tú, o no has oído, que este mal que tú haces, que nuestros antepasados pecaron en él en los días de la antigüedad, y YAHWEH el Todopoderoso trajo las aguas de la inundación sobre ellos y los destruyó a todos, y también destruyó toda la tierra por causa de ellos? ¿Y te levantarás

tú y tu pueblo a hacer como tal a sus obras, para aplacar la ira de YAHWEH, el Todopoderoso del universo, o traer mal sobre ti y toda la tierra?

[59] Ahora, por lo tanto desecha esta obra maldita que tú haces, y sirve al Todopoderoso del universo, puesto que tu alma está en Sus manos, y después irá bien contigo.

[60] Y si tu perverso corazón no escucha a mis palabras para causarte abandonar tus sendas malvadas, y a servir al Elohim Eterno, entonces morirás en vergüenza en los postreros días , tú, y tu pueblo, y todos los que están conectados contigo, oyendo tus palabras o caminando en tus sendas malvadas.

[61] Y cuando Abram cesó de hablar delante del rey y príncipes, Abram levantó sus ojos a los cielos, y él dijo: YAHWEH mira a todos los perversos, El los juzgará.

12 – Abram Huye de Nimrod
Génesis 11 (continuación de la historia de la Torre de Babel)

[1] Y cuando el rey oyó las palabras de Abram, él ordenó que Abram fuera puesto en prisión, y Abram estuvo 10 años en prisión.

[2] Y al término de esos días el rey ordenó que todos los reyes, príncipes y gobernadores de diferentes provincias y sabios tenían que venir delante de él, y ellos se sentaron delante de él, y Abram aún estaba en la casa de reclusión.

[3] Y el rey dijo a los príncipes y sabios: ¿han oído ustedes lo que Abram el hijo de Teraj ha hecho a su padre? Así él le ha hecho, y yo ordené que él fuera traído delante de mí y así él ha hablado; su corazón no le produjo recelo, ni tampoco vaciló en mi presencia, y he aquí él está recluido en la prisión.

[4] Por lo tanto, decidan qué juicio es debido a este hombre que injurió al rey; quien habló e hizo todas las cosas que ustedes han oído.

[5] Y todos ellos respondieron al rey diciendo: El hombre que injurie al rey tiene que ser colgado de un árbol; pero habiendo hecho todas estas cosas que él dijo, y habiendo despreciado a nuestros dioses, él debe, por lo tanto, ser quemado hasta la muerte, porque esta es la ley en este asunto.

[6] Si complace al rey hacer esto, que él ordene a sus sirvientes prender un fuego ambos día y noche en tu horno de ladrillos, y entonces nosotros echaremos a este hombre dentro de él. Y el rey así los hizo, él ordenó a sus sirvientes preparar un fuego por tres días y tres noches en el horno del rey, que está en Kasdim; y el rey ordenó sacar a Abram de prisión y traerlo afuera para ser quemado.

[7] Y todos los sirvientes del rey, príncipes, señores, gobernadores, y jueces, y todos los habitantes de la tierra, alrededor de 900,000 hombres, se pararon opuesto al horno para ver a Abram.

[8] Y todas las mujeres y pequeños se aglomeraron sobre las azoteas y torres para ver lo que sucedía a Abram, y todos ellos se pararon a la distancia, y no quedó un hombre que no viniera en ese día para contemplar el escenario.

[9] Y cuando Abram fue traído, los magos del rey y los sabios vieron a Abram, y ellos gritaron al rey, diciendo; Nuestro soberano señor, ciertamente este es el hombre cual nosotros re conocemos ser el niño en cuyo nacimiento la gran estrella se trago cuatro estrellas, cual nosotros declaramos al rey hace 50 años.

[10] Y he aquí su padre también ha transgredido tus mandamientos, y se ha burlado de ti por traer otro niño, cual tú mataste.

[11] Y cuando el rey oyó sus palabras, él estaba extremadamente furioso, y ordenó que Teraj fuera traído delante de él.

[12] Y el rey dijo: ¿Has oído tú lo que los magos han hablado? Ahora dime verdad, como hiciste, y si tú hablas verdad serás absuelto.

[13] Y viendo que la ira del rey estaba muy rebullida, Teraj dijo al rey: Mi señor y rey, tú has oído la verdad, y lo que los magos dicen es correcto. Y el rey dijo: ¿Cómo puedes hacer tal cosa de transgredir mis órdenes y darme otro niño que tú no engendraste, y tomar el valor por él?

[14] Y Taré respondió al rey: Porque mis tiernos sentimientos se excitaron por mi hijo, en ese momento, y tomé un hijo de mi sierva, y lo traje al rey.

[15] Y el rey dijo: ¿Quién te aconsejó esto? Dime, no me ocultes nada, y entonces no morirás.

[16] Y Teraj estaba grandemente aterrorizado en la presencia del rey, y él dijo al rey: Fue Haran, mi hijo mayor quien me aconsejó a esto; y Haran tenía en aquellos días que Abram nació 32 años de edad.

[17] Peor Haran no aconsejó a su padre a nada, porque Teraj dijo esto al rey para librar su alma del rey, porque él temía grandemente; y el rey dijo a Teraj: Haran tu hijo quien te aconsejó a esto morirá por fuego con Abram; porque la sentencia de muerte está sobre él por haberse rebelado contra los deseos del rey en hacer esto.

[18] Pero Haran en ese tiempo se sintió inclinado a seguir las sendas de Abram, pero lo mantuvo dentro de él mismo.

[19] Y Haran dijo en su corazón: He aquí ahora, el rey ha agarrado a Abram por causa de esas cosas que Abram hizo, y vendrá a suceder que si Abram prevalece sobre el rey, yo lo seguiré a él, pero si el rey prevalece, yo seguiré al rey.

[20] Y cuando Teraj había hablado esto al rey referente a Haran su hijo, el rey ordenó que Haran fuera prendido con Abram.

[21] Y ellos los trajeron a ambos, Abram y su hermano Haran, para echarlos al fuego; y todos los habitantes de la tierra y los sirvientes del rey y príncipes y todas las mujeres y los pequeños estaban allí, parados allí.

[22] Y los sirvientes del rey tomaron a Abram y su hermano, y ellos los desnudaron de sus ropas, excepto por los atuendos interiores que estaban sobre ellos.

[23] Y ellos ataron sus manos y pies con cuerdas de lino, y los sirvientes del rey los alzaron y los echaron al fuego.

[24] y YAHWEH amaba a Abram y tuvo compasión sobre él, y YAHWEH descendió y liberó a Abram del fuego y él no fue quemado.

[25] Pero todas las cuerdas con las cuales lo ataron estaba quemadas, mientras Abram permaneció y caminó por dentro del fuego.

[26] Y Haran murió cuando lo echaron al fuego, y él fue quemado hasta las cenizas, porque su corazón no era perfecto con YAHWEH, y esos hombres quienes los echaron al fuego, las llamas del fuego se regaron sobre ellos, y ellos fueron quemados, y 12 hombres de ellos murieron.

[27] Abram caminó dentro del fuego tres días y tres noches, y todos los sirvientes del rey lo vieron caminando en el fuego, y ellos vinieron y le dijeron al rey, diciendo: He aquí, nosotros hemos visto a Abram caminando dentro del fuego, y aun los atuendos interiores que están sobre él no están quemados, pero la cuerda con la cual estaba atado esta quemada.

[28] Y cuando el rey oyó sus palabras su corazón desmayó, y él no les quería creer; así que él mandó otros príncipes fieles para ver el asunto, y ellos fueron y lo vieron y le dijeron al rey; y el rey se levantó para ir a verlo, y él vio a Abram caminar de aquí para allá dentro del fuego, y él vio el cuerpo de Haran muerto, y el rey se puso grandemente pensativo.

[29] Y el rey ordenó que Abram fuera sacado del fuego; y sus sirvientes se acercaron para sacarlo del fuego pero no pudieron, porque el fuego estaba por todo alrededor y las llamas ascendían hacia ellos del horno.

[30] Y los sirvientes del rey huyeron de ello, y el rey los reprendió, diciendo: Háganlo rápido y traigan a Abram fuera del fuego para que ustedes no mueran.

[31] Y los sirvientes del rey de nuevo se acercaron para sacar a Abram, y las llamas vinieron sobre ellos y quemaron sus rostros, así ocho de ellos murieron.

[32] Y cuando el rey vio que sus sirvientes no se podían acercar al fuego a no ser que fueran quemados, el rey llamó a Abram: ¡O siervo del Todopoderoso que está en el cielo, sal de entre el fuego y ven aquí a mí! Y Abram escuchó a la voz del rey, y él salió del fuego y vino y se paró delante del rey.

[33] Y cuando Abram salió el rey y sus sirvientes vieron a Abram viniendo delante del rey, con sus atuendos interiores sobre él, porque no se habían quemado, pero la cuerda con la cual estaba atado estaba quemada.

[34] Y el rey dijo a Abram: ¿Cómo es que no te quemaste en el fuego?

[35] Abram le dijo al rey: el Todopoderoso del cielo y de la tierra en quien yo confío y quien tiene todo bajo Su Poder, El me liberó del fuego en el cual tú me echaste.

[36] Y Haran el hermano de Abram fue quemado hasta las cenizas, y ellos buscaron su cuerpo y lo encontraron consumido,

[37] Y Haran era de 82 años de edad cuando fue consumido en el fuego de Kasdim. Y todos los príncipes y los habitantes de la tierra, viendo que Abram fue liberado del fuego, ellos vinieron y se inclinaron hacia Abram.

[38] Y Abram les dijo a ellos:No se inclinen ante mí, inclínense delante del Todopoderoso del mundo quien los hizo, y sírvanle, y caminen en Sus sendas porque El quien me liberó de este fuego, y es El quien creó los nefeshim y los ruajim de todos los hombres, y formó al hombre en el vientre de su madre, y lo hizo nacer en este mundo, y es El quien liberará a aquellos que confían en El de todo dolor.

[39] Y esta cosa pareció muy maravillosa a los ojos del rey y sus príncipes; que Abram fuera salvado del fuego y Haran fue quemado; y el rey dio a Abram muchos regalos y le dio sus dos sirvientes principales de la casa del rey; el nombre de uno Oni, y el nombre del otro era Eliezer.

[40] Y todos los reyes y príncipes y sirvientes dieron a Abram muchos regalos de plata y oro y perlas, y el rey y sus príncipes lo despidieron, y él se fue en Shalom.

[41] Y Abram salió del rey en Shalom, y muchos de los sirvientes del rey lo siguieron, y alrededor de 300 hombres se unieron a él.

[42] y Abram regresó en ese día y fue a la casa de su padre, él y los hombres que le siguieron, y Abram sirvió a YAHWEH su Todopoderoso todos los días de su vida, y él caminó en Sus sendas y siguió Su Toráh.

[43] Y desde ese día en adelante Abram inclinó los corazones de los hombres a servir a YAHWEH.

[44] Y en ese tiempo Nahor y Abram tomaron para sí esposas, las hijas de su hermano Haran; la esposa de Nahor era Miljah y el nombre de la esposa de Abram era Sarai. Y Sarai la esposa de Abram era estéril; ella no tuvo hijos en esos días.

[45] Y al término de dos años que Abram salió del fuego, esto es, el año 52 de su vida, He aquí que el rey Nimrod sentado en Bavel sobre su trono, y el rey se durmió y soñó que él estaba con sus tropas y su ejército en un valle opuesto al horno del rey.

[46] Y alzó sus ojos y vio a un hombre en la semejanza de Abram saliendo del horno, y que él vino y se paró delante del rey con su espada desenfundada , y después saltó hacia el rey con la espada, cuando el rey huyó del hombre , porque el tuvo temor, y mientras estaba corriendo, el hombre tiró un huevo sobre la cabeza del rey, y el huevo se convirtió en un gran río.

[47] Y el rey soñó que todas sus tropas se hundieron en el río y murieron, y el rey huyó con tres ho mbres que estaban delante de él y él escapó.

[48] Y el rey miró a esos hombres y estaban vestidos con ropas principescas como los atuendos de reyes, y tenían la apariencia y majestad de reyes.

[49] Y mientras ellos aún estaban corriendo el río se convirtió de nuevo en un huevo delante del rey, y salió del huevo un polluelo de pájaro que vino delante del rey, y voló hacia su cabeza y sacó los ojos del rey.

[50] Y el rey estaba irritado con la visión, y él se despertó de su sueño y su ruaj estaba agitado; y él sintió gran terror.

[51] Y en la mañana el rey se levantó de su cama en temor, y ordenó a todos los sabios y magos venir delante de él, cuando el rey relató su sueño a ellos.

[52] Y un sirviente sabio del rey, cuyo nombre era Anuki, le respondió al rey, diciendo: Este no es otro que el malvado Abram y su zera, cual se levantará contra mi señor y el rey en los días postreros.

[53] Y he aquí que el día llegará cuando Abram y su zera y los hijos de su casa guerrearán con mi rey, y ellos golpearán todos los ejércitos de l rey y sus tropas.

[54] Y en cuanto lo que has dicho referente a tres hombres cuales vis te como a ti mismo, y cuales escaparon, esto significa que sólo tú escaparás con tres reyes de los reyes de la tierra que estarán contigo en batalla.

[55] Y eso que viste del río que se convirtió en un huevo primero, y el polluelo de pájaro sacando tus ojos, esto significa que nada más que la zera de Abram cual matará al rey en los días postreros.

[56] Este es el sueño de mi rey, y su interpretación, y el sueño es verdadero, y la interpretación que tu sirviente te ha dado es correcta.

[57] Ahora por lo tanto mi rey, ciertamente tú sabes que es ahora 52 años desde que tus sabios vieron esto en el nacimiento de Abram. Y si mi rey sufre que Abram viva en la tierra, será para el daño de mi señor y rey, porque todos los días que Abram viva ni tú ni tu reino serán establecidos, porque esto fue conocido anteriormente en su nacimiento; ¿y por qué no mi rey matarlo, y que su mal sea alejado de ti en días postreros?

[58] Y Nimrod escuchó a la voz de Anuki, y él mandó a algunos de sus sirvientes secretamente para prender a Abram, y traerlo delante del rey para sufrir la muerte.

[59] Y Eliezer, el sirviente de Abram quien el rey le había dado a él, estaba en ese tiempo en la presencia del rey, y él oyó lo que Anuki aconsejó al rey. y lo que el rey dijo para causar la muerte de Abram.

[60] Y Eliezer dijo a Abram: Apúrate, levántate y salva tu alma, para que no mueras por las manos del rey, porque él vio en un sueño referente a ti, y así Anuki lo inte rpretó, y así también Anuki aconsejo al rey referente a ti.

[61] Y Abram escuchó a la voz de Eliezer, y Abram se apresuró y corrió para seguridad a la casa de Noé y su hijo Shem, y él se escondió allí y encontró un lugar de seguridad; y los sirvientes del rey vinieron a la casa de Abram a buscarlo, pero no lo pudieron encontrar, y ellos buscaron por todo el campo y él no fue encontrado, y ellos fueron y buscaron en toda dirección y no lo encontraron.

[62] Y cuando los sirvientes del rey no pudieron encontrar a Abram ellos regresaron al rey, pero la ira del rey contra Abram estaba aplacada, y el rey sacó de su mente este asunto referente a Abram.

[63] Y Avran fue escondido en la casa de Noé por un mes, hasta que el rey había olvidado el asunto, pero Abram aun temía al rey; y Teraj vino a ver a su hijo Abram secretamente en la casa de Noé, y Teraj era muy grande a los ojos del rey.

[64] Y Abram dijo a su padre: ¿No sabes tú que el rey piensa matarme, y aniquilar mi nombre de la tierra por el consejo de sus perversos consejeros?

[65] Ahora ¿a quién tienes aquí, y qué tienes en esta tierra? Levántate, vamos a irnos juntos a la tierra de Canaán, que podamos ser liberados de su mano, a no ser que tú perezcas también por su mano en los días postreros.

[66] ¿Tú no sabes o no has oído que no es por amor que Nimrod da todo su honor, porque es sólo por su beneficio que el otorga todo su bien sobre ti?

[67] Y si él te hace más grandes cosas que estas, ciertamente esas cosas son sólo vanidades del mundo, porque riquezas y abundancia no pueden aprovechar en el día de ira y furia.

[68] Ahora, por lo tanto, escucha a mi voz, y vamos a levantarnos e irnos a la tierra de Canaán, fuera del alcance de los daños de Nimrod; y a servir a YAHWEH quien te creó a ti en la tierra e irá bien contigo; y tira lejos todas las cosas vanas que tú persigues.

[69] Y Abram cesó de hablar, cuando Noé y su hijo Shem respondieron a Teraj, diciendo: Verdadera es la palabra que Abram ha dicho a ti.

[70] Y Teraj escuchó a la voz de su hijo Abram, y Teraj hizo todo lo que Abram dijo, porque esto era de YAHWEH, que el rey no causara la muerte de Abram.

13 – Abram en Canaán

(Génesis 12, 15)

[1] Y Teraj tomó a su hijo Abram y a su nieto Lot, el hijo de Haran, y Saraí su nuera, la esposa de su hijo Abram, y todas las almas de su casa y fue con ellos desde Ur Kasdim hasta la tierra de Canaán. Y ellos vinieron hasta la tierra de Haran y permanecieron allí, porque era extremadamente buena para pastar y suficientemente extensa para aquellos que los acompañaban.

[2] Y la gente de la tierra de Haran vio que Abram era bueno y recto con el Todopoderoso y los hombres, y que YAHWEH Su Todopoderoso estaba con él, y alguna de la gente de la tierra de Canaán vinieron y se unieron a Abram, y él les enseño las instrucciones de YAHWEH y Sus sendas, y esos hombres permanecieron con Abram y su casa y se adhirieron a él.

[3] Y Abram permaneció en la tierra tres años, y al término de tres años YAHWEH se le apareció a Abram y le dijo a él: Yo soy YAHWEH quien te sacó de Ur Kasdim, y te liberó de las manos de todos tus enemigos.

[4] Y ahora, por lo tanto, tú oirás a Mi voz y guardarás Mis mandamientos, Mis estatutos y Mis leyes, entonces Yo causaré que tus enemigos caigan delante de ti, y Yo multiplicaré tu zera como las estrellas del cielo, y Yo mandaré Mi bendición sobre todas las obras de tus manos, y a ti no te faltará nada.

[5] Levántate ahora, y toma a tu esposa y todo lo que pertenece a ti y ve a la tierra de Canaán, y permanece allí, y allí seré para ti Elohim y Yo te bendeciré. Y Abram se levantó y tomó a su esposa y todo lo que pertenecía a él, y él fue a la tierra de Canaán como YAHWEH le había dicho, y Abram era de 50 años de edad cuando él salió de Haran.

[6] Y Abram vino a la tierra de Canaán y vivió en el medio de la ciudad, y allí plantó su tienda entre los hijos de Canaán, habitantes de la tierra.

[7] Y YAHWEH se le apareció a Abram cuando él vino a la tierra de Canaán, y le dijo a él: Esta es la tierra que Yo te di a ti y a tu zera después de ti para siempre, y Yo haré tu zera como las estrellas del cielo, y Yo daré a tu zera por herencia todas las tierras que ves.

[8] Y Abram edificó un altar en el lugar donde el Todopoderoso se le había aparecido, y Abram invocó el Nombre de YAHWEH.

[9] Y en ese tiempo, al término de tres años de Abram vivir en la tierra de Canaán, en ese año Noé murió, cual era el año 58 de la vida de Abram, y todos los años que Noé vivió fueron 950 años y después murió.

[10] Y Abram vivió en la tierra de Canaán, él, su esposa, todo lo que pertenecía a él, y todos los que lo acompañaban, junto con aquellos que se habían unido a él de la gente de la tierra; pero Nahor, el hermano de Abram, y Teraj su padre, y Lot el hijo de Haran, y todo lo perteneciente a ellos vivieron en Haran.

[11] En el quinto año de Abram vivir en la tierra de Canaán la gente de Sedom y Amora y todas las ciudades de la planicie se rebelaron contra el poder de Kedorlaomer, rey de Elam, porque todos los reyes de la planicie habían servido a Kedorlaomer por

[12] años, y le habían dado un impuesto anual, pero en aquellos días, en el año 13, se rebelaron contra él. 12 Y en el décimo año de Abram vivir en la tierra de Canaán hubo guerra entre Nimrod [Amrafel] rey de Shinar y Kedorlaomer rey de Elam, y Nimrod vino a pelear contra Kedorlaomer y a someterlo.

[13] Porque Kedorlaomer era en ese tiempo uno de los príncipes de los ejércitos de Nimrod, y cuando toda la gente de la torre fue dispersa y aquellos que quedaron también fueron dispersos sobre la faz de la tierra, Kedorlaomer fue a la tierra de Elam y reinó sobre ella y se rebeló contra su amo .

[14] Y en aquellos días cuando Nimrod vio que las ciudades de la planicie se habían rebelado, él vino con arrogancia y furia para hacer la guerra contra Kedorlaomer, y Nimrod reunió a todos sus príncipes y sus súbditos, alrededor de 700,000 hombres, y fue contra Kedorlaomer, y Kedorlaomer salió para encontrarse con él con sus 5,000 hombres, y ellos se prepararon para la batalla en el valle de Bavel que está entre Elam y Shinar.

[15] Y todos esos reyes pelearon allí, y Nimrod y su gente fueron golpeados delante de la gente de Kedorlaomer, y cayeron de los hombres de Nimrod 600,000 hombres, y Mardon el hijo del rey también cayó entre ellos.

[16] Y Nimrod huyó y regresó en vergüenza y desgracia a su tierra, y él estuvo bajo sujeción de Kedorlaomer por mucho tiempo, y Kedorlaomer regresó a su tierra y envió príncipes de su ejército a los reyes que vivían alrededor de él, a Aryoj rey de Elasar, Tidal rey de Goyim, e hizo un pacto con ellos, y ellos todos eran obedientes a sus mandatos.

[17] Y fue en el año 15 de Abram vivir en Canaán, que fue el año 70 de la vida de Abram, y YAHWEH se le apareció a Abram en ese año y le dijo a él: Yo soy YAHWEH quien te sacó de Ur Kasdim para darte esta tierra por herencia.

[18] Ahora, por lo tanto, camina delante de Mí y sé perfecto y guarda Mis mandamientos, porque a ti y a tu zera Yo daré esta tierra por herencia, desde el río Mitzrayim hasta el gran río Eufrates.

[19] Y tú vendrás a tus padres en Shalom y en buena edad, y la cuarta generación regresará aquí a esta tierra y la heredará para siempre, y Abram edificó un altar e invocó el Nombre de YAHWEH quien se había aparecido a él, y él trajo sacrificios sobre el altar a YAHWEH.

[20] En ese tiempo Abram regresó a Haran para ver a su padre y su madre , y la casa de su padre, y Abram y su esposa y todo lo que pertenecía a él, regresaron a Haran, Y Abram vivió en Haran 5 años.

[21] Y mucha de la gente de Haran, como 72 hombres, siguieron a Abram y Abram les enseñó instrucción de YAHWEH y Sus sendas , y él les enseñó conocer a YAHWEH.

[22] Y en esos días YAHWEH se le apareció a Abram en Haran, y El le dijo: He aquí, Yo hablé contigo aquellos 20 años atrás, diciendo:

[23] Sal de tu tierra, de tu lugar de nacimiento y de la casa de tu padre, a la tierra que Yo te he mostrado para dártela a ti y a tus hijos, porque allí en esa tierra Yo te bendeciré, y te haré una gran nación, y te haré un gran nombre, y en ti las familias de la tierra serán bendecidas.

[24] Ahora, por lo tanto, levántate y sal de este lugar, tú, tu esposa y todo lo perteneciente a ti, también todos los nacidos en tu casa y todas las almas que has hecho en Haran, y sácalas de allí contigo, y levántate para regresar a la tierra de Canaán.

[25] Y Abram se levantó y tomó a su esposa Sarai y todo lo perteneciente a él, y todos los que le habían nacido a él en su casa, y las almas que había hecho en Haran, y ellos salieron para ir a la tierra de Canaán.

[26] Y Abram fue y regresó a la tierra de Canaán de acuerdo a la Palabra de YAHWEH. Y Lot el hijo de su hermano Haran fue con él, y Abram era de 75 años de edad cuando él salió de Haran para regresar a la tierra de Canaán.

[27] Y él vino a la tierra de Canaán de acuerdo a la Palabra de YAHWEH a Abram, y él plantó su tienda y vivió en la planicie de Mamre, y con él estaba Lot el hijo de su hermano, y todo lo perteneciente a él.

[28] Y YAHWEH de nuevo apareció a Abram y dijo: A tu zera Yo daré esta tierra; y él allí edificó un altar a YAHWEH quien se le había aparecido a él, cual está aun hasta estos días en la planicie de Mamre.

14 – El Faraón Rikayon

[1] En aquellos días había en la tierra de Shinar un hombre sabio que tenía entendimiento en toda sabiduría, y de una apariencia hermosa, pero él era pobre e indigente ; su nombre era Rikayon y le era duro mantenerse a sí mismo.

[2] Y él resolvió ir a Egipto, a Oswiris el hijo de Anom rey de Mitzrayim, para enseñar al rey sabiduría; porque quizás él encontraría favor a su vista, para levantarlo y darle sostén; y Rikayon así lo hizo.

[3] Y cuando Rikayon vino a Mitzrayim, él le preguntó a los habitantes de Mitzrayim referente al rey, y los habitantes de Mitzrayim le dijeron las costumbres del rey de Mitzrayim, porque era entonces la costumbre del rey de Mitzrayim que él salía de su palacio real y era visto fuera sólo un día al año, y después de eso el rey regresaba a su palacio y permanecía allí.

[4] Y un día el rey salió y pasó juicio en la tierra, y todos los que tenían pleito vinieron delante del rey ese día para obtener su petición.

[5] Y cuando Rikayon oyó de la costumbre del rey y que él no podía venir a la presencia del rey, él sufrió grandemente y estaba muy entristecido.

[6] Y en el anochecer Rikayon salió y encontró una casa en ruinas, anteriormente una casa de hornear en Mitzrayim, y él se quedó allí toda la noche en amargura de alma y punzado con hambre, y el sueño fue removido de sus ojos.

[7] Y Rikayon consideró dentro de él qué debía él hacer en el pueblo hasta que el rey hiciera su aparición, y cómo se podría mantener a sí mismo allí.

[8] Y él se levantó en la mañana y caminó alrededor, y se encontró en su camino con aquellos que vendían vegetales y varias clases de semillas con los cuales suplían a los habitantes.

[9] Y Rikayon deseó hacer lo mismo para poder tener su sostén en la ciudad, pero él desconocía las costumbres de la gente, y él era como un hombre ciego entre ellos.

[10] Y él fue y obtuvo vegetales para venderlos para su sostén, y la chusma se reunió alrededor de él y lo ridiculizaron, y cogieron sus vegetales de él y lo dejaron con nada.

[11] Y él se levantó con amargura de alma , y fue sollozando a la casa del horno en la cual se había quedado toda la noche anterior, y durmió allí la segunda noche.

[12] Y en esa noche él razonó con sí mismo cómo se podía salvar del hambre, y él diseñó un plan en cómo actuar.

[13] Y él se levantó en la mañana y actuó ingeniosamente, y fue y contrató a 30 hombres fuertes de la chusma, llevando sus instrumentos de guerra, él los llevó a la cumbre de un sepulcro de Mitzrayim, y él los situó allí.

[14] Y él les ordenó diciendo: Así dice el rey: Fortalézcanse y sean hombres valientes, y no permitan que ningún hombre sea sepultado aquí hasta que no sea dado 200 piezas de plata; y

entonces puede ser sepultado, y esos hombres hicieron de acuerdo a la orden de Rikayon a la gente de Mitzrayim por todo ese año.

[15] Y en el tiempo de 8 meses Rikayon y sus hombres reunieron grandes riquezas de plata y oro, y Rikayon tomó gran cantidad de caballos y otros animales , y él contrató más hombres, y él les dio caballos y ellos permanecieron con él.

[16] Y cuando el año dio vuelta, en el tiempo que el rey salía al pueblo, los habitantes de Mitzrayim se reunieron para hablar con él referente a la obra de Rikayon y sus hombres.

[17] Y el rey salió en el día señalado, y todos los Mitzrayimim vinieron a él y clamaron a él diciendo:

[18] Que el rey viva para siempre. ¿Qué es esta cosa que haces a tus sirvientes en el pueblo, de no permitir a un cuerpo muerto ser sepultado hasta que tanta plata y oro sea dado? ¿Fue algo como esto hecho en toda la tierra, desde los días de reyes pasados, sí, aun desde los días de Adán, hasta este día, que los muertos no puedan ser sepultado sólo por un precio impuesto?

[19] Nosotros sabemos que es una costumbre de reyes tomar un impuesto anual de los vivientes, pero tú no sólo haces esto, sino de los muertos tú arrancas un impuesto día a día.

[20] Ahora, O rey, ya nosotros no podemos soportar esto, porque toda la ciudad está arruinada a causa de esto, ¿y tú no lo sabes?

[21] Y cuando el rey oyó todo lo que ellos habían hablado, y su ira se encendió dentro de él por este asunto, porque él no había conocido nada de esto.

[22] Y el rey dijo: ¿Quién y dónde está él que se atreve a hacer esta cosa perversa en mi tierra sin mi mandato? Seguramente ustedes me dirán.

[23] Y ellos le dijeron todas las obras de Rikayon y sus hombres, y la furia del rey fue despertada, y él ordenó que Rikayon y sus hombres fueran traídos delante de él.

[24] Y Rikayon tomó 1,000 niños , hijos e hijas, y los vistió de seda y brocados, y los puso sobre caballos y los mandó al rey por medio de sus hombres, y él también tomó una gran cantidad de plata y oro y piedras preciosas, y un caballo fuerte y hermoso, como regalo para el rey, con los cuales vino delante del rey y se inclinó a tierra delante de él; y el rey y sus sirvientes y todos los habitantes de Mitzrayim se preguntaron de la obra de Rikayon, y ellos vieron sus riquezas y los regalos que había traído al rey.

[25] Y grandemente complació al rey y él se preguntó de ello; y cuando Rikayon se sentó delante del él, el rey le preguntó referente a sus obras, y Rikayon habló todas sus palabras sabiamente delante del rey, y sus sirvientes y todos los habitantes de Mitzrayim.

[26] Y cuando el rey oyó todas las palabras de Rikayon y su sabiduría, Rikayon encontró favor a su vista, y encontró con favor y bondad de todos los sirvientes del rey y todos los habitantes de Mitzrayim, a causa de su sabiduría y excelente oratoria, y desde ese momento ellos lo amaron extremadamente.

[27] Y el rey respondió y dijo a Rikayon: Tú nombre no será más Rikayon, sino Faraón será tu nombre, puesto que tú arrancaste un impuesto de los muertos, y él llamó su nombre Faraón.

[28] Y el rey y sus súbditos amaron a Rikayon por su sabiduría, y ellos consultaron con los habitantes de Mitzrayim para hacerlo prefecto bajo el rey.

[29] Y todos los habitantes de Mitzrayim y sus hombres sabios así lo hicieron, y fue hecho ley en Mitzrayim.

[30] Y ellos hicieron a Rikayon Faraón prefecto bajo Oswiris rey de Mitzrayim, y Rikayon Faraón gobernó sobre Mitzrayim, diariamente administrando justicia a toda la ciudad, pero Oswiris el rey juzgaba al pueblo de la tierra un día en el año, cuando él salía para hacer su aparición.

[31] Y Rikayon Faraón astutamente usurpó el gobierno de Mitzrayim, y él arrancaba un impuesto de todos los habitantes de Mitzrayim.

[32] Y todos los habitantes de Mitzrayim grandemente amaban a Rikayon Faraón, y ellos hicieron un decreto de llamar a todo rey que reinara sobre ellos y su zera en Mitzrayim, Faraón.

[33] Por lo tanto, todos los reyes que reinaron en Mitzrayim desde ese tiempo en adelante fueron llamados Faraón hasta este día.

15 – Abram en Egipto (la hambruna)
(Génesis 12:10-20; 13)

[1] Y en aquellos días hubo una fuerte hambruna en la tierra de Canaán, y los habitantes de la tierra no pudieron permanecer porque la hambruna era muy agravante.

[2] Y Abram y todo lo perteneciente a él se levantaron y descendieron a Mitzrayim a causa de la hambruna, y cuando ellos estaban en el arroyo de Mitzrayim ellos permanecieron allí por algún tiempo para descansar de la fatiga del camino.

[3] Y Abram y Sarai estaban caminado por el borde del arroyo de Mitzrayim, y Abram contempló a su esposa Sarai que ella era muy bella.

[4] Y Abram dijo a su esposa Sarai: Puesto que el Todopoderoso te ha creado a ti con tan bello semblante, yo tengo temor de los Mitzrayimim no sea que ellos me maten y te lleven lejos, porque el temor al Todopoderoso no está en esos lugares.

[5] Ciertamente entonces tú harás esto: Di que tú eres mi hermana a todos los que te pregunten, para que me vaya bien a mí, y podamos vivir y no seamos puestos a muerte.

[6] Y Abram ordenó lo mismo a aquellos que vinieron con él a Mitzrayim a causa de la hambruna; también a su sobrino Lot él ordenó diciendo: Si los Mitzrayimim preguntan referente a Sarai di que es la hermana de Abram.

[7] Y aun, en todas esas órdenes Abram no puso confianza en ellos, sino que él tomó a Sarai y la puso en un arcón y lo escondió entre sus vasijas, porque Abram estaba grandemente preocupado por Sarai a causa de la perversidad de los Mitzrayimim.

[8] Y Abram y todo lo perteneciente a el se levantaron del arroyo de Mitzrayim y vinieron a Mitzrayim; y ellos apenas habían entrado por las puertas de Mitzrayim cuando los guardias se pararon delante de ellos diciendo: Den el diezmo al rey de lo que tienen, entonces pueden entrar al pueblo; y Abram y aquellos que estaban con él así lo hicieron.

[9] Y Abram con la gente que estaba con él vinieron a Mitzrayim, y cuando ellos vinieron ellos sacaron el arcón donde Sarai estaba escondida y los Mitzrayimim vieron el arcón.

[10] Y los sirvientes del rey se acercaron a Abram diciendo: ¿Qué tienes en este arcón que nosotros no hemos visto? Ahora abre el arcón y da diezmo al rey de todo lo que contiene.

[11] Y Abram dijo: Este arcón yo no abriré, pero todo lo que ustedes demanden sobre él yo daré. Y los oficiales de Faraón respondieron a Abram, diciendo: Es un arcón de piedras preciosas, danos la décima parte de ello.

[12] Abram dijo: Todo lo que deseen yo daré, pero no pueden abrir el arcón.

[13] Y los oficiales del rey presionaron a Abram, y ellos alcanzaron el arcón y lo abrieron por la fuerza, y ellos vieron, y he aquí, una mujer bella estaba en el arcón.

[14] Y cuando los oficiales del rey contemplaron a Sarai, fueron golpeados con admiración por su belleza, y todos los príncipes y sirvientes de Faraón se reunieron para ver a Sarai, porque ella era muy bella. Y los oficiales de l rey corrieron y dijeron a Faraón todo lo que ellos habían visto, y ellos

alabaron a Sarai delante del rey; y Faraón ordenó que se la trajeran, y la mujer vino delante del rey.

[15] Y Faraón contempló a Sarai y ella lo complació extremadamente, y él fue golpeado con su belleza, y el rey se regocijó grandemente a causa de ella, e hizo regalos a aquellos que le trajeron las noticias de ella.

[16] Y la mujer fue traída entonces a la casa de Faraón, y Abram sufrió a causa de su esposa, y él oró a YAHWEH que la liberara de las manos de Faraón.

[17] Y Sarai también oró al mismo tiempo y dijo: O YAHWEH, el Todopoderoso, Tú sí le dijiste a mi señor Abram que se fuera de su tierra y de la casa de su padre a la tierra de Canaán; y Tú le prometiste que iría bien con él si él hacía Tus mandamientos; ahora contempla, hemos hecho eso que nos has ordenado; y nosotros nos fuimos de nuestra tierra y de nuestras familias, y fuimos a una tierra extraña y a una gente que no habíamos conocido anteriormente.

[18] Y nosotros vinimos a esta tierra para evitar la hambruna; y este malvado accidente ha caído sobre mí; ahora, por lo tanto, O YAHWEH Elohim líbéranos y sálvanos de las manos de este opresor, y haz bien conmigo por amor a Tu misericordia.

[19] Y YAHWEH escuchó a la voz de Sarai, y YAHWEH envió a un malaj para liberar a Sarai de la mano de Faraón.

[20] Y el rey vino y se sentó delante de Sarai y he aquí un malaj de YAHWEH estaba parado sobre ellos, y él apareció a Sarai y dijo a ella: No temas porque YAHWEH ha oído tu oración.

[21] Y el rey se acercó a Sarai y dijo a ella: ¿Qué es ese hombre para ti quien te trajo aquí? Y ella dijo: El es mi hermano.

[22] Y el rey dijo: Nos corresponde a nosotros hacerlo grande, elevarlo a él y hacer por él todo el bien que tú nos ordenarás; y en ese tiempo el rey mandó a Abram plata y oro y piedras preciosas en abundancia, junto con reses, sirvientes y sirvientas, y el rey ordenó que Abram fuera traído, y él se sentó en el patio de la casa del rey, y el rey exaltó a Abram en esa noche.

[23] Y el rey se acercó para hablar con Sarai, y él alcanzó con su mano para tocarla, cuando el malaj lo golpeó fuertemente, y él estaba aterrorizado y se abstuvo de alcanzarla.

[24] Y cuando el rey vino cerca de Sarai, el malaj lo golpeó al piso, y actuó así con él toda la noche, y el rey estaba aterrorizado.

[25] y el malaj aquella noche golpeó fuertemente todos los sirvientes del rey, y toda su casa, a causa de Sarai, y hubo gran lamentación esa noche entre la gente de la casa de Faraón.

[26] Y Faraón, viendo el mal que le cayó encima, dijo: Seguramente por culpa de esta mujer me ha sucedido esta cosa, y él se removió a una distancia de ella y habló palabras placenteras a ella.

[27] Y el rey dijo a Sarai: Dime, por favor, referente al hombre con el cual tú viniste aquí; y Sarai dijo: Este hombre es mi esposo, y yo te dije a ti que él era mi hermano porque tenía temor, no fuera que lo pusieras a muerte por perversidad.

[28] Y el rey se manutuvo lejos de Sarai, y las plagas del malaj cesaron de él y su casa; y Faraón supo que él fue golpeado por causa de Sarai; y el rey estaba grandeme nte asombrado por esto.

[29] Y en la mañana el rey llamó por Abram y dijo a él: ¿Qué es esto que me has hecho? ¿Por qué dijiste, ella es mi hermana, debido a eso yo la tomé para ser mi esposa, y esta pesada plaga ha por tanto caído sobre mí y mi casa?

[30] Ahora, por lo tanto, aquí esta tu mujer, tómala y vete de nuestra tierra no sea que todos muramos por causa de ella. Y Faraón tomó más ganado, sirvientes y sirvientas , plata y oro, para dar a Abram, y él le regresó a Sarai su esposa.

[31] Y el rey tomó una doncella que había nacido de sus concubinas, y la dio a Sarai por sirvienta.

[32] Y el rey dijo a su hija: es mejor para ti mi hija que seas sirvienta en la casa de este hombre a que seas ama en mi casa, después que hemos contemplado el mal que nos cayó por causa de esta mujer.

[33] Y Abram se levantó, y él y todo lo perteneciente a él salieron de Mitzrayim; y Faraón ordenó a algunos de sus hombres acompañarlo y a todos los que fueron con él.

[34] Y Abram regresó a la tierra de Canaán, al lugar donde había hecho el altar, y donde al principio había plantado su tienda.

[35] Y Lot, el hijo de Haran, el hermano de Abram, tenía una gran cantidad de ganado, manadas y rebaños y tiendas, porque YAHWEH fue dadivoso con ellos por causa de Abram.

[36] Y cuando Abram estaba viviendo en la tierra, los pastores de Lot pelearon con los pastores de Abram, porque su propiedad era muy grande para ellos permanecer juntos en la tierra, y la tierra no los podía sostener por causa de su ganado.

[37] Y cuando los pastores de Abram fueron a pastar su rebaño, ellos no podían ir a los campos de la gente de la tierra, pero el ganado de los pastores de Lot lo hicieron de otra forma, porque ellos estaban apremiados para pastar en los campos de la gente de la tierra.

[38] Y la gente de la tierra vio esta ocurrencia diariamente, y ellos vinieron a Abram y pelearon con él por causa de los pastores de Lot.

[39] Y Abram dijo a Lot: ¿Qué es esto que me estás haciendo, de hacerme despreciable a los habitantes de la tierra, y que tú ordenas a tus pastores pastar tu ganado en los campos de la gente de la tierra? ¿No sabes tú que yo soy un extranjero en esta tierra entre los hijos de Canaán, y por qué vas a hacerme esto a mí?

[40] Y Abram peleaba diariamente con Lot por causa de esto, pero Lot no quería escuchar a Abram, y él continuó haciendo lo mismo y los habitantes de la tierra vinieron y lo dijeron a Abram.

[41] Y Abram dijo a Lot: ¿Por cuánto tiempo serás para mí piedra de tropiezo con los habitantes de la tierra? Ahora, te suplico, que no haya más peleas entre nosotros, porque somos parientes.

[42] Pero yo pido que te separes de mí, ve y escoge un lugar donde puedas vivir con tu ganado y todo lo perteneciente a ti, pero mantente a distancia de mí, tú y tu casa.

[43] Y no temas en irte de mí, porque si cualquiera te hace un daño a ti, me dejas saber y yo vengaré tu causa de él, sólo remuévete de mí.

[44] Y cuando Abram había hablado todas esas palabras a Lot, entonces Lot se levantó y alzó sus ojos hacia las planicies de Yarden.

[45] Y cuando el vio que todo este lugar estaba bien abastecido con agua, y bueno para el hombre como también para pastizales para ganado.

[46] Y Lot se fue de Abram hacia ese lugar, entonces él allí plantó su tienda y vivió en Sedom, y ellos fueron separados uno del otro.

[47] Y Abram vivió en las planicies de Mamre, cual es Hevron, y él plantó su tienda allí, y Abram permaneció en ese lugar por muchos años.

16 - Abram contra los cinco reyes
(Génesis 14, 16)

[1] En ese tiempo Kedorlaomer rey de Elam envió a los reyes vecinos, a Nimrod, rey de Shinar, quien estaba entonces bajo su poder, y a Tidal rey de Goyim, y a Aryoj rey de Elasar, con quienes él había hecho pacto, diciendo: Vengan a mí a asístanme para que podamos derribar a todos los pueblos de Sedom y sus habitantes porque ellos se han rebelado contra mí esos 13 años.

[2] Y todos esos cuatro reyes subieron con sus campamentos, alrededor de 800,000 hombres, y ellos fueron como estaban, y golpearon a todos los hombres que encontraron en su camino.

[3] Y los cinco reyes de Sedom y Amora, Shinav rey de Admah, Shemever rey de Tze voyim, Bera rey de Sedom, Birsha rey de Amora, y Bela rey de Tzoar, fueron a encontrarse con ellos, ellos todos se reunieron en el valle de Siddim.

[4] Y esos nueve reyes hicieron la guerra en el valle de Siddim; y los reyes de Sedom y Amora fueron golpeados delante de los reyes de Elam.

[5] Y el valle de Siddim estaba lleno de pozos de cal, y los reyes de Elam persiguieron a los reyes de Sedom, y los reyes de Sedom con todos sus campamentos cayeron en los pozos de cal, y todos los que quedaron fueron a las montañas para seguridad, y los cuatro reyes de Elam vinieron tras ellos y los persiguieron hasta las puertas de Sedom, y se llevaron todo lo que había en Sedom.

[6] Ellos saquearon todas las ciudades de Sedom y Amora, y ellos también tomaron a Lot, el hijo del hermano de Abram, y su propiedad, y ellos saquearon todos los bienes de las ciudades de Sedom, y se fueron; y Unic el sirviente de Abram, quien estuvo en la batalla, vio esto, y le dijo a Abram todo lo que los reyes habían hecho a las ciudades de Sedom, y Lot fue tomado cautivo por ellos.

[7] Y Abram oyó esto y él se levantó con 318 hombres que estaban con él, y él esa noche persiguió a las reyes y los golpeó, y ellos todos cayeron delante de Abram y sus hombres, y no quedó uno excepto los cuatro reyes que huyeron, y ellos fueron cada uno por su camino.

[8] Y Abram recuperó toda la propiedad de Sedom, y él también recuperó a Lot y su propiedad, sus esposas y pequeños y todo lo perteneciente a él, así que a Lot no le faltaba nada.

[9] Y cuando él regresó de derribar a esos reyes, él y sus hombres pasaron por el valle de Siddim donde los reyes habían hecho la guerra juntos.

[10] Y Bera rey de Sedom y el resto de los hombres que estaban con él, salieron de los pozos de cal donde habían caído, para encontrarse con Abram y sus hombres.

[11] Y Adonitzedek [Melki-Tzedek] rey de Yerushalayim, [el nombre era Shem], salió con sus hombres para encontrarse con Abram y su gente, con pan y vino, y ellos permanecieron juntos en el Valle de Melej.

[12] Y Adonitzedek bendijo a Abram y Abram le dio una décima parte de todo lo que había traído del botín de sus enemigos, porque Adonitzedek era kohen de El 'Elyon [Elohim Altísimo].

[13] Y los reyes de Sedom y Amora que estaban allí, con sus sirvientes, se acercaron a Abram y le suplicaron que les regresara sus sirvientes que él había hecho cautivos, y que se quedara para sí con toda la propiedad.

[14] Y Abram respondió a los reyes de Sedom, diciendo: Como YAHWEH vive quien creó el cielo y la tierra, y quien redimió mi alma de la aflicción, y quien me liberó este día de mis enemigos, y los entregó en mi mano, yo no tomaré nada que pertenezca a ustedes, para que no se puedan jactar mañana, diciendo: Abram se hizo rico de nuestra propiedad que él guardó.

[15] Porque YAHWEH mi Todopoderoso Elohim en quien yo confío me dijo: No te faltará nada porque Yo bendeciré todas las obras de tus manos.

[16] Y ahora, he aquí, aquí está todo lo que pertenece a ustedes; tómenlo y váyanse, como YAHWEH vive yo no tomaré de ustedes desde un alma viviente hasta un cordón de zapato exceptuando la comida de aquellos que salieron conmigo a la batalla, como también las porciones de los hombres que fueron conmigo, Anar, Ashkol y Mamre, ellos y sus hombres, como también aquellos que permanecieron para vigilar el equipaje, ellos tomarán su porción del botín.

[17] Y los reyes de Sedom le dieron a Abram de acuerdo a lo que él había dicho, y ellos lo presionaron para que tomara lo que él escogiera, pero él no quiso hacerlo.

[18] Y él despidió a los reyes de Sedom y el remanente de sus hombres, y él les dio órdenes acerca de Lot, y ellos fueron a sus respectivos lugares.

[19] Y Lot, el hijo de su hermano, él también lo despidió con su propiedad, y fue con ellos, y Lot regresó a su hogar, a Sedom, y Abram y su gente regresaron a su hogar en las planicies de Mamre, cual es Hevron.

[20] Y en ese tiempo YAHWEH de nuevo se apareció a Abram en Hevron, y dijo a él: No temas, porque Yo no te abandonaré, hasta que te hay multiplicado, y bendecido y hecho tu zera como las estrellas del cielo, cuales no pueden ser medidas ni contadas.

[21] Y Yo daré a tu zera todas estas tierras que tú ves con tus ojos, a ellos Yo daré como herencia para siempre, sólo sé fuerte y no temas, camina delante de Mí y sé perfecto.

[22] Y en el año 78 de la vida de Abram, en el año que Reu el hijo de Peleg murió, y todos los días de Reu fueron 239 años, y él murió.

[23] Y Sarai, la hija de Haran, la esposa de Abram, aún era estéril en esos días; ella no dio a Abram ni hijo o hija.

[24] Y cuando ella vio que ella no estaba teniendo ningún hijo, ella tomó a su sirvienta Hagar, quién Faraón le había dado, y ella se la dio a Abram por esposa.

[25] Porque Hagar aprendió todas las sendas de Sarai, puesto que Sarai la había enseñado, ella no estaba, de ninguna manera, deficiente en seguir sus buenas sendas.

[26] Y Sarai dijo a Abram: He aquí, aquí está mi sirvienta Hagar, ve a ella para que ella pueda dar a luz sobre mis rodillas, para que yo también pueda obtener hijos por medio de ella.

[27] Y al término de 10 años de Abram vivir en Canaán, cual es el año 85 de la vida de Abram, Sarai le dio a Hagar para él.

[28] Y Abram escuchó a la voz de su esposa Sarai, y él tomó su sirvienta y Abram vino a ella y ella fue preñada.

[29] Y cuando Hagar vio que ella estaba preñada ella se regocijó grandemente, y su ama fue despreciada en sus ojos, y ella se dijo dentro de ella: Esto sólo puede ser que yo soy mejor delante del Todopoderoso que Sarai mi ama, porque todos los días que mi ama ha estado con mi señor, ella no concibió, pero a mí YAHWEH ha causado en tan corto tiempo que concibiera por él.

[30] Y cuando Sarai vio que Hagar había sido preñada por Abram, Sarai tuvo celos de su sirvienta, y ella dijo dentro de ella: Esto es seguramente no más que ella se mejor que lo que soy yo.

[31] y Sarai dijo a Abram: Mi mal esté sobre ti, porque en el tiempo que tú oraste a YAHWEH por hijos, ¿por qué no oraste por causa mía, que YAHWEH me diera zera de ti?

[32] Y cuando yo hablo a Sarai en tu presencia, ella desprecia mis palabras, porque ella está preñada, y tú no dices nada a ella; que YAHWEH juzgue entre yo y tú por lo que tú me has hecho a mí.

[33] Y Abram dijo a Sarai: He aquí, tu sirvienta está en tus manos, haz a ella como parezca bueno a tus ojos ; y Sarai la afligió, y Hagar huyó de ella al desierto.

[34] El Malaj de YAHWEH la encontró en su lugar a donde había huido, y El dijo a ella: No temas, porque Yo multiplicaré tu zera, y tú tendrás un hijo y tú le llamarás su nombre Yishmael; ahora, entonces regresa a tu ama Sarai, y sométete bajo sus manos,

[35] Y Hagar llamó al lugar de ese pozo Beer-Lahai-Roi, está entre Kadesh y el desierto de Bered.

[36] Y Hagar en ese tiempo regresó a la casa de su amo, y al término de los días Hagar le dio a luz un hijo a Abram, y Abram llamó su nombre Yishmael; y Abram era de 86 años de edad cuando él le fue nacido.

17 – El Rapto de las Sabinas
(Génesis 17)

[1] Y en esos días, en el año 91 de la vida de Abram, los hijos de Kittim hicieron la guerra con los hijos de Tuval, pues cuando YAHWEH había dispersado a los hijos de los hombres por la faz de la tierra , los hijos de Kittim fueron y se asentaron en las planicies de Canopia, y ellos edificaron ciudades y vivieron junto al río Tibreu.

[2] Y los hijos de Tuval vivían en Tuscanah, y sus asentamientos llegaban al río Tibreu, y los hijos de Tuval edificaron una ciudad en Tuscanah, y llamaron el nombre de la ciudad Sabinah, como el nombre de Sabinah hijo de Tuval su padre, y ellos vivieron allí hasta este día.

[3] Y fue en ese tiempo que los hijos de Kittim hicieron la guerra con los hijos de Tuval, y los hijos de Tuval fueron golpeados delante de los hijos de Kittim, y los hijos de Kittim causaron 370 hombres caer de los hijos de Tuval.

[4] Y en ese tiempo los hijos de Tuval juraron a los hijos de Kittim, diciendo : Ustedes no se casarán entre nosotros, y ningún hombre dará a su hija a ninguno de los hijos de Kittim.

[5] Porque las hijas de Tuval eran en esos días hermosas [blancas, rubias], porque ninguna mujer era encontrada en toda la tierra tan hermosa como las hijas de Tuval.

[6] Y todos los que se deleitaban en la belleza de las hijas de Tuval las tomaban por esposas, y los hijos de los hombres, reyes y príncipes, que grandemente se deleitaban en la belleza de las mujeres, tomaron esposas en esos días de las hijas de Tuval.

[7] Y al término de 3 años después que los hijos de Tuval habían jurado a los hijos de Kittim no darles sus hijas por esposas, cerca de 20 hombres de los hijos de Kittim fueron a tomar algunas de las hijas de Tuval, pero no encontraron ninguna.

[8] Porque los hijos de Tuval cumplieron su juramento de no casarse entre ellos, y ellos no romperían su juramento.

[9] Y en los días de la cosecha los hijos de Tuval fueron a los campos a recoger sus cosechas, cuando los hombres jóvenes de Kittim se reunieron y fueron a la ciudad de Sabinah, cada hombre tomó una joven de los hijos de Tuval, y ellos vinieron a sus ciudades.

[10] Y los hijos de Tuval oyeron de esto y fueron a hacer la guerra con ellos, y no pudieron prevalecer sobre ellos, porque la montaña era extremadamente alta para ellos, y cuando ellos vieron que no podían prevalecer, ellos regresaron a su tierra.

[11] Y en el transcurso del año los hijos de Tuval fueron y contrataron 10,000 hombres de las ciudades que estaban cerca de ellos, y ellos fueron a la guerra con los hijos de Kittim.

[12] Y los hijos de Tuval fueron a la guerra con los hijos de Kittim para afligirlos , y en este enfrentamiento los hijos de Tuval prevalecieron sobre los hijos de Kittim, y los hijos de Kittim viendo que estaba grandemente afligidos, alzaron los hijos que habían tenido con las hijas de Tuval, sobre el muro que había sido edificado, para que estuvieran en los ojos de los hijos de Tuval.

[13] Y los hijos de Kittim les dijeron a ellos: Ustedes han venido a hacer la guerra con sus propios hijos e hijas, ¿y no hemos sido considerados su propia carne y huesos desde ese tiempo hasta ahora?

[14] Y cuando los hijos de Tuval oyeron esto ellos cesaron de hacer la guerra contra los hijos de Kittim, y ellos se fueron.

[15] Y ellos regresaron a sus ciudades, y los hijos de Kittim en ese tiempo se reunieron y edificaron dos ciudades junto al mar, y ellos llamaron a una Purtu y a la otra Ariza.

[16] Y Abram el hijo de Teraj era entonces de 99 años de edad.

[17] Y en ese tiempo YAHWEH se le apareció a él y El dijo: Yo haré Mi Pacto entre Yo y tú, y Yo grandemente multiplicaré tu zera, y este es el Pacto que haré entre Yo y tú, que todo niño varón sea circuncidado, tú y tu zera después de ti.

[18] A los 8 días será circuncidado, y este Pacto estará en tu carne como Pacto eterno.

[19] Y ahora, por lo tanto, tu nombre no será llamado más Abram, sino Abraham; y tu esposa ya no será llamada más Sarai sino Sarah.

[20] Porque Yo los bendeciré a ambos, y Yo multiplicará su zera después de ustedes para que ustedes se conviertan en una gran nación, y reyes vendrán de ustedes.

18 – Comienza la Circuncisión

(Génesis 18)

[1] Y Abraham se levantó e hizo todo lo que YAHWEH le había ordenado, él tomó los hombres de su casa y aquellos comprados con su dinero, y los circuncidó como YAHWEH le había ordenado a él.

[2] Y no quedó uno a quien él no circuncidó, y Abraham y su hijo Yishmael fueron circuncidados en la carne de su prepucio; 13 años de edad tenía Yishmael cuando él fue circuncidado en la carne de su prepucio .

[3] Y al tercer día Abraham salió de su tienda para disfrutar el calor del sol, durante el dolor de su carne.

[4] Y YAHWEH se le apareció a él en las planicies de Mamre , y envió a tres de Sus malajim ministradores a visitarlo, y él estaba sentado a la puerta de su tienda, y él alzó sus ojos y vio, y he aquí, tres hombres estaban viniendo a la distancia, y él se levantó y corrió a recibirlos, y él se inclinó a ellos y los trajo dentro de su casa.

[5] Y él dijo a ellos: Si he encontrado favor a sus ojos vengan a comer un bocado de pan; y él los presionó, y ellos fueron y él les dio agua para lavar sus pies, y él los situó bajo un árbol a la puerta de su tienda.

[6] Y Abraham corrió y tomó un becerro, tierno y bueno, y él se apresuró a matarlo, y lo dio a su sirviente Eliezer para prepararlo.

[7] Y Abraham vino a Sarah dentro de la tienda, y él le dijo a ella: Rápido haz tres medidas de harina fina, amásalas y haz tortas para cubrir la olla que contiene la carne, y ella lo hizo así.

[8] Y Abraham se apresuró y trajo delante de ellos mantequilla y leche, carne y ovino, y los dio a ellos para comer antes que la carne del becerro estuviera suficientemente cocida , y ellos sí comieron.

[9] Y cuando ellos habían terminado de comer uno de ellos le dijo a él: Yo regresaré a ti de acuerdo al tiempo de la vida, y Sarah tu esposa tendrá un hijo.

[10] Y los hombres después salieron y fueron por su camino, a los lugares a los cuales fueron enviados.

[11] En aquellos días la gente de Sedom y Amora, y de todas las cinco ciudades eran extremadamente perversos y pecadores delante de YAHWEH y ellos provocaron a YAHWEH con sus abominaciones, y ellos se fortalecieron en envejecer en abominación y desdeñosamente delante de YAHWEH; y sus perversidades y transgresiones eran en aquellos días grandes delante de YAHWEH.

[12] Y ellos tenían en su tierra un valle muy extenso, cerca de la caminata de medio día, y en él había grandes fuentes de agua, y grandes pastizales rodeando el agua.

[13] Y la gente de Sedom y Amora iban allí cuatro veces al año, con sus esposas e hijos y todo lo que pertenecía a ellos, y ellos se regocijaban allí con cantos y danzas.

[14] Y en el tiempo de regocijo ellos todos se levantaban y agarraban las esposas de sus vecinos, y algunos, las hijas vírgenes de sus vecinos, y ellos lo disfrutaban, y cada hombre veía a su esposa e hija en las manos de su vecino, y no decían ni una palabra.

[15] Y ellos hacían así desde la mañana hasta la noche, y después regresaban a casa cada hombre a su casa y cada mujer a su tienda; así ellos siempre hacían cuatro veces al año.

[16] También cuando un extraño venía a sus ciudades y traía bienes que él había comprado con la ilusión de deshacerse de éstos, la gente de esas ciudades se reunía, hombres, mujeres y niños, viejos y jóvenes, e iban al hombre y le quitaban los bienes a la fuerza, dando un poco a cada hombre hasta que se terminaran todos los bienes del dueño cuales él había traído a la tierra.

[17] Y el dueño de los bienes peleaba con ellos , diciendo: ¿Qué es esta obra que ustedes me han hecho a mí? Entonces ellos se acercaban a él uno por uno, y cada uno le mostraba lo poco que él había cogido, y lo hostigaba, diciendo: Yo sólo cogí un poco cual tú me diste, y cuando él oyó esto de todos ellos, él se levantaba y se iba de ellos en tristeza y amargura de alma, cuando ellos se levantaban e iban tras él, y lo echaban de la ciudad con gran ruido y tumulto.

[18] Y había un hombre del país de Elam, quien estaba pausadamente yendo por el camino, sentado sobre su asno, quien llevaba un manto de muchos colores , y el manto estaba atado con una cuerda sobre el asno.

[19] Y el hombre estaba en su viaje pasando por la calle de Sedom cuando el sol se ponía en el anochecer, y él permaneció allí para quedarse durante la noche , pero nadie lo permitía dentro de su casa; y en ese tiempo había un hombre perverso y malhechor en Sedom, uno habilidoso en hacer el mal, y su nombre era Hedad.

[20] Y él levantó sus ojos y vio al viajante en la calle de la ciudad, y vino a él, diciendo: ¿De dónde vienes y hacia dónde vas?

[21] Y el hombre le dijo: Yo estoy viajando de Hevron a Elam a donde pertenezco, y mientras pasaba el sol se puso y nadie me ofreció entra r en su casa, a pesar que yo tenía pan y agua y paja y forraje para mi asno, y no me falta nada.

[22] Y Hedad respondió y dijo a él: Todo lo que quie ras será proveído por mí, pero en la calle no te quedarás esta noche.

[23] Y Hedad lo trajo a su casa, y él quitó el manto del asno con la cuerda, y los trajo dentro de su casa, y él dio al asno paja y forraje mientras el viajante comía y bebía en la casa de Hedad, y se quedó ahí esa noche.

[24] Y en la mañana el viajante se levantó temprano para seguir su viaje, cuando Hedad le dijo a él: Espera, conforta tu corazón con un bocado de pan, y después te vas, y el hombre así lo hizo; y permaneció con él, y ellos ambos comieron y bebieron durante el día, cuando el hombre se levantó para irse.

[25] Y Hedad dijo a él: He aquí, ahora el día está declinando, tú mejor te quedas toda la noche para que tu corazón se conforte, y lo presionó, así que se quedó toda la noche, y en el segundo día él se levantó temprano para irse, cuando Hedad lo presionó, diciendo: Conforta tu corazón con un

bocado de pan y después te vas, y permaneció y comió y bebió con él también el segundo día, y el hombre se levantó para continuar su viaje.

[26] Y Hedad le dijo: Ahora el día está declinando, permanece conmigo para confortar tu corazón, y en la mañana levántate temprano y vas por tu camino.

[27] Y el hombre no se quiso quedar, sino se levantó y ensilló su asno, y mientras él estaba ensillando su asno la esposa de Hedad le dijo a su esposo: He aquí, este hombre ha permanecido con nosotros por dos días comiendo y bebiendo y no nos ha dado nada, ¿y ahora se irá de nosotros sin darnos nada? Y Hedad le dijo a ella: Estate callada.

[28] Y el hombre ensilló su asno para irse, y le dijo a Hedad que le diera la cuerda y el manto pa ra atarlo al asno.

[29] Y Hedad dijo: ¿Qué dices tú? Y él le dijo: Que tú mi señor me darás la cuerda y el manto hecho de muchos colores, cual tú escondiste contigo dentro de la casa para cuidarlo.

[30] Y Hedad respondió al hombre, diciendo: Esta es la interpretación de tu sueño: La cuerda que tú viste, significa que tu vida será extendida como la cuerda, y habiendo visto al manto colorido con muchos colores, significa que tendrás un huerto en el cual plantarás árboles de todos los frutos.

[31] Y el viajante respondió, diciendo: No así mi señor, porque yo estaba despierto cuando yo te di la cuerda también un manto tejido de muchos colores, cual tú quitaste del asno y guardaste para mí; y Hedad le respondió, diciendo: Ciertamente yo te he dicho la interpretación de tu sueño y es un buen sueño, y esta es la interpretación de ello.

[32] Ahora, los hijos de los hombres me dan cuatro piezas de plata, que es lo que yo cobro por interpretar sueños, y de ti sólo requiero tres piezas.

[33] Y el hombre fue provocado a las palabras de Hedad, y él gritó amargamente, y él trajo a Hedad a Serak el juez de Sedom.

[34] Y el hombre expuso su caso delante de Serak el juez, cuando Hedad respondió, diciendo: No es así, pero el asunto está firme; y el juez dijo al viajante: Este hombre Hedad te dice la verdad, porque él es afamado en las ciudades por correcta interpretación de sueños.

[35] Y el hombre gritó a la palabra del juez, y dijo: No es así, mi señor, porque fue en el día que yo le di a él la cuerda y el manto que estaban sobre el asno, para poderlos guardar en su casa; y ellos ambos disputaron delante del juez, uno diciendo: Así fue el asunto, y el otro declarando de otra forma.

[36] Y Hedad dijo al hombre: Dame cuatro piezas de plata que yo cobro por mí interpretación de sueños; y no haré ningún descuento; y dame los gastos de las cuatro comidas que tú sí comiste en mi casa.

[37] Y el hombre dijo a Hedad: Ciertamente yo pagaré por lo que comí en tu casa, sólo dame la cuerda y manto que tú sí escondiste en tu casa.

[38] Y Hedad respondió delante del juez y él dijo al hombre: ¿No te dije la interpretación de tu sueño? La cuerda significa que tus días serán prolongados como una cuerda; y el manto, que tú tendrás un huerto donde plantarás todo tipo de árboles frutales.

[39] Esta es la correcta interpretación de tu sueño, ahora dame cuatro piezas de palta que yo requiero como compensación, porque no te haré a ti ninguna rebaja.

[40] Y el hombre gritó a las palabras de Hedad y ambos pelearon delante del juez, y el juez dio órdenes a sus sirvientes, quienes los echaron rudamente de la casa.

[41] Y ellos se fueron del juez peleando, cuando la gente de Sedom los oyeron, y ellos se reunieron alrededor de ellos, y ellos exclamaron contra el extraño, y ellos lo echaron rudamente de la ciudad.

[42] Y el hombre continuó su viaje sobre su asno con amargura de alma, llorando y sollozando.

[43] Y mientras él iba de camino, él lloró por lo que le había sucedido a él en la corrupta ciudad de Sedom.

19 – Sodoma Destruida
(Génesis 19)

[1] Y las ciudades de Sedom tenían cuatro jueces para cuatro ciudades; y estos eran sus nombres: Serak en la ciudad de Sedom, Sharkad en Amora, Zabnac en Admah, Menon en Tzvoyim.

[2] Eliezer, el sirviente de Abraham aplicó a ellos diferentes nombres, y él convirtió a Serak a Shakra, Sharkad a Shakrura, Zabnac a Kezobim, y Menon a Matzlodim.

[3] Y por deseo de sus cuatro jueces la gente de Sedom y Amora tenían camas puestas en las calles de las ciudades, y si un hombre venía a esos lugares ellos lo agarraban y lo traían a una de sus camas, y a la fuerza lo hacían acostarse en ellas.

[4] Y mientras se acostaba, tres hombres se paraban a su cabeza y tres a sus pies, y lo medían por el largo de la cama, y si el hombre era menos que la cama, esos seis hombres lo estiraban de cada extremo, y cuando él gritaba a ellos, ellos no respondían.

[5] Y si él era más largo que la cama, ellos aproximaban los dos lados de la cama en cada extremo hasta que el hombre llegaba hasta las puertas de la muerte.

[6] Y si él continuaba gritándoles a ellos, ellos le respondían, diciendo: Así se hará a un hombre que venga a nuestra tierra.

[7] Y cuando los hombres oyeron de esas cosas que la gente de las ciudades de Sedom hacían, ellos se abstenían de ir allá.

[8] Y cuando un hombre pobre venía a su tierra, ellos le daban plata y oro, y hacían una proclamación en toda la ciudad de no darle un bocado de pan para comer, y si el extraño permanecía allí por algunos días, y moría de hambre sin haber podido obtener un bocado de pan, entonces a su muerte la gente de la ciudad venían y tomaban su plata y su oro cual le habían dado.

[9] Y aquellos que podían reconocer la plata y el oro que le habían dado a él, lo tomaban de regreso, y a su muerte ellos también lo despojaban de sus vestiduras, y ellos solían pelear por ellas, y aquél que prevalecía sobre su vecino las tomaba.

[10] Y después ellos lo cargaban y lo enterraban bajo algunos matorrales en el desierto; así hacían todos los días a cualquiera que venía a ellos y moría en su tierra.

[11] Y en el curso del tiempo Sarah envió a Eliezer a Sedom para ver a Lot e inquirir por su bienestar.

[12] Y Eliezer fue a Sedom, y él vio a un hombre de Sedom peleando con un extraño, y el hombre de Sedom despojó al pobre hombre de sus vestiduras y se fue .

[13] Y este pobre hombre clamó a Eliezer y suplicó su favor por causa de lo que el hombre de Sedom le había hecho a él.

[14] Y Eliezer le dijo: ¿Por qué ustedes actúan así con un hombre pobre que vino a su tierra?

[15] Y el hombre de Sedom respondió a Eliezer, diciendo: ¿Es este hombre tu hermano o la gente de Sedom te ha hecho juez este día, que tú hablas acerca de este hombre?

[16] Y Eliezer luchó con el hombre de Sedom por causa del hombre pobre, y cuando Eliezer se acercó para recuperar las vestiduras del hombre pobre del hombre de Sedom, él se apresuró con una piedra y golpeó a Eliezer en la frente.

[17] Y la sangre fluía copiosamente de la frente de Eliezer, y cuando el hombre vio la sangre, él agarró a Eliezer, diciendo: Dame mi jornal por haberte librado de esta mala sangre que estaba en tu frente, porque tal es la costumbre y la ley de la tierra.

[18] Tú me has herido y requieres que yo te pague un jornal; y Eliezer no quiso escuchar las palabras del hombre de Sedom.

[19] Y el hombre agarró a Eliezer y lo trajo a Shakra el juez de Sedom para juicio.

[20] Y el hombre habló con el juez, diciendo: Yo te suplico mi señor, así ha hecho este hombre, pues yo lo golpee con una piedra y la sangre fluyó de su frente, y él no está dispuesto a darme mi jornal.

[21] Y el juez dijo a Eliezer: Este hombre habla la verdad a ti, dale su jornal, porque es la costumbre en nuestra tierra; y Eliezer oyó las palabras de juez, y él alzó una piedra y golpeó al juez, y la piedra golpeó en su frente, y la sangre fluyó copiosamente de la frente del juez, y Eliezer dijo: Si esta entonces es la costumbre en tu tierra, dale a este hombre lo que yo le debía haber dado, porque esta ha sido tu decisión, tú la decretaste.

[22] Y Eliezer dejó al hombre de Sedom con el juez y se fue.

[23] Y cuando los reyes de Elam hicieron la guerra contra los reyes de Sedom, los reyes de Elam capturaron toda la propiedad de Sedom, y ellos se llevaron a Lot cautivo, y cuando le fue dicho a Abraham, el hizo la guerra con los reyes de Elam, y él recuperó de sus manos toda la propiedad de Lot, como también la propiedad de Sedom.

[24] En aquellos tiempos la esposa de Lot le dio a luz una hija, y él llamó su nombre Paltit, diciendo: Porque el Todopoderoso lo había liberado y a toda su casa de los reyes de Elam; y Paltit la hija de Lot creció, y uno de los hombres de Sedom la tomó por esposa.

[25] Y un hombre pobre vino a la ciudad para buscar sostén, y él permaneció en la ciudad por algunos días, y toda la gente de Sedom casaron una proclamación de su costumbre de no dar a este hombre un bocado de pan para comer, y él cayó muerto en la tierra, y así hicieron.

[26] Y Paltit la hija de Lot vio a este hombre tirado en las calles famélico con hambre, y nadie le daba nada para mantenerlo vivo, y él estaba casi a punto de muerte.

[27] Y su alma fue llena de piedad por causa de este hombre, y ella lo alimentó secretamente por muchos días, y el alma de este hombre fue revivida.

[28] Porque ella fue a buscar agua y ella puso el pan en la vasija del agua, y cuando ella vino al lugar donde estaba el hombre pobre, ella sacó el pan de la vasija y lo dio a él para comer; así hizo por muchos días.

[29] Y toda la gente de Sedom y Amora estaban pensativos acerca de este hombre , ¿cómo podía soportar la inanición por tantos días?

[30] Y ellos se dijeron uno al otro: Esto sólo puede ser que él come y bebe, porque ningún hombre puede soportar la inanición por tantos días o vivir como lo ha hecho este hombre, sin siquiera su semblante cambiar; y tres hombres se escondieron en el lugar donde el hombre estaba estacionado, para saber quien era el que le traía pan para comer.

[31] Y Paltit la hija de Lot salió esa día a buscar agua, y ella puso pan en la vasija de agua, y fue a sacar agua por el lugar del hombre pobre, y ella tomó el pan de la vasija y lo dio al hombre pobre y él lo comió.

[32] Y los tres hombres vieron lo que Paltit hizo al hombre pobre, y ellos dijeron a ella: Eres tú entonces quien lo ha sostenido y, por lo tanto, él no se ha muerto de hambre, ni ha cambiado su apariencia ni muerto como el resto.

[33] Y los tres hombres salieron del lugar donde estaban escondidos, y ellos agarraron a Paltit y el pan que estaba en las manos del hombre pobre.

[34] Y ellos agarraron a Paltit y le llevaron delante de sus jueces, y dijeron a ellos: Así hizo ella, y es ella quien ha suplido al hombre con pan, por lo tanto, él no murió en todo este tiempo, ahora decláranos el castigo debido a esta mujer por haber transgredido nuestra ley.

[35] Y la gente de Sedom y Amora agitaron un fuego en la calle de la ciudad, y ellos cogieron a la mujer y la echaron en el fuego y ella fue quemada hasta las cenizas.

[36] Y en la ciudad de Admah había una mujer a la cual le hicieron lo mismo.

[37] Porque un viajante vino a la ciudad de Admah para quedarse toda la noche, con la intención de ir a casa en la mañana, y él se sentó frente a la puerta de la casa del padre de la joven, para permanecer allí, según el sol se puso cuando llegó a ese lugar, y la joven lo vio sentado por la puerta de la casa.

[38] Y él le pidió un trago de agua, y ella dijo a él: ¿Quién eres tú? Y él dijo a ella: Yo estaba este día yendo por el camino, y llegué aquí cuando el sol se puso, así que me quedaré aquí toda la noche, y en la mañana yo me levantaré temprano y continuaré mi viaje.

[39] Y la joven fue dentro de la casa y buscó pan y agua para que el hombre comiera y bebiera.

[40] Y este asunto se hizo conocido para la gente de Admah, y ellos se reunieron y trajeron a la joven delante de los jueces para que ellos la juzgaran por este acto.

[41] Y los jueces dijeron: El juicio de muerte tiene que ser pasado sobre esta mujer, porque ella transgredió nuestra ley, y esta es por lo tanto la decisión referente a ella.

[42] Y la gente de esas ciudades se reunieron y trajeron a la joven, y la ungieron con miel de cabeza a pies, como el juez había decretado, y la pusieron delante de un enjambre de abejas que estaba en sus panales, y las abejas volaron sobre ella y la picaron de tal manera que su cuerpo estaba todo hinchado.

[43] Y la joven gritaba por causa de las abejas, pero nadie tomó nota ni la compadeció, y sus gritos ascendieron al cielo.

[44] Y YAHWEH fue provocado por esto y todas las obras de las ciudades de Sedom, porque ellos tenían abundancia de comida, y tenían tranquilidad entre ellos, y aun no querían sostener al pobre

y necesitado y en aquellos días sus obras malvadas y pecados se hicieron grandes delante de YAHWEH.

[45] Y YAHWEH envió por dos de los malajim que habían venido a la casa de Abraham, para destruir Sedom y sus ciudades.

[46] Y los malajim se levantaron de la puerta a la tienda de Abraham, y ellos habían comido y bebido, y ellos llegaron a Sedom en el anochecer, y Lot estaba entonces sentado a las puertas de Sedom, y cuando él los vio, él se levantó para recibirlos, y él se inclinó a tierra.

[47] y El los presionó grandemente y los trajo dentro de su casa, y él les dio víveres cuales ellos comieron, y ellos se quedaron toda la noche en su casa.

[48] Y los malajim dijeron a Lot: Levántate, vete de este lugar, tú y todo lo que pertenece a ti, a no ser que seas consumido en la iniquidad de esta ciudad, porque YAHWEH destruirá este lugar.

[49] Y los malajim agarraron la mano de Lot y la mano de su esposa, y las manos de sus hijas, y todo lo perteneciente a él, y los sacaron y los pusieron fuera de las ciudades.

[50] Y ellos dijeron a Lot: Escapa por tu vida, y él huyó y todo lo que pertenecía a él.

[51] Entonces YAHWEH llovió sobre Sedom y Amora – sobre todas esas ciudades azufre y fuego vino de YAHWEH desde el cielo.

[52] Y El derribó esas ciudades, toda la planicie y todos los habitantes de las ciudades, y todo aquello que crecía sobre la tierra; y Ado la esposa de Lot miró hacia a tras para ver la destrucción de las ciudades, porque su compasión fue movida por causa de sus otras hijas que permanecieron en Sedom, porque ellas no fueron con ella.

[53] Y cuando ella miró hacia atrás, ella se convirtió en un pilar de sal, y está aun en ese lugar hasta este día.

[54] Y los bueyes que están en ese lugar todos los días lamen la sal desde las extremidades hasta los pies, y en la mañana brota de nuevo fresca, y de nuevo ellos la lamen hasta este día.

[55] Y Lot y dos de sus hijas permanecieron con él huyeron y escaparon a la cueva de Adullam, y permanecieron allí por algún tiempo.

[56] Y Abraham se levantó temprano para ver lo que había sido hecho a las ciudades de Sedom; y él miró y contempló el humo de las ciudades subiendo como el humo de un horno .

[57] Y Lot y sus dos hijas permanecieron en la cueva, y ellas hicieron que su padre bebiera vino, y ellas se acostaron con él, porque ellas dijeron que no había hombre en la tierra para levantar zera de ellos, porque ellas pensaron que toda la tierra había sido destruida.

[58] Y ellas dos se acostaron con su padre, y fueron preñadas y dieron a luz hijos, y la primogénita llamó el nombre de su hijo Moab, diciendo: De mi padre yo lo concebí, él es el padre de los Moabim hasta este día.

[59] Y la más joven también llamó a su hijo Benami; él es el padre de los hijos de Amón hasta este día.

[60] Y después Lot y sus dos hijas se fueron de allí, y vivió en el otro lado del Yarden con sus dos hijas y sus hijos, y los hijos de Lot crecieron, y ellos fueron y tomaron esposas para ellos de la tierra de Canaán, y ellos tuvieron hijos y fueron fructíferos y se multiplicaron.

20 - Abraham y los Filisteos

(Génesis 20)

[1] Y en ese tiempo Abraham viajó desde las planicies de Mamre, y él fue a la tierra de los Plishtim, y vivió en Gerar, esto era en el año 25 de Abraham vivir en la tierra de Canaán, y el año 100 de la vida de Abraham, que él vino a Gerar en la tierra de los Plishtim.

[2] Y cuando entraron en la tierra él dijo a su esposa Sarah: Di que tú eres mi hermana, a cualquiera que te preguntara, para poder escapar el mal de los habitantes de la tierra.

[3] Y mientras Abraham estaba viviendo en la tierra de los Plishtim, los sirvientes de Abimelec, rey de los Plishtim, vieron que Sarah era extremadamente bonita, y ellos preguntaron a Abraham referente a ella, y él dijo: Ella es mi hermana.

[4] Todos los sirvientes de Abimelec fueron a Abimelec, diciendo: Un hombre de la tierra de Canaán ha venido para hacer su hogar en la tierra, y él tiene una hermana que es extremadamente hermosa.

[5] Y Abimelec oyó las palabras de sus sirvientes quienes alabaron a Sarah al rey, y Abimelec envió sus oficiales y ellos trajeron a Sarah a él.

[6] Y Sarah vino a la casa de Abimelec, y el rey vio que Sarah era bonita, y ella lo complació extremadamente.

[7] Y él se acercó a ella, y dijo a ella: ¿Qué es ese hombre para ti, con el cual viniste a nuestra tierra? Y Sarah respondió y dijo; El es mi hermano. Y nosotros vinimos de la tierra de Canaán para hacer nuestro hogar dondequiera que encontráramos lugar.

[8] Y Abimelec dijo a Sarah: He aquí mi tierra esta delante de ti, sitúa a tu hermano en cualquier parte de esta tierra que te plazca, y será nuestro deber exaltarlo y elevarlo por encima de toda la gente de la tierra, puesto que él es tu hermano.

[9] Y Abimelec envió por Abraham y Abraham vino a Abimelec.

[10] Y Abimelec dijo a Abraham: He aquí, yo he dado órdenes que tú seas honrado como desees por causa de tu hermana Sarah.

[11] Y Abraham salió del rey, y el regalo del rey le siguió.

[12] Como al tiempo del anochecer, antes que los hombres se acuestan a descansar, el rey estaba sentado sobre su trono, y un sueño profundo cayó sobre él, y él se reclinó sobre el trono y durmió hasta la mañana,

[13] y soñó que un malaj de YAHWEH vino a él con su espada desenfundada en su mano, y el malaj se paró sobre Abimelec, y quería matarlo con la espada, y el rey estaba aterrorizado en su sueño, y dijo al malaj: ¿En qué he pecado contra ti que has venido a matarme con tu espada?

[14] Y el malaj respondió y dijo a Abimelec: He aquí, tú mueres por causa de la mujer que ayer en la noche trajiste para tu casa, porque ella es una mujer casada, la esposa de Abraham que vino a tu casa; ahora, por lo tanto, regresa a ese hombre su esposa, porque ella es su esposa; y si no la regresas, sabes que tú ciertamente morirás, tú y todo lo perteneciente a ti.

[15] Y en esa noche hubo gran lamento en la tierra de los Plishtim, y los habitantes de la tierra vieron la figura de un hombre parado con su espada desenfundada en su mano, y El golpeó a los habitantes de la tierra con la espada, sí, El continuó derribándolos.

[16] Y el malaj de YAHWEH golpeó toda la tierra de los Plishtim esa noche, y hubo gran confusión esa noche y a la mañana siguiente.

[17] Y toda matriz fue cerrada, y todos sus partos, y la mano de YAHWEH estaba sobre ellas a causa de Sarah, la esposa de Abraham, a quien Abimelec había tomado.

[18] Y en la mañana Abimelec se levantó con terror y confusión y con gran pavor, y él envió e hizo que sus sirvientes fueran llamados, y él relató su sueño a ellos, y la gente estaba grandemente atemorizadas.

[19] Y un hombre que estaba entre los sirvientes del rey, respondió al rey, diciendo : O rey soberano, restaura esta mujer a su esposo, porque él es su esposo, y de la misma forma sucedió al rey de Mitzrayim cuando él fue a Mitzrayim.

[20] Y él dijo referente a su esposa: Ella es mi hermana, porque es su forma de hacer en una tierra cuando él viene a hacer su hogar en una tierra donde él es extranjero.

[21] Y Faraón tomó esta mujer por esposa y YAHWEH trajo plagas gravosas sobre él hasta que él regresó la mujer a su esposo.

[22] Ahora, por lo tanto, O rey soberano, conoce lo que sucedió ayer por la noche en toda la tierra, y hubo gran consternación, y gran dolor y lamentación, y nosotros sabemos que fue por causa de esta mujer que tú tomaste.

[23] Ahora, por lo tanto, restaura esta mujer a su esposo, para que no caiga sobre nosotros como a Faraón rey de Mitzrayim y sus súbditos, y para que no muramos; y Abimelec se apresuró e hizo llamar a Sarah, y ella vino delante de él, y él hizo llamar a Abraham, y vino delante de él.

[24] Y Abimelec dijo a ellos: ¿Qué es esta obra que ustedes han estado haciendo diciendo que son hermano y hermana, y yo tomé esta mujer por esposa?

[25] Y Abraham dijo: Porque yo pensé que sufriría la muerte por causa de mi esposa; y Abimelec tomó rebaños y manadas, y sirvientes y sirvientas, y 1,000 piezas de plata, y los dio a Abraham, y regresó Sarah a él.

[26] Y Abimelec dijo a Abraham: He aquí, toda la tierra está delante de ti, vive en ella dondequiera que escojas.

[27] Y Abraham y Sarah su esposa salieron de la presencia del rey con honor y respeto, y ellos vivieron en la tierra, aun en Gerar.

[28] Y todos los habitantes de la tierra de los Plishtim y los sirvientes del rey aun estaban con dolor por la plaga que el malaj había infligido sobre ellos toda la noche a causa de Sarah.

[29] Y Abimelec envió por Abraham, diciendo: Ora ahora por tus sirvientes a YAHWEH tu Elohim que El quite esta mortalidad de entre nosotros.

[30] y Abraham oró por Abimelec y sus súbditos, y YAHWEH oyó la oración de Abraham, y El sanó a Abimelec y todos sus súbditos.

21 – Nace Isaac

(Génesis 21:1-7)

[1] Y al término del tiempo de un año y cuatro meses de Abraham vivir en la tierra de los Plishtim en Gerar, el Todopoderoso visitó a Sarah, y YAHWEH se recordó de ella, y ella fue preñada y dio a luz un hijo para Abraham.

[2] Y Abraham llamó el nombre del hijo que fue nacido a él, cual Sarah había dado a luz para él, Yitzjak.

[3] Y Abraham circuncidó a su hijo Yitzjak cuando tenía 8 días de nacido, como el Todopoderoso había ordenado a Abraham hacer a su zera después de él; y Abraham tenía 100 años, y Sarah 90 cuando Yitzjak fue nacido a ellos.

[4] Y el niño creció y fue destetado, y Abraham hizo gran fiesta el día que Yitzjak fue destetado .

[5] Y Shem y Ever y toda la gente de la tierra , y Abimelec rey de los Plishtim, y sus sirvientes, Pijol el capitán de su ejército, vinieron a comer y beber y regocijarse en la fiesta que Abraham hizo en el día que su hijo Yitzjak fue destetado.

[6] También Teraj el padre de Abraham, y Nahor su hermano , vinieron de Haran, y todos los perteneciente a ellos, porque ellos grandemente se regocijaron al oír que un hijo fue nacido a Sarah.

[7] Y ellos vinieron a Abraham, y ellos comieron y bebieron en la fiesta que Abraham preparó en el día que Yitzjak fue destetado.

[8] Y Teraj y Nahor se regocijaron con Abraham, y ellos permanecieron con él muchos días en la tierra de los Plishtim.

[9] En ese tiempo Serug el hijo de Reu murió, en el primer año del nacimiento de Yitzjak el hijo de Abraham.

[10] Y todos los días de Serug fueron 239 años, y después murió.

[11] Y Yishmael el hijo de Abraham estaba crecido en esos días; él tenía 14 años de edad cuando Sarah dio a luz a Yitzjak para Abraham.

[12] Y el Todopoderoso estaba con Yishmael el hijo de Abraham, y él creció, y él aprendió el uso del arco y se hizo arquero.

[13] Y cuando Yitzjak tenía 5 años de edad él estaba sentado con Yishmael a la puerta de la tienda.

[14] Y Yishmael vino a Yitzjak y se sentó frente a él, y sacó el arco y puso la flecha en él, y tuvo intenciones de matar a Yitzjak.

[15] Y Sarah vio el acto que Yishmael quiso hacer a su hijo Yitzjak, y la entristeció en extremo por causa de su hijo, y ella envió por Abraham, y ella dijo a él: Echa a esta esclava y a su hijo, porque su hijo no será heredero con mi hijo, porque así él buscó hacerle a él este día.

[16] Y Abraham escuchó a la voz de Sarah, y él se levantó temprano en la mañana, y tomó 12 panes y una botella de agua cuales dio a Hagar, y la envió fuera con su hijo, y Hagar fue con su hijo al

desierto, y ellos vivieron en el desierto de Paran con los habitantes del desierto, y Yishmael fue un arquero, y él vivió en el desierto por mucho tiempo.

[17] Y él y su madre después fueron a la tierra de Mitzrayim, y vieron allí, y Hagar tomó una esposa de Mitzrayim para su hijo, y su nombre era Eribah.

[18] Y la esposa de Yishmael fue preñada y dio a luz 4 hijos y 2 hijas, y Yishmael y su madre, y su esposa e hijos después fueron y regresaron al desierto.

[19] Y ellos se hicieron tiendas en el desierto, en las cuales vivieron, y ellos continuaron viajando y después descansando mensual y anualmente.

[20] El Todopoderoso dio a Yishmael rebaños y manadas y tiendas a causa de Abraham su padre, y el hombre aumentó en ganado.

[21] Y Yishmael vivía en desiertos y en tiendas, viajando y descansando por mucho tiempo, y él no vio el rostro de su padre.

[22] Y algún tiempo después Abraham dijo a Sarah su esposa: Yo iré a ver a mi hijo Yishmael, porque tengo deseo de verlo, no lo he visto en mucho tiempo.

[23] Y Abraham montó sobre uno de sus camellos hacia el desierto para buscar a su hijo Yishmael, porque él oyó que él estaba viviendo en una tienda en el desierto con todo lo que le pertenecía a él.

[24] Y Abraham fue al desierto, y él llegó a la tienda de Yishmael alrededor del mediodía, y preguntó por Yishmael, y encontró a la esposa de Yishmael sentada en la tienda con sus hijos, y Yishmael su esposo y su madre no estaban con ellos.

[25] Y Abraham preguntó a la esposa de Yishmael: ¿Dónde ha ido Yishmael? Y ella dijo: El ha ido al campo a cazar, y Abraham aún montado sobre el camello, él no se bajaba al suelo porque él había jurado a su esposa Sarah que no se bajaría del camello.

[26] Y Abraham dijo a la esposa de Yishmael: Hija mía, dame un poco de agua para que pueda beber, porque estoy fatigado del viaje.

[27] Y la esposa de Yishmael respondió y dijo a Abraham: Nosotros no tenemos ni agua ni pan, y ella continuó sentada en la tienda e ignoró a Abraham, y tampoco preguntó quién era él.

[28] Pero ella estaba golpeando a los niños en la tienda, y ella los estaba maldiciendo, y ella también maldijo a su esposo Yishmael y lo reprochó , y Abraham oyó las palabras de la esposa de Yishmael hacia sus hijos, y él estaba muy furioso y disgustado.

[29] Y Abraham llamó a la mujer para que viniera a él de la tienda, y la mujer vino y se paró frente a Abraham, porque Abraham aún estaba montado en el camello.

[30] Y Abraham dijo a la esposa de Yishmael: Cuando tu esposo Yishmael regrese a casa di estas palabras a él:

[31] Un hombre muy viejo de la tierra de los Plishtim vino a buscarte, y tal era su apariencia y figura; yo no le pregunté quién él era, y viendo que tú no estabas aquí, él habló conmigo y dijo: Cuando Yishmael tu esposo regrese dile así que este hombre dijo, cuando vengas a casa desecha este clavo de la tienda que tú has puesto aquí, y pon otro clavo en lugar de ese.

[32] Y Abraham terminó sus instrucciones a la mujer, y se volvió y se fue en el camello a casa.

[33] Y después de eso Yishmael regresó de la caza, él y su madre, y regresaron a la tienda, y su esposa habló estas palabras a él:

[34] Un hombre muy viejo de la tierra de los Plishtim vino a buscarte, y así era su apariencia y figura; yo no le pregunté quién él era, y viendo que tú no estabas en casa, me dijo: Cuando tu esposo regrese a casa dile, así dice el hombre viejo: Desecha el clavo de la tienda que tú has puesto aquí y pon otro en lugar de ese.

[35] Y Yishmael oyó las palabras de su esposa, y supo que era su padre y su esposa no lo honró.

[36] Y Yishmael entendió las palabras de su padre que él había hablado a su esposa, y Yishmael escuchó a las palabras de su padre, y Yishmael echó a esa mujer y ella se fue.

[37] Y después de eso Yishmael fue a la tierra de Canaán, y tomó otra esposa y la trajo a su tienda donde él entonces vivía.

[38] Y al término de 3 años Abraham dijo: Yo iré de nuevo a ver a mi hijo Yishmael, porque no lo he visto en mucho tiempo.

[39] Y él montó sobre su camello y fue al desierto, y llegó a la tienda de Yishmael alrededor del mediodía.

[40] Y preguntó por Yishmael, y su esposa salió de la tienda y ella dijo: El no está aquí mi señor, porque él ha ido a cazar en los campos, y a dar de comer a los camellos, y la mujer dijo a Abraham: Entra mi señor en la tienda, y come un bocado de pan, porque tu alma debe estar cansada a causa del viaje.

[41] Y Abraham dijo a ella: No pararé porque estoy apresurado para continuar mi viaje, pero dame un poco de agua para beber, porque estoy sediento, y la mujer se apresuró y fue dentro de la tienda y trajo agua y pan para Abraham, cuales ella puso delante de él y lo urgió a comer, y él comió y bebió y su corazón fue confortado, y él bendijo a su hijo Yishmael.

[42] Y él terminó su comida y bendijo a YAHWEH, y él dijo a la esposa de Yishmael: Cuando Yishmael regrese a casa dile estas palabras:

[43] Un hombre muy viejo de la tierra de los Plishtim vino aquí y preguntó por ti, y tú no estabas en casa; y yo le traje pan y agua y él comió y bebió y su corazón fue confortado.

[44] Y él habló estas palabra a mí: Cuando Yishmael tu esposo regrese a casa, el clavo de la tienda que tú tienes es muy bueno, no lo deseches de la tienda.

[45] Y Abraham terminó de ordenar a la mujer, y se fue a casa a la tierra de los Plishtim; y cuando Yishmael vino a su tienda su esposa salió a recibirlo con regocijo y un corazón alegre.

[46] Y ella dijo a él: Un hombre viejo vino de la tierra de los Plishtim, y así era su apariencia, y él preguntó por ti y tú no estabas aquí, así que yo saqué pan y agua, y él comió y bebió y su corazón fue confortado.

[47] Y él habló estas palabras a mí: Cuando Yishmael tu esposo regrese a casa dile a él: El clavo de la tienda que tú tienes es muy bueno, así que no lo deseches de la tienda.

[48] Y Yishmael supo que fue su padre, y que su esposa lo había honrado, y YAHWEH bendijo a Yishmael.

22 - El Pozo de Abraham y la Muerte de Taré

(Génesis 21:22-24; 22:20-24)

[1] Y Yishmael se levantó y tomó a su esposa y sus hijos y su ganado y todo lo que le pertenecía, y viajó de allí y fue a su padre en la tierra de los Plishtim.

[2] Y Abraham relató a Yishmael su hijo la transacción con la primera esposa que Yishmael tomó, de acuerdo a lo que ella hizo.

[3] Y Yishmael y sus hijos vivieron con Abraham muchos días en esa tierra, y Abraham vivió en la tierra de los Plishtim por largo tiempo.

[4] Y los días aumentaron y llegaron a 26 años, y después de eso Abraham con sus sirvientes y todo lo perteneciente a él fueron de la tierra de los Plishtim y fue removido a una gran distancia, y ellos vinieron cerca de Hevron, y ellos permanecieron allí, y los sirvientes de Abraham cavaron pozos de agua, y Abraham y todo lo que le pertenecía a él vivieron junto al agua, y los sirvientes de Abimelec rey de los Plishtim oyeron e l reporte que los sirvientes de Abraham habían cavado pozos de agua en las fronteras de la tierra.

[5] Y ellos vinieron y pelearon con los sirvientes de Abraham, y ellos les robaron un gran pozo que habían cavado.

[6] Y Abimelec rey de los Plishtim oyó de este asunto, y él y Pijol capitán de su ejército y 20 de sus hombres vinieron a Abraham, y Abimelec habló con Abraham referente a sus sirvientes, y Abraham reprendió a Abimelec referente al pozo que sus sirvientes le habían robado.

[7] Y Abimelec dijo a Abraham: Como YAHWEH vive quien creó toda la tierra, yo no oí de tal acto que mis sirvientes hicieron a tus sirvientes hasta este día.

[8] Y Abraham tomó 7 ovejas y las dio a Abimelec, diciendo: Toma estas, te pido por favor, de mi mano para que sea un testimonio para mí que yo cavé este pozo.

[9] Y Abimelec tomó las 7 ovejas que Abraham le había dado, porque él también le había dado reses y rebaños en abundancia, y Abimelec juró a Abraham referente al pozo, por lo tanto, él llamó al pozo Beer-Sheva , porque allí ambos juraron referente a ello.

[10] Y ellos hicieron un pacto en Beer-Sheva, y Abimelec se levantó con Pijol capitán de su ejército y todos sus hombres, y ellos regresaron a la tierra de los Plishtim, y Abraham y todo lo perteneciente a él vivieron en Beer-Sheva por mucho tiempo.

[11] Y Abraham plantó una gran arboleda en Beer-Sheva y le hizo 4 puertas mirando a los 4 ángulos de la tierra, y él plantó un viñedo en ella , así si un viajante venía a Abraham él entraba por cualquier puerta que estuviera en su camino, y permanecía allí y comía y bebía y se satisfacía y después se iba.

[12] Porque la casa de Abraham siempre estaba abierta a los hijos de los hombres que pasaban y volvían a pasar, que venían diariamente a comer y beber en la casa de Abraham.

[13] Y cualquier hombre que tuviera hambre y venía a la casa de Abraham, Abraham le daba pan para que pudiera comer y beber y estuviera satisfecho, y cualquiera que viniera desnudo a la casa

de Abraham él lo vestía con vestiduras como él escogiera, y le daba plata y oro y hacía conocido a él a YAHWEH quien lo había creado en esta tierra; esto hizo Abraham toda su vida.

[14] Y Abraham y sus hijos y todo lo perteneciente a él vivían en Beer-Sheva, y él plantó su tienda tan lejos como Hevron.

[15] Y el hermano de Abraham Nahor y su padre y todo lo perteneciente a ellos vivían en Haran, porque ellos no vinieron con Abraham a la tierra de Canaán.

[16] E hijos fueron nacidos a Nahor, cual Milkah la hija de Haran, hermana de Sarah, la esposa de Abraham, le dio a luz para él.

[17] Y estos son los nombres de aquellos nacidos a él: Uz, Buz, Kemuel, Kesed, Hazo, Pildash, Yidlaf, y Betuel, siendo 8 hijos, esos son los hijos de Milkah que ella dio a luz para Nahor, el hermano de Abraham.

[18] Y Nahor tenía una concubina y su nombre era Reumah, y ella también dio a luz para Nahor a Tzebaj, Gajash, Tajash y Maaja, siendo 4 hijos.

[19] Y los hijos nacidos a Nahor eran 12 hijos aparte de sus hijas, y ellos también tuvieron hijos nacidos a ellos en Haran.

[20] Y los hijos de Uz el primogénito de Nahor fueron Avi, Jeref, Gadin, Melus, y De horah su hermana.

[21] Y los hijos de Buz fueron Bera jel, Naamat, Sheva, y Madonu.

[22] Y los hijos de Kemuel fueron Aram y Re jov.

[23] Y los hijos de Kesed fueron Anamlej, Meshai, Benon y Yifi; y los hijos de Hazo fueron Pildash, Meji y Ofer.

[24] Y los hijos de Pildash fueron Arud, Jamum, Mered y Molej.

[25] Y los hijos de Yidlaf fueronMushan, Kushan y Mutzi.

[26] Y los hijos de Betuel fueron Sejar, Labán y su hermana Rivkah.

[27] Esas son las familias de los hijos de Nahor, que fueron nacidos a ellos en Haran; y Aram hijo de Kemuel y Rejov su hermano se fueron de Haran y ellos encontraron un valle en la tierra junto al río Eufrates.

[28] Y ellos edificaron una ciudad allí y llamaron el nombre de la ciudad como el nombre de Petor hijo de Aram, y esta es Aram-Naharayim hasta este día.

[29] Y los hijos de Kesed también fueron a donde pudieron encontrar un lugar para plantar su hogar, y ellos fueron y encontraron un valle opuesto a la tierra de Shinar.

[30] Y ellos se edificaron una ciudad y llamaron el nombre de la ciudad Kesed, como el nombre de su padre , esa es la tierra de los Kasdim hasta este día, y los Kasdim vivieron en esa tierra y fueron fructíferos y se multiplicaron en extremo.

[31] Y Teraj padre de Nahor y Abraham fue y tomó otra esposa en su vejez, y su nombre era Pelilah y ella fue preñada y le dio a luz para él un hijo y llamó so nombre Tzova.

[32] Y Teraj vivió 25 años después que Tzova fue nacido a él.

[33] Y Teraj murió en ese año, esto es, el año 35 del nacimiento de Yitzjak hijo de Abraham.

[34] Y los días de Teraj fueron 205 años, y después murió, y fue sepultado en Haran.

[35] Y Tzova el hijo de Teraj vivió 30 años y a él le nació Aram, Ajlis y Merik.

[36] Y Aram hijo de Tzova, hijo de Teraj tuvo 3 esposas y a él le nacieron 12 hijos y 3 hijas, y YAHWEH dio a Aram hijo de Tzova riquezas y posesiones, y abundancia de ganado, y rebaños y manadas, y el hombre aumentó grandemente.

[37] Aram el hijo de Tzova y su hermano y toda su casa viajaron de Haran, y ellos fueron a plantar su hogar donde pudieran encontrar un lugar, porque su propiedad era muy grande para Haran; po rque no podían quedarse en Haran junto con sus hermanos los hijos de Nahor.

[38] Y Aram el hijo de Tzova fue con sus hermanos, y ellos encontraron un valle hacia los campos del este y vivieron allí.

[39] Y ellos también edificaron una ciudad allí y le llamaron el nombre de ella Aram, como el nombre de su hermano mayor; esta es Aram-Tzova hasta este día .

[40] Y Yitzjak el hijo de Abraham estaba creciendo en esos días y Abraham su padre le enseñó la senda de YAHWEH para que conociera a YAHWEH, y YAHWEH estaba con él.

[41] Y cuando Yitzjak tenía 37 años de edad, Yishmael su hermano estaba con él en la tienda.

[42] Y Yishmael se jactó de sí mismo a Yitzjak, diciendo: yo tenía 13 años de edad cuando YAHWEH habló con mi padre de circuncidarnos, y yo hice de acuerdo a la palabra de YAHWEH cual El habló a mi padre, y yo di mi alma a YAHWEH, y yo no transgredí Su palabra cual El ordenó a mi padre.

[43] Y Yitzjak respondió a Yishmael: ¿Por qué te jactas conmigo sobre esto, acerca de un pedacito de carne que quitaste de tu cuerpo, referente a lo que YAHWEH te ordenó?

[44] Como vive YAHWEH, el Todopoderoso de mi padre Abraham, si YAHWEH dijera a mi padre: Trae a tu hijo Yitzjak y súbelo como ofrenda delante de Mí, yo no me abstendría sino alegremente accedería a ello.

[45] Y YAHWEH oyó la palabra que Yitzjak habló a Yishmael, y pareció buena a la vista de YAHWEH, y El pensó probar a Abraham en este asunto.

[46] Y el día vino cuando los hijos del Todopoderoso su pusieron delante de YAHWEH y ha satán también vino delante de YAHWEH.

[47] Y YAHWEH dijo a ha satán: ¿De dónde vienes? Y ha satán respondió a YAHWEH: De ir de aquí para allá en la tierra y de caminar hacia arriba y abajo en ella.

[48] Y YAHWEH dijo a ha satán: ¿Cuál es tu palabra para Mí referente a todos los hijos de la tierra? Y ha satán respondió a YAHWEH y dijo: Yo he visto a todos los hijos de la tierra que te sirven y se acuerdan de ti cuando ellos requieren algo de ti.

[49] Y cuando Tú les das la cosa que ellos requieren de ti, ellos se sienten descansados, y te abandonan y no se acuerdan más de ti.

[50] ¿Has visto a Abraham el hijo de Teraj, quien al principio no tenía hijos y él te servía y edificaba altares a ti donde quiera que iba, y él hacía subir ofrendas sobre ellos, y él proclamaba Tu Nombre continuamente a todos los hijos de la tierra?

[51] Y ahora que su hijo Yitzjak ha nacido para él, él te ha abandonado, él ha hecho gran fiesta para todos los habitantes de la tierra, y a YAHWEH él ha olvidado.

[52] Porque entre todo lo que él ha hecho, él no te ha traído ofrenda; ni ofrenda quemada ni ofrenda de Shalom, ni buey, ni oveja ni carnero de todo lo que él mató en el día que su hijo fue destetado.

[53] Aun desde el tiempo del nacimiento de su hijo hasta ahora, 37 años, él no ha edificado ningún altar delante de ti, ni ha traído ofrenda a ti, porque él vio que Tú diste lo que él pidió de ti, y por tanto él te olvidó.

[54] Y YAHWEH dijo a ha satán: ¿Has considerado mi siervo Abraham? Porque no hay ninguno como él sobre la tierra, un hombre perfecto y recto delante de Mí, uno que teme al Todopoderoso y evita el mal; como vivo Yo Fuera a decirle a él: Sube a tu hijo Yitzjak delante de Mí, él no lo retendría de Mí, no más si le dijera que trajera una ofrenda quemada de su rebaño o manadas.

[55] Y ha satán respondió a YAHWEH y dijo: Habla ahora a Abraham como Tú has dicho, y Tú verás si él este día no transgrede y echa Tus palabras a un lado.

23 - Abraham Ofrece a Isaac

(Génesis 22)

[1] En ese momento la palabra de YAHWEH vino a Abraham, y El dijo a Abraham, y Abraham dijo: Aquí estoy.

[2] Y El le dijo: Toma ahora a tu hijo, tu único hijo, a quien tú amas, aun Yitzjak, y ve a la tierra de Moriyah y ofrécelo sobre una de las montañas que te será mostrado, porque allí veras una nube y la Gloria de YAHWEH.

[3] Y Abraham se dijo a sí mismo: ¿Cómo separaré mi hijo Yitzjak de Sarah su madre, para poder traerlo para una ofrenda quemada delante de YAHWEH?

[4] Y Abraham vino dentro de la tienda, y él se sentó delante de Sarah su esposa, y él habló estas palabras a ella:

[5] Mi hijo Yitzjak ha crecido y él por algún tiempo no ha estudiado el servicio de su Elohim, por lo tanto, mañana yo lo llevaré a Shem, y a Ever su hijo, y allí él aprenderá las sendas de YAHWEH, porque ellos le enseñarán cómo conocer a YAHWEH, como también conocer que si él ora continuamente delante de YAHWEH, El le responderá, por lo tanto, allí él conocerá la senda de servir a YAHWEH su Todopoderoso.

[6] y Sarah dijo: Tú has hablado bien, ve mi señor y haz a él como tú has dicho, pero no lo remuevas a una gran distancia de mí, ni lo dejes permanecer allí mucho tiempo, porque mi alma está atada a su alma.

[7] Y Abraham dijo a Sarah: Mi hija, vamos a orar a YAHWEH nuestro Elohim, que El haga bien a nosotros.

[8] Y Sarah tomó a su hijo Yitzjak y él se quedó toda esa noche con ella, ella lo besó y abrazó y le dio instrucciones hasta la mañana.

[9] Y ella le dijo a él: O mi hijo, ¿Cómo puede mi alma separarse de ti? Y ella aun lo besaba y lo abrazaba, y ella dio a Abraham instrucciones con respecto a él.

[10] Y Sarah dijo a Abraham: O mi señor, yo oro que tomes cuidado de tu hijo, y pongas tus ojos sobre él, porque no tengo otro hijo ni hija sino él.

[11] O no te olvides de él, si tiene hambre dale pan y si tiene sed dale agua para beber; no lo dejes ir caminando ni lo hagas sentarse en el sol.

[12] Ni lo dejes ir solo por el camino, ni lo fuerces de cualquier cosa que desee, sino haz por él lo que él te puede decir a ti.

[13] Y Sarah lloró amargamente toda la noche a causa de Yitzjak, y ella le dio instrucciones hasta la mañana.

[14] Y en la mañana Sarah seleccionó un atuendo muy fino y bello de los atuendos que tenía en la casa, que Abimelec le había dado a ella.

[15] Y ella vistió a Yitzjak su hijo con ello, y puso un turbante sobre su cabeza, y ella puso una piedra preciosa en el turbante, y ella les dio provisiones para el camino, y Yitzjak fue con su padre Abraham, y algunos de sus sirvientes los acompañaron para despedirlos en el camino.

[16] Y Sarah salió con ellos, y ella fue con ellos por el camino para despedirlos, y ellos dijeron a ella: Regresa a la tienda.

[17] Y cuando Sarah oyó las palabras de su hijo Yitzjak ella lloró amargamente, y Abraham su esposo lloró con ella, y su hijo lloró con ellos un gran lloro, también los que fueron con ellos lloraron grandemente.

[18] Y Sarah agarró a su hijo Yitzjak, y ella lo tomó en sus brazos, y ella lo abrazó y continuó llorando con él, y Sarah dijo: ¿Quién sabe si después de este día te veré jamás otra vez?

[19] Y ellos aún lloraron juntos, Abraham, Sarah y Yitzjak, y todos aquellos que los acompañaron en el camino lloraron con ellos, y Sarah después se volvió de su hijo, llorando amargamente, y todos los sirvientes y las sirvientas regresaron con ella a la tienda.

[20] Y Abraham fue con Yitzjak su hijo para subirlo como ofrenda para YAHWEH, como El le había ordenado.

[21] Y Abraham llevó a dos de sus jóvenes con él, Yishmael el hijo de Hagar y a Eliezer su sirviente, y ellos fueron juntos con ellos, y cuando caminaban por el camino los jóvenes hablaron estas palabras entre ellos:

[22] Y Yishmael dijo a Eliezer: Ahora mi padre Abraham va con Yitzjak para subirlo como ofrenda quemada delante de YAHWEH, como El le ordenó.

[23] Ahora cuando él regrese él me dará todo lo que posee, para heredar después de él, porque yo soy su primogénito.

[24] Y Eliezer respondió a Yishmael y dijo: Ciertamente Abraham te echó con tu madre, y juró que tú no heredarás nada de todo lo que él posee, y ¿a quien dará todo lo que él posee, con todos sus tesoros, sino a su sirviente, quien ha sido fiel a su casa, quien le ha servido día y noche, y ha hecho todo lo que él ha deseado de mí? A mí él legará todas sus posesiones a su muerte.

[25] Y mientras Abraham estaba procediendo con su hijo Yitzjak por el camino, ha satán vino y se apareció a Abraham en la figura de un hombre muy viejo, humilde y de ruaj contrito, y él se acercó a Abraham y dijo a él: ¿Eres tú tonto o embrutecido que vas a hacer esta cosa este día a tu único hijo?

[26] Pues el Todopoderoso te dio un hijo en tus días postreros, en tu vejez, y ¿ tú iras a sacrificarlo este día porque él no cometió ninguna violencia, y causarás el alma de tu único hijo que perezca de la tierra?

[27] ¿No sabes tú ni entiendes que esto no puede venir de YAHWEH? Porque YAHWEH no puede hacer a un hombre tal mal sobre la tierra y decir: Ve y sacrifica a tu hijo.

[28] Y Abraham oyó esto y sabía que era la palabra de ha satán quien intentó sacarlo de la senda de YAHWEH, pero Abraham no quiso escuchar a la voz de ha satán, y Abraham lo reprendió y así él se fue.

[29] Y ha satán regresó y vino a Yitzjak; y él apareció a Yitzjak en la figura de un hombre joven de buena apariencia y bien favorecido.

[30] Y él se acercó a Yitzjak y dijo a él: ¿No sabes tu ni entiendes que tu viejo y tonto padre te trae a sacrificio este día por nada?

[31] Ahora, por lo tanto, hijo mío, no escuches ni lo atiendas a él, porque él es un viejo tonto, y no dejes que tu alma preciosa y bella figura sean perdidas de la tierra.

[32] Y Yitzjak oyó estoy dijo a Abraham: ¿Has oído, mi padre, eso que este hombre ha hablado? Aun así él ha hablado.

[33] Y Abraham respondió a su hijo Yitzjak y dijo a él: Ten cuidado de él y no escuches a sus palabras, ni lo atiendas, porque él es ha satán tratando de volvernos a un lado este día de las órdenes del Todopoderoso.

[34] Y Abraham aun reprendió a ha satán, y ha satán se fue de ellos, y viendo que no podía prevalecer sobre ellos se escondió de ellos y fue y pasó delante de ellos en el camino; y él se transformó en un gran arroyo de agua en el camino, y Abraham y Yitzjak y sus dos jóvenes llegaron a ese lugar, y vieron el gran y poderoso arroyo como las aguas poderosas.

[35] Y ellos entraron en el arroyo y lo pasaron, y las aguas al principio llegaba a sus piernas.

[36] Y ellos fueron más hondo en el arroyo, y las aguas llegaban hasta sus cuellos, y todos ellos estaban aterrorizados a causa del agua; y mientras iban por el arroyo Abraham reconoció ese lugar, y él sabía que no había agua en ese lugar antes.

[37] Y Abraham dijo a su hijo Yitzjak: Yo conozco este lugar y no había arroyo ni agua, ahora, por lo tanto, es este ha satán quien hace todas estas cosas a nosotros, para volvernos a un lado este día de las órdenes del Todopoderoso.

[38] Y Abraham lo reprendió y dijo a él: YAHWEH te reprenda, O ha satán, vete de nosotros porque nosotros vamos por la órdenes del Todopoderoso.

[39] Y ha satán estaba aterrorizado de las palabras de Abraham, y él se fue lejos de ellos, y el lugar de nuevo se hizo tierra seca como antes.

[40] Y Abraham fue con Yitzjak hacia el lugar que el Todopoderoso le había dicho.

[41] Y en el tercer día levantó sus ojos y vio el lugar a la distancia del cual el Todopoderoso le había dicho.

[42] Y un pilar de fuego apareció delante de él que alcanzaba desde la tierra hasta el cielo, y una nube de Gloria sobre la montaña, y la Gloria de YAHWEH fue vista en la nube.

[43] Y Abraham dijo a Yitzjak: Hijo mío, ¿ves tú en esa montaña, cual percibimos a la distancia, eso que yo veo sobre ella?

[44] Y Yitzjak respondió a su padre y dijo a su padre: Yo veo, y ¿quién lo iba a decir?, un pilar de fuego y una nube, y la Gloria de YAHWEH es vista sobre la nube.

[45] Y Abraham supo que su hijo Yitzjak fue aceptado delante de YAHWEH para una ofrenda quemada.

[46] Y Abraham dijo a Eliezer y a Yishmael su hijo: ¿Ven ustedes también lo que nosotros vemos sobre la montaña a la distancia?

[47] Y ellos respondieron y dijeron: No vemos nada más que la semejanza de las otras montañas de la tierra. Y Abraham supo que ellos no habían sido aceptados delante de YAHWEH para ir con ellos, y Abraham dijo a ellos: Quédense ustedes aquí con el asno mientras yo y mi hijo Yitzjak vamos a la montaña distante y a adorar allí delante de YAHWEH y luego regresaremos a ustedes.

[48] Y Eliezer y Yishmael permanecieron en ese lugar, como Abraham había ordenado.

[49] Y Abraham tomó leña para la ofrenda quemada y la puso sobre su hijo Yitzjak, y él tomó el fuego y el cuchillo, y ellos ambos fueron a ese lugar.

[50] Y mientras iban Yitzjak dijo a su padre: He aquí, yo veo el fuego y la leña, y ¿dónde está el cordero que tiene que ser la ofrenda quemada delante de YAHWEH?

[51] Y Abraham respondió a su hijo Yitzjak, diciendo: YAHWEH te ha escogido a ti hijo mío, para ser una perfecta ofrenda quemada en vez del cordero.

[52] Y Yitzjak dijo a su padre: Yo haré todo lo que YAHWEH habló a ti con regocijo y alegría de corazón.

[53] Y Abraham de nuevo dijo a Yitzjak su hijo: ¿Hay en tu corazón algún pensamiento o consejo acerca de esto, que no sea correcto? Dime hijo mío, por favor, ¡O hijo mío no me lo ocultes de mí!

[54] Y Yitzjak respondió a su padre Abraham y dijo a él: O padre mío, como YAHWEH vive y como tu alma vive, no hay nada en mi corazón que me cause desviarme ni a la derecha ni a la izquierda de la palabra que El te ha hablado a ti.

[55] Ni rama ni músculo se ha movido ni agitado por esto, ni hay en mi corazón ningún pensamiento o consejo maligno referente a esto.

[56] Pero yo estoy regocijándome y de corazón alegre en este asunto, y yo digo: Bendito es YAHWEH quien me ha escogido este día para ser ofrenda quemada delante de El.

[57] Y Abraham grandemente se regocijó a las palabras de Yitzjak, y ellos siguieron y llegaron al lugar que YAHWEH había hablado.

[58] Y Abraham se acercó para edificar el altar en ese lugar, y Abraham estaba sollozando, y Yitzjak tomó piedras y mortero hasta que habían terminado de edificar el altar.

[59] Y Abraham tomó la leña y la puso en orden sobre el altar que él edificó.

[60] Y él tomó a su hijo Yitzjak y lo ató para poder ponerlo sobre la leña que estaba sobre el altar, para matarlo para la ofrenda quemada delante de YAHWEH.

[61] Y Yitzjak dijo a su padre: Átame seguro y luego ponme sobre el altar no sea que me vuelva y me mueva, y me desate por la fuerza del cuchillo sobre mi carne y así profane la ofrenda quemada; y Abraham así lo hizo.

[62] Y Yitzjak aun dijo a su padre: O padre mío, cuando tú me hayas matado y me hayas quemado por ofrenda quemada, toma contigo eso que quede de mis cenizas, para llevar a Sarah mi madre, y dile a ella: Este es el aroma dulce de Yitzjak; pero no le digas esto si ella está sentada cerca de un pozo o en un lugar alto, para que no eche su alma tras de mí y muera.

[63] Y Abraham oyó las palabras de Yitzjak, y alzó su voz y lloró cuando Yitzjak dijo estas palabras; y las lágrimas de Abraham caían a borbotones sobre Yitzjak su hijo, y Yitzjak lloró amargamente, y él dijo a su padre: ¡Adelanta tú, O padre mío, y haz conmigo la Voluntad de YAHWEH nuestro Elohim, como El te ha ordenado!

[64] Y los corazones de Abraham y Yitzjak se regocijaron a esta cosa que YAHWEH le había ordenado a ellos; pero el ojo lloraba amargamente mientras el corazón se regocijaba.

[65] Y Abraham ató a su hijo Yitzjak, y lo puso sobre el altar sobre la leña, y Yitzjak estiró su cuello sobre el altar delante de su padre, y Abraham extendió su mano para tomar el cuchillo para matar a su hijo para ofrenda quemada delante de YAHWEH.

[66] En ese momento los malajim de misericordia vinieron delante de YAHWEH y hablaron con El referente a Yitzjak, diciendo:

[67] ¡O YAHWEH, Tú eres un Rey misericordioso y compasivo sobre todo lo que Tú has Creado en el cielo y en la tierra, y Tú los sostienes a todos; da, por lo tanto, rescate y redención en vez de Tu siervo Yitzjak, y piedad y ten compasión sobre Abraham y Yitzjak su hijo quienes están este día haciendo tus mandamientos.

[68] ¿Has visto, O YAHWEH, cómo Yitzjak el hijo de Abraham Tu siervo está atado para el sacrificio como un animal? Ahora, por lo tanto, deja que Tu piedad sea provocada por ellos.

[69] En ese momento YAHWEH se le apareció a Abraham, y llamó a él desde el cielo, y dijo a él: No pongas tu mano sobre el muchacho, ni hagas nada por él, porque ahora Yo sé de tu temor al Todopoderoso en hacer esta obra, y de no retener a tu hijo, tu único hijo, de Mí.

[70] Y Abraham alzó sus ojos, y he aquí, un carnero estaba trabado en la maleza por sus cuernos; ese era el carnero que YAHWEH, el Todopoderoso, había creado en la tierra en el día que El hizo la tierra y el cielo.

[71] Porque YAHWEH había preparado este carnero desde ese día, para ser ofrenda quemada en vez de Yitzjak.

[72] Y este carnero estaba avanzando hacia Abraham cuando ha satán lo agarró y trabó sus cuerno en la maleza, para que no avanzara hacia Abraham, para que Abraham matara a su hijo.

[73] Y Abraham, viendo al carnero avanzando hacia él, y ha satán reteniéndolo, lo fue a buscar y lo trajo delante del altar, y él desató a su hijo Yitzjak de la atadura, y él puso al carnero en lugar de él, y Abraham mató al carnero sobre el altar, y lo trajo como ofrenda quemada en lugar de su hijo Yitzjak.

[74] Y Abraham roció algo de la sangre del carnero sobre el altar, y él exclamó y dijo: Esto es en lugar de mi hijo, y que esto sea considerado este día como la sangre de mi hijo delante de YAHWEH.

[75] Y todo lo que Abraham hacía en esta ocasión delante del altar, él exclamaba, y decía: Esto es en lugar de mi hijo, y que sea considerado este día delante de YAHWEH en lugar de mi hijo; y Abraham terminó el servicio completo delante del altar, y el servicio fue aceptado delante de YAHWEH, esto fue contado como si hubiera sido Yitzjak; y YAHWEH bendijo a Abraham y su zera ese día.

[76] Y ha satán fue a Sarah, y él apareció a ella en la figura de un hombre viejo, muy humilde y manso, y Abraham aun estaba ocupado en la ofrenda quemada delante de YAHWEH.

[77] Y él le dijo a ella: ¿No sabes tú toda la obra que Abraham ha hecho hoy con tu único hijo? Porque él tomó a Yitzjak y edificó un altar, y lo mató, y lo subió como sacrificio sobre el altar, y Yitzjak lloró y sollozó delante de su padre, pero él no lo miró, ni tampoco tuvo compasión sobre él.

[78] Y ha satán repitió estas palabras, y él salió de ella, y Sarah oyó todas las palabras de ha satán, y ella se imaginó que él era un hombre viejo de entre los hijos de los hombres quien había estado con su hijo, y había venido y le había dicho esas cosas.

[79] Y Sarah alzó su voz y lloró y gritó amargamente a causa de su hijo; y ella se echó a tierra y tiró polvo sobre su cabeza, y ella dijo: O mi hijo, mi hijo Yitzjak, O que haya yo muerto este día en vez de ti. Y ella continuó llorando y dijo: Me hace sufrir por ti, O mi hijo, mi hijo Yitzjak, O que yo haya muerto este día en tu lugar.

[80] Y ella aún continuaba llorando, y dijo: Me hace sufrir por ti, después que te he amamantado y te he criado; ahora mi alma se ha vuelto en luto a causa tuya , yo que tenía un anhelo por ti, y clamé y oré al Todopoderoso, hasta que te di a luz a los 90 años de edad; y ahora has servido este día para el cuchillo y el fuego, y ser hecho una ofrenda.

[81] Pero yo me consuelo contigo, hijo mío, en que fue la palabra de YAHWEH, porque tú si hiciste el mandamiento de tu Elohim, porque ¿quién puede transgredir la palabra de nuestro Elohim en cuyas manos esta el alma de toda criatura viviente?

[82] Tú eres Justo, O YAHWEH nuestro Elohim porque todas Tus obras son buenas y justas; porque yo también me regocijo con tu palabra que Tú si ordenaste, y mientras mi ojo llora amargamente mi corazón se regocija.

[83] Y Sarah puso su cabeza sobre el pecho de una de sus sirvientas, y ella se puso tan inerte como una piedra.

[84] Ella después se levantó y fue por los alrededores a hacer preguntas hasta que llegó a Hevron, y ella preguntaba a todos aquellos que veía caminando en el camino, y ninguno le podía decir lo que había sucedido a su hijo.

[85] Y ella vino con sus sirvientes y sus sirvientas a Kiryat-Arba, cual es Hevron, y ella preguntó referente a su hijo, y ella permaneció allí mientras envió a algunos de sus sirvientes a buscar donde Abraham había ido con Yitzjak; y ellos fueron a buscar en la casa de Shem y Ever, y ellos no pudieron encontrarlo, y ellos buscaron por toda la tierra y no estaba allí.

[86] Y he aquí, ha satán vino a Sarah en la forma de un hombre viejo, y él vino y se paró delante de ella, y él dijo a ella: Yo hablé falsamente a ti, porque Abraham no mató a su hijo y él no está muerto; y cuando ella oyó la palabra su alegría fue tan extremadamente violenta a causa de su hijo, que su alma salió por medio de alegría, y ella murió y fue reunida a su pueblo.

[87] Y cuando Abraham había terminado su servicio él regresó con su hijo Yitzjak a sus jóvenes, y ellos se levantaron y fueron juntos a Beer-Sheva, y ellos vinieron a casa.

[88] Y Abraham buscó a Sarah, y no la pudo encontrar, y él hizo preguntas referente a ella, y ellos dijeron a él: Ella fue tan lejos como Hevron para buscarlos a ustedes donde habían ido, porque así fue ella informada.

[89] Y Abraham y Yitzjak fueron a ella en Hevron, y cuando ellos encontraron que ella estaba muerta ellos alzaron sus voces y lloraron amargamente sobre ella; y Yitzjak cayó sobre el rostro de su madre y lloró sobre ella, y él dijo: O mi madre, mi madre, ¿cómo me has dejado, y dónde has ido? ¡O, cómo me has dejado!

[90] Y Abraham y Yitzjak lloraron grandemente y todos sus sirvientes lloraron con ellos a causa de Sarah, y ellos se enlutaron por ella un gran y profundo luto.

24 – Isaac y Rebeca

(Génesis 23,24)

[1] Y la vida de Sarah fue de 127 años, y Sarah murió; y Abraham se levantó delante de su esposa muerta para buscar un lugar de sepultura para su esposa Sarah; y él fue y habló con los hijos de Het, los habitantes de la tierra, diciendo:

[2] Yo soy un extranjero y quedándome con ustedes en su tierra; denme posesión de un lugar de sepultura en su tierra, para que pueda sepultar a mi muerta de delante de mí.

[3] Y los hijos de Het dijeron a Abraham: He aquí, esta tierra está delante de ti, en el mejor de nuestras sepulturas sepulta a tu muerta, porque ningún hombre te retendrá de sepultar a tu muerta.

[4] Y Abraham dijo a ellos: Si ustedes están de acuerdo con esto, vayan y supliquenle a Efron, el hijo de Tzojar, pidiendo que él me de la cueva de Majpelah, cual está en lo último de su campo; y yo la compraré de él por lo que él desee por ella.

[5] Y Efron vivía entre los hijos de Het, y ellos fueron y lo llamaron, y él vino delante de Abraham, y Efron dijo a Abraham: He aquí, todo lo que tú requieras de tu sirviente será hecho; y Abraham dijo: No, pero yo compraré la cueva y el campo que tienes por valor, para que pueda ser mi posesión para lugar de sepultura para siempre.

[6] Y Efron respondió y dijo: He aquí, el campo y la cueva están delante de ti, da cualquier cosa que tú desees ; y Abraham respondió: Sólo a precio completo te lo compraría de tu mano, y de la mano de aquellos que entran por la puerta de la ciudad, y de la mano de tu zera para siempre.

[7] Y Efron y todos sus hermanos oyeron esto, y Abraham pesó para Efron 400 shekels de plata en las manos de Efron y en las manos de sus hermanos; y Abraham escribió esta transacción, y él la escribió y testificaron a ella 4 testigos.

[8] Y estos son los nombres de los testigos: Amigal, hijo de Abishna el Hitti, Adijorom, hijo de Ashunaj el Hivi; Abdon, hijo de Ajiram el Gomeriti; y Bakdil, el hijo de Abudish el Tzidoni.

[9] Abraham tomó el Libro de compra y lo puso en sus tesoros, y estas son las palabras que Abraham escribió en el libro, a saber;

[10] Que la cueva y el campo que Abraham compró de Efron el Hitti, y de su zera, y de aquellos que entran en la ciudad, y de su zera para siempre, han de ser una compra de Abraham y para su zera, y para aquellos que salgan de sus lomos, para posesión de lugar de sepultura para siempre , y él puso el sello en ello y lo testificó con testigos.

[11] Y el campo con la cueva que estaba dentro de ello fueron asegurados para Abraham y su zera después de él, de los hijos de Het; he aquí está delante de Mamre en Hevron, cual está en la tierra de Canaán.

[12] Y después de esto Abraham sepultó a su esposa Sarah allí, y ese lugar y todos sus límites fueron de Abraham y su zera por posesión para sepultura.

[13] Y Abraham sepultó a Sarah con pompa como observado en los entierros de reyes, y ella fue sepultada en muy finos y bellos atuendos.

[14] Y a su ataúd estaban Shem, sus hijos Ever y Abimelec, junto con Anar, Ashjol y Mamre, y todos los grandiosos de la tierra siguieron su ataúd.

[15] Y los días de Sarah fueron 127 años, y después murió, y Abraham hizo gran y profundo luto, y él hizo las ceremonias para luto por 7 días.

[16] Y todos los habitantes de la tierra confortaron a Abraham y Yitzjak su hijo a causa de Sarah.

[17] Y cuando los días de luto pasaron Abraham envió fuera a su hijo Yitzjak, y él fue a la casa de Shem y Ever, para aprender las sendas de YAHWEH y Sus instrucciones, pero Abraham permaneció allí por 3 años.

[18] En ese tiempo Abraham se levantó con todos sus sirvientes y ellos regresaron al hogar en Beer-Sheva, y Abraham y sus sirvientes permanecieron en Beer-Sheva.

[19] Y en el transcurso del año, Abimelec rey de los Plishtim murió en ese año; él tenía 193 años de edad a su muerte; y Abraham fue con su gente a la tierra de los Plishtim, y ellos confortaron toda la casa y todos sus sirvientes, y él después se volvió y fue a casa.

[20] Y fue después de la muerte de Abimelec que la gente de Gerar tomó a Ben Malej su hijo, y él tenía sólo 12 años de edad, y lo hicieron rey en lugar de su padre.

[21] Y ellos llamaron su nombre Abimelec como su padre, porque así era la costumbre en Gerar, y Abimelec reinó en lugar de Abimelec su padre , y él se sentó en su trono.

[22] Y Lot el hijo de Haran también murió en esos días, en el año 39 de la vida de Yitzjak, y todos los días que Lot vivió fueron 140 años y él murió.

[23] Y estos son los hijos de Lot que fueron dados a luz por sus hijas: El nombre del primogénito fue Moab, y el nombre del segundo fue Benami.

[24] Y los 2 hijos de Lot fueron y tomaron esposas de la tierra de Canaán, y ellas les dieron a luz hijos a ellos, y los hijos de Moab fueron Ed, Mayon, Tarsus, y Kanvil, 4 hijos, esos son los padres de los hijos de Moab hasta este día.

[25] Y todos las familias de los hijos de Lot fueron a hacer su hogar dondequiera se les alumbrara, porque ellos era fructíferos y aumentaron abundantemente.

[26] Y ellos fueron y se edificaron ciudades en la tierra donde ellos vivían, y ellos llamaron el nombre de las ciudades que ellos edificaron como sus propios nombres.

[27] Y Nahor hijo de Teraj, hermano de Abraham, murió en aquellos días, en el año 40 de la vida de Yitzjak, y todos los días de Nahor fueron 172 años y él murió y fue sepultado en Haran.

[28] Y cuando Abraham oyó que su hermano estaba muerto, él sufrió tristemente, y él hizo luto por su hermano por muchos días.

[29] Y Abraham llamó a Eliezer su sirviente principal, para darle ordenes referente a su casa, y él vino y se paró delante de él.

[30] Y Abraham dijo a él: He aquí, yo estoy viejo, yo no sé el día de mi muerte; porque estoy avanzado en años, ahora, por lo tanto, levántate, y no tomes esposa para mi hijo de este lugar y de esta tierra, de las hijas de los Cananeos entre quienes vivimos.

[31] Pero ve a mi tierra y a mi lugar de nacimiento, y toma de ese lugar una esposa para mi hijo, y YAHWEH, el Todopoderoso del cielo y de la tierra, quien me tomó de la casa de mi padre y me trajo a este lugar, y me dijo: A tu zera yo daré esta tierra por herencia para siempre. El enviará Su malaj delante de ti y prosperará tu camino, y tú puedes obtener una esposa para mi hijo de mi familia y de la casa de mi padre.

[32] Y el sirviente respondió a su amo Abraham, y dijo: He aquí, yo voy a tu lugar de nacimiento y a la casa de tu padre, y tomo una esposa para tu hijo de allí; pero si la mujer no está dispuesta a seguirme hasta esta tierra, ¿llevaré a tu hijo de regreso al lugar de tu nacimiento?

[33] Y Abraham le dijo: Toma cuidado que no lleves a ni hijo allá jamás, porque YAHWEH delante de quien yo he caminado, El enviará Su malaj delante de ti y prosperará tu camino.

[34] Y Eliezer hizo como Abraham le había ordenado, y Eliezer le juró a Abraham su amo sobre este asunto; y Eliezer se levantó y tomó 10 camellos de los camellos de su amo, y 10 hombres de entre los sirvientes de su amo con él, y ellos se levantaron y fueron vía Haran, a la ciudad de Abraham y Nahor, para poder buscar una esposa para Yitzjak el hijo de Abraham; y mientras ellos fueron, Abraham envió a la casa de Shem y Ever, y ellos trajeron de regreso de ese lugar a su hijo Yitzjak.

[35] Y Yitzjak vino a casa a su padre en Beer-Sheva , mientras Eliezer y sus hombres fueron a Haran; y ellos pararon junto a la ciudad por el pozo, y él hizo que sus camellos se arrodillaran junto al agua y ellos permanecieron allí.

[36] Y Eliezer, el sirviente de Abraham, oró y dijo: O el Todopoderoso de Abraham mi amo, mándame yo pido por favor este día y muestra bondad a mi amo, que Tú nombrarás una esposa para el hijo de mi amo de su familia.

[37] Y YAHWEH escuchó a la voz de Eliezer, por amor a su siervo Abraham, y sucedió que él se encontró con la hija de Betuel, el hijo de Milkah, la esposa de Nahor, hermano de Abraham, y Eliezer vino a su casa.

[38] Y Eliezer relató a ellos todas sus preocupaciones, y que él era el sirviente de Abraham, y ellos grandemente se regocijaron con él.

[39] Y ellos bendijeron a YAHWEH que trajo a suceder esto, y ellos le dieron a Rivkah, la hija de Betuel, por esposa para Yitzjak.

[40] Y la joven era de muy bonita apariencia, y ella era una virgen, y Rivkah era de...diez años de edad en esos días.

[41] Y Betuel y Labán y sus hijos hicieron fiesta en esa noche, y Eliezer y sus hombres vinieron y comieron y bebieron y se regocijaron allí en esa noche.

[42] Y Eliezer se levantó en la mañana, él y los hombres que estaban con él, y él llamó a la casa entera de Betuel, diciendo: Envíame de regreso para que yo vaya a mi amo, y ellos se levantaron y

enviaron a Rivkah y a Devorah su nodriza, la hija de Uz, y le dieron plata y oro, sirvientas y sirvientes y ellos la bendijeron.

[43] Y ellos enviaron a Eliezer de regreso, junto con sus hombres; y los sirvientes tomaron a Rivkah, y él fue y regresó a su amo en la tierra de Canaán.

[44] Y Yitzjak tomó a Rivkah y ella fue su esposa, y él la trajo a la tienda.

[45] Yitzjak era de 40 años de edad cuando él tomó a Rivkah, la hija de su tío Betuel, por esposa.

25 - Hijos de Cetura

(Génesis 25:1-18)

[1] Y fue en ese tiempo que Abraham de nuevo tomó esposa en su vejez, y su nombre era Keturah, de la tierra de Canaán.

[2] Y ella dio a luz para él a Zimran, Yokshan, Medan, Midyan, Yishbak y Shuaj, siendo 6 hijos. Y los hijos de Zimran fueron Abihen, Molij y Narim.

[3] Y los hijos de Yokshan fueron Sheba y Dedan, y los hijos de Medan fueron Amida, Yoav, Go ji, Elisha y Notaj; y los hijos de Midyan fueron Eifah, Efer, Enoc, Avida y Eldaah.

[4] Y los hijos de Yishbak fueron Makiro, Beyodua y Tator.

[5] Y los hijos de Shuaj fueron Bildad, Mamdad, Munan y Meban; todos estos fueron los hijos de Keturah la mujer Canaáni que ella dio a luz para Abraham el Hebreo

[6] Y Abraham los envió a todos lejos, y él les dio regalos, y ellos se fueron de su hijo Yitzjak para plantar su hogar dondequiera que encontraran lugar.

[7] Y todos ellos fueron a la montaña en el este y ellos se edificaron 6 ciudades en las que viven hasta este día.

[8] Pero los hijos de Sheva y Dedan, los hijos de Yokshan, con sus hijos, no vivieron con sus hermanos en sus ciudades, y ellos viajaron y acamparon en los campos y desiertos hasta este día.

[9] Y los hijos de Midyan, hijo de Abraham, fueron al este a la tierra de Kush y allí encontraron un valle en el país del este, y ellos viven en él, esto es, la tierra de Midyan hasta este día.

[10] Y Midyan vivió en la ciudad que él edificó, él y sus 5 hijos y todo lo perteneciente a él.

[11] Y estos son los nombres de los hijos de Midyan de acuerdo a sus nombres en sus ciudades: fueron Eifah, Efer, Hano j, Avida y Eldaah.

[12] Y los hijos de Eifah fueron Metaj, Meshar, Avi y Tzanua, y los hijos de Efer fueron Efron, Tzur, Alirun y Medin, Y los hijos de Enoc fueron Reuel, Rekem, Azi, Alyoshuv y Alad.

[13] Y los hijos de Avida fueron Hur, Melud, Kerury, Molji; y los hijos de Eldaah fueron Miker, y Reba, y Maljiyah y Gabol; esos son los nombres de los Midyanim de acuerdo a sus familias; y después las familias de Midyan se dispersaron por la tierra de Midyan.

[14] Y estas son las generaciones de Yishmael hijo de Abraham, a quien Hagar, la sirvienta de Sarah, dio a luz para Abraham.

[15] Y Yishmael tomó una esposa de la tierra de Mitzrayim, y su nombre era Ribah, lo mismo es Meribah.

[16] Y Ribah dio a luz para Yishmael a Nevayot, Kedar, Adbeel, Mivsam y su hermana Bas e mat.

[17] Y Yishmael echó a su esposa Ribah, y ella salió de él y regresó a Mitzrayim, a la casa de su padre, y ella vivió allí, porque ella había sido muy mala a la vista de Yishmael, y a la vista de su padre Abraham.

[18] Y después Yishmael tomó una esposa de la tierra de Canaán, y su nombre era Maljut, y ella dio a luz para él a Nishma, Dumah, Masa, Hadad, Tema, Yetur, Nafish y Kedma.

[19] Esos son los hijos de Yishmael y esos son sus nombres, siendo 12 príncipes de acuerdo a sus naciones; y las familias de Yishmael después se dispersaron, y Yishmael tomó a sus hijos y toda la propiedad que había acumulado, junto con las almas de su casa y todo lo perteneciente a él, y ellos fueron a plantar su hogar dondequiera que encontraran lugar.

[20] Y ellos fueron y vivieron en el desierto de Paran, y sus hogares eran desde Havilah hasta Sur, esto está antes de Mitzrayim según vienes a Ashur.

[21] Y Yishmael y sus hijos vivieron en la tierra, y tuvieron hijos nacidos a ellos, y fueron fructíferos y ellos aumentaron abundantemente.

[22] Y estos son los nombres de los hijos de Nevayot el primogénito de Yishmael: Mend, Send, Mayon; y los hijos de Kedar fueron Alyon, Kezem, Hamad y Eli.

[23] Y los hijos de Adbeel fueron Hamad y Yavin; y los hijos de Mibsam fueron Obadyah, Ebedmelej y Yeush; esas son las familias de los hijos de Ribah la esposa de Yishmael.

[24] Y los hijos de Mishma el hijo de Yishmael fueron Shamua, Zecaryon y Obed; y los hijos de Dumah fueron Kezed, Eli, Majmad y Amed.

[25] Y los hijos de Masa fueron Melon, Mula y Ebidadon; y los hijos de Hadad fueron Azur, Minzar y Ebedmele j; y los hijos de Tema fueron Seir, Sadon and Yakol.

[26] Y los hijos de Yetur fueron Merit, Yaish, Alyo, y Pajot; y los hijos de Nafish fueron Ebed-Tamed, Abiyas af y Mir; y los hijos de Kedma fueron Calip, Tajti, y Omir; esos fueron los hijos de Maljut la esposa de Yishmael de acuerdo a sus familias .

[27] Y todos ellos son las familias de Yishmael de acuerdo a sus generaciones, y ellos vivieron en esas tierras donde se habían edificado ciudades hasta este día.

[28] Y Rivkah la hija de Betuel, la esposa del hijo de Abraham Yitzjak, era estéril en esos días, ella no tenía hijos; y Yitzjak vivió con su padre en la tierra de Canaán; y YAHWEH estaba con Yitzjak; y Arpajshad el hijo de Shem, el hijo de Noé, murió en esos días, durante el año 48 de la vida de Yitzjak, y todos los días de Arpajshad fueron 438 años, y él murió.

26 – Muerte de Abraham
(Génesis 25)

[1] Y durante el año 59 de la vida de Yitzjak hijo de Abraham, Rivkah su esposa aún era estéril en aquellos días.

[2] Rivkah dijo a Yitzjak: En verdad, yo he oído, mi señor, que tu madre Sarah era estéril en aquellos días hasta que mi amo, Abraham tu padre, oró por ella y ella fue preñada por él.

[3] Ahora, por lo tanto, levántate y tú también ora al Elohim y El oirá tus oraciones y se recordará de nosotros por Sus misericordias.

[4] Y Yitzjak respondió a su esposa Rivkah, diciendo: Abraham ya ha orado por mí al Elohim para multiplicar su zera, ahora, por lo tanto esta esterilidad debe proceder de ti.

[5] Y Rivkah le dijo a él: Pero levántate ahora y tú también ora, que YAHWEH pueda oír tu oración y me otorgue hijos, y Yitzjak escuchó las palabras de su esposa Rivkah, y Yitzjak y su esposa se levantaron y fueron a la tierra de Moriyah a orar y a buscar a YAHWEH, y cuando habían llegado a ese lugar Yitzjak se paró y oró a YAHWEH por causa de su esposa porque ella era estéril.

[6] Y Yitzjak dijo: O YAHWEH, el Elohim del cielo y de la tierra, cuyas bondades y misericordias llenan la tierra, y quien sacó a mi padre de la casa de su padre y de su lugar de nacimiento, y lo trajiste a esta tierra, y le dijiste a él: A tu zera Yo daré esta tierra, y Tú prometiste y declaraste a él, Yo multiplicaré tu zera como las estrellas del cielo y la arena del mar, ahora que Tus palabras sean verificadas las cuales Tú sí hablaste a mi padre.

[7] Porque Tú eres YAHWEH nuestro Elohim, nuestros ojos están hacia Ti para darnos zera de hombres, como Tú prometiste a nosotros, porque Tú eres YAHWEH nuestro Elohim, y nuestros ojos están dirigidos hacia Ti solamente.

[8] Y YAHWEH oyó la oración de Yitzjak el hijo de Abraham, y YAHWEH fue conmovido con él y su esposa Rivkah fue preñada.

[9] Y en alrededor de 7 meses después los niños forcejearon juntos dentro de ella, y le causaba gran dolor que ella sufría por causa de ellos, y ella dijo a todas las mujeres que estaban entonces en la tierra: ¿Les ha sucedido tal cosa a ustedes como me sucede a mí? Y ellas le dijeron: No.

[10] Y ella les dijo: ¿Por qué estoy yo sola en esto entre todas las mujeres que han estado en la tierra? Y ella fue a la tierra de Moriyah a buscar a YAHWEH por causa de esto; y ella fue a Shem y Ever su hijo para inquirir de ellos sobre este asunto, y para que ellos buscaran a YAHWEH en esta cosa referente a ella.

[11] Y ella también le preguntó a Abraham para buscar e inquirir de YAHWEH acerca de lo que había caído sobre ella.

[12] Y todos ellos inquirieron de YAHWEH en este asunto, y ellos le trajeron palabra de YAHWEH y le dijeron: 2 niños hay en tu vientre, 2 naciones se levantarán de ellos, y una nación será más fuerte que la otra, y el mayor servirá al menor.

[13] Y cuando los días de parir fueron completados, ella se arrodilló, y he aquí, había gemelos en su vientre, como YAHWEH había hablado a ella.

[14] Y el primero salió rojo por todo el cuerpo como un atuendo peludo, y toda la gente de la tierra lo llamaron Esaú, diciendo: Este fue hecho completo desde el vientre.

[15] Y después de eso vino su hermano, y su mano agarró el calcañal de Esaú, por lo tanto lo llamaron Ya'akov.

[16] Y Yitzjak el hijo de Abraham, era de 60 años de edad cuando sus hijos fueron nacidos a él.

[17] Y los niños crecieron hasta su año 15, y ellos vinieron dentro de la sociedad de hombres, Esaú era un hombre intrigante y engañoso, y un experto cazador en el campo, y Ya'akov era un hombre perfecto y sabio, viviendo en tiendas, alimentando rebaños y aprendiendo las instrucciones de YAHWEH y los mandamientos de su padre y madre.

[18] Y Yitzjak y los hijos de su casa vivían con su padre Abraham en la tierra de Canaán, como el Elohim les había ordenado a ellos.

[19] Y Yishmael el hijo de Abraham fue con sus hijos y todo lo perteneciente a ellos, y ellos regresaron a la tierra de Havilah, y ellos vivieron allí.

[20] Y todos los hijos de la concubina de Abraham fueron a vivir en la tierra del este, porque Abraham los había enviado lejos de su hijo, y les había dado regalos, y ellos se fueron.

[21] Y Abraham dio todo lo que él tenía a su hijo Yitzjak, y él también le dio todos sus tesoros.

[22] Y él le ordenó, diciendo: ¿No sabes tú y entiendes que YAHWEH es el Elohim en el cielo y la tierra, y no hay otro aparte de él?

[23] Y fue El quien me sacó de la casa de mi padre, y del lugar de mi nacimiento, y me dio todas las delicias sobre la tierra; quien me liberó del consejo de los perversos , porque en El yo confié.

[24] Y El me trajo a este lugar, y El me liberó de Ur Kasdim; y El me dijo: A tu zera Yo daré todas esas tierras, y ellos las heredarán cuando guarden Mis mandamientos, Mis estatutos y Mis juicios que Yo he ordenado a ti, y que Yo ordenaré a ellos.

[25] Ahora, por lo tanto, hijo mío, escucha a mi voz, y guarda los mandamientos de YAHWEH tu Elohim, que yo te he ordenado a ti, no te vuelvas del camino recto ni a la derecha ni a la izquierda, para que te pueda ir bien a ti y a tus hijos después de ti para siempre .

[26] Y recuerda las obras maravillosas de YAHWEH, y Su bondad que El ha mostrado a nosotros, en habernos libe rado de las manos de nuestros enemigos, y YAHWEH, nuestro Elohim, los causó caer en nuestras propias manos; y ahora, por lo tanto guarda todo lo que yo te he ordenado, y no te vuelvas de los mandamientos de tu Elohim, y no sirvas a nadie aparte de El, para que te pueda ir bien a ti y a tu zera después de ti.

[27] Y enseña a tus hijos y a tu zera la instrucción de YAHWEH y Sus mandamientos, y enséñales la senda recta en la cual deben ir, para que pueda ir bien con ellos para siempre.

[28] Y Yitzjak respondió a su padre, y dijo a él: Eso que mi Elohim ha ordenado, eso haré, y no me apartaré de los mandamientos de YAHWEH mi Elohim; y yo guardaré todo lo que El me ha

ordenado; y Abraham bendijo a su hijo Yitzjak, y también a sus hijos; Y Abraham enseñó a Ya'akov la instrucción de YAHWEH y Sus sendas.

[29] Y fue en ese tiempo que Abraham murió, durante el año 15 de las vidas de Ya'akov y Esaú, los hijos de Yitzjak, y todos los días de Abraham fueron 175 años, y él murió, y fue reunido con su pueblo en una buena vejez, viejo y satisfecho con días, y Yitzjak y Yishmael sus hijos lo sepultaron.

[30] Y cuando los habitantes de Canaán oyeron que Abraham estaba muerto, ellos todos vinieron con sus reyes y príncipes y todos sus hombres para sepultar a Abraham.

[31] Y todos los habitantes de la tierra de Haran, y todas las familias de la casa de Abraham, y todos los príncipes y grandiosos, y los hijos de Abraham por las concubinas, todos vinieron cuando oyeron de la muerte de Abraham, y ellos correspondieron la bondad de Abraham, y confortaron a Yitzjak su hijo , y ellos sepultaron a Abraham en la cueva que él había comprado a Efron el Hitti y sus hijos, para posesión de lugar de sepultura.

[32] Y todos los habitantes de Canaán, y todos aquellos que habían conocido a Abraham, lloraron por Abraham un año entero, y hombres y mujeres hicieron luto por él.

[33] Y todos los niños pequeños, y todos los habitantes de la tierra lloraron a causa de Abraham, porque Abraham había sido bueno con todos ellos, y porque él había sido recto con Elohim y los hombres.

[34] y no se levantó un hombre que temiera a Elohim como Abraham, porque él había temido a su Elohim desde su juventud, y había servido a YAHWEH, y había caminado por todas Sus sendas durante su vida, desde su niñez hasta el día de su muerte.

[35] Y YAHWEH estaba con él y lo liberó del consejo de Nimrod y su gente, y cuando él hizo la guerra con los 4 reyes de Elam, él los conquistó.

[36] Y él trajo a todos los hijos de la tierra al servicio de Elohim, y él les enseño los caminos de YAHWEH, y los causó conocer a YAHWEH.

[37] Y él formó una arboleda y plantó una viña en ella, y siempre tenía preparado en su tienda carne y bebida para aquellos que pasaran por su tierra, que ellos se satisficieran en su casa.

[38] Y YAHWEH, el Elohim, liberó la tierra completa por causa de Abraham.

[39] Y fue después de la muerte de Abraham que Elohim bendijo a Yitzjak su hijo, y a sus hijos, y YAHWEH estaba con Yitzjak como El había estado con su padre Abraham, porque Yitzjak guardó los mandamientos de YAHWEH, como su padre Abraham le había ordenado , él no se volvió a la derecha o a la izquierda del sendero correcto cual su padre le había ordenado a él.

27 – Muerte de Nimrod

(Génesis 25:27-34)

[1] Y Esaú en ese tiempo, después de la muerte de Abraham, frecuentemente iba al campo a cazar.

[2] Y Nimrod rey de Bavel, el mismo que era Amrafel, también frecuentemente iba con sus hombres poderosos al campo a cazar, y para caminar con sus hombres en el fresco del día.

[3] Y Nimrod estaba observando a Esaú todos los días, porque un celo se formó en el corazón de Nimrod contra Esaú todos los días.

[4] Y en un cierto día Esaú fue al campo a cazar, y él encontró a Nimrod caminando en el desierto con dos hombres.

[5] Y todos sus hombres poderosos y su gente estaban con él en el desierto, pero removidos a la distancia de él, y ellos salieron de él en diferentes direcciones para cazar, y Esaú se escondió de Nimrod, y él lo acechó en el desierto.

[6] Y Nimrod y sus hombres que estaban con él no lo conocían, y Nimrod y sus hombres frecuentemente caminaban en el campo en el fresco del día, y para conocer donde sus hombres estaban cazando en el campo.

[7] Y Nimrod y dos de sus hombres que estaban con él en el campo vinieron al lugar donde él estaba y Esaú de repente salió de su lugar de acecho, y él sacó su espada y se apresuró y corrió sobre Nimrod y cortó su cabeza.

[8] Y Esaú peleó una batalla desesperada con los dos hombres que estaban con Nimrod, y cuando ellos lo llamaron a él, Esaú se volvió a ellos y los golpeó de muerte con su espada.

[9] Y todos los hombres poderosos de Nimrod que lo habían dejado para ir al desierto a cazar, oyeron el grito a la distancia, y ellos conocieron las voces de esos dos hombre s, y corrieron para conocer la causa de ello , cuando encontraron a su rey y a sus dos hombres que estaban tendidos muertos en el desierto.

[10] Y cuando Esaú vio a los hombres poderosos de Nimrod viniendo a la distancia, él huyó, y así escapó; y Esaú tomó los atuendos valiosos de Nimrod, cuales el padre de Nimrod había legado a Nimrod, y con los cuales Nimrod había prevalecido en toda la tierra, y él corrió y los escondió en su casa.

[11] Y Esaú tomó esos atuendos y corrió a la ciudad por causa de los hombres de Nimrod, y él llegó a la casa de su padre preocupado y exhausto de la huída, y estaba listo para morir por la angustia, y él se acercó a su hermano Ya'akov y se sentó delante de él.

[12] Y él dijo a su hermano Ya'akov: He aquí, yo moriré este día, así que ¿por cuál razón, entonces, quiero mi primogenitura? Y Ya'akov actuó sabiamente con Esaú en este asunto, y Esaú vendió su primogenitura a Ya'akov, porque fue traído a suceder por YAHWEH.

[13] Y la porción de Esaú en la cueva del campo de Majpelah, cual Abraham había comprado de los hijos de Het para posesión de lugar de sepultura, Esaú también vendió a Ya'akov, y Ya'akov compró todo esto de su hermano Esaú por valor dado.

[14] Y Ya'akov escribió todo esto en un libro, y testificó el mismo con testigos, y él lo selló, y el libro permaneció en las manos de Ya'akov.

[15] Y cuando Nimrod el hijo de Kush murió, sus hombres lo alzaron y lo trajeron en consternación, y lo sepultaron en su ciudad, y todos los días que Nimrod vivó fueron 215 años y él murió.

[16] Y los días que Nimrod reinó sobre toda la tierra fueron 185 años ; y Nimrod murió por la espada de Esaú en vergüenza y deshonra, y la zera de Abraham causó su muerte como él había visto en su sueño.

[17] Y a la muerte de Nimrod su reino se dividió en muchas divisiones, y todas esas partes cuales Nimrod reinó sobre ellas fueron restauradas a los respectivos reyes de la tierra, quienes las recuperaron después de la muerte de Nimrod, y toda la gente de la casa de Nimrod fueron por largo tiempo esclavizados a los otros reyes de la tierra.

28 – Isaac y los Filisteos

(Génesis 26)

[1] Y en esos días, después de la muerte de Abraham, YAHWEH trajo una fuerte hambruna sobre la tierra, y mientras la hambruna estaba rugiendo en la tierra de Canaán, Yitzjak se levantó para descender a Mitzrayim a causa de la hambruna , como su padre Abraham había hecho.

[2] Y YAHWEH se apareció esa noche a Yitzjak y El le dijo: No vayas a Mitzrayim, sino levántate y ve a Gerar, a Abimelec rey de los Plishtim, y permanece allí hasta que la hambruna cese.

[3] Y Yitzjak se levantó y fue a Gerar, como YAHWEH le ordenó, y él permaneció allí por un año completo.

[4] Y cuando Yitzjak vino a Gerar, la gente de la tierra vio que Rivkah su esposa era de bonita apariencia, y la gente de Gerar preguntaron a Yitzjak acerca de su esposa, y él respondió : Ella es mi hermana, porque él tenía temor de decir que ella era su esposa a no ser que la gente de la tierra lo matara por causa de ella.

[5] Y los príncipes de Abimelec fueron y alabaron la mujer al rey, pero él no les respondió, ni él prestó atención a sus palabras.

[6] Pero él oyó que Yitzjak la había declarado ser su hermana, así que el rey reservó esto dentro de él.

[7] Y cuando Yitzjak permaneció tres meses en la tierra, Abimelec miró por la ventana y él vio, he aquí Yitzjak estaba acariciando a su esposa Rivkah, porque Yitzjak vivía en la casa externa perteneciente al rey, tal que la casa de Yitzjak estaba frente a la casa del rey.

[8] Y el rey dijo a Yitzjak: ¿Qué es esto que tú nos has hecho a nosotros diciendo de tu esposa, ella es mi hermana? Muy fácilmente uno de los hombres grandes del reino pudo haberse acostado con ella, y tú hubieras traído culpa sobre nosotros.

[9] Y Yitzjak dijo a Abimelec: Porque yo tenía temor por causa de mi esposa que pudiera morir por causa de ella, y dije que era mi hermana.

[10] Y en ese tiempo Abimelec dio órdenes a sus príncipes y grandes hombres, y ellos tomaron a Yitzjak y a su esposa y los trajeron delante del rey.

[11] Y el rey ordenó que los vistieran en atuendos reales, y los hicieran recorrer las calles de la ciudad montados, y proclamaran delante de ellos por toda la tierra, diciendo: Este es el hombre y esta es su esposa, quienquiera que toque a este hombre o a su esposa de cierto morirá. Y Yitzjak regresó con su esposa a la casa del rey, y YAHWEH estaba con Yitzjak y él continuó creciendo grandemente y no le faltaba nada.

[12] Y YAHWEH causó que Yitzjak encontrara favor a la vista de Abimelec, y a la vista de todos sus súbditos, y Abimelec actuó bien con Yitzjak, porque Abimelec recordó el juramento y el pacto que existía entre su padre y Abraham.

[13] Y Abimelec dijo a Yitzjak: He aquí, la tierra entera está delante de ti; vive donde parezca bien a tu vista hasta que tú regreses a tu tierra; y Abimelec dio a Yitzjak campos y viñedos, y la mejor

parte de la tierra de Gerar, para sembrar y cosechar y comer los frutos de la tierra, hasta que los días de la hambruna pasaran.

[14] Y Yitzjak sembró en la tierra y recibió 100 veces más en el mismo año, y YAHWEH lo bendijo.

[15] Y el hombre creció grandemente, y él tenía posesión de rebaños y posesión de manadas, y una gran fuerza de sirvientes.

[16] Y cuando los días de la hambruna habían pasado, YAHWEH apareció a Yitzjak y dijo a él: Levántate y ve de este lugar y regresa a tu tierra, a la tierra de Canaán; y Yitzjak se levantó y fue a Hevron cual está en la tierra de Canaán, él y todo lo perteneciente a él como YAHWEH le había ordenado.

[17] Y después de esto Shelaj el hijo de Arpajshad murió en ese año, cual es el año de las vidas de Ya'akov y Esaú; y todo los días de Shelaj fueron 433 años y él murió.

[18] Y en ese tiempo Yitzjak envió a su hijo menor Ya'akov a la casa de Shem y Ever, y él aprendió instrucciones de YAHWEH, y Ya'akov permaneció en la casa de Shem y Ever por 32 años, y Esaú su hermano no fue, porque no quiso ir, y él permaneció en la casa de su padre en la tierra de Canaán.

[19] Y Esaú estaba continuamente cazando en el campo para traer a casa lo que él pudiera obtener, así hacía Esaú todos los días.

[20] Y Esaú era un hombre intrigante y engañoso, uno que cazaba tras los corazones de los hombres y los persuadía con engaños, y Esaú era un hombre valiente en el campo, y en el curso del tiempo fue, como usualmente, a cazar; y llegó tan lejos como el campo de Seir, lo mismo es Edom.

[21] Y él permaneció en la tierra de Seir cazando en el campo un año y cuatro meses.

[22] Y Esaú allí en la tierra de Seir vio la hija de un hombre de Canaán, y su nombre era Yehudit, la hija de Beeri, hijo de Efer, de las familias de Het el hijo de Canaán.

[23] Y Esaú la tomó por esposa, y él vino a ella, 40 años de edad tenía Esaú cuando él al tomó, y él la trajo a Hevron, el lugar de vivienda de su padre, y él vivió allí.

[24] Y vino a suceder en esos días, durante el año 110 de la vida de Yitzjak, esto es durante el año 50 de la vida de Ya'akov, en ese año Shem el hijo de Noé murió; Shem era de 600 años en su muerte.

[25] Y cuando Shem murió, Ya'akov regresó a su padre a Hevron cual está en la tierra de Canaán,

[26] Y durante el año 56 de la vida de Ya'akov, gente vino de Haran y le dijeron a Rivkah acerca de Labán el hijo de Betuel.

[27] Porque la esposa de Labán era estéril en esos días, y no había dado a luz hijos, y tampoco todas sus sirvientas no le habían dado hijos.

[28] Y YAHWEH después se recordó de Adinah la esposa de Labán, y ella fue preñada y dio a luz hermanas gemelas, y Labán llamó el nombre de sus hijas, el nombre de la mayor Leah, y el nombre de la menor Rajel.

[29] Y esa gente vinieron y dijeron esas cosas a Rivkah, y Rivkah se regocijó grandemente que YAHWEH había visitado a su hermano y él tuvo hijas.

29 – El Engaño de Ya'akov

(Génesis 27, 28:1-8)

[1] Y Yitzjak el hijo de Abraham se hizo viejo y avanzado en años, y sus ojos se hicieron pesados por la edad, estaban nublados y no podían ver.

[2] En ese tiempo Yitzjak llamó a Esaú su hijo y dijo: Coge tus armas, tu aljaba y tu arco, levántate y ve al campo y caza algún venado, y hazme carne gustosa y tráemela , para que pueda comer para poder bendecirte antes de mi muerte, ya que me he puesto viejo y de pelo canoso.

[3] Y Esaú lo hizo, y cogió su arma y salió al campo para cazar venado, como de costumbre, para traer a su padre como él había ordenado, para que él lo bendijera.

[4] Y Rivkah oyó todas las palabras que Yitzjak había hablado a Esaú, y ella se apresuró y llamó a su hijo Ya'akov, diciendo: Así tu padre habló con tu hermano Esaú, y asó lo oí, ahora, por lo tanto, tú apresúrate y haz todo lo que yo te digo.

[5] Levántate por favor y ve al rebaño y trae dos cabritos de entre los carneros, y yo haré la carne gustosa para tu padre, y tú llevarás la carne gustosa para que él coma antes de que tu hermano regrese de su cacería, para que tu padre te bendiga a ti.

[6] Y Ya'akov hizo como su madre le había ordenado, y él hizo la carne gustosa y la trajo delante de su padre antes de que Esaú regresara de su cacería.

[7] Y Yitzjak dijo a Ya'akov: ¿Quién eres tú hijo mío? Y él dijo: Yo soy tu primogénito Esaú, yo he hecho como tú me ordenaste, ahora por favor levántate y come mi caza, para que tu alma me bendiga como tú me hablaste.

[8] Y Yitzjak se levantó y él comió y bebió, y su corazón fue confortado, y él bendijo a Ya'akov y Ya'akov salió de su padre; y tan pronto Yitzjak había bendecido a Ya'akov y él había salido de él, he aquí, Esaú vino del campo con su caza, y él también hizo carne gustosa y la trajo delante de su padre para que comiera y lo bendijera.

[9] Y Yitzjak dijo a Esaú: ¿Y quién fue él, que me trajo venado y lo trajo antes de que tú vinieras y a quién yo bendije? Y Esaú supo que su hermano Ya'akov había hecho esto, y la furia de Esaú fue rebullida contra su hermano Ya'akov porque él había actuado así hacia él.

[10] Y Esaú dijo: ¿No es él llamado Ya'akov correctamente? Porque él me ha suplantado dos veces, él tomó mi primogenitura y ahora se ha llevado mi bendición; y Esaú lloró grandemente; y cuando Yitzjak oyó la voz de su hijo Esaú lamentándose, Yitzjak dijo a Esaú: ¿Qué puedo hacer, hijo mío, tu hermano vino con sutileza y se llevó tu bendición; y Esaú odió a su hermano Ya'akov por causa de la bendición que su padre le había dado, y su ira estaba grandemente provocada contra él.

[11] Y Ya'akov estaba muy temeroso de su hermano Esaú, y él se levantó y fue a la casa de Ever el hijo de Shem, y él se escondió allí por causa de su hermano, y Ya'akov tenía 63 años de edad cuando él fue de la tierra de Canaán a Hevron, y Ya'akov estuvo escondido en la casa de Ever 14 años por causa de su hermano Esaú, y allí él continuó aprendiendo las senda de YAHWEH y Sus mandamientos.

[12] Y cuando Esaú vio que Ya'akov había huido y escapado de él, y que Ya'akov había obtenido la bendición engañosamente , entonces Esaú sufrido extremadamente, y también estaba irritado con su padre y su madre; y él también se levantó y tomó a su esposa y se fue de su padre y su madre y fue a la tierra de Seir y él vivió allí; Y Esaú vio allí una mujer de entre las hijas de Het cuyo nombre esa Bostmat, la hija de Elon el Hitti, y él la tomó por esposa además de su primera esposa, y Esaú llamó su nombre Adah, diciendo la humillación en tiempo pasaría de él.

[13] Y Esaú vivió en la tierra de Seir 6 meses sin ver a su padre y su madre, y después Esaú tomó a sus esposas y se levantó y regresó a la tierra de Canaán, y Esaú puso a sus dos esposas en la casa de su padre en Hevron.

[14] Y las esposas de Esaú irritaron y provocaron a Yitzjak y a Rivkah con sus obras, porque ellas no caminaron en las sendas de YAHWEH, sino que servían a los dioses de su padre de madera y piedra, como su padre les había enseñado, y ellas eran más perversas que su padre.

[15] Y ellas caminaban de acuerdo a los deseos perversos de su corazón, y ellas sacrificaban y quemaban incienso a los Ba'alim, y Yitzjak y Rivkah se cansaron de ellas.

[16] Y Rivkah dijo: Yo estoy cansada de mi vida a causa de las hijas de Het, tales como las hijas de la tierra, ¿Para qué, entonces, me sirve la vida?

[17] Y en esos dais Adah la esposa de Esaú fue preñada y le dio a luz un hijo para él, y Esaú llamó el nombre del hijo que fue nacido a él Efilaz, y Esaú era de 65 años de edad cuando ella dio a luz para él.

[18] Y Yishmael el hijo de Abraham murió en aquellos días, en el año 64 de la vida de Ya'akov, y todos los días de Yishmael fueron 137 años, y murió.

[19] Y cuando Yitzjak oyó que Yishmael había muerto hizo luto por él, y Yitzjak lo lamentó por muchos días.

[20] Y al final de 14 años de Ya'akov residir en la casa de Ever, Ya'akov deseaba ver a su padre y su madre, y Ya'akov vino a la casa de su padre y madre en Hevron, y Esaú había olvidado en esos días lo que Ya'akov le había hecho habiendo tomado su bendición de él en aquellos días.

[21] Y cuando Esaú vio a Ya'akov viniendo a su padre y madre él recordó lo que Ya'akov le había hecho, y él estaba grandemente indignado contra él y él pensó en matarlo.

[22] Y Yitzjak el hijo de Abraham estaba viejo y avanzado en años, y Esaú dijo: Ahora el tiempo de morir de mi padre se está acercando, y cuando él muera yo mataré a mi hermano Ya'akov.

[23] Y esto fue dicho a Rivkah, y ella se apresuró y envió y llamó a Ya'akov su hijo, y ella dijo a él: Levántate y huye a Haran a mi hermano Labán, y permanece allí por algún tiempo, hasta que la ira de tu hermano se vuelva de ti, y entonces puedes regresar.

[24] Y Yitzjak llamó a Ya'akov y dijo a él: No tomes esposa de las hijas de Canaán, porque así nuestro padre Abraham nos ordenó de acuerdo a la palabra de YAHWEH cual El le ordenó a él, diciendo: A tu zera Yo daré esta tierra, si tus hijos guardan Mi Pacto que Yo hice contigo, entonces Yo también haré a tus hijos eso que yo te he hablado a ti y Yo no los abandonaré.

[25] Ahora, por lo tanto hijo mío, escucha a mi voz, a todo lo que yo te ordeno, y abstente de tomar esposa de entre las hijas de Canaán; ve a Haran a la casa de Betuel el padre de tu madre y toma esposa para ti de allí de entre las hijas de Labán el hermano de tu madre.

[26] Por lo tanto, escucha no sea que te olvides de YAHWEH, tu Elohim, y todas Sus sendas en la tierra a donde vas y seas conectado con la gente de la tierra y persigas vanidades y te olvides de YAHWEH tu Elohim.

[27] Pero cuando llegues a la tierra sirve allí a YAHWEH, no te vuelvas a la derecha o a la izquierda de la senda que yo te he ordenado y que tú aprendiste.

[28] Y que el Todopoderoso, el Elohim, te otorgue favor a la vista de toda la gente de la tierra, que tú puedas allí tomar esposa de acuerdo a tu elección; una que sea buena y recta en las sendas de YAHWEH.

[29] Y que el Elohim te de la bendición de tu padre Abraham, y te haga fructífero y te multiplique, y que te puedas convertir en una multitud de pueblos en la tierra a donde vas, y que el Elohim te cause regresar a esta tierra, la tierra del hogar de tu padre, con hijos y con grandes riquezas, con alegría y con placer.

[30] Y Yitzjak terminó de ordenar a Ya'akov y de bendecidlo, y él le dio muchos regalos, junto con plata y oro, y él lo despidió; y Ya'akov escuchó a su padre y madre, él los besó y se levantó y fue a Padam-Aram; y Ya'akov era de 77 años de edad cuando él salió de la tierra de Canaán hacia Beer-Sheva.

[31] Y cuando Ya'akov se fue a Haran Esaú llamó a su hijo Elifaz, y secretamente habló con él, diciendo: Ahora apúrate, toma tu espada en tu mano y persigue a Ya'akov, y pasa delante de él en el camino, y acéchalo, y mátalo con tu espada en una de las montañas, y coge todo lo que le pertenezca a él y regresa.

[32] Y Elifaz el hijo de Esaú era un hombre activo y experto con el arco pues su padre lo había enseñado, y él era un cazador notorio en el campo y un hombre valiente.

[33] Y Elifaz hizo como su padre le había ordenado, y Elifaz era en ese tiempo de 13 años de edad, y Elifaz se levantó y fue y tomó 10 de los hermanos de su madre con él y persiguió a Ya'akov.

[34] Y él siguió a Ya'akov de cerca, y él lo acechó en el borde de la tierra de Canaán opuesto a la ciudad de Shejem.

[35] Y Ya'akov vio a Elifaz y sus hombres persiguiéndolo, y Ya'akov se paró tranquilo en el lugar por el cual iba, para poder saber lo que significaba esto, porque él no conocía la cosa, y Elifaz desenfundó su espada y fue avanzando, él y sus hombres, hacia Ya'akov; y Ya'akov dijo a ellos: ¿Qué es esto con ustedes que han venido hasta aquí, y qué significa que me persiguen con espadas?

[36] Y Elifaz vino cerca de Ya'akov y él le respondió y dijo: Así mi padre me ordenó, y ahora, por lo tanto, no me desviaré de las órdenes que mi padre me dio; y cuando Ya'akov vio que Esaú había hablado con Elifaz para emplear la fuerza, Ya'akov entonces se acercó y suplicó a Elifaz el hijo de Esaú y a sus hombres, diciendo a él: He aquí, todo lo que tengo cual mi padre y mi madre me dieron, tómenlo y váyanse de mí, y no me maten, y que esto sea contado a ustedes en justicia.

[38] Y YAHWEH causó a Ya'akov encontrar favor a la vista de Elifaz el hijo de Esaú, y sus hombres, y ellos escucharon a la voz de Ya'akov, y ellos no lo pusieron a muerte, y Elifaz y sus hombres cogieron todo lo que pertenecía a Ya'akov, junto con la plata y oro que él había traído de Beer-Sheva; ellos no le dejaron nada,

[39] Y Elifaz y sus hombres se fueron de él y regresaron a Esaú en Beer-Sheva, y ellos le dijeron todo lo que ocurrió a ellos con Ya'akov, y le dieron todo lo que habían robado de Ya'akov.

[40] Y Esaú estaba indignado con Elifaz su hijo, y con sus hombres que estaban con él, porque no habían puesto a Ya'akov a muerte.

[41] Y ellos respondieron, y dijeron a Esaú: Porque Ya'akov nos suplicó en este asunto de no tomar su vida, nuestra piedad fue excitada hacia él, y nosotros cogimos todo lo que le pertenecía a él y te lo trajimos; y Esaú cogió toda la plata y el oro que Elifaz había robado de Ya'akov y los puso en su casa.

[42] En ese momento Esaú vio que Yitzjak había bendecido a Ya'akov, y le había ordenado, diciendo: Tú no tomarás esposa de las hijas de Canaán, y las hijas de Canaán eran malas a la vista de Yitzjak y Rivkah.

[43] Entonces él fue a la casa de Yishmael su tío, y además de sus otras esposas él tomó a Majlat [Bashemat] la hija de Yishmael, la hermana de Nevayot, por esposa.

30 – Ya'akov y Raquel

(Génesis 28:10-22; 29:1-14)

[1] Y Ya'akov siguió adelante continuando su viaje a Haran, y llegó tan lejos como la montaña Moriyah, y él se quedó allí toda la noche cerca de la ciudad de Luz; y YAHWEH se le apareció allí a Ya'akov esa noche , Y El le dijo a él: Yo soy YAHWEH, el Elohim de Abraham, y el Elohim de Yitzjak tu padre ; la tierra donde descansas Yo la daré a ti y a tu zera.

[2] Y he aquí, Yo estoy contigo, y te guardaré donde quiera que vayas, y Yo multiplicaré tu zera como las estrellas del cielo, y Yo causaré que tus enemigos caigan delante de ti; y cuando ellos hagan la guerra contigo ellos no prevalecerán sobre ti, y Yo de nuevo te traeré a esta tierra con alegría, con hijos y con grandes riquezas.

[3] Y Ya'akov se despertó de su sueño y él se regocijó grandemente a la visión que él había visto; y él llamó el nombre del lugar Beit-El.

[4] Y Ya'akov se levantó de ese lugar bien regocijado, y cuando caminó sus pies se sintieron ligeros a él por alegría, y de ahí fue a la tierra de los hijos del Este, y él regresó a Haran y se sentó junto al pozo de los pastores.

[5] Y él allí encontró algunos hombres viniendo de Haran para alimentar sus rebaños, y Ya'akov hizo preguntas de ellos, y ellos dijeron: Nosotros somos de Haran.

[6] Y él les dijo a ellos: ¿Conocen ustedes a Labán el hijo de Nahor? Y ellos dijeron: Lo conocemos, he aquí, su hija Rajel está viniendo para alimentar el rebaño de su padre.

[7] Y cuando él aún estaba hablando con ellos, vino a alimentar las ovejas de su padre, porque ella era una pastora.

[8] Y Cuando Ya'akov vio a Rajel la hija de Labán, el hermano de su madre, él corrió y la besó, y alzó su voz y lloró.

[9] Y Ya'akov le dijo a Rajel que él era el hijo de Rivkah, la hermana de su padre, y Rajel corrió y se lo dijo a su padre, y Ya'akov continuó llorando porque no tenía nada que llevar a la casa de Labán.

[10] Y cuando Labán oyó que el hijo de su hermana , Ya'akov, había venido, él corrió y lo besó y lo abrazó, y lo trajo dentro de la casa, y le dio pan y él comió.

[11] Y Ya'akov relató a Labán lo que su hermano Esaú le había hecho, y lo que su hijo Elifaz le había hecho en el camino.

[12] Y Ya'akov residió en la casa de Labán por un mes, y Ya'akov comió y bebió en la casa de Labán, y después Labán dijo a Ya'akov: Dime, ¿cuáles serán tus jornales, porque cómo me puedes servir por nada?

[13] Y Labán no tenía hijos, sino sólo hijas, y sus otras esposas y sirvientas aún eran estériles en esos días. Y estos son los nombres de las hijas de Labán, cuales su esposa Adinah le había dado a luz para él: El nombre de la mayor era Leah, y el nombre de la menor era Rajel; y Leah era de ojos tiernos, pero Rajel era bonita y muy favorecida, y Ya'akov la amó.

[14] Y Ya'akov dijo a Labán : Yo te serviré 7 años por Rajel tu hija menor; y Ya'akov consintió a esto y Ya'akov sirvió 7 años por su hija Rajel.

[15] Y en el segundo año de Ya'akov residir en Haran, esto es en el año 79 de la vida de Ya'akov, en ese año Ever el hijo de Shem murió, él tenía 464 años de edad a su muerte.

[16] Y cuando Ya'akov oyó que Ever había muerto, él sufrió en extremo, y él se lamentó y se enlutó por muchos días.

[17] Y en tercer año de Ya'akov residir en Haran, Bashemat la hija de Yishmael, la esposa de Esaú le dio a luz un hijo, y Esaú llamó su nombre Reuel.

[18] Y en el cuarto año de Ya'akov residir en la casa de Labán en Haran, YAHWEH visitó a Labán y se acordó de él a causa de Ya'akov, e hijos fueron nacidos a él, y su primogénito fue Beor, su segundo fue Alib, y el tercero fue Horash.

[19] Y YAHWEH dio a Labán riquezas y honor, hijos e hijas, y el hombre aumentó mucho a causa de Ya'akov.

[20] Y Ya'akov en esos días sirvió a Labán en todo tipo de trabajo, en la casa y en el campo, y la bendición de YAHWEH estaba sobre todo lo que pertenecía a Labán en la casa y en el campo.

[21] Y en el quinto año Yehudit murió, la hija de Beeri, la esposa de Esaú, en la tierra de Canaán, y ella no tuvo hijos, hijas solamente.

[22] Y estos son los nombres de sus hijas que ella dio a luz para Esaú: el nombre de la mayor era Marzit, y el nombre de la menor era Puit.

[23] Y cuando Yehudit murió Esaú se levantó y se fue a Seir para cazar en el campo, como de costumbre, y Esaú vivió en la tierra de Seir por mucho tiempo.

[24] Y en el sexto año Esaú tomó una esposa, además de sus otras esposas, Ahlibamah, la hija de Zebeon el Hivi,

[25] y Ahlibamah fue preñada y dio a luz para Esaú tres hijos, Yeush, Yaalan y Koraj.

[26] Y en aquellos días, en la tierra de Canaán, hubo pelea entre los pastores de Esaú y los pastores de los habitantes tierra de Canaán, porque el ganado y las posesiones de Esaú eran demasiado abundantes para que él permaneciera en la tierra de Canaán, en la casa de su padre, y la tierra de Canaán no lo podía soportar a él por la cantidad de su ganado.

[27] Y cuando Esaú vio que esta pelea aumentaba con los habitantes de Canaán, él se levantó y tomó a sus esposas, y sus hijos, y sus hijas, y todo lo perteneciente a él, y el ganado que él poseía, y toda su propiedad que él había adquirido en la tierra de Canaán, y él se fue de entre los habitantes de la tierra hacia la tierra de Seir, y Esaú y todo lo perteneciente a él vivieron en la tierra de Seir.

[28] Pero de tiempo en tiempo Esaú solía ir a ver a su padre y madre a la tierra de Canaán, y Esaú se caso con los Horim, y dio sus hijas a los hijos de Seir, los Horim.

[29] Y él dio a su hija mayor Marzit a Anah, el hijo de Zebeon, el hermano de su esposa, y a Puit la dio a Azar, el hijo de Bilhan el Hori; y Esaú vivió en la montaña, él y sus hijos, y ellos fueron fructíferos y se multiplicaron.

31 – Los Matrimonios de Ya'akov

(Génesis 29:15-35; 30:1-24)

[1] Y en el séptimo año, el servicio de Ya'akov con el cual sirvió a Labán fue completado, y Ya'akov dijo a Labán: Dame mi esposa, porque los días de mi servicio están cumplidos; y Labán así lo hizo, y Labán y Ya'akov reunieron a toda la gente de ese lugar e hicieron una fiesta.

[2] Y en el anochecer Labán vino a la casa, y después Ya'akov vino con la gente de la fiesta, y Labán apagó todas las luces que había en la casa.

[3] Y Ya'akov dijo a Labán: ¿Por qué razón nos haces esto? Y Labán respondió: Tal es la costumbre para actuar en esta tierra.

[4] Y después Labán tomó a su hija Leah, y él la trajo a Ya'akov, y él vino a ella, y Ya'akov no sabía que ella era Leah.

[5] Y Labán dio a su hija Leah su sirvienta Zilpah como sirvienta de ella.

[6] Y toda la gente de la fiesta sabía lo que Labán le había hecho a Ya'akov, pero ellos no dijeron ni una palabra a Ya'akov.

[7] Y los vecinos vinieron esa noche a la casa de Ya'akov, y ellos comieron y bebieron y se regocijaron, y cantaron a Leah y danzaron, y ellos respondieron delante de Ya'akov, Heleah, Heleah.

[8] Y Ya'akov oyó las palabras pero no entendió su significado , pero él pensó a quizás era la costumbre en su tierra.

[9] Y los vecinos hablaron estas palabras delante de Ya'akov durante la noche, y todas las luces que había en la casa esa noche, Labán las había quitado.

[10] Y en la mañana, cuando la luz del día apareció, Ya'akov se volvió a su esposa y él vio, he aquí, era Leah la que había estado acostada en su pecho, y Ya'akov dijo: Ahora sé lo que los vecinos dijeron anoche, Heleah, ellos dijeron, y yo no sabía.

[11] Y Ya'akov llamó a Labán y dijo a él: ¿Qué es esto que me has hecho? Ciertamente yo serví por Rajel, y ¿por qué me engañaste y me diste Leah?

[12] Y Labán respondió a Ya'akov, diciendo: Así no se hace en nuestro lugar de dar la mas joven antes que la mayor, y ahora si tú deseas tomar a su hermana igual, tómala por el servicio con el cual me servirás por otros 7 años.

[13] Y Ya'akov lo hizo así, y él también tomó a Rajel por esposa, y sirvió a Labán por otros 7 años, y Ya'akov también vino a Rajel, y él amó a Rajel más que a Leah, y Labán le dio a ella su sirvienta Bilhah por sirvienta de ella.

[14] Y cuando YAHWEH vio que Leah era odiada, YAHWEH abrió su matriz y ella fue preñada y dio a luz cuatro hijos para Ya'akov en aquellos días.

[15] Y estos son los nombres de ellos: Reuven, Shimeon, Levi y Yahudáh, y después ella dejó de parir.

[16] Y en ese tiempo Rajel era estéril, y ella no tuvo hijos, y Rajel envidiaba a su hermana Leah, y cuando Rajel vio que ella no daba a luz hijos para Ya'akov, ella tomó a su sirvienta Bilhah, y se la dio a su esposo Ya'akov, y ella dio a luz para Ya'akov dos hijos, Dan y Naftali.

[17] Y cuando Leah vio que ella había dejado de parir, ella también tomó a su sirvienta Zilpah, y ella la dio a Ya'akov por esposa, y Ya'akov también vino a Zilpah, y ella también dio a luz para Ya'akov dos hijos, Gad y Asher.

[18] Y Leah de nuevo fue prelada y dio a luz para Ya'akov dos hijos y una hija, y estos son sus nombres: Yissajar, Zebulon, y su hermana Dinah.

[19] Y Rajel aún era estéril en aquellos días, y Rajel oró a YAHWEH en ese tiempo, y ella dijo: O YAHWEH, el Elohim, recuérdate de mí y visítame, te suplico porque ahora mi esposo me echará, porque no he dado a luz hijos para él.

[20] Ahora, O YAHWEH, el Elohim, oye mi súplica delante de Ti, y mira mi aflicción, y dame hijos como una de las sirvientas, para que ya no cargue con este reproche.

[21] Y el Elohim la oyó y abrió su matriz, y Rajel fue preñada y dio a luz un hijo, y ella dijo: YAHWEH ha quitado mi reproche, y ella llamó su nombre Yosef, diciendo: Que YAHWEH me añada otro hijo; y Ya'akov tenía 91 años de edad cuando ella dio a luz para él.

[22] En ese tiempo la madre de Ya'akov, Rivkah, envió su nodriza Devorah la hija de Uz, y dos de los sirvientes de Yitzjak a Ya'akov.

[23] Y ellos vinieron a Ya'akov en Haran y ellos dijeron a él: Rivkah nos ha enviado a ti para que tú regreses a la casa de tu padre en la tierra de Canaán; y Ya'akov escuchó a ellos en esto que su madre había hablado.

[24] En ese tiempo los otros 7 años que Ya'akov había servido habían completado, y fue al término de 14 años que Ya'akov había vivido en Haran que Ya'akov dijo a Labán: Dame mis esposas y despídeme , para que yo pueda ir a mi tierra, pues he aquí, mi madre envió por mí en la tierra de Canaán que yo debía regresar a la casa de mi padre.

[25] Y Labán le dijo a Ya'akov, no así por favor, si yo he encontrado favor a tus ojos no me dejes; nómbrame tus jornales y yo los daré, y permanece conmigo.

[26] Y Ya'akov dijo a él: Esto es lo que me darás por jornales, yo pasaré todo tu rebaño y yo tomaré de ellos todas las que son pintas y manchadas y aquellas que sean marrón entre las ovejas, y entre los carneros, y si tú haces esto para mí, yo regresaré a alimentar tu rebaño y a cuidarlos como al principio.

[27] Y Labán así lo hizo, y Labán removió de su rebaño todo lo que Ya'akov había dicho y se lo dio a él.

[28] Y Ya'akov puso todo lo había removido del rebaño de Labán y lo puso en manos de sus hijos, y Ya'akov estaba alimentando el resto del rebaño de Labán.

[29] Y cuando los sirvientes de Yitzjak cuales él había enviado a Ya'akov vieron que Ya'akov no regresaría entonces con ellos a la tierra de Canaán a su padre, entonces ellos salieron de él, y ellos regresaron a casa a la tierra de Canaán.

[30] Y Devorah permaneció con Ya'akov en Haran, y ella no regresó con los sirvientes de Ya'akov a la tierra de Canaán, y Devorah residió con las esposas de Ya'akov e hijos en Haran.

[31] Y Ya'akov sirvió a Labán por seis años más, y cuando las ovejas parían, Ya'akov removía de entre ellas las que eran pintas y manchadas, como él había acordado con Labán, y Ya'akov hizo así en el lugar de Labán por seis años y el hombre aumentó abundantemente, y él tenía ganado y sirvientes y sirvientas, camellos y asnos.

[32] Y Ya'akov tenía 200 mandas de reses, y sus reses eran de tamaño grande y de hermosa apariencia y eran muy productivas, y todas las familias de los hijos de los hombres deseaban obtener alguno del ganado de Ya'akov, porque eran prósperos en extremo.

[33] Y muchos de los hijos de los hombres vinieron a procurar algo del rebaño de Ya'akov, y Ya'akov les daba una oveja por un sirviente o una sirvienta o por un asno o un camello, y lo que Ya'akov deseaba de ellos, ellos le daban.

[34] Y Ya'akov obtuvo riquezas y honor y posesiones por medio de esas transacciones con los hijos de los hombres, y los hijos de Labán lo envidiaban por su honor.

[35] Y en el curso del tiempo él oyó las palabras de los hijos de Labán, diciendo: Ya'akov se ha llevado todo lo que era de nuestro padre, y de lo que era de nuestro padre ha adquirido toda su gloria.

[36] Y Ya'akov miró el semblante de Labán y sus hijos, y he aquí que no estaba hacia él como antes.

[37] Y YAHWEH apareció a Ya'akov al término de seis años, y dijo a él: Levántate, y sal de esta tierra, y regresa a la tierra de tu nacimiento y Yo estaré contigo.

[38] Y Ya'akov se levantó en ese tiempo y montó sus hijos y sus esposas y todo lo perteneciente a él en camellos, y él salió para ir a la tierra de Canaán a su padre Yitzjak.

[39] Y Labán no sabía que Ya'akov se había ido de él, porque Labán había estado ese día trasquilando ovejas.

[40] Y Rajel robó las imágenes de su padre, y ella las tomó y las escondió sobre el camello que ella montaba, y ella siguió.

[41] Y esta es la forma de las imágenes; tomando un hombre que es el primogénito y matarlo y quitar el pelo de su cabeza, y tomando sal, salar su cabeza y ungirla con aceite , entonces tomar una pequeña tablilla de cobre o una tablilla de oro y escribir el nombre sobre ella, y poner la tablilla debajo de su lengua, y tomar la cabeza con la tablilla debajo de su lengua y la ponían en la casa y le encendían luces y se inclinaban a ella.

[42] Y en el momento que se inclinan a ella, habla a ellos en todas las formas que ellos le pregunten, por el poder del nombre que está escrito en ella.

[43] Y algunos las hacen en la figura de hombres, de oro y de plata, y van a ellos en tiempos conocidos para ellos , y las figuras reciben la influencia de las estrellas, y les dicen cosas futuras, y de esta forma eran las imágenes cuales Rajel robó de su padre.

[44] Y Rajel robó esas imágenes que eran de su padre para que Labán no pudiera conocer por me dio de ellas donde había ido Ya'akov.

[45] Y Labán vino a casa y él preguntó referente a Ya'akov y su casa, y él no habría de ser encontrado, y Labán buscó sus imágenes para conocer donde había ido Ya'akov, y no las pudo encontrar, y él fue a otras imágenes, y él inquirió de ellas y le dijeron que Ya'akov había huido de él hacia la casa de su padre, a la tierra de Canaán.

[46] Y Labán entonces se levantó y tomó a sus hermanos y sus sirvientes, y él salió para perseguir a Ya'akov, y él lo alcanzó en las montañas de Gilead.

[47] Y Labán dijo a Ya'akov: ¿Qué es esto que me has hecho de huir y engañarme , y llevarte a mis hijas y sus hijos cautivos por la espada?

[48] Y tú no te molestaste en dejarme besarlos y enviarlos con alegría, y tú sí robaste mis dioses y te fuiste.

[49] Y Ya'akov respondió a Labán, diciendo: Porque yo tuve temor en que tú quitaras a tus hijas por la fuerza de mí; y ahora, en quien tú encuentres tus dioses, morirá.

[50] Y Labán buscó por sus dioses y examinó todas las tiendas de Ya'akov y mobiliarios, por no los pudo encontrar.

[51] Y Labán dijo a Ya'akov: Nosotros haremos un pacto juntos y será un testimonio entre yo y tú, si tú afliges a mis hijas, o tomas otras esposas aparte de mis hijas, aun el Elohim será un testigo entre yo y tú en este asunto.

[52] Y ellos tomaron piedras e hicieron un montón, y Labán dijo: Este montón es testigo entre yo y tú, por lo tanto él llamó el nombre de ellos, Gilead.

[53] Y Ya'akov y Labán ofrecieron sacrificio sobre la montaña, y ellos comieron allí junto al montón, y ellos se quedaron toda la noche sobre la montaña, y Labán se levantó temprano en la mañana, y él lloró con sus hijas y las besó, y regresó a su lugar.

[54] Y él se apresuró y envió a su hijo Beor, que tenía 17 años, y Avijorof, el hijo de Uz, el hijo de Nahor, y con ellos 10 hombres.

[55] Y ellos se apresuraron y pasaron el camino delante de Ya'akov, y vinieron por otro camino a la tierra de Seir.

[56] Y ellos vinieron a Esaú y dijeron a él: Así dice tu hermano y pariente, el hermano de tu madre, Labán, el hijo de Betuel, diciendo:

[57] ¿Has oído lo que Ya'akov tu hermano me ha hecho, quien al principio vino a mí desnudo y despojado, y yo fui a recibirlo y lo traje a mi casa en honor, y lo hice grande, y le di dos de mis hijas por esposas y también dos de mis sirvientas?

[58] Y Elohim lo bendijo por causa mía, y él aumentó abundantemente, y tuvo hijos, hijas, sirvientas.

[59] El también tiene inmensas manadas y rebaños, asnos y camellos, también plata y oro en abundancia; y cuando él vio que su riqueza había aumentado, él me dejó mientras yo fui a trasquilar mis ovejas, y él se levantó y huyó en secreto.

[60] Y él alzó sus esposas e hijos sobe camellos, y él se llevó todo el ganado y propiedad que él adquirió en mi tierra, y levantó su semblante para ir a su padre Yitzjak, a la tierra de Canaán.

[61] Y él no me permitió besar a mis hijas y sus hijos, y se llevó mis hijas como cautivas tomadas por la espada, y él también robo mis dioses y huyó.

[62] Y ahora yo lo he dejado en la montaña del arroyo de Yabok, a él y todo lo perteneciente a él, no le falta nada.

[63] Si es tu deseo ve a él, ve y allí lo encontrarás, y le puedes hacer a él lo que tu alma desee; y los mensajeros de Labán vinieron y dijeron a Esaú todas esas cosas.

[64] Y Esaú oyó todas las palabras de los mensajeros de Labán, y su ira grandemente se rebulló contra Ya'akov, y él se recordó de su odio y su furia quemaba dentro de él.

[65] Y Esaú se apresuró y tomó sus hijos y sirvientes y las almas de su casa, siendo 60 hombres, y él fue y reunió a todos los hijos de Seir, los Horim y su gente, siendo 340 hombres, y tomó todo este número de 400 hombres todos con espadas desenfundadas, y él fue a Ya'akov para derribarlo.

[66] Y Esaú dividió este número en partes, y tomó 60 hombres de sus hijos y sirvientes y las almas de su casa como una cabeza y los dio al cuidado de Elifaz su hijo mayor.

[67] Y las cabezas restantes él dio al cuidado de Seir el Hori, y puso a todos los hombres sobre su generación e hijos.

[68] Y todo su campamento fue como estaba, y Esaú fue entre ellos a Ya'akov, y él los condujo con velocidad.

[69] Y los mensajeros de Labán se salieron de Esaú y fueron a la tierra de Canaán, y ellos vinieron a Rivkah la madre de Ya'akov y Esaú.

[70] Y ellos le dijeron: He aquí, tu hijo Esaú ha salido contra Ya'akov su hermano con 400 hombres, porque él oyó que él estaba viniendo, y ha ido a hacer la guerra con él, y a derribarlo y robar todo lo que tiene.

[71] Y Rivkah se apresuró y envió 72 hombres de los sirvientes de Yitzjak para encontrarse con Ya'akov en el camino; porque ella dijo: Quizás Esaú hará la guerra en el camino cuando él lo encuentre.

[72] Y esos mensajeros fueron por el camino para encontrarse con Ya'akov, y ellos lo encontraron en el lado opuesto del arroyo Yabok, y Ya'akov dijo cuando él los vio: Este campamento está destinado a mí del Elohim, y Ya'akov llamó al lugar Majnayim.

[73] Y Ya'akov conocía a toda la gente de su padre, y él los besó y abrazó y vinieron con él, y Ya'akov les preguntó referente a su padre y madre, y ellos dijeron: Ellos están bien.

[74] Y esos mensajeros dijeron a Ya'akov: Rivkah tu madre nos ha enviado a ti, diciendo: Yo he oído, hijo mío, que tu hermano Esaú ha salido contra ti en el camino con hombres de los hijos de Seir el Hori.

[75] Y, por lo tanto, hijo mío, escucha a mi voz, y mira con tu consejo lo que tú harás, cuando él venga a ti, suplícale y no hables sin reflexionar a él, dale un regalo de lo que tú posees, y de lo que tu Elohim te ha favorecido.

[76] Y cuando él pregunte referente a tus asuntos, no escondas nada de él, quizás él se vuelva de su ira contra ti y así tú salvarás tu alma, tú y todo lo que pertenece a ti, porque es tu deber honrarlo a él, porque él es tu hermano mayor.

[77] Y cuando Ya'akov oyó las palabras de su madre que los mensajeros habían hablado a él, Ya'akov alzó su voz y lloró amargamente, e hizo entonces como su madre le había ordenado.

32 – Ya'akov se Reconcilia con Esaú

(Génesis 32, 33)

[1] Y en ese momento Ya'akov envió mensajeros a su hermano Esaú hacia la tierra de Seir, y él le habló palabras de súplica.

[2] Y él les ordenó, diciendo: Así dirán a mi señor Esaú, así dice tu siervo Ya'akov, que mi hermano no se imagine que la bendición de mi padre que él me otorgó ha probado ser beneficiosa para mí.

[3] Porque he estado esos 20 años con Labán, y él me engañó y cambió mis jornales 10 veces, como ya ha sido dicho a mi señor.

[4] Y yo lo serví en su casa muy laboriosamente, y el Elohim después vio mi aflicción, mi labor y la obra de mis manos, y El me causó encontrar misericordia y favor a Su vista .

[5] Y después por la gran misericordia de Elohim y Su bondad adquirí bueyes, asnos y ganado, y sirvientes y sirvientas.

[6] Y ahora estoy viniendo a mi tierra y a mi casa a mi padre y madre, quienes están en la tierra de Canaán; y he enviado para que mi señor sepa todo esto para poder encontrar favor a la vista de mi señor, para que él no se imagine que yo por mí mismo obtuve riquezas o la bendición con la que mi padre me bendijo ha sido de beneficio.

[7] Y esos mensajeros fueron a Esaú, y lo encontraron en el borde de la tierra de Edom viniendo hacia Ya'akov, y 400 hombres de los hijos de Seir el Hori estaban parados con espadas desenfundadas.

[8] Y los mensajeros de Ya'akov le dijeron a Esaú todas las palabras que Ya'akov había hablado a ellos referente a Esaú.

[9] Y Esaú les respondió con orgullo y desprecio, y él dijo a ellos: Ciertamente yo he oído y en verdad se me ha dicho lo que Ya'akov ha hecho a Labán, quien lo exaltó en su casa y les dio sus hijas por esposas, y a él les fueron nacidos hijos e hijas, y abundantemente aumentó en riquezas en la casa de Labán por sus medios.

[10] Y cuando él vio que su riqueza era abundante y su fortuna grande él huyó con todo lo que le pertenecía, de la casa de Labán, y él se llevó a las hijas de Labán lejos del rostro de su padre, como cautivas tomadas por la espada sin decirle a él de ello.

[11] Y no sólo a Labán le ha hecho así, sino a mí me ha hecho así, y dos veces me ha suplantado, ¡Y estaré silente!

[12] Ahora, por lo tanto, este día he venido con mi campamento para encontrarme con él, y yo le haré a él de acuerdo al deseo de mi corazón.

[13] Y los mensajeros regresaron a Ya'akov y dijeron a él: Nosotros fuimos a tu hermano Esaú, y le dijimos todas tus palabras, y así él ha respondido a nosotros, ¡y he aquí él viene para encontrarse contigo con 400 hombres!

[14] Y ahora conoce y mira lo que vas a hacer, y ora delante del Elohim para que te libere de él.

[15] Y cuando él oyó las palabras de su hermano que él había hablado a los mensajeros de Ya'akov, Ya'akov estaba grandemente temeroso y en aflicción.

[16] Y Ya'akov oró a YAHWEH su Elohim, y él dijo: O YAHWEH, el Elohim de mis padres, Abraham y Yitzjak, Tú si me dijiste a mí cuando me fui de la casa de mi padre, diciendo:

[17] Yo soy YAHWEH el Elohim de tu padre Abraham y el Elohim de Yitzjak, a ti te doy esta tierra y a tu zera después de ti, y Yo haré tu zera como las estrellas del cielo, y tú te dispersarás hacia los cuatro confines del cielo, y en ti y en tu zera todas las familias de la tierra serán bendecidas.

[18] Y tú estableciste Tus palabras, y me diste riquezas e hijos y ganado, y los máximos deseos de mi corazón, Tú diste a Tu siervo; Tú me diste todo lo que yo pedí de Ti, y así no me faltó nada.

[19] Y tú después me dijiste: Regresa a tus padres y a tu lugar de nacimiento y Yo haré el bien contigo.

[20] Y ahora que he venido, y Tu me liberaste de Labán, caeré en las manos de Esaú quien me matará, junto con las madres de mis hijos.

[21] Ahora, por lo tanto, O YAHWEH, el Elohim, libérame, te oro a Ti, también de las manos de mi hermano Esaú, porque estoy grandemente atemorizado de él.

[22] Y si no hay justicia en mí, hazlo por amor a Abraham y mi padre Yitzjak.

[23] Porque yo sé que por medio de bondad y misericordia yo he adquirido toda esta riqueza; ahora, por lo tanto, yo te suplico que me liberes este día con Tu bondad y que me respondas.

[24] Y Ya'akov cesó de orar a YAHWEH, y él dividió la gente que estaba con él con los rebaños y ganado en dos campamentos, y él dio la mitad al cuidado de Dammesek, el hijo de Eliezer, el sirviente de Abraham, y la otra mitad la dio al cuidado de su hermanos Elianus el hijo de Eliezer, para ser un campamento para sus hijos.

[25] Y él les ordenó, diciendo: Manténganse ustedes a una distancia entre los dos campamentos , no se acerquen uno al otro, y si Esaú viene a un campamento y lo mata, el otro campamento a la distancia de él escapará de él.

[26] Y Ya'akov se quedó allí esa noche, y durante toda la noche él dio a sus sirvientes instrucciones referentes a las fuerzas y a sus hijos.

[27] Y YAHWEH oyó la oración de Ya'akov en ese día, y YAHWEH entonces liberó a Ya'akov de las manos de su hermano Esaú.

[28] Y YAHWEH envió tres malajim de los malajim del cielo, y ellos fueron delante de Esaú y vinieron a él.

[29] Y esos malajim aparecieron a Esaú y a su gente como 2,000 hombres, montando en caballos equipados con todo tipo de instrumento de guerra, y ellos aparecieron a la vista de Esaú, y a todos sus hombres para ser divididos en cuatro campamentos, con cuatro jefes para ellos.

[30] Y un campamento siguió y encontró a Esaú viniendo con 400 hombres hacia su hermano Ya'akov, y este campamento corrió hacia Esaú y su gente y los aterrorizaron, y Esaú cayó de su caballo en alarma, y todos sus hombres se separaron de él en ese lugar, y ellos estaban grandemente atemorizados.

[31] Y todo el campamento gritó tras ellos cuando huyeron de Esaú, y todos los hombres que lucían de guerra respondieron, diciendo:

[32] Ciertamente nosotros somos los sirvientes de Ya'akov, quien es el siervo de El Elohim, y entonces, ¿quién se puede oponer contra nosotros ? Y Esaú dijo a ellos: O entonces mi señor y hermano Ya'akov es su señor, a quien no he visto en 20 años, y ahora que he venido este día a verlo, ¿ustedes me tratan de esta forma?

[33] Y los malajim le respondieron, diciendo: Como vive YAHWEH, si no fuera Ya'akov de quien tú hablas como tu hermano, no hubiéramos dejado ni uno que quedara de tu gente, pero sólo por causa de Ya'akov no haremos nada a ellos.

[34] Y este campamento pasó de Esaú y sus hombres, y se fue, y Esaú y sus hombres se habían ido de ellos por cerca de una legua y un segundo campamento vino hacia él con todo tipo de armas, y ellos hicieron a Esaú y sus hombres como el primer campamento había hecho a ellos.

[35] Y cuando lo habían dejado para seguir, he aquí el tercer campamento vino hacia él y todos estaban aterrorizados, y Esaú se cayó de su caballo, y todo el campamento gritó: Ciertamente nosotros todos somos sirvientes de Ya'akov, quien es siervo de El Elohim, y ¿quién puede pararse contra nosotros?

[36] Y Esaú les respondió a ellos, diciendo: O entonces, Ya'akov mi señor, y el señor de ustedes es mi hermano, y por 20 años yo no he visto su semblante y oyendo este día que él estaba viniendo, yo salí este día para recibirlo, y ¿ustedes me tratan de esta forma?

[37] Y ellos respondieron a él y dijeron a él: Como YAHWEH vive, si no fuera por Ya'akov tu hermano, como tú dijiste, no hubiéramos dejado un remanente de ti o tus hombres, pero a causa de Ya'akov de quien tú hablas como ser tu hermano, no nos meteremos contigo o con tus hombres.

[38] Y el tercer campamento también los pasó, y él aún continuó su camino con sus hombres hacia Ya'akov, cuando el cuarto campamento vino hacia él, y ellos también hicieron a él y sus hombres como los otros habían hecho.

[39] Y cuando Esaú miró el mal que los malajim habían hecho a él y a sus hombres, él se volvió grandemente atemorizado de su hermano Ya'akov, y él fue a recibirlo en Shalom.

[40] Y Esaú ocultó su odio contra Ya'akov, porque tenía temor por su vida a causa de su hermano Ya'akov, y porque él se imaginó que los cuatro campamentos que él había visto eran sirvientes de Ya'akov.

[41] Y Ya'akov se quedó esa noche con sus sirvientes en sus campamentos, y él decidió con sus sirvientes dar un regalo a Esaú de todo lo que él tenía con él, de toda su propiedad, y Ya'akov se levantó temprano en la mañana, él y sus hombres, y ellos escogieron de entre el ganado un regalo para Esaú.

[42] Y esta es la cantidad del regalo que Ya'akov escogió de sus rebaños para dar a su hermano Esaú; y él escogió 240 cabezas de los rebaños, y él seleccionó de los camellos y asnos 36 de cada uno, y de las manadas él escogió 50.

[43] Y él los puso en 10 hordas, y los puso cada uno por sí mismos, y los entregó en las manos de 10 de sus sirvientes, cada horda por sí sola.

[44] Y él les ordenó a ellos, y dijo a ellos: Manténganse ustedes a distancia uno del otro, y cuando Esaú y aquellos que están con él se encuentren con ustedes y les pregunten, diciendo: ¿De quién eres tú, y a dónde vas, y a quién pertenece todo esto delante de ti? Ustedes dirán a ellos: Nosotros somos sirvientes de Ya'akov y venimos a encontrarnos con Esaú en Shalom, y he aquí que Ya'akov viene detrás de nosotros .

[45] Y eso que está delante de nosotros es un regalo de Ya'akov para su hermano Esaú.

[46] Y si ellos dicen a ustedes: ¿Por qué él se demora detrás de ustedes, de venir a encontrarse con su hermano y ver su rostro? Ustedes dirán a ellos: En verdad él viene alegremente detrás de nosotros para encontrarse con su hermano, porque él dijo, yo lo apaciguaré con el regalo que va para él, y después de esto, yo veré su rostro, quizás él me acepte.

[47] Así que todo el regalo pasó en manos de sus sirvientes, y fue delante de él en ese día, y él se quedó esa noche con sus campamentos junto al borde del arroyo de Yabok, y él se levantó en el medio de la noche, y él tomó a sus esposas y a sus sirvientas, y todo lo perteneciente a él, y él esa noche los pasó por sobre el vado del Yabok.

[48] Y cuando él pasó todo lo perteneciente a él sobre el arroyo, Ya'akov fue dejado sólo, y un hombre se encontró con él, y él luchó con el hombre toda esa noche hasta el romper el día, y la cadera de Ya'akov fue dislocada por luchar con él.

[49] Y al romper el día el hombre dejó a Ya'akov allí, y él lo bendijo y se fue, y Ya'akov pasó el arroyo al romper el día, y él se detuvo sobre su cadera.

[50] Y el sol salió sobre él cuando él pasó el arroyo, y él vino al lugar donde su ganado e hijos.

[51] Y ellos siguieron hasta el mediodía, y mientras iban, el regalo pasaba en delante de ellos.

[52] Y Ya'akov alzó sus ojos y miró, y he aquí, Esaú estaba a la distancia, viniendo con muchos hombres, cerca de 400, y Ya'akov estaba grandemente temeroso de su hermano.

[53] Y Ya'akov se apresuró y dividió sus hijos entre sus esposas y sus sirvientas, y su hija Dinah él puso en un arcón, y la entregó en las manos de sus sirvientas.

[54] Y él pasó delante de sus hijos y esposas para encontrarse con su hermano, y él se inclinó a tierra, sí, él se inclinó siete veces hasta que se acercó a su hermano, y el Elohim causó que Ya'akov encontrara misericordia y favor a la vista de Esaú su hermano y sus hombres, porque el Elohim había oído la oración de Ya'akov.

[55] Y el temor de Ya'akov y su terror cayeron sobre su hermano Esaú, porque Esaú estaba grandemente atemorizado de Ya'akov a causa de lo que los malajim de Elohim habían hecho a Esaú, y la furia de Esaú contra Ya'akov fue vuelta en bondad.

[56] Y cuando Esaú vio a Ya'akov corriendo hacia él, él también corrió hacia Ya'akov y lo abrazó, y él cayó sobre su cuello, y ellos se besaron y lloraron.

[57] Y Elohim puso temor y bondad hacia Ya'akov en los hombres que vinieron con Esaú, y ellos también besaron a Ya'akov y lo abrazaron.

[58] Y también Elifaz el hijo de Esaú, con sus cuatro hermanos, los hijos de Esaú, lloraron con Ya'akov, y ellos lo besaron y abrazaron, porque el temor de Ya'akov había caído sobre ellos.

[59] Y Esaú levantó sus ojos y vio a las mujeres con sus hijos, los hijos de Ya'akov, caminando detrás de Ya'akov e inclinándose en el camino hacia Esaú.

[60] Y Esaú dijo a Ya'akov: ¿Quiénes son estos contigo, mi hermano? ¿Son ellos tus hijos o tus sirvientes? Y Ya'akov respondió a Esaú: Ellos son mis hijos, cuales Elohim ha misericordiosamente ha dado a tu sirviente.

[61] Y mientras Ya'akov estaba hablando a Esaú y sus hombres, Esaú miró al campamento completo, y dijo a Ya'akov: ¿De dónde sacaste todo el campamento que me encontré ayer por la noche? Y Ya'akov dijo: Para encontrar favor a la vista de mi señor, es eso cual el Elohim misericordiosamente dio a tu sirviente.

[62] Y el regalo vino delante de Esaú, y Ya'akov presionó a Esaú, diciendo: Toma para ti, por favor, el regalo que he traído para mi señor. Y Esaú dijo: ¿Por qué razón debo hacer eso? Quédate con eso que tú tienes.

[63] Y Ya'akov dijo: Es importante para mí darte todo esto, puesto que he visto tu rostro, y que tú aún vives en Shalom.

[64] Y Esaú rehusó tomar el regalo, y Ya'akov dijo a él: Yo te suplico, mi señor, si yo he encontrado favor a tu vista, entonces recibe el regalo de mi mano, porque yo he visto tu rostro, como si hubiera visto la semejanza del rostro de Elohim, porque estabas complacido conmigo.

[65] Y Esaú tomó el regalo, y Ya'akov también dio a Esaú plata, oro y piedras preciosas, y él lo presionó tanto que lo tomó.

[66] Y Esaú dividió el ganado que estaba en el campamento y dio la mitad a los hombres que habían venido con él, porque ellos habían venido a jornal, y la otra mitad él entregó en las manos de sus hijos.

[67] Y la plata, el oro y las piedras preciosas entregó en las manos de Elifaz su hijo mayor. Y Esaú dijo a Ya'akov: Deja que permanezcamos contigo, e iremos despacio contigo hasta que tú vengas a mi lugar conmigo, para que vivamos juntos.

[68] Y Ya'akov respondió a su hermano, y dijo: Yo lo haría como mi señor me habla, pero mi señor sabe que los niños están tiernos, y los rebaños y manadas con sus crías que están conmigo, vamos pero despacio, porque si van rápido todos morirán, porque tú conoces sus cargas y su fatiga.

[69] Por lo tanto, que mi señor pase delante de su sirviente, y yo iré despacio por amor a los niños y los rebaños, hasta que llegue al lugar de mi señor en Seir.

[70] Y Esaú dijo a Ya'akov: Yo te pondré con alguna de la gente que está conmigo para que te cuiden en el camino , para que lleven tu fatiga y carga, y él dijo: ¿Quién lo necesita mi señor, si he encontrado favor a tu vista?

[71] He aquí, yo iré a ti a Seir para plantar sus hogares allí juntos como tú has hablado, ve entonces con tu gente y yo te seguiré.

[72] Y Ya'akov dijo esto a Esaú para poder remover a Esaú y sus hombres de él, para que Ya'akov después pudiera ir a la casa de su padre en la tierra de Canaán.

[73] Y Esaú escuchó a la voz de Ya'akov, y Esaú regresó con los 400 hombres que estaban con él en su camino a Seir, y Ya'akov y todo lo perteneciente a él fueron ese día hasta la extremidad de la tierra de Canaán y sus fronteras, y él permaneció allí por algún tiempo.

33 - Siquem y Dina

(Génesis 34:1-24)

[1] Y algún tiempo después que Ya'akov había ido a los bordes de la tierra, y él vino a la tierra de Shalem, esto es la ciudad de Shejem, cual está en la tierra de Canaán, y él descansó frente a la ciudad.

[2] Y él compró una parcela del campo que estaba allí, de los hijos de Hamor la gente de la tierra, por cinco shekels.

[3] Y Ya'akov allí se edificó una casa, y plantó su tienda allí, e hizo cabañas para su ganado, por lo tanto, él llamó a ese lugar Sukkot.

[4] Y Ya'akov permaneció en Sukkot un año y seis meses.

[5] En ese tiempo algunas de las mujeres de los habitantes de la tierra fueron a Sukkot para danzar y regocijarse con las hijas de la gente de la ciudad, y cuando fueron, entonces Rajel y Leah las esposas de Ya'akov también fueron para contemplar el regocijo de las hijas de la ciudad.

[6] Y Dinah la hija de Ya'akov también fue junto con ellas y vio a las hijas de la ciudad, y ellas permanecieron allí delante de esas hijas mientras la gente de la ciudad estaban parados junto a ellas para contemplar su regocijo, y toda la gente grande de la ciudad estaba allí.

[7] Y Shejem el hijo de Hamor, el príncipe de la tierra estaba también parado allí para verlas.

[8] Y Shejem miró a Dinah la hija de Ya'akov sentada con su madre delante de las hijas de la ciudad, y la doncella lo complació grandemente, y allí él preguntó a sus amigos y a su gente, diciendo: ¿De quién es hija aquella sentada entre las mujeres, a quien no conozco en esta ciudad?

[9] Y ellos dijeron a él: En verdad ella es la hija de Ya'akov el hijo de Yitzjak el Hebreo, quien ha vivido en esta ciudad por algún tiempo, y cuando fue reportado que las hijas de la tierra venían para regocijarse ella vino con su madre y sirvientas para sentarse entre ella como tú ves.

[10] Y Shejem miró a Dinah la hija de Ya'akov, y cuando él la miró su alma se ató sobre Dinah.

[11] Y él envió y la hizo tomar a la fuerza, y Dinah vino a la casa de Shejem y él la agarró a la fuerza y se acostó con ella y la humilló, y él la amó en extremo y la puso en su casa.

[12] Y ellos vinieron y contaron la cosa a Ya'akov, y cuando Ya'akov oyó que Shejem había deshonrado a su hija Dinah, Ya'akov mandó a 12 de sus sirvientes a buscar a su hija Dinah de la casa de Shejem, y ellos fueron a la casa de Shejem para llevarse a Dinah de allí.

[13] Y cuando ellos vinieron Shejem salió a ellos con sus hombres y los echó de su casa, y él no les permitió venir delante de Dinah, pero Shejem estaba sentado con Dinah besándola y abrazándola delante de sus ojos.

[14] Y los sirvientes de Ya'akov regresaron y le dijeron, diciendo: Cuando nosotros fuimos él y sus hombres nos echaron e hizo así a Dinah delante de nuestros ojos.

[15] Y Ya'akov supo además que Shejem había deshonrado a su hija, pero él no dijo nada, y sus hijos estaban alimentando a sus reses en el campo , y Ya'akov permaneció callado hasta el regreso de ellos.

[16] Y antes de que sus hijos vinieran a casa él mandó dos de sus doncellas de las hijas de sus sirvientas para cuidar a Dinah en la casa de Shejem, y permanecer con ella, y Shejem envió a tres de sus amigos a su padre Hamor el hijo de Hiddekem, el hijo de Pered, diciendo: Dame esta doncella por esposa.

[17] Y Hamor el hijo de Hiddekem el Hivi vino a la casa de Shejem su hijo, y se sentó delante de él, y Hamor dijo a su hijo Shejem: ¿No hay mujer entre las hijas de tu pueblo que tú tomas una Hebrea que no es de tu pueblo?

[18] Y Shejem le dijo a él, a ella solamente debes tomar para mí, porque ella es deleitosa a mi vista; y Hamor hizo de acuerdo a la palabra de su hijo, porque él era grandemente amado por él.

[19] Y Hamor fue a Ya'akov para conversar con él referente a este asunto, y cuando él había salido de la casa de su hijo Shejem, antes de que viniera a Ya'akov para hablar con él, he aquí que los hijos de Ya'akov habían regresado del campo, y tan pronto ellos oyeron la cosa que Shejem el hijo de Hamor había hecho.

[20] Y los hombres estaban muy irritados referente a su hermana, y ellos todos regresaron a casa encendidos con ira, antes del tiempo de recoger el ganado.

[21] Y ellos vinieron delante de su padre y se sentaron delante de él, y hablaron con él rebullidos con ira, diciendo: Ciertamente la muerte es debida a este hombre y a su casa, porque YAHWEH, el Elohim de toda la tierra le ordenó a Noé y a todos sus hijos que el hombre no robará, ni cometerá adulterio ; ahora, Shejem ha hecho ambos saqueó y cometió fornicación con nuestra hermana, y ni uno de entre la gente de la ciudad habló una palabra a él.

[22] Ciertamente tú sabes y entiendes que el juicio de muerte esta sobre Shejem, y sobre su padre, y sobre toda la ciudad, por causa de la cosa que él ha hecho.

[23] Y mientras ellos estaban hablando delante de su padre sobre este asunto, he aquí que Hamor el padre de Shejem vino a hablar con Ya'akov las palabras de su hijo referente a Dinah, y él se sentó delante de Ya'akov y delante de sus hijos.

[24] Y Hamor habló a ellos, diciendo: El alma de mi hijo Shejem añora a tu hija, y pido por favor que la den a él por esposa y se casen con nosotros; y nos den sus hijas y nosotros les daremos nuestras hijas, y ustedes vivirán con nosotros en nuestra tierra seremos como un pueblo en la tierra.

[25] Porque nuestra tierra es muy extensa, así ustedes vivan en ella y comercien y adquieran posesiones en ella, y hagan en ella como deseen, y ni uno les impedirá por decir una palabra a ustedes.

[26] Y Hamor cesó de hablar con Ya'akov y sus hijos, y he aquí que Shejem su hijo había venido tras él, y él se sentó delante de ellos.

[27] Y Shejem habló delante de Ya'akov y sus hijos, diciendo: ¿Podría yo encontrar favor a su vista que ustedes me den su hija, y lo que sea que ustedes me digan a mí, yo haré por ella?

[28] Pídanme abundancia de dote y regalos, y yo lo daré, y lo que ustedes me digan eso yo lo haré; y quien sea que se rebele contra sus órdenes, ese morirá; sólo denme la doncella por esposa.

[29] Y Shimeon y Levi respondieron a Hamor y Shejem su hijo engañosamente, diciendo: Todo lo que tú nos has hablado, nosotros haremos por ti.

[30] Y he aquí nuestra hermana está en tu casa, pero mantente alejado de ella hasta que enviemos a Yitzjak nuestro padre referente a este asunto, porque no podemos hacer nada sin su consentimiento.

[31] Porque él conoce los caminos de nuestro padre Abraham, y lo que él diga a nosotros, nosotros te diremos, no ocultaremos nada de ti.

[32] Y Shimeon y Levi hablaron esto a su padre para poder encontrar un pretexto, y buscar consejo de lo que habrían de hacer a Shejem y a la ciudad en este asunto.

[33] Y cuando Shejem y su padre oyeron las palabras de Shimeon y Levi, parecieron buenas a su vista, y Shejem y su padre salieron para ir a casa.

[34] Y cuando ellos se habían ido, los hijos de Ya'akov dijeron a su padre, diciendo: He aquí, nosotros sabemos que la muerte es debida a esos perversos y a su ciudad, porque ellos trasgredieron eso que Elohim había ordenado a Noé y a sus hijos y a su zera después de ellos.

[35] Y también porque Shejem hizo esto a nuestra hermana Dinah en deshonrarla, porque tal vileza no será hecha entre nosotros.

[36] Ahora, por lo tanto, vean y conozcan lo que harán, y busquen consejo y pretexto en qué se deber hacer a ellos, para matar a todos los habitantes de esta ciudad.

[37] Y Shimeon dijo a ellos, aquí está el consejo correcto para ustedes: Díganles que circunciden a todos los varones entre ellos como nosotros somos circuncisos, y si ellos no desean hacer esto, nosotros tomaremos a nuestra hermana y nos iremos.

[38] Y si ellos consienten en hacer esto y lo hacen, entonces cuando ellos estén hundidos en dolor, los atacaremos con nuestras espadas, como sobre uno que esta quieto y en Shalom, y mataremos a todos los varones entre ellos.

[39] Y el consejo de Shimeon les complació, y Shimeon y Levi resolvieron hacer a ellos como fue propuesto.

[40] Y a la mañana siguiente Shejem y Hamor su padre vinieron a Ya'akov y sus hijos, para hablar referente a Dinah, y para oír qué respuesta los hijos de Ya'akov daban a sus palabras.

[41] Y los hijos de Ya'akov hablaron engañosamente a ellos, diciendo: Nosotros dijimos a nuestro padre Yitzjak todas sus palabras, y sus palabras le complacieron,

[42] Pero él habló con nosotros diciendo: Así Abraham su padre le ordenó de YAHWEH, Elohim de toda la tierra, que cualquier hombre que no sea de su zera que desee tomar alguna de sus hijas, ordenará a todos los hombres que sean de él a circuncidarse , como nosotros somos circuncisos, y después le podemos dar nuestra hija por esposa.

[43] Ahora les hemos hecho conocido a ustedes todas las sendas que nuestro padre habló con nosotros, porque nosotros no podemos hacer lo que ustedes nos pidieron, dar a nuestra hermana a un hombre incircunciso, porque es una deshonra para nosotros.

[44] Pero así nosotros consentiremos a ustedes, dar a ustedes nuestra hija, y tomaremos para nosotros sus hijas, y viviremos entre ustedes y seremos un pueblo, como ustedes han hablado, si ustedes nos escuchan a nosotros, y consienten en ser como nosotros, circuncidar a todo varón que pertenezca a ustedes, como nosotros somos circuncisos.

[45] Y si ustedes no nos escuchan a nosotros, en hacer que todos los varones se circunciden como nosotros somos circuncidados, como nosotros hemos ordenado, entonces vendremos a ustedes y tomaremos a nuestra hermana y nos iremos.

[46] Y Shejem y su padre Hamor oyeron las palabras de los hijos de Ya'akov, y la cosa los complació en extremo, y Shejem y su padre Hamor se apresuraron para hacer los deseos de los hijos de Ya'akov porque Shejem estaba enamorado de Dinah, y su alma estaba atada a ella.

[47] Y Shejem y su padre Hamor se apresuraron hacia las puertas de la ciudad, y ellos reunieron a todos los hombres de su ciudad y hablaron a ellos las palabras de los hijos de Ya'akov, diciendo:

[48] Nosotros fuimos a esos hombres, los hijos de Ya'akov, y hablamos con ellos referente a su hermana, y esos hombres consentirán en hacer nuestros deseos, y he aquí que nuestra tierra es de gran extensión para ellos, y ellos vivirán en ella, y comerciarán en ella, y nosotros seremos un pueblo; nosotros tomaremos sus hijas y nuestras hijas daremos a ellos por esposas .

[49] Pero sólo con esta condición esos hombres consentirán en hacer esta cosa, que todos los varones entre nosotros se circunciden como ellos son circuncisos, como su Elohim les ordenó a ellos, y cuando hayamos hecho de acuerdo a sus instrucciones de ser circuncidados, entonces ellos vivirán entre nosotros con sus reses y posesiones, nosotros seremos como un pueblo con ellos.

[50] Y cuando todos los hombres de la ciudad oyeron las palabras de Shejem y su padre Hamor, entonces todos los hombres de su ciudad estuvieron de acuerdo a su propuesta, y ellos obedecieron en ser circuncidados, porque Shejem y su padre Hamor eran de gran estima para ellos, siendo los príncipes de la tierra.

[51] Y al día siguiente Shejem y su padre Hamor se levantaron temprano en la mañana, y ellos reunieron a todos los hombres de la ciudad en el medio de la ciudad, y ellos llamaron a los hijos de Ya'akov, quienes circuncidaron a todos los varones pertenecientes a ellos ese día y el siguiente.

[52] Y ellos circuncidaron a Shejem y a Hamor su padre, y a los cinco hermanos de Shejem, y todos se levantaron y fueron a casa, porque esta cosa era de YAHWEH contra la ciudad de Shejem, y de YAHWEH era el consejo de Shimeon en este asunto, para que YAHWEH pudiera entregar la ciudad de Shejem en las manos de los dos hijos de Ya'akov.

34 - Masacre de Siquem

(Génesis 34:25-31)

[1] Y el número de todos los varones que fueron circuncidados fue 645 hombres y 246 niños.

[2] Pero Hiddekem el hijo de Pered, el padre de Hamor, y sus seis hermanos no quisieron escuchar a Shejem y a su padre Hamor, y ellos no quisieron circuncidarse, porque la propuesta de los hijos de Ya'akov era repugnante a su vista, y su ira fue grandemente rebullida por esto, que la gente de la ciudad no los escucharan a ellos.

[3] Y en el anochecer del segundo día, ellos encontraron 8 niños pequeños que no habían sido circuncidados, porque sus madres los habían escondido de Shejem y su padre Hamor, y de los hombres de la ciudad.

[4] Y Shejem y su padre Hamor enviaron para que los trajeran delante de ellos para ser circuncidados, cuando Hiddekem y sus seis hermanos saltaron a ellos con sus espadas , y buscaron matarlos.

[5] Ellos también buscaron matar a Shejem y a su padre Hamor y buscaron matar a Dinah con ellos por cuenta de este asunto.

[6] Y ellos dijeron: ¿Qué es esta cosa que ustedes han hecho? ¿No hay mujeres entre las hijas de sus hermanos los Cananeos, que ustedes quieren tomar para sí mismos hijas de los Hebreos, a quienes no conocieron antes, y ustedes harán este acto que sus padres nunca les ordenaron?

[7] ¿Ustedes se imaginan que van a tener éxito con este acto que han hecho? ¿Y qué responderán en este asunto a sus hermanos los Cananeos, quienes vendrán mañana y les preguntarán sobre este asunto?

[8] Y si su obra no parece justa y buena a su vista, ¿qué harán con sus vidas , y nosotros con nuestras vidas, en que ustedes no escucharon a nuestras voces?

[9] Y los habitantes de la tierra y todos los hermanos de los hijos de Ham, oirán su acto, diciendo:

[10] Por causa de una mujer Hebrea Shejem y Hamor su padre, y todos los habitantes de su ciudad, hicieron eso con lo cual ellos nunca estaban familiarizados y cual sus antepasados nunca les ordenaron, ¿a dónde entonces ustedes volarán o dónde esconderán su vergüenza, todos los días delante de sus hermanos, los habitantes de la tierra de Canaán?

[11] Ahora, por lo tanto, nosotros no podemos soportar esta cosa que ustedes han hecho, ni podemos ser cargados con este yugo sobre nosotros, cual nuestros antepasados no nos ordenaron.

[12] he aquí, mañana nosotros congregaremos a nuestros hermanos, los hermanos Cananeos que viven en la tierra, y nosotros todos vendremos y los golpearemos y a todos los que confían en ustedes, para que no haya un remanente de ustedes o de ellos.

[13] Y cuando Hamor y su hijo Shejem, y toda la gente de la ciudad oyeron las palabras de Hiddekem y sus hermanos, ellos estaban aterrorizados por sus vidas a causa de sus palabras, y ellos se arrepintieron de lo que habían hecho.

[14] Y Shejem y su padre Hamor respondieron a su padre Hiddekem y a sus hermanos, diciendo a todos ellos: Todas las palabras que tú has hablado a nosotros son verdad.

[15] Ahora no digan ni se imaginen en su corazón que por causa de amor a los Hebreos nosotros hicimos esta cosa que nuestros padres no nos ordenaron.

[16] Pero vimos que no era la intención de ellos y su deseo a acceder a nuestros deseos referente a su hija en cuanto a nosotros tomarla, excepto por esta condición, así que escuchamos a sus palabras y actuamos como vieron, para poder obtener nuestro deseo de ellos.

[17] Y cuando hayamos obtenido nuestra petición de ellos, y cuando hayamos obtenido nuestro deseo de ellos, nosotros regresaremos y haremos a ellos lo que ustedes nos digan.

[18] Nosotros les suplicamos que esperen y deténganse hasta que nuestra carne haya sanado y de nuevo seamos fuertes, y entonces iremos juntos contra ellos, y haremos a ellos eso que está en sus corazones y los nuestros.

[19] Y Dinah la hija de Ya'akov oyó todas las palabras que Hiddekem y sus hermanos habían hablado, y lo que Hamor y su hijo Shejem les habían respondido.

[20] Y ella se apresuró y envió una de sus sirvientas, que su padre había enviado para cuidarla en la casa de Shejem, a Ya'akov su padre y a sus hermanos, diciendo:

[21] Así Hiddekem y sus hermanos aconsejaron referente a ustedes, y así Hamor y Shejem y la gente de la ciudad respondieron a ellos.

[22] Y cuando Ya'akov oyó esas palabras fue lleno de ira, y él estaba indignado con ellos, y su furia fue rebullida contra ellos.

[23] Y Shimeon y Levi juraron y dijeron: Como vive YAHWEH, el Elohim de toda la tierra, para esta hora mañana, no habrá un remanente en toda la ciudad.

[24] Y 20 jóvenes se escondieron los cuales no habían sido circuncidados y pelearon contra Shimeon y Levi, y Shimeon y Levi mataron a 18 de ellos, y dos de ellos huyeron y escaparon a unos pozos de cal que había en la ciudad, y Shimeon y Levi los buscaron pero no pudieron encontrarlos.

[25] Y Shimeon y Levi continuaron yendo alrededor de la ciudad, y ellos mataron a toda la gente de la ciudad a filo de espada, y ellos no dejaron uno que permaneciera.

[26] Y hubo gran consternación en medio de la ciudad, y el lloro de la gente de la ciudad ascendió al cielo, y todas las mujeres y niños lloraron a gran voz.

[27] Y Shimeon y Levi mataron a toda la ciudad; no dejaron un varón vivo en toda la ciudad.

[28] Ellos mataron a Hamor y a Shejem su hijo al filo de espada, y ellos trajeron a Dinah de la casa de Shejem y ellos salieron de allí.

[29] Y los hijos de Ya'akov fueron y regresaron, y vinieron sobre los muertos, y saquearon toda su propiedad que estaba en la ciudad y el campo.

[30] Y mientras se estaban llevando el botín, 300 se pararon echaron polvo sobre ellos y tiraron piedras, cuando Shimeon se volvió a ellos y mató a todos a filo de espada, y Shimeon se volvió de Levi y vino dentro de la ciudad.

[31] Y él se llevó todas sus ovejas y sus bueyes y sus reses , y también el remanente de sus mujeres e hijos, y él se los llevó a todos, y ellos abrieron la puerta y salieron y fueron a su padre Ya'akov con vigor.

[32] Y cuando Ya'akov vio todo lo que ellos habían hecho a la ciudad, y vio el botín que ellos habían saqueado de ellos , Ya'akov estaba muy irritado con ellos, y Ya'akov les dijo a ellos: ¿Qué es esto que me han hecho a mí? He aquí, yo obtuve descanso de los Cananeos en la tierra, y ninguno de ellos se metía conmigo.

[33] Y ahora lo que ustedes han hecho me hace absolutamente odioso hacia los habitantes de la tierra, entre los Cananeos y los Perizim, y yo soy sólo un número pequeño, y ellos se reunirán contra mí, y me matarán cuando ellos oigan de su obra contra sus hermanos, y yo y mi casa seremos destruidos.

[34] Y Shimeon y Levi y todos sus hermanos con ellos respondieron a su padre Ya'akov y le dijeron a él: He aquí, nosotros vivimos en la tierra, y ¿Shejem hará esto a nuestra hermana? ¿Por qué estás callado por todo lo que Shejem ha hecho? ¿Y tratará él con nuestra hermana como una ramera en las calles?

[35] Y el número de mujeres que Shimeon y Levi tomaron cautivas de la ciudad de Shejem, las que ellos no mataron, era 85 que no habían conocido hombre.

[36] Y entre ellas había una joven doncella de bella apariencia y bien favorecida, cuyo nombre era Bunah, y Shimeon la tomó por esposa, y el número de los varones que ellos tomaron cautivos y no mataron, fue de 47 hombres, y el resto ellos mataron.

[37] Y todos los jóvenes y muchachas que Shimeon y Levi habían tomado cautivos de la ciudad de Shejem, fueron sirvientes de los hijos de Ya'akov y sus hijos después de ellos, hasta el día que los hijos de Ya'akov fueron a la tierra de Mitzrayim.

[38] Y cuando Shimeon y Levi salieron de la ciudad los dos jóvenes que quedaron, los que se habían escondido en la ciudad, y no murieron entre la gente de la ciudad, se levantaron, y esos jóvenes fueron por la ciudad y caminaron por alrededor, y encontraron la ciudad desolada y sin hombres, sólo mujeres llorando, y esos jóvenes gritaron y dijeron: He aquí, este es el mal que los hijos de Ya'akov el Hebreo hicieron a esta ciudad y hoy han destruido una de las ciudades Canaánin, y no tuvieron de temor de sus vidas en toda la tierra de Canaán.

[39] Y esos hombres salieron de la ciudad y fueron a la ciudad de Tapnaj, y ellos vinieron allí y dijeron a los habitantes de Tapnaj todo lo que había caído sobre ellos, y todo lo que los hijos de Ya'akov habían hecho a la ciudad de Shejem.

[40] Y la información llegó a Yashuv rey de Tapnaj, y él envió hombres a la ciudad de Shejem para ver lo que los jóvenes dijeron, porque el rey no creyó en ellos a causa de esto, diciendo: ¿Cómo dos hombres pudieron destruir tan grande pueblo como Shejem?

[41] Y los mensajeros de Yashuv regresaron y le dijeron, diciendo: Nosotros fuimos a la ciudad y está destruida, no hay un hombre allí; sólo mujeres llorando, ni ninguna oveja ni res, porque todo lo que estaba en la ciudad, los hijos de Ya'akov se llevaron.

[42] Y Yashuv se puso pensativo acerca de esto: ¿Cómo dos hombres pudieron hacer esto, destruir una ciudad grande, y ni un hombre capaz de oponérseles?

[43] Porque así no se ha hecho desde los días de Nimrod, y ni aun del tiempo más remoto; y Yashuv rey de Tapnaj dijo a su gente: Sean valientes y nosotros iremos a pelear contra esos Hebreos, y haremos a ellos como ellos hicieron a la ciudad, y nosotros vengaremos la causa de la gente de la ciudad.

[44] Y Yashuv rey de Tapnaj, consultó con sus consejeros en este asunto, y sus consejeros dijeron a él: Tú solo no prevalecerán contra los Hebreos , porque ellos deben ser poderosos para hacer esta obra a la ciudad entera.

[45] Si dos de ellos destruyeron la ciudad completa, y ni uno se levantó contra ellos, seguramente si tú vas contra ellos, ellos se levantarán contra nosotros y nos destruirán de la misma forma.

[46] Pero si tú envías a todos lo reyes alrededor de nosotros , y que ellos se junten, entonces nosotros iremos con ellos contra los hijos de Ya'akov; entonces tú prevalecerás contra ellos .

[47] Y Yashuv oyó las palabras de sus consejeros, y sus palabras lo complacieron a él y a su pueblo, y él hizo así; y Yashuv el rey de Tapnaj envió a todos los reyes de los Emorim que rodeaban a Shejem y Tapnaj, diciendo:

[48] Vengan conmigo y asístanme, y nosotros golpearemos al Hebreo y a todos sus hijos, y los destruiremos de la tierra, porque así hizo él a la ciudad de Shejem, ¿y ustedes no lo saben?

[49] Y todos los reyes de los Emorim oyeron todo el mal que los hijos de Ya'akov hicieron a la ciudad de Shejem, y estaban grandemente asombrados con ellos.

[50] Los siete reyes de los Emorim se reunieron con todos sus ejércitos, alrededor de 10,000 hombres con espadas desenfundadas, y ellos vinieron a pelear contra los hijos de Ya'akov; y Ya'akov oyó que los reyes de los Emorim se habían reunido para pelear contra sus hijos, y Ya'akov estaba grandemente temeroso, y esto lo afligió.

[51] Y Ya 'akov exclamó contra Shimeon y Levi, diciendo: ¿Qué es este acto que ustedes hicieron? ¿Por qué me han dañado, con traer en contra de mí a todos los hijos de Canaán para destruirme a mí y mi casa? Porque yo estaba en descanso, aun yo y mi casa, y ustedes me han hecho esta cosa a mí, y han provocado a los habitantes de la tierra por sus procedimientos.

[52] Y Yahudáh respondió a su padre, diciendo: ¿Fue por nada que mis hermanos Shimeon y Levi mataron a los habitantes de Shejem? En verdad fue porque Shejem había humillado a nuestra hermana, y transgredido el mandamiento de nuestro Elohim a Noé y sus hijos, porque Shejem agarró a nuestra hermana por la fuerza, y cometió adulterio con ella.

[53] Y Shejem hizo este mal y ni uno de los habitantes de esta ciudad interfirió con él, en decir: ¿Por qué haces esto? Ciertamente por esto mis hermanos fueron y golpearon la ciudad, y YAHWEH la entregó en sus manos, porque sus habitantes habían transgredido los mandamientos de nuestro Elohim. ¿Es entonces por nada que ellos han hecho esto?

[54] Y ahora, ¿por qué estás tú temeroso y afligido, y por qué estás disgustado con mis hermanos, y por qué tu ira está rebullida contra ellos?

[55] Ciertamente nuestro Elohim quien entregó la ciudad de Shejem en sus manos y sus habitantes, El también entregará en nuestras manos todos los reyes Cananeos que están viniendo contra nosotros, y nosotros haremos a ellos como mis hermanos hicieron a Shejem.

[56] Ahora, estate tranquilo acerca de ellos y echa tus temores, pero confían en YAHWEH, nuestro Elohim, y ora a El que nos asista y nos libere, y que entregue nuestros enemigos en nuestras manos.

[57] Y Yahudáh llamó a uno de los sirvientes de su padre, y le dijo: Ve ahora y mira donde esos reyes, que están viniendo contra nosotros, están situados con sus ejércitos.

[58] Y el sirviente fue y miró a lo lejos, y fue opuesto a la montaña de Sijon, y vio todos los campamentos de los reyes en los campos, y regresó a Yahudáh y dijo: He aquí, los reyes están situados en el campo con todos sus campamentos, un pueblo extremadamente numeroso, como la arena en la costa del mar.

[59] Y Yahudáh dijo a Shimeon y Levi, y a todos sus hermanos: Fortalézcanse a si mismos y sean hijos de valor, porque YAHWEH, nuestro Elohim, está con nosotros , no les teman a ellos.

[60] Párese hacia delante, cada hombre ceñido con sus armas de guerra, su arco y su espada, y nosotros iremos y pelearemos contra esos hombres incircuncisos; YAHWEH es nuestro Elohim, El nos salvará.

[61] Y ellos se levantaron, y cada uno se ciñó con sus armas de guerra, grandes y pequeños, 11 hijos de Ya'akov, y todos los sirvientes de Ya'akov con ellos .

[62] Y todos los sirvientes de Yitzjak que estaban con Yitzjak en Hevron, todos vinieron equipados con todo tipo de instrumentos de guerra, y los hijos de Ya'akov y sus sirvientes, siendo 112 hombres, fueron hacia esos reyes, y Ya'akov también fue con ellos.

[63] Y los hijos de Ya'akov enviaron a Yitzjak el hijo de Abraham en Hevron, lo mismo es Kiryat-Arva, diciendo:

[64] Ora, te suplicamos, por nosotros a YAHWEH, nuestro Elohim, para que nos proteja de las manos de los Cananeos que están viniendo contra nosotros, y entrégalos en nuestras manos.

[65] Y Yitzjak el hijo de Abraham oró a YAHWEH por sus hijos, y él dijo: O YAHWEH, el Elohim Tú sí prometiste a mi padre, diciendo: Yo multiplicaré tu zera como las estrellas del cielo, y Tú también me prometiste, y Tú estableciste Tú palabra, ahora que los reyes de Canaán están viniendo juntos, a hacer la guerra con mis hijos porque ellos no cometieron violencia.

[66] Ahora, por lo tanto, O YAHWEH, el Elohim, el Elohim de toda la tierra, distorsiona, yo te pido por favor, el consejo de esos reyes para que no puedan pelear contra mis hijos.

[67] E impresiona los corazones de esos reyes y sus pueblos con el terror de mis hijos y derriba su orgullo, para que ellos se vuelvan de mis hijos.

[68] Y con Tu Brazo Poderoso y Tu Mano Extendida, libera a mis hijos y sus sirvientes de ellos, porque el poder y la fortaleza están en Tu Mano para hacer esto.

[69] Y los hijos de Ya'akov y sus sirvientes fueron hacia esos reyes, y ellos confiaron en YAHWEH su Elohim, y mientras ellos iban, Ya'akov su padre también oró a YAHWEH, y dijo: O YAHWEH, el

Elohim, poderoso y exaltado el Elohim, quien ha reinado desde días antiguos, desde ese tiempo, hasta ahora, y para siempre.

[70] Tú eres El que agita las guerras y las causa cesar, en Tus Manos están el poder para exaltar y para derribar; O que mi oración sea aceptable delante de Ti y que Tú te vuelvas a mí con Tus misericordias; para impresionar los corazones de esos reyes y sus pueblos con terror de mis hijos, y aterrorizarlos en sus campamentos, y con Tu gran bondad libera a todos aquellos que confían en ti, porque eres Tú quien puede traer a los pueblos bajo nosotros y reducir naciones bajo nuestro poder.

35 – Reacción de los Amorreos

[1] Y todos los reyes de los Emorim fueron y tomaron su puesto en el campo para consultar a sus consejeros qué era lo que iba a ser hecho a los hijos de Ya'akov, porque todavía tenían temor de ellos, diciendo: He aquí, dos hombres mataron a toda la ciudad de Shejem.

[2] Y YAHWEH oyó las oraciones de Yitzjak y Ya'akov, y El llenó los corazones de los consejeros de esos reyes con gran temor y terror, que ellos unánimemente exclamaron:

[3] ¿Son tontos ustedes este día, o no hay entendimiento en ustedes, que ustedes pelearán con los Hebreos, y por qué tomarán deleite en su destrucción este día?

[4] He aquí, dos hombres vinieron a la ciudad de Shejem sin temor o terror, y ellos mataron a todos lo habitantes de la ciudad, y ningún hombre se levantó contra ellos, y ¿cómo podrán ustedes pelear contra ellos?

[5] Ciertamente ustedes saben que su Elohim está extremadamente complacido con ellos y ha hecho obras maravillosas para ellos, tales como no han sido vistas en los días de la antigüedad, y entre todos los dioses de las naciones, no hay ninguno que pueda hacer Sus obras maravillosas.

[6] Ciertamente El liberó a su padre Abraham, el Hebreo, de las manos de Nimrod, y de las manos de su pueblo que muchas veces buscaron matarlo.

[7] El lo liberó del fuego en el cual el rey Nimrod lo había echado, y su Elohim lo liberó de ello.

[8] Y ¿quién puede hacer algo semejante? Ciertamente fue Abraham quien mató a cinco reyes de Elam, cuando ellos tocaron al hijo de su hermano cuando él vivía en Sedom.

[9] Y tomó a su siervo que era fiel en su casa con algunos hombres, y ellos persiguieron a los reyes de Elam en una noche y los mataron, y restauró al hijo de su hermano toda su propiedad, cual ellos se habían llevado de él.

[10] Y ciertamente ustedes conocen al Elohim de esos Hebreos está muy complacido con ellos, y ellos también están complacidos con El, porque ellos saben que El los liberó de todos su enemigos.

[11] Y he aquí que por amor hacia su Elohim, Abraham tomó a su único y precioso hijo y tuvo intenciones de subirlo como ofrenda quemada a su Elohim, y si no hubiera sido por el Elohim quién le impidió hacer esto, él lo hubiera hecho por su amor por su Elohim.

[12] Y el Elohim vio todas sus obras, y le juró a él, y le prometió a él, que El liberaría a sus hijos y a toda su zera de todas las tribulaciones que cayeran sobre ellos, porque él había hecho esta cosa, y por medio de su amor por su Elohim estimuló Su compasión por su hijo.

[13] Y ¿no han oído ustedes lo que su Elohim hizo a Faraón rey de Mitzrayim y a Abimelec rey de Gerar, por tomar a la esposa de Abraham, quien dijo de ella: Ella es mi hermana, no sea que me maten por causa de ella, y pensó tomarla por esposa?

[14] Y he aquí, nosotros mismos vimos con nuestros ojos que Esaú, el hermano de Ya'akov, vino con 400 hombres con la intención de matarlo, porque él se recordó que Ya'akov se había llevado de él la bendición de su padre.

[15] Y él fue a encontrarlo cuando él vino de Siria, para golpear la madre de sus hijos, y ¿quién lo liberó de sus manos sino su Elohim en quien él confió? El lo liberó de las manos de su hermano y también de las manos de sus enemigos, y por seguro El de nuevo lo protegerá.

[16] ¿Quién no sabe que fue su Elohim quien los inspiró con fortaleza para ir para hacer al pueblo de Shejem el mal del cual ustedes han oído?

[17] ¿Puede ser con su propia fuerza que dos hombres puedan destruir tal ciudad como Shejem si no hubiera sido por su Elohim en quien ellos confiaron? El dijo e hizo todo a ellos para matar a los habitantes de la ciudad en su ciudad.

[18] Y ¿pueden ustedes prevalecer sobre ellos que se han reunido y han venido de su ciudad para pelear con todos ellos, aun si 1,000 veces su número viniera a su asistencia?

[19] Ciertamente ustedes saben y entienden que ustedes no vienen a pelear con ellos, sino que vienen a hacer la guerra a su Elohim quien los escogió a ellos, y por lo tanto, todos ustedes han venido este día para ser destruidos.

[20] Ahora, por lo tanto, absténganse de este mal cual ustedes están empeñados en traer sobre ustedes, y será mejor para ustedes no ir a la batalla con ellos.

[21] Y cuando los reyes de los Emorim oyeron todas las palabras de sus consejeros, sus corazones fueron llenos de terror, y ellos estaban temerosos de los hijos de Ya'akov y no pelearían contra ellos.

[22] Y ellos inclinaron sus oídos a todas las palabras de sus consejeros, y ellos escucharon todas sus palabras, y las palabras de los consejeros grandemente complacieron a los reyes, y así hicieron.

[23] Y los reyes se volvieron y se abstuvieron de los hijos de Ya'akov, porque ellos no se atrevían acercarse a ellos y hacer la guerra con ellos, porque estaban grandemente temerosos de ellos, y sus corazones se derritieron dentro de ellos del temor a los hijos de Ya'akov.

[24] Porque esto procedió de YAHWEH hacia ellos, porque El oyó las oraciones de sus siervos Yitzjak y Ya'akov, porque ellos confiaban en El; y esos reyes regresaron a sus campamentos en ese día, cada uno a su propia ciudad, y ellos en ese tiempo no pelearon contra los hijos de Ya'akov.

[25] Y los hijos de Ya'akov mantuvieron su estación opuesto a la montaña Sijon, y viendo que esos reyes no venían a pelear con ellos, los hijos de Ya'akov regresaron a casa.

36 – Los Edomitas Crecen en Poder

(Génesis 35,36)

[1] En ese tiempo YAHWEH se apareció a Ya'akov, y le dijo: Levántate y ve a Beit - El y permanece allí, y haz allí un altar a YAHWEH quien se aparece a ti, y te ha liberado y a tus hijos de la aflicción.

[2] Y Ya'akov se levantó con sus hijos y todo lo perteneciente a él, y ellos fueron y vinieron a Beit-El de acuerdo a la palabra de YAHWEH.

[3] Y Ya'akov tenía 99 años de edad cuando el subió a Beit-El, y Ya'akov y sus hijos y toda la gente que estaba con él permanecieron en Beit-El en Luz, y él allí edificó un altar a YAHWEH quien se había aparecido a él, y Ya'akov y sus hijos permanecieron en Beit-El por seis meses.

[4] Y en ese tiempo Devorah la hija de Uz, la nodriza de Rivkah, quien había estado con Ya'akov, murió y Ya'akov la sepultó debajo de Beit-El, bajo un roble que estaba allí.

[5] Y Rivkah la hija de Betuel, la madre de Ya'akov, también murió en ese tiempo en Hevron, lo mismo que Kiryat-Arva, y ella fue sepultada en la cueva de Majpelah que Abraham había comprado de los hijos de Het.

[6] Y la vida de Rivkah fue de 133 años, y ella murió y cuando Ya'akov oyó que su madre Rivkah estaba muerta, él lloró amargamente por su madre, e hizo gran luto por ella, y por Devorah la nodriza debajo del roble, y llamó el nombre de ese lugar Alon-Bajut.

[7] Y Labán el Sirio [Arameo] murió en esos días, porque el Elohim lo golpeó porque él transgredió el pacto que existía entre él y Ya'akov.

[8] Y Ya'akov era de 100 años de edad cuando YAHWEH se le apareció a él, y lo bendijo y llamó su nombre Yisra'el, y Rajel la esposa de Ya'akov fue preñada en esos días.

[9] Y en ese tiempo Ya'akov y todo lo perteneciente a él viajó de Beit-El a la casa de su padre, a Hevron.

[10] Y mientras ellos iban en el camino, y aun faltaba un poco de camino hasta Efrat, Rajel dio a luz un hijo y ella tuvo un fuerte paritorio y ella murió.

[11] Y Ya'akov la sepultó en el camino a Efrat, cual es Beit-Lejem, y él puso un pilar sobre su tumba, cual está allí hasta este día; y los días de Rajel fueron 45 años y ella murió.

[12] Y Ya'akov llamó el nombre de su hijo que fue nacido a él, cual Rajel dio a luz para él, Binyamin, porque él le fue nacido en el camino a su mano derecha.

[13] Y fue después de la muerte de Rajel, que Ya'akov plantó su tienda en la tienda de su sirvienta Bilhah.

[14] Y Reuven estaba celoso por su madre Leah a causa de esto, y él fue lleno de ira, y él se levantó en su ira y entró en la tienda de Bilhah, y él removió de ese lugar, la cama de su padre.

[15] En ese momento la porción de primogenitura, junto con los oficios majestuoso [de rey] y de kohen fueron removidos de los hijos de Reuven, porque él había profanado la cama de su padre, y la primogenitura fue dada a Yosef, el oficio majestuoso [de rey], y el oficio de kohen fue de Levi, porque Reuven había profanado la cama de su padre .

[16] Y estas son las generaciones de Ya'akov que fueron nacidas a él en Padam-Aram, y los hijos de Ya'akov fueron 12.

[17] Los hijos de Leah fueron Reuven el primogénito, y Shimeon, Levi, Yahudáh, Yissajar, Zevulun, y su hermana Dinah; y los hijos de Rajel fueron Yosef y Binyamin.

[18] Y los hijos de Zilpah, la sirvienta de Leah, fueron Gad y Asher, y los hijos de Bilhah, la sirvienta de Rajel, fueron Dan y Naftali; esos son los hijos de Ya'akov que fueron nacidos a él en Padam-Aram.

[19] Y Ya'akov y sus hijos y todo lo perteneciente a él viajaron y vinieron a Mamre , cual es Kiryat-Arva, que es Hevron, donde Abraham y Yitzjak se quedaron, y Ya'akov y sus hi jos y todo lo perteneciente a él vivieron con su padre en Hevron.

[20] Y su hermano Esaú y sus hijos, fueron a la tierra de Seir y vivieron allí, y tuvieron posesiones en la tierra de Seir, y los hijos de Esaú fueron fructíferos, y se multiplicaron en extremo en la tierra de Seir.

[21] Y estas son las generaciones de Esaú que fueron nacidas a él en la tierra de Canaán, y los hijos de Esaú fueron cinco por todos.

[22] Y Adah dio a luz para Esaú su primogénito Elifaz, y ella también dio a luz para él a Reuel, y Alibamah le dio a luz para él a Yeush, Yaalam y Koraj.

[23] Estos son los hijos de Esaú que fueron nacidos a él en la tierra de Canaán, y los hijos de Elifaz el hijo de Esaú fueron Teman, Omar, Zefo, Gatam, Kenaz y Amalek, y los hijos de Reuel fueron Najat, Zeraj, Shamah y Mizzah.

[24] Y los hijos de Yeush fueron Timnah, Alvah y Yetet; y los hijos de Yaalam fueron Alah, Finor y Kenaz.

[25] Y los hijos de Koraj fueron Teman, Mibzar, Magdiel y Eram; esas son las familias de los hijos de Esaú de acuerdo a sus ducados en la tierra de Seir.

[26] Y estos son los nombres de los hijos de Seir el Hori, habitantes de la tierra de Seir, Lotan, Shobal, Zibeon, Anah, Dishan, Ezer y Dishon, siendo siete hijos.

[27] Y los hijos de Lotan fueron Hori, Heman y su hermana Timna, esa es la Timna que vino a Ya'akov y sus hijos, y ellos no le dieron oído a ella, y ella fue y se hizo concubina de Elifaz el hijo de Esaú, y le dio a luz para él a Amalek.

[28] Y los hijos de Shoval fueron Alvan, Manahat, Ebal, Shefo, y Onam, y los hijos de Zibeon fueron Ajah y Anah, este fue e Anah que encontró al Yemim en el desierto cuando él alimentó los asnos de Zibeon su padre .

[29] Y mientras estaba alimentando los asnos de su padre él los llevó al desierto a diferentes tiempos para alimentarlos.

[30] Y hubo un tiempo que él los trajo a uno de los desiertos en la costa del mar, opuesto al desierto del pueblo, y mientras los estaba alimentando, he aquí que una tormenta fuerte vino del otro lado del mar, y descansó sobre los asnos que se estaban alimentando allí, y ellos todos se quedaron quietos.

[31] Y después de eso como 120 grandes y terribles animales salieron del desierto del otro lado del mar, y ellos todos vinieron donde los asnos estaban.

[32] Y esos animales de la mitad para abajo eran en la forma de los hijos de los hombres, y de la mitad hacia arriba algunos tenían la semejanza de osos y otros en la semejanza de leones con rabos detrás de ellos desde sus hombros hasta llagando a la tierra, como los rabos de leones y esos animales vinieron y se montaron sobre los asnos, y se los llevaron, y ellos se fueron hasta este día.

[33] Y uno de esos animales se acercó a Anah y lo golpeó con su rabo, y se fue de ese lugar.

[34] Y cuando él vio esta obra él estaba en extremo temeroso por su vida, y él huyó y escapó a la ciudad.

[35] Y él relató a sus hijos y hermanos todo lo que le había sucedido a él y muchos hombres fueron a buscar los asnos pero no los pudieron encontrar, y Anah y sus hermanos no fueron más a ese lugar desde ese día en adelante, porque estaban tremendamente atemorizados por sus vidas.

[36] Y los hijos de Anah el hijo de Seir, fueron Dishan y su hermana Allibamah, los hijos de Dishan fueron Hemdan, Eshban, Itran y Heran, y los hijos de Ezer fueron Bilhan, Zaavan y Akan, y los hijos de Dishon fueron Uz y Aran.

[37] Esas son las familias de los hijos de Seir el Hori, de acuerdo a sus ducados en la tierra de Seir.

[38] Y Esaú y sus hijos vivieron en la tierra de Seir el Hori , el habitante de la tierra, y ellos tuvieron posesiones en ella y fueron fructíferos y se multiplicaron en extremo; y Ya'akov y sus hijos y todo lo perteneciente a él, vivieron con su padre Yitzjak en la tierra de Canaán, como YAHWEH había ordenado a Abraham su padre.

37 - Comienzan las Guerras Cananeas

(Aludido en Génesis 48:22)

[1] En el año 105 de la vida de Ya'akov, esto es, el noveno año de Ya'akov haber hecho su hogar en la tierra de Canaán, él vino de Padam-Aram.

[2] Y en aquellos días Ya'akov viajó con sus hijos de Hevron y ellos regresaron a la ciudad de Shejem, ellos y todo lo que les pertenecía, porque los hijos de Ya'akov obtuvieron buena y jugosa tierra de pastizales para su ganado en la ciudad de Shejem; la ciudad de Shejem, habiendo sida reedificada, y había allí 300 hombres y mujeres.

[3] Y Ya'akov y sus hijos y todo lo que él poseía vivieron en la parte del campo que Ya'akov había comprado a Hamor el padre de Shejem, cuando él vino de Padam-Aram antes de que Shimeon y Levi golpearan la ciudad de Shejem.

[4] Y todos esos reyes de los Cananeos y los Emorim que rodeaban la ciudad de Shejem, oyeron que los hijos de Ya'akov de nuevo habían venido y vivían allí.

[5] Y ellos dijeron: ¿Habrán venido de nuevo los hijos de Ya'akov a vivir en la ciudad que ellos destruyeron, y golpearon a sus habitantes y los echaron? ¿Habrán regresado también ahora para echar a esos que quedan en sus hogares en la ciudad o matarlos?

[6] Todos los reyes de Canaán de nuevo se reunieron, y ellos vinieron a hacer la guerra contra Ya'akov y sus hijos.

[7] Y Yashuv el rey de Tapnaj envió también a todos los reyes vecinos, a Elan rey de Gash, y a Ijuri rey de Shiloh, y a Paraton rey de Hazar, y a Susi rey de Sarton, y a Labán rey de Beit-Horan, y a Shavir rey de Otney-Mah, diciendo:

[8] Vengan y asístanme y vamos a golpear a Ya'akov y sus hijos, y todo lo que pertenece a él, porque de nuevo han venido a Shejem para poseerla y matar a todos sus habitantes como antes.

[9] Y todos estos reyes se reunieron juntos y vinieron con sus campamentos, una gente abundante en extremo como la arena en la costa del mar, y todos ellos estaban opuesto a Tapnaj.

[10] Y Yashuv el rey de Tapnaj fue a ellos y con todo su ejército y él acampó con ellos opuesto a la ciudad de Tapnaj, fuera de ella; y todos esos reyes se dividieron en siete divisiones, siendo siete campamentos contra los hijos de Ya'akov.

[11] Y ellos enviaron una declaración a Ya'akov y sus hijos, diciendo: Vengan todos a nosotros para que podemos tener una entrevista, juntos en la planicie, y vengar la causa de los hombres de Shejem a quien ustedes mataron en la ciudad, y ahora ustedes regresan a la ciudad de Shejem para vivir en ella y matar a todos los habitantes como antes.

[12] Y los hijos de Ya'akov oyeron esto y su ira fue rebullida en extremo a las palabras de los reyes de Canaán, y diez de los hijos de Ya'akov se apresuraron y se levantaron, cada uno de ellos ceñido con sus armas de guerra; y había 102 de sus sirvientes equipados con atavíos de batalla.

[13] Y todos esos hombres, los hijos de Ya'akov con sus sirvientes, fueron hacia esos reyes, y Ya'akov su padre estaba con ellos, y ellos todos se pararon sobre el montículo de Shejem.

[14] Y Ya'akov oró a YAHWEH por sus hijos, y él extendió sus manos a YAHWEH y dijo: O Elohim, Tú eres un Elohim Todopoderoso, Tú eres nuestro Padre, y Tú nos formaste y nosotros somos las obras de Tus Manos; yo oro que Tú liberes a mis hijos de las manos de sus enemigos, quienes hoy han venido a pelear con ellos y sálvalos de sus manos, porque en Tu Mano está el Poder y Fortaleza, para salvar a los pocos de los muchos.

[15] Y da a mis hijos Tus siervos la fortaleza de corazón y poder para pelear contra sus enemigos, y subyugarlos, y que hagan que sus enemigos caigan delante de ellos, y no dejes que mis hijos y sus sirvientes mueran por medio de las manos de los hijos de Canaán.

[16] Pero si perece bueno a Tus ojos tomar la vida de mis hijos y sus sirvientes, tómalos en Tu gran misericordia por medio de las manos de tus ministros, que ellos no perezcan en este día por las manos de los reyes de los Emorim.

[17] Y cuando Ya'akov cesó de orar a YAHWEH la tierra se estremeció de su lugar, y el sol se oscureció, y todos esos reyes fueron aterrorizados y una gran consternación los sobrecogió.

[18] Y YAHWEH escuchó a la oración de Ya'akov, y YAHWEH impresionó los corazones de los reyes y sus hordas con terror y sobrecogimiento de los hijos de Ya'akov.

[19] Porque YAHWEH los causó oír la voz de carruajes, y la voz de caballos poderosos de los hijos de Ya'akov, y la voz de un gran ejército acompañándolos.

[20] Y esos reyes fueron sobrecogidos con gran terror, y mientras ellos estaban en sus campamentos, he aquí que los hijos de Ya'akov avanzaron sobre ellos, con 112 hombres, con gran y tremenda gritería.

[21] Y cuando los reyes vieron a los hijos de Ya'akov avanzando sobre ellos, aún fueron más golpeados con pánico, y fueron inclinados a retroceder de los hijos de Ya'akov como la primera vez, y a no pelear con ellos.

[22] Pero ellos no retrocedieron, diciendo: Sería una deshonra para nosotros que dos veces retrocedamos de los hijos de los Hebreos.

[23] Y los hijos de Ya'akov se acercaron y avanzaron contra todos esos reyes y sus ejércitos, y ellos vieron, y he aquí que era un pueblo muy poderoso, numeroso como la arena a la costa del mar.

[24] Y los hijos de Ya'akov clamaron a YAHWEH, y dijeron: Ayúdanos O YAHWEH, ayúdanos y respóndenos, porque nosotros confiamos en Ti, y no nos dejes morir a las manos de esos incircuncisos, quienes este día han venido sobre nosotros.

[25] Y los hijos de Ya'akov ceñidos con sus armas de guerra, ellos tomaron en sus manos cada uno sus escudos y sus jabalinas, y ellos se acercaron a la batalla.

[26] Y Yahudáh el hijo de Ya'akov, corrió primero delante de sus hermanos, y diez de sus sirvientes con él, y él fue hacia esos reyes.

[27] Y Yashuv rey de Tapnaj, también vino primero con su ejército hacia Yahudáh, y Yahudáh vio a Yashuv y su ejército viniendo hacia él, y la ira de Yahudáh fue rebullida, y su furia quemó dentro de él, y él se acercó a la batalla en la cual Yahudáh arriesgó su vida.

[28] Y Yashuv y todo su ejército estaban avanzando hacia Yahudáh, y él montaba un caballo muy fuerte y poderoso, y Yashuv era un hombre muy valiente, y cubierto con hierro y bronce de los pies a cabeza,

[29] Y mientras él estaba sobre su caballo él lanzó flechas hacia delante y hacia atrás, y era su costumbre en todas sus batallas, y él nunca falló el lugar hacia donde apuntaba sus flechas.

[30] Y cuando Yashuv vino a pelear contra Yahudáh, YAHWEH ató la mano de Yashuv, y todas las flechas que él lanzó rebotaron contra sus propios hombres.

[31] Y a pesar de esto, Yashuv siguió avanzando hacia Yahudáh, para retarlo con las flechas, pero la distancia entre ellos era como de treinta codos, y cuando Yahudáh vio a Yashuv lanzando flechas contra él, él corrió con su poder excitado por su ira.

[32] Y Yahudáh tomó una piedra grande del suelo, y su peso era de 60 shekels, y Yahudáh corrió hacia Yashuv, y con la piedra lo golpeó en su escudo, y Yashuv fue aturdido con el golpe, y cayó de su caballo a tierra.

[33] Y el escudo se rompió en pedazos en las manos de Yashuv, y por la fuerza del golpe saltó a la distancia de 15 codos, y el escudo cayó delante del segundo campamento.

[34] Y todos los reyes que vinieron con Yashuv vieron a la distancia la fuerza de Yahudáh, el hijo de Ya'akov, y lo que él había hecho a Yashuv, y ellos estaban tremendamente temerosos de Yahudáh.

[35] Y ellos se reunieron cerca del campamento de Yashuv, viendo su confusión, y Yahudáh golpeó 42 hombres del campamento de Yashuv, y todo el campamento de Yashuv huyó delante de Yahudáh, ningún hombre soportó contra él, y ellos dejaron a Yashuv y huyeron de él, y Yashuv aún estaba postrado sobre la tierra.

[36] Y Yashuv viendo que todos los hombres de su campamento huyeron de él, se apresuró y se levantó con terror contra Yahudáh, y se paró sobre sus piernas opuesto a Yahudáh.

[37] Y Yashuv tuvo un solo combate con Yahudáh, poniendo escudo contra escudo, y los hombres de Yashuv todos huyeron, porque estaban grandemente atemorizados por Yahudáh.

[38] Y Yashuv tomó su lanza en su mano para golpear a Yahudáh en su cabeza, pero Yahudáh rápidamente había puesto su escudo sobre su cabeza contra la lanza de Yashuv, así el escudo de Yahudáh recibió el golpe de la lanza de Yashuv, y el escudo fue quebrado en dos.

[39] Y cuando Yahudáh vio que su escudo había sido roto, él con rapidez desenfundó su espada y golpeó a Yashuv en sus tobillos, y cortó sus pies de modo que Yashuv cayó a tierra, y la lanza cayó de su mano.

[40] Y Yahudáh rápidamente recogió la lanza de Yashuv, y con ella cortó su cabeza y la echó junto a sus pies.

[41] Y cuando los hijos de Ya'akov vieron lo que Yahudáh había hecho a Yashuv, ellos todos corrieron hacia los rangos de los otros reyes, y los hijos de Ya'akov pelearon contra el ejército de Yashuv, y los ejércitos de los otros reyes que estaban allí.

[42] Y los hijos de Ya'akov causaron a 15,000 de sus hombres caer, y ellos los golpearon como si golpeando calabazas, y el resto huyeron por sus vidas.

[43] Y Yahudáh aún estaba parado junto al cuerpo de Yashuv, y despojó a Yashuv de su cota de malla.

[44] Y Yahudáh también tomó el hiero y el bronce que estaba junto a Yashuv, y he aquí que nueve hombres de los capitanes de Yashuv vinieron a pelear contra Yahudáh.

[45] Y Yahudáh se apresuró y tomó una piedra del suelo, y con ella golpeó a uno de ellos en la cabeza, y su cráneo fue fracturado, y el cuerpo también cayó de su caballo a tierra.

[46] Y los ocho capitanes que quedaban, viendo la fuerza de Yahudáh, fueron grandemente atemorizados y huyeron, y Yahudáh con sus diez hombres los persiguieron, y ellos los alcanzaron y los mataron.

[47] Y los hijos de Ya'akov aún estaban golpeando los ejércitos de los reyes, y ellos mataron a muchos de ellos, pero esos reyes osadamente guardaron su lugar con sus capitanes, y no retrocedieron de sus lugares, y ellos exclamaron contra aquellos de sus ejércitos que huyeron de los hijos de Ya'akov, pero ninguno les quiso escuchar, y ellos estaban atemorizados por sus vidas no fuera que murieran.

[48] Y todos los hijos de Ya'akov, después de haber golpeado los ejércitos de los reyes, regresaron y fueron delante de Yahudáh, y Yahudáh todavía estaba matando a los ocho capitanes de Yashuv, y despojándolos de sus atuendos.

[49] Y Levi vio a Elon rey de Gaash, avanzando hacia él, con 14 capitanes para golpearlo a tierra, pero Levi no lo sabía con certidumbre.

[50] Y Elon con sus capitanes se aproximó más cerca, y Levi miró hacia atrás y vio que esa batalla fue prendida en su retaguardia, y Levi corrió con 12 de sus sirvientes, y ellos fueron y mataron a Elon con sus capitanes a filo de espada.

38 – Continúan las Guerras Cananeas

(Aludido en Génesis 48:22)

[1] E Ijuri rey de Shiloh vino a asistir a Elon, y él se acercó a Ya'akov, cuando Ya'akov cogió su arco que estaba en su mano y con él golpeó a Ijuri y causó su muerte.

[2] Y cuando Ijuri rey de Shiloh estaba muerto, los cuatro reyes que quedaban huyeron con sus capitanes, y ellos intentaron retroceder, diciendo: Nosotros no tenemos más fuerza con los Hebreos después que han matado a estos tres reyes y sus capitanes quienes eran más poderosos que lo que somos nosotros.

[3] Y cuando los hijos de Ya'akov vieron que los reyes que quedaban se removieron de su estación, ellos los persiguieron, y Ya'akov también vino desde el montículo de Shejem del lugar donde estaba parado, y ellos fueron tras los reyes y se aproximaron con sus sirvientes.

[4] Y los reyes y los capitanes con el resto de sus ejércitos, viendo que los hijos de Ya'akov se acercaban a ellos, estaban temerosos de sus vidas y huyeron hasta que llegaro n a la ciudad de Hazar.

[5] Y los hijos de Ya'akov los persiguieron hasta las puertas de la ciudad de Hazar, y ellos los golpearon con un gra n derribamiento entre los reyes y sus ejércitos, alrededor de 4,000 hombres, y mientras ellos estaban golpeando a los ejércitos de los reyes, Ya'akov estaba ocupado con su arco limitándose a golpear a tierra los reyes, y él los mató a todos.

[6] Y él mató a Paraton rey de Hazar a las puertas de la ciudad de Hazar, y después golpeó a Susi el rey de Sarton, y a Labán rey de Beit-Horin, y a Shavir rey de Majnaymah, y él los mató a todos con flechas, una flecha para cada uno de ellos, y ellos murieron.

[7] Y los hijos de Ya'akov viendo que todos los reyes estaban muertos, y que ellos estaban quebrantados y retrocediendo, continua ron trabando batalla con los ejércitos de los reyes opuesto a las puertas de Hazar, y aun golpearon a 400 de sus hombres.

[8] Y tres hombres de los sirvientes de Ya'akov cayeron en esa batalla, y cuando Yahudáh vio que tres de sus sirvientes habían muerto, él se entristeció grandemente, y su furia quemó dentro de él contra los Emorim.

[9] Y todos los hombres que quedaron de los ejércitos de los reyes estaban grandemente temerosos pos sus vidas, y ellos corrieron y rompieron las puertas de los muros de la ciudad de Hazar, y entraron a la ciudad para seguridad.

[10] Y ellos se escondieron en el medio de la ciudad de Hazar, pues la ciudad de Hazar era muy grande y extensa, y cuando todos esos ejércitos habían entrado en la ciudad, los hijos de Ya'akov corrieron tras ellos hacia la puerta de la ciudad.

[11] Y cuatro hombres poderosos, experimentados en batalla, salieron de la ciudad y se pararon a la entrada de la ciudad, con espadas desenfundadas y flechas en sus manos, y se pusieron opuesto a tos hijos de Ya'akov, y no los dejaban entrar en la ciudad.

[12] Y Naftali corrió y se puso en medio de ellos y con su espada golpeó a dos de ellos y cortó sus cabezas con un solo golpe.

[13] Y él se volvió a los otros dos, y he aquí que ellos habían huido, y él los persiguió, los alcanzó, y los golpeó y los mató.

[14] Y los hijos de Ya'akov vinieron a la ciudad y vieron, y he aquí que había otro muro para la ciudad, y ellos buscaron la puerta del muro pero no la encontraron, y Yahudáh saltó al tope del muro, y Shimeon y Levi le siguieron, y ellos tres descendieron del muro a la ciudad.

[15] Y Shimeon y Levi mataron a todos los hombres que corrieron hacia la seguridad en la ciudad, y también a los habitantes de la ciudad con sus esposas y pequeños, ellos los mataron a filo de espada, y los gritos de la ciudad ascendieron al cielo.

[16] Y Dan y Naftali saltaron hacia el tope del muro para ver lo que causaba el ruido de la lamentación, y los hijos de Ya'akov estaban ansiosos por sus hermanos, y ellos oyeron a los habitantes de la ciudad hablando y sollozando y suplicando, diciendo: Tomen todo lo que poseemos en la ciudad y váyanse, sólo que no nos pongan a muerte.

[17] Y cuando Yahudáh, Shimeon y Levi habían cesado de golpear a los habitantes de la ciudad, ellos ascendieron al muro y llamaron a Dan y Naftali, quienes estaban sobre el muro, y al resto de sus hermanos, y Shimeon y Levi les informaron de la entrada a la ciudad, y los hijos de Ya'akov vinieron a coger el botín.

[18] Y los hijos de Ya'akov cogieron el botín de la ciudad de Hazar, los rebaños y manadas, y se fueron ese día de la ciudad.

[19] Y el próximo día los hijos de Ya'akov fueron a Sarton, porque ellos oyeron que los hombres de Sarton que habían permanecido en la ciudad se estaban reuniendo para pelear contra ellos por haber matado a su rey, y Sarton era una ciudad muy alta y fortificada, y tenía un profundo terraplén rodeando a la ciudad.

[20] Y el pilar de Sarton era cerca de 50 codos y ancho 40 codos, y no había lugar para un hombre entrar en la ciudad a causa del terraplén, y los hijos de Ya'akov vieron el terraplén de la ciudad, y ellos buscaron una entrada pero no la pudieron encontrar.

[21] Porque la entrada a la ciudad estaba en la parte posterior, y todo hombre que deseaba entrar en la ciudad, venía por el camino e iba todo alrededor de toda la ciudad, y después entraba en la ciudad.

[22] Y los hijos de Ya'akov viendo que ellos no encontraban el camino hacia dentro de la ciudad, su ira fue grandemente rebullida, y los habitantes de la ciudad viendo que los hijos de Ya'akov estaban viniendo a ellos estaban grandemente temerosos de ellos , porque ellos habían oído de su fuerza y lo que habían hecho a Hazar.

[23] Y los habitantes de la ciudad de Sarton no podían salir hacia los hijos de Ya'akov después de haberse reunido en la ciudad contra ellos, no fuera que ellos entraran en la ciudad, pero cuando ellos vieron que venían contra ellos, estaban grandemente atemorizados, porque habían oído de su fuerza y lo que habían echo a Hazar.

[24] Así que los habitantes de Sarton rápidamente vinieron y quita ron de su lugar el puente del camino a la ciudad, antes de que los hijos de Ya'akov vinieran, y lo trajeron dentro de la ciudad.

[25] Y los hijos de Ya'akov vinieron y buscaron al camino a la ciudad, y no lo pudieron encontrar, y los habitantes de Sarton subieron al tope del muro, y he aquí que los habitantes de Sarton vieron que los hijos de Ya'akov buscaban una entrada a la ciudad.

[26] Y los habitantes de la ciudad reprocharon a los hijos de Ya'akov desde el tope del muro, y ellos los maldijeron, y los hijos de Ya'akov oyeron los reproches, y ellos fueron muy indignados, y su furia quemó dentro de ellos.

[27] Y los hijos de Ya'akov fueron provocados contra ellos, y todos se levantaron y saltaron por sobre el terraplén con la fuerza de su fortaleza, y por su poderío pasaron 40 codos de ancho del terraplén.

[28] Y cuando ellos habían pasado el terraplén se pararon bajo el muro de la ciudad, y encontraron todas las puertas de la ciu dad cerradas con barrotes de hierro.

[29] Y los hijos de Ya'akov vinieron cerca de romper las puertas de la entrada de la ciudad, pero los habitantes no los dejaron, porque desde el tope del muro ellos estaban tirando piedras y flechas a ellos.

[30] Y el número de la gente que estaba sobre el muro era como de 400, y cuando los hijos de Ya'akov vieron que la gente de la ciudad no los dejaban abrir las puertas de la ciudad, ellos saltaron y ascendieron al tope del muro, y Yahudáh fue primero a la parte este de la ciudad.

[31] Y Gad y Asher siguieron tras él y fueron a la esquina oeste de la ciudad, y Shimeon y Levi a la parte norte, y Dan y Reuven al sur.

[32] Y los hombres que estaban en el tope del muro, los habitantes de la ciudad, viendo que los hijos de Ya'akov estaban viniendo hacia ellos, ellos todos huyeron del muro, descendieron a la ciudad, y se escondieron en medio de la ciudad.

[33] Y Yissajar y Naftali, que permanecieron al pie del muro, se acercaron y rompieron las puertas de la ciudad, y prendieron un fuego en las puertas de la ciudad, el hierro se fundió, y todos los hijos de Ya'akov entra ron en la ciudad, ellos y todos sus hombres, y ellos pelearon con los habitantes de la ciudad de Sarton, y los golpearon a filo de espada, y ningún hombre soportó delante de ellos.

[34] Alrededor de 200 hombres huyeron de la ciudad, y ellos todos fueron a esconderse en cierta torre en la ciudad, y Yahudáh los persiguió hasta la torre y él quebró la torre, cual cayó sobre los hombres, y todos murieron.

[35] Y los hijos de Ya'akov subieron por el camino del techo de esa torre, y ellos miraron, y he aquí que había otra torre fuerte y alta a una distancia en la ciudad, y el tope de ella llegaba al cielo , y los hijos de Ya'akov se apresuraron y descendieron, y ellos fueron con todos sus hombres hacia esa torre, y la encontraron llena con 300 hombres, mujeres y pequeños.

[36] Y los hijos de Ya'akov golpearon con gran derribamiento entre esos hombres en la torre y ellos corrieron y huyeron de ellos.

[37] Y Shimeon y Levi los persiguieron, cuando doce hombres valientes y poderosos salieron del lugar donde se habían escondido.

[38] Y esos doce hombres mantuvieron fuerte batalla contra Shimeon y Levi, y Shimeon y Levi no podían prevalecer sobre ellos, y esos hombres valientes quebraron los escudos de Shimeon y Levi, y uno de ellos golpeó en la cabeza de Levi con su espada, cuando Levi de prisa llevó su mano a su cabeza, porque tenía temor de la espada, y la espada se clavó en la mano de Levi, y faltó poco para que la mano de Levi fuera cortada.

[39] Y Levi agarró la espada del hombre valiente en su mano, y la cogió a la fuerza del hombre, y con ella golpeó a la cabeza del hombre poderoso y cortó su cabeza.

[40] Y once hombres se acercaron para pelear con Levi, porque ellos vieron que uno de ellos había muerto, y los hijos de Ya'akov pelearon pero los hijos de Ya'akov no podían prevalecer sobre ellos, porque esos hombres eran muy poderosos.

[41] Y los hijos de Ya'akov viendo que no podían prevalecer contra ellos, Shimeon dio un alto y tremendo aullido, y los once hombres poderosos fueron aturdidos con la voz del aullido de Shimeon.

[42] Y Ya hudáh a la distancia conoció la voz del aullido de Shimeon, y Naftali y Yahudáh corrieron con sus escudos a Shimeon y Levi, y los encontraron peleando con esos hombres poderosos, sin poder prevalecer sobre ellos puesto que sus escudos estaban rotos.

[43] Y Naftali vio que los escudos de Shimeon y Levi estaban rotos, y él tomó dos escudos de sus sirvientes y los trajo a Shimeon y Levi.

[44] Y Shimeon y Levi y Yahudáh en ese día pelearon ellos tres contra esos once hombres poderosos hasta la puesta del sol, pero no pudieron prevalecer sobre ellos.

[45] Y esto fue dicho a Ya'akov y él fue profundamente entristecido, y él oró a YAHWEH, y él y Naftali su hijo fueron contra esos hombres poderosos.

[46] Y Ya'akov se acercó y sacó su arco, y vino cerca de los hombres poderosos, y mató a tres de sus hombres con su arco, y los ocho remanentes se volvieron, y he aquí que la guerra estaba trabada contra ellos al frente y la retaguardia, y ellos estaban grandemente atemorizados pos sus vidas, y no podían soportar delante de los hijos de Ya'akov, y ellos huyeron de delante de ellos.

[47] Y en su huída ellos se encontraron con Dan y Asher viniendo hacia ellos, y ellos de repente cayeron sobre ellos, y pelearon con ellos, y mataron a dos de ellos, y Yahudáh y sus hermanos los persiguie ron, y golpearon los que quedaban de ellos, y los mataron.

[48] Y todos los hijos de Ya'akov regresaron y caminaron alrededor de la ciudad, buscando para ver si podían encontrar algún hombre , y encontraron a 20 jóvenes en una cueva en la ciudad, y Gad y Ashe r los golpearon a todos, y Dan y Naftali fueron tras el resto de los hombres que habían huido y escapado de la segunda torre , y ellos los golpearon a todos.

[49] Y los hijos de Ya'akov golpearon a todos los habitantes de la ciudad de Sarton, pero a las mujeres y a los pequeños ellos dejaron en la ciudad y no los mataron.

[50] Y todos los habitantes de Sarton eran hombres poderosos, uno de ellos perseguiría a 1,000, y dos de ellos no huirían de 10,000 del resto de los hombres.

[51] Y los hijos de Ya'akov mataron a todos los habitantes de la ciudad de Sarton con el filo de la espada, ningún hombre pudo soportar contra ellos, y ellos dejaron a las mujeres en la ciudad.

[52] Y los hijos de Ya'akov tomaron todo el botín de la ciudad, y capturaron lo que ellos desearon, y tomaron rebaños y manadas y propiedad de la ciudad, y los hijos de Ya'akov hicieron a Sarton y sus habitantes lo que habían hecho a Hazary sus habitantes, y ellos se volvieron y se fueron.

39 – Continúan las Guerras Cananeas
(Aludido en Génesis 48:22)

[1] Y cuando los hijos de Ya'akov salieron de la ciudad de Sarton, ellos habían recorrido 200 codos cuando en encontraron con las habitantes de Tapnaj viniendo hacia ellos, porque fueron a pelear con ellos, porque ellos habían golpeado al rey de Tapnaj y a todos sus hombres.

[2] Así que todos los que quedaron en la ciudad de Tapnaj, vinieron a pelear con los hijos de Ya'akov, y ellos pensaron coger de ellos el botín y el saqueo que habían capturado de las ciudades de Sarton y Hazar.

[3] Y el resto de los hombres de Tapnaj pelearon con los hijos de Ya'akov en ese lugar, y los hijos de Ya'akov los golpearon, y ellos huyeron delante de los hijos de Ya'akov, y los persiguieron hasta la ciudad de Arbelan, y ellos cayeron delante de los hijos de Ya'akov.

[4] Y los hijos de Ya'akov regresaron y vinieron a la ciudad de Tapnaj, para llevarse el botín de Tapnaj, y cuando vinieron a Tapnaj ellos oyeron que la gente de Arbelan había salido a encontrarse con ellos para salvar el botín de sus hermanos, y los hijos de Ya'akov dejaron diez de sus hombres en Tapnaj para saquear la ciudad, y ellos salieron hacia la gente de Arbelan.

[5] Y los hombres de Arbelan salieron con sus esposas para pelear contra los hijos de Ya'akov, porque sus esposas eran experimentadas en batalla, y ellos salieron cerca de 400 hombres y mujeres.

[6] Y los hijos de Ya'akov gritaron a gran voz, y ellos corrieron hacia los habitantes de Arbelan, con una gran y tremenda voz.

[7] Y los habitantes de Arbelan oyeron el ruido de la gritería de los hijos de Ya'akov, y su rugido como el rug ido de leones, y como el bramido del mar y sus olas.

[8] Y temor y terror poseyeron sus corazones por causa de los hijos de Ya'akov, y ellos estaban terriblemente atemorizados de ellos, y ellos retrocedieron y huyeron de delante de ellos hacia dentro de la ciudad, y los hijos de Ya'akov los persiguieron hasta la puerta de la ciudad, y vinieron sobre ellos en la ciudad.

[9] Y los hijos de Ya'akov pelearon con ellos en la ciudad, y todas sus mujeres estaban ocupadas con la honda contra los hijos de Ya'akov, y el combate fue muy severo entre ellos todo el día hasta el anochecer.

[10] Y los hijos de Ya'akov no podían prevalecer contra ellos, y los hijos de Ya'akov casi perecieron en esa batalla, y los hijos de Ya'akov clamaron a YAHWEH y grande mente cobraron fuerzas hacia el anochecer, y los hijos de Ya'akov golpearon a todos los habitantes de Arbelan a filo de espada, hombres, mujeres y pequeños.

[11] Y también los que quedaban de la gente que había huido de Sarton, los hijos de Ya'akov los golpearon en Arbelan, y los hijos de Ya'akov hicieron a Arbela n y Tapnaj lo que ellos hicieron a Hazar y Sarton, y cuando las mujeres vieron que todos los hombres estaban muertos, ellas fueron

sobre las azoteas de la ciudad ellas golpearon a los hijos de Ya'akov echando sobre ellos una lluvia de piedras.

[12] Y los hijos de Ya'akov se apresuraron y vinieron dentro de la ciudad y cogieron a todas las mujeres y las pasaron por el filo de la espada, y los hijos de Ya'akov capturaron todo el botín y saqueo, rebaños y manadas y reses.

[13] Y los hijos de Ya'akov hicieron a Majnaymah como ellos habían hecho a Tapnaj, y a Hazar y a Shiloh y ellos se volvieron de allí y se fueron.

[14] Y en el quinto día los hijos de Ya'akov oyeron que la gente de Gaash se había reunido contra ellos para batalla, porque ellos habían matado a sus reyes y capitanes, porque allí había 14 capitanes en la ciudad de Gaash, y los hijos de Ya'akov los habían matado a todos en la primera batalla.

[15] Y los hijos de Ya'akov ese día se ciñeron con las armas de batalla, y ellos marcharon a la batalla contra los habitantes de Gaash, y en Gaash había un pueblo fuerte y poderoso del pueblo de los Emorim, y Gaash era la más fuerte y fortificada ciudad de los Emorim, y tenía tres muros.

[16] Y los hijos de Ya'akov vinieron a Gaash y encontraron las puertas a la ciudad cerradas , y como 500 parados en el tope del muro externo, y un pueblo tan numeroso como la arena en la costa del mar estaban en emboscada para los hijos de Ya'akov fuera de la ciudad en la parte posterior.

[17] Y los hijos de Ya'akov se acercaron para abrir las puertas de la ciudad, y mientras ellos se estaban acercando, y he aquí que aquellos que estaban en emboscada en la parte posterior salieron de sus lugares y rodearon a los hijos de Ya'akov.

[18] Y los hijos de Ya'akov estaban encerrados entre la gente de Gaash, y la batalla estaba ambos delante y detrás de ellos, y todos los hombres que estaban sobre el muro, estaban tirando sobre ellos flechas y piedras.

[19] Y Yahudáh viendo que los hombres de Gaas h se estaban poniendo muy fuertes para ellos, dio el más pe netrante y tremendo aullido , y todos los hombres de Gaash estaban aterrorizados a la voz del grito de Yahudáh, y hombres cayeron del muro a causa de su poderoso aullido, y todos aquellos que estaban fuera y dentro de la ciudad estaban tremendamente atemorizados por sus vidas.

[20] Y los hijos de Ya'akov aún vinieron cerca de romper las puertas de la ciudad, cuando los hombres de Gaash tiraron flechas y piedras desde encima del muro, y los hicieron huir de la puerta.

[21] Y los hijos de Ya'akov regresaron contra los hombres de Gaash que estaban con ellos fuera de la ciudad, y ellos los golpearon terriblemente, como golpear calabazas, y ellos no podían soportar delante de los hijos de Ya'akov, porque el temor y terror se había apoderado de ellos al grito de Yahudáh.

[22] Y los hijos de Ya'akov mataron a todos esos hombres que estaban fuera de la ciudad, y los hijos de Ya'akov aun se acercaron para efectuar una entrada a la ciudad, y a pelar al pie de los muros de la ciudad, pero no podían porque los habitantes de Gaash que permanecían en la ciudad

habían rodeado los muros de Gaash en todas las direcciones, y así los hijos de Ya'akov les era imposible aproximarse a la ciudad para pelear con ellos.

[23] Y los hijos de Ya'akov vinieron a una esquina para pelear al pie del muro, y los habitantes de Gaash tiraron sobre ellos como lluvia de flechas y piedras, y ellos huyeron del muro.

[24] Y la gente de Gaash estaba sobre el muro, viendo que los hijos de Ya'akov no podían prevalecer sobre ellos desde el pie del muro, reprocharon a los hijos de Ya'akov con estas palabras, diciendo:

[25] ¿Qué es lo que sucede con ustedes en la batalla que no pueden prevalecer? ¿Pueden ustedes hacer a la poderosa ciudad de Gaash y sus habitantes lo que hicieron a las otras ciudades de los Emorim que no eran tan poderosas? Ciertamente a aquellos débiles entre nosotros ustedes hicieron esas cosas, y los mataron en la entrada a la ciudad, porque ellos no tenían fuerza al sonido de su gritería.

[26] ¿Y podrán ustedes ahora pelear en este lugar? Ciertamente aquí morirán, y nosotros vengaremos la causa de esas ciudades que ustedes han destruido.

[27] Y los habitantes de Gaash grandemente reprocharon a los hijos de Ya'akov, y los injuriaron con sus dioses, y continuaron tirando flechas y piedras a ellos desde el muro.

[28] Y Yahudáh y sus hermanos oyeron las palabras de los habitantes de Gaash y su furia fue grandemente rebullida, y Yahudáh estaba celoso por su Elohim en este asunto, y él clamó y dijo: O YAHWEH, ayuda, manda ayuda a nosotros y nuestros hermanos.

[29] Y él corrió desde la distancia con todo su poder, con su espada desenfundada en mano , y él saltó desde la tierra y por causa de su fuerza, se montó en el muro, y su espada cayó de su mano.

[30] Y Yahudáh gritó desde el muro, y todo s los hombres que estaban sobre el muro estaban aterrorizados, y algunos de ellos cayeron del muro a la ciudad y murieron, y aquellos que aun estaban sobre el muro, cuando ellos vieron la fuerza de Yahudáh, fueron grandemente aterrorizados y huyeron por sus vidas hacia dentro de la ciudad para seguridad.

[31] Y algunos s e envalentonaron para pelear con Yahudáh sobre el muro, y ellos vinieron cerca para matarlo cuando vieron que no había espada en la mano de Yahudáh, y ellos pensaron en echarlo del muro a sus hermanos, y veinte hombres de la ciudad vinieron a asistirlos, y ellos rodearon a Yahudáh y ellos gritaron sobre él, y se acercaron con espadas desenfundadas, y ellos aterrorizaron a Yahudáh, y Yahudáh gritó a sus hermanos desde el muro.

[32] Y Ya'akov y sus hijos sacaron el arco al pie del muro, y golpearon a tres de los hombres que estaban en el tope del muro , y Yahudáh continuó gritando y él exclamó: O YAHWEH ayúdanos, O YAHWEH libéranos, y él gritó con una gran voz sobre el muro, y el grito fue oído a una gran distancia.

[33] Y después de este grito, él repitió el grito, y todos los hombres que rodeaban a Yahudáh sobre el muro estaban aterrorizados, y cada uno tiró su espada de su mano al sonido de los gritos de Yahudáh y su temblor, y ellos huyeron.

[34] Y Yahudáh tomó las espadas que habían caído de sus manos, y Yahudáh peleó con ellos y mató a veinte de sus hombres sobre el muro.

[35] Y cerca de ochenta hombres y mujeres aún ascendieron el muro desde la ciudad y todos ellos rodearon a Yahudáh, y YAHWEH sobrecogió el temor a Yahudáh en sus corazones, que ellos no podían acercarse a él.

[36] Y Ya'akov y todos los que estaban con él sacaron el arco desde el pie del muro, y mataron a diez hombres sobre el muro, y ellos cayeron del muro delante de Ya'akov y sus hijos.

[37] Y la gente sobre el muro viendo que veinte de ellos habían caído, aún corrieron hacia Yahudáhcon espadas desenfundadas, pero ellos no se podían acercar porque estaban tremendamente aterrorizados con la fuerza de Yahudáh.

[38] Y uno de sus hombres poderosos cuyo nombre era Arud se acercó para golpear a Yahudáh sobre su cabeza con su espada , cuando Yahudáh rápidamente puso su escudo sobre su cabeza, y la espada golpeó el escudo, y fue quebrado en dos.

[39] Y este hombre poderoso, después de que había golpeado a Yahudáh corrió por su vida, al temor de Yahudáh, y sus pies resbalaron sobre el muro, y él cayó entre los hijos de Ya'akov que estaban al pie del muro, y los hijos de Ya'akov lo golpearon y lo mataron.

[40] Y la cabeza de Yahudáh le dolía del golpe del hombre poderoso, y Yahudáh casi murió de ello.

[41] Y Yahudáh gritó desde el muro debido al dolor producido por el golpe, cuando Dan lo oyó, y su furia quemó dentro de él, él también se levantó y fue a una distancia y corrió y saltó desde la tierra y se montó en el muro con su la fuerza excitada por la furia.

[42] Y cuando Dan vino sobre el muro cerca de Yahudáh, todos los hombres sobre el muro huyeron, los que habían estado contra Yahudáh, y ellos subieron al segundo muro, y ellos tiraron flechas y piedras sobre Dan y Yahudáh desde el segundo muro e intentaron echarlos del muro.

[43] Y las flechas y piedras golpearon a Dan y a Yahudáh, y ellos estuvieron cerca de ser muertos sobre el muro, y cuando Dan y Yahudáh huyeron del muro, ellos fueron atacados con flechas y piedras desde el segundo muro.

[44] Y Ya'akov y sus hijos aún estaban a la entrada de la ciudad al pie del primer muro, y ellos no pudieron sacar su arco contra las habitantes de la ciudad, puesto que no podían ser vistos por ellos, estando sobre el segundo muro.

[45] Y Dan y Yahudáh cuando ya no podían soportar las flechas y las piedras tiradas a ellos desde el segundo muro, ellos dos saltaron hacia el segundo muro cerca de la gente de la ciudad, y cuando la gente de la ciudad que estaban sobre el segundo muro vieron que Dan y Yahudáh habían saltado a ellos sobre el segundo muro, ellos todos gritaron y descendieron a tierra entre los muros.

[46] Y Ya'akov y sus hijos oyeron la gritería de la gente de la ciudad, y ellos aún estaban a la entrada de la ciudad, y ellos estaban ansiosos acerca de Dan y Yahudáh que no eran vistos por ellos, ellos estando sobre el segundo muro.

[47] Y Naftali con su poder excitado por la furia, saltó al primer muro para ver que causaba el ruido de la gritería que ellos oían en la ciudad, y Yissajar y Zevulun se acercaron para romper las puertas de la ciudad, y ellos abrieron las puertas de la ciudad y entraron en la ciudad.

[48] Y Naftali saltó del primer muro al segundo muro y vino a asistir a sus hermanos, y los habitantes de Gaash estaban sobre el muro, viendo que Naftali era el tercero que había venido a asistir a sus hermanos, ellos todos huyeron y descendieron a la ciudad, y Ya'akov y todos sus hijos y todos sus hombres jóvenes vinieron dentro de la ciudad a ellos.

[49] Y Yahudáh y Dan y Naftali descendieron del muro a la ciudad y persiguieron a los habitantes de la ciudad, y Shimeon y Levi estaban fuera de la ciudad y no sabían que la puerta estaba abierta, y ellos saltaron desde allí al muro y bajaron a sus hermanos en la ciudad.

[50] Y los habitantes de la ciudad habían to dos descendido a la ciudad, y los hijos de Ya'akov vinieron hacia ellos desde diferentes direcciones, y la batalla se trabó contra ellos desde el frente y la retaguardia, y los hijos de Ya'akov los golpearon terriblemente, y mataron alrededor de 20,000 de ellos, hombres y mujeres, ni uno de ellos podía soportar delante de los hijos de Ya'akov.

[51] Y la sangre fluía a plenitud en la ciudad, y era como arroyo de agua, y la sangre fluyó como un arroyo hacia las partes externas de la ciudad, y llegó al desierto de Beit-Horin,

[52] Y la gente de Beit-Horin vieron a la distancia la sangre fluyendo de la ciudad de Gaash, y como setenta hombres entre ellos corrieron para ver la sangre, y ellos vinieron al lugar donde la sangre estaba.

[53] Y ellos siguieron los rastros de la sangre y vinieron hasta el muro de la ciudad de Gaash, y ellos vieron la sangre saliendo de la ciudad, y ellos oyeron la voz de gritos de los habitantes de Gaash, porque ascendía hasta el cielo, y la sangre continuaba fluyendo como un arroyo de agua .

[54] Y todos los hijos de Ya'akov aún estaban golpeando a los habitantes de Gaash, y estuvieron ocupados matándolos hasta el anochecer, como 20,000 hombres y mujeres, y la gente de Horín dijeron: Ciertamente esta es la obra de los Hebreos, porque ellos aún e stán llevando la guerra a todas las ciudades de los Emorim.

[55] Y esa gente se apresuraron y corrieron hacia Beit-Horin, que también se ciñeron sus armas de guerra para pelear contra los hijos de Ya'akov.

[56] Y cuando los hijos de Ya'akov habían terminado de golpear a los habitantes de Gaash, caminaron por la ciudad para despojar a todos los muertos, y viniendo a la parte más interna de la ciudad y más adentro, ellos se encontraron a tres hombres muy poderosos, y no había espada en sus manos .

[57] Y los hijos de Ya'akov vinieron al lugar donde ellos estaban, y los hombres poderosos corrieron, y uno de ellos había tomado a Zevulun, a quien él vio que era un joven de baja estatura, y con su poder lo tiró contra la tierra.

[58] Y Ya'akov corrió hacia él con su espada y Ya'akov lo golpeó debajo de sus entrañas con su espada, y lo cortó en dos, y el cuerpo cayó sobre Zevulun.

[59] Y el segundo se acercó y agarró a Ya'akov para tirarlo a tierra, y Ya'akov se volvió a él y le gritó, mientras Shimeon y Levi corrieron y lo golpearon en las caderas con la espada y lo echaron a tierra.

[60] Y el hombre poderoso se levantó del suelo con poder excitado por la furia, y Yahudáh vino a él antes de que pudiera afianzar sus pies, y lo golpeó sobre la cabeza con la espada, y su cabeza fue dividida y él murió.

[61] Y el tercer hombre poderoso, viendo que sus compañeros estaba muertos, corrió delante de los hijos de Ya'akov, y los hijos de Ya'akov lo persiguieron dentro de la ciudad; y mientras el hombre poderoso estaba huyendo encontró una espada de uno de los habitantes de la ciudad y él la recogió y se volvió a los hijos de Ya'akov y peleó con ellos con esa espada.

[62] Y el hombre poderoso corrió hacia Yahudáh para golpearlo sobre la cabeza con la espada, y no había escudo en la mano de Yahudáh; y mientras él estaba apuntando para golpearlo, Naftali rápidamente tomó su escudo y lo puso a la cabezada Yahudáh, y la espada del hombre poderoso golpe ó el escudo de Naftali, y Yahudáh escapó la espada.

[63] Y Shimeon y Levi corrieron sobre el hombre poderoso con sus espadas y lo golpearon con fuerza con sus espadas, y las dos espadas entraron en el cuerpo del hombre poderoso y lo dividieron en dos a lo largo.

[64] Y los hijos de Ya'akov golpearon a tres hombres poderosos en ese tiempo, junto con todos los habitantes de Gaash, y el día estaba al declinar.

[65] Y los hijos de Ya'akov caminaron por Gaash y tomaron todo el botín de la ciudad, aun los pequeños y las mujeres ellos no dejaron vivir, y los hijos de Ya'akov hicieron a Gaash lo que habían hecho a Sarton y Shiloh.

40 - Los Cananeos Buscan la Paz

[1] Y los hijos de Ya'akov se llevaron todo el botín de Gaash, y salieron de la ciudad en la noche.

[2] Ellos iban marchando hacia el castillo de Beit-Horin, y los habitantes de Beit- Horin estaban yendo al castillo para encontrarse con ellos, y en esa noche los hijos de Ya'akov pelearon con los habitantes de Beit-Horin, en el castillo de Beit-Horin.

[3] Y todos los habitantes de Beit-Horin eran hombres poderosos, uno de ellos no huiría delante de mil hombres, y ellos pelearon en esa no che en el castillo, y sus gritos fueron oídos esa noche desde lejos, y la tierra tembló por sus gritos.

[4] Y todos los hijos de Ya'akov tenían temor de esos hombres, puesto que ellos no estaban acostumbrados a pelear en la oscuridad, y estaban grandemente confundidos, y los hijos de Ya'akov clamaron a YAHWEH, diciendo: Da ayuda a nosotros O YAHWEH, libéranos que nosotros no muramos a las manos de esos hombres incircuncisos .

[5] Y YAHWEH escuchó a la voz de los hijos de Ya'akov, y YAHWEH causó gran terror y confusión que sobrecogiera a los habitantes de Beir-Horin, y ellos pelearon entre sí mismos los unos con los otros en la oscuridad de la noche, y se golpearon uno a otro en grandes números.

[6] Y los hijos de Ya'akov, sabiendo que YAHWEH había traído un ruaj de perversión entre esos hombres, y que ellos pelearon cada hombre con su vecino, salieron de entre las bandas de la gente de Beit-Horin y fueron tan lejos como el descenso del castillo de Beit-Horin, y más lejos, y ellos se quedaron allí en seguridad con sus hombres jóvenes esa noche.

[7] Y la gente de Beit-Horin pelearon toda la noche, un hombre con su hermano, y el otro con su vecino, y ellos gritaron en todas las direcciones sobre el castillo, y su grito fue oído a la distancia, y toda la tierra tembló a su voz, y ellos eran poderosos por encima de toda la gente de la tierra.

[8] Y todos los habitantes de los Cananeos, los Hitti, los Emorim, los Hivi y todos los reyes de Canaán, y también aquellos que estaban del otro lado del Yarden, oyeron el ruido de la gri tería esa noche.

[9] Y ellos dijeron: Seguramente ese es el ruido de los Hebreos que están peleando contra las siete ciudades que vinieron cerca de ellos; ¿y quién puede soportar delante de esos Hebreos?

[10] Y todos los habitantes de las ciudades de los Cananeos, y todos aquellos que estaban del otro lado del Yarden estaban grandemente temerosos de los hijos de Ya'akov, porque ellos dijeron: He aquí que lo mismo será hecho a nosotros como fue hecho a esas ciudades, porque ¿quién puede soportar contra su fuerza po derosa?

[11] Y los gritos de los Horim eran muy grandes en esa noche, y continuaron incrementando; y ellos se golpearon uno al otro hasta la mañana, y muchos de ellos fueron muertos.

[12] Y la mañana apareció y los hijos de Ya'akov se levantaron al romper el día y fueron al castillo, y ellos golpearon a aquellos que quedaron de los Horim de una forma terrible y todos ellos fueron muertos en el castillo.

[13] Y el sexto día apareció, y todos los habitantes de Canaán vieron a la distancia a todos los habitantes de Beit-Horin que yacían muertos en el castillo de Beit-Horin, y desparramados todos como cuerpos muertos de ovejas y carneros.

[14] Y los hijos de Ya'akov llevaron todo el botín que ellos habían capturado de Gaash y fueron a Brit-Horin, y ellos encontraron la ciudad llena de gente como la arena en la costa del mar, y los hijos de Ya'akov pelearon con ellos, y los hijos de Ya'akov los golpearon allí hasta el anochecer.

[15] Y los hijos de Ya'akov hicieron a Beit- Horin como ellos habían hecho a Gaash y Tapnaj, y como ellos habían hecho a Hazar, a Sarton, y a Shiloh.

[16] Y los hijos de Ya'akov tomaron con ellos el botín de Beit- Horin y todo el botín de las ciudades, y en ese día ellos fueron a casa a Shejem.

[17] Y los hijos de Ya'akov vinieron a casa a la ciudad de She jem, y ellos permanecieron fuera de la ciudad, y entonces ellos descansaron allí de la guerra, y se quedaron allí toda la noche.

[18] Y todos sus sirvientes con el botín que ellos habían tomado de las ciudades, ellos dejaron fuera de la ciudad, y ellos no entraron en la ciudad, porque ellos dijeron: Quizá aún quede n más peleas contra nosotros, y ellos pueden venir a asediarnos en Shejem.

[19] Y Ya'akov y sus hijos y sus sirvientes permanecieron esa noche y el próximo día en la porción del campo que Ya'akov había comprado de Hamor por cinco shekels, y todo lo que ellos habían capturado estaba con ellos.

[20] Y todo el botín que los hijos de Ya'akov habían capturado estaba en la porción del campo, inmenso como la arena en la costa del mar.

[21] Y los habitantes de la tierra observaron desde lejos, y todos los habitantes de la tierra tenían temor de los hijos de Ya'akov quienes habían hecho esta cosa, porque ningún rey desde los tiempos de la antigüedad había hecho esto.

[22] Y los siete reyes de los Cananeos resolvieron hacer Shalom con los hijos de Ya'akov, porque ellos estaban grandemente temerosos por sus vidas, a causa de los hijos de Ya'akov.

[23] Y en ese día, siendo el séptimo día, Yafia rey de Hevron, envió secretamente al rey de Ai, y al rey de Gibeon, y al rey de Shalem, y al rey de Adulam, y al rey de Lajish y al rey de Hazar, y a todos los reyes Cananeos que estaban bajo su sujeción, diciendo:

[24] Suban a mí, y vengan conmigo para que vayamos a los hijos de Ya'akov, y yo haré Shalom con ellos, y formaré un tratado con ellos, no sea que todas sus tierras sean destruidas por la espada de los hijos de Ya'akov, como ellos hicieron a Shejem y las ciudades alrededor, como ustedes han oído y visto.

[25] Y cuando ustedes vengan a mí, no vengan con muchos hombres, sino que cada rey traiga sus tres capitanes cabezas, y todo capitán que traiga tres de sus oficiales.

[26] Y vengan todos ustedes a Hevron, y nosotros iremos juntos a los hijos de Ya'akov, y les suplicaremos que formen un tratado de Shalom con nosotros.

[27] Y todos esos reyes hicieron como el rey de Hevron había enviado a ellos, porque todos ellos estaban bajo su consejo y mando, y todos los reyes de Canaán se reunieron para ir a los hijos de Ya'akov, para hacer el Shalom con ellos.

[28] Y los hijos de Ya'akov regresaron y permanecieron en la porción del campo por diez días, y ni uno vino a hacer la guerra con ellos.

[29] Y cuando los hijos de Ya'akov vieron que no había apariencia de guerra, ellos todos se congregaron y fueron a la ciudad de Shejem, y los hijos de Ya'akov permanecieron en Shejem.

[30] Y al término de 40 días todos los reyes de los Emorim se reunieron de todos sus lugares y vinieron a Hevron, a Yafia rey de Hevron.

[31] Y el número de los reyes que vinieron a Hevron, para hacer Shalom con los hijos de Ya'akov, era veintiún reyes, y el número de capitanes que estaba con ellos era de 69, y sus hombres era de 189, y todos esos reyes y sus hombres descansaron junto a la montaña Hevron.

[32] Y el rey de Hevron salió con sus tres capitanes y nueve hombres, y esos reyes resolvieron ir a los hijos de Ya'akov a hacer Shalom.

[33] Y ellos dijeron al rey de Hevron: Tú ve antes que nosotros con tus hombres, y habla por nosotros a los hijos de Ya'akov, y nosotros vendremos después de ti y confirmaremos las palabras.

[34] Y los hijos de Ya'akov oyeron que todos los reyes de Canaán se reunieron juntos y descansaron en Hevron, y los hijos de Ya'akov enviaron cuatro de sus sirvientes como espías, diciendo: Vayan a espiar a esos reyes, y busquen y examinen a sus hombres, si son pocos o muchos, y si ellos son pocos en número, los cuentan y regresan.

[35] Y los sirvientes de Ya'akov fueron secretamente a esos reyes, e hicieron como los hijos de Ya'akov les habían ordenado, en ese día ellos regresaron a los hijos de Ya'akov, y dijeron: Nosotros fuimos a esos reyes y son pocos en números, y los numeramos a todos, ellos son 288 reyes y hombres.

[36] Y los hijos de Ya'akov dijeron: Son sólo pocos en número, por lo tanto, no saldremos todos a ellos; y en la mañana los hijos de Ya'akov se levantaron y escogieron a 62 de sus hombres, y diez de los hijos de Ya'akov fueron con ellos, y ellos se ciñeron sus armas de guerra, porque dijeron: Ellos están viniendo a hacer la guerra con nosotros, porque ellos no sabían que venían para hacer Shalom con ellos.

[37] Y los hijos de Ya'akov fueron con sus sirvientes a la puerta de Shejem, hacia esos reyes, y su padre Ya'akov estaba con ellos.

[38] Y cuando ellos habían salido, he aquí que el rey de Hevron con sus tres capitanes y nueve hombres estaba viniendo en el camino contra los hijos de Ya'akov, y los hijos de Ya'akov alzaron sus ojos, y vieron a la distancia a Yafia rey de Hevron, con sus capitanes, viniendo hacia ellos, y los hijos de Ya'akov tomaron su puesto en el lugar de la puerta de Shejem, y no siguieron.

[39] Y el rey de Hevron continuó avanzando, él y sus capitanes, hasta que él llegó cerca de los hijos de Ya'akov, y él y sus capitanes se inclinaron a tierra delante de ellos, y el rey de Hevron se sentó con sus capitanes delante de Ya'akov y sus hijos.

[40] Y los hijos de Ya'akov dijeron a él: ¿Qué te ha ocurrido a ti, O rey de Hevron? ¿Por qué has venido a nosotros este día? ¿Qué quieres de nosotros? Y el rey de Hevron dijo a Ya'akov: Yo te suplico mi señor, todos los reyes de los Cananeos han venido este día a hacer Shalom con ustedes.

[41] Y los hijos de Ya'akov oyeron las palabras del rey de Hevron, y ellos no querían consentir a sus propuestas, porque los hijos de Ya'akov no tenían fe en él, porque ellos se imaginaron que el rey de Hevron había hablado engañosamente a ellos.

[42] Y el rey de Hevron supo por las palabras de los hijos de Ya'akov, que ellos no creyeron sus palabras, y el rey de Hevron se acercó más a Ya'akov, y le dijo a él: Yo te suplico mi señor, que estés seguro que todos esos reyes han venido a ti con términos pac íficos, porque ellos no han venido con todos sus hombres, ni ellos trajeron sus armas de guerra con ellos, porque ellos han venido a buscar Shalom con mi señor y sus hijos.

[43] Y los hijos de Ya'akov respondieron al rey de Hevron, diciendo: Ve delante de todos esos reyes, y si ellos hablan la verdad a nosotros que vengan individualmente delante de nosotros, y si ellos vienen desarmados, nosotros sabremos que ellos buscan Shalom de nosotros.

[44] Y Yafia rey de Hevron envió uno de sus hombres a los reyes, y todos ellos vinieron delante de los hijos de Ya'akov, y se inclinaron a ellos a tierra, y esos reyes se sentaron delante de Ya'akov y sus hijos , y hablaron con ellos, diciendo:

[45] Nosotros hemos oído todo lo que ustedes han hecho a los reyes de los Emorim con su espada y extremadamente poderoso brazo, así ningún hombre puede soportar delante de ustedes, y nosotros estábamos temerosos de ustedes por causa de nuestras vidas, no sea que nos suceda a nosotros lo que les sucedió a ellos.

[46] Así que hemo s venido a ustedes para formar un tratado de Shalom entre nosotros, y ahora, por lo tanto, contraten con nosotros con un pacto de Shalom y verdad, que ustedes no se meterán con nosotros tanto como nosotros no nos meteremos con ustede s.

[47] Y los hijos de Ya'akov supieron que ellos en verdad habían venido a buscar el Shalom de ellos, y los hijos de Ya'akov los escucharon a ellos, y formaron un pacto con ellos.

[48] Y los hijos de Ya'akov juraron a ellos que no se meterían con ellos, y todos los reyes de Canaán también juraron a ellos, y los hijos de Ya'akov los hicieron tributarios desde ese día en adelante.

[49] Y después de esto, todos los capitanes de esos reyes vinieron con sus hombres delante de Ya'akov, con regalos en sus manos para Ya'akov y sus hijos, y ellos se inclinaron a él a la tierra .

[50] Y todos esos reyes urgieron a los hijos de Ya'akov y suplicaron de ellos que regresaran todo el botín que habían capturado de las siete ciudades de los Emorim, y los hijos de Ya'akov lo hicieron, y ellos regresaron todo lo que ellos habían capturado, las mujeres, los pequeños , el ganado y todo el botín que ellos habían tomado, y ellos lo enviaron fuera, y ellos se fueron, cada uno a su ciudad.

[51] Y todos esos reyes de nuevo se inclinaron a los hijos de Ya'akov, y ellos enviaron o trajeron muchos regalos en esos días, y los hijos de Ya'akov despidieron a esos reyes y a sus hombres, y

ellos se fueron en Shalom de ellos a sus ciudades, y los hijos de Ya'akov también regresaron a su hogar, a Shejem.

[52] Y hubo Shalom desde ese día en adelante entre los hijos de Ya'akov y los reyes de los Cananeos, hasta que los hijos de Yisra'el vinieron a heredar la tierra de Canaán.

41 - El sueño de José

(Génesis 37)

[1] Y en el transcurso del año los hijos de Ya'akov viajaron de Shejem y vinieron a Hevron, a su padre Yitzjak, y ellos vivieron allí, pero sus rebaños y manadas ellos alimentaban diariamente en Shejem, porque en esos días había allí buen y jugoso pasto, y Ya'akov y sus hijos y toda su casa vivieron en el valle de Hevron.

[2] Y fue en esos días, en ese año, siendo el año 106 de la vida de Ya'akov, en el año décimo de Ya'akov venir de Padam-Aram, que Leah la esposa de Ya'akov murió, ella era de 51 años de edad cuando ella murió en Hevron.

[3] Y Ya'akov y sus hijos la sepultaron en la cueva del campo de Majpelah, cual es Hevron, el cual Abraham había comprado de los hijos de Het para posesión de lugar de sepultura.

[4] Y los hijos de Ya'akov vivieron con su padre en el valle de Hevron, y todos los habitantes de la tierra conocían de su fuerza y su fama se extendió por toda la tierra.

[5] Y Yosef el hijo de Ya'akov, y su hermano Binyamin, los hijos de Rajel, eran aún jóvenes en esos días y no salieron a las batallas con sus hermanos en todas las ciudades de los Emorim.

[6] Y cuando Yosef vio la fuerza de sus hermanos, y su grandeza, él los alabó y los encomió, pero él se había clasificado a sí mayor que ellos, y se exaltó a sí mismo delante de ellos; y Ya'akov su padre también lo amaba más que a sus otros hijos, porque él era su hijo de la vejez, y por su amor por él, él le hizo una túnica de muchos colores.

[7] Y cuando Yosef vio que su padre lo amaba más que a sus hermanos, él continuó exaltándose a sí mismo por encima de sus hermanos, y él traía a su padre malos reportes referentes a ellos.

[8] Y los hijos de Ya'akov, viendo toda la conducta de Yosef hacia ellos, y que su padre lo amaba más que a ninguno de ellos, ellos lo odiaban y no podían hablar con él en una forma de Shalom todos los días.

[9] Y Yosef tenía 17 años de edad, y aún se magnificaba a sí mismo por encima de sus hermanos, y pensaba y se ensalzaba por encima de ellos.

[10] En ese tiempo él soñó un sueño, y él vino a sus hermanos y les contó el sueño, y él dijo a ellos: Yo soñé un sueño, y he aquí que todos estábamos atando manojos en el campo, y mi manojo se levantó y se paró en tierra, y los manojos de ustedes lo rodearon y se inclinaron a él.

[11] Y todos sus hermanos le respondieron, y le dijeron: ¿Qué significa esto que tú sueñas? ¿Te imaginas tú en tu corazón que reinarás y regirás sobre nosotros?

[12] Y él aun vino y dijo la cosa a su padre Ya'akov, y Ya'akov besó a Yosef cuando él oyó esas palabras de su boca, y Ya'akov bendijo a Yosef.

[13] Y cuando los hijos de Ya'akov vieron que su padre había bendecido a Yosef y lo había besado, y que él lo amaba en extremo, ellos se pusieron celosos de él y lo odiaron aún más.

[14] Y después de esto Yosef soñó otro sueño y se lo relató a su padre en la presencia de sus hermanos: He aquí yo he soñado otro sueño, y he aquí que el sol y la luna y once estrellas se inclinaron hacia mí.

[15] Y su padre oyó las palabras de Yosef y su sueño, y viendo que sus hermanos odiaban a Yosef a causa de este asunto, Ya'akov por lo tanto reprendió a Yosef delante de sus hermanos a causa de esta cosa, diciendo: ¿Qué significa este sueño que tú has soñado , y magnificarte a ti mismo delante de tus hermanos que son mayores que tú?

[16] ¿Te imaginas tú en tu corazón que yo y tu madre y tus once hermanos vendremos y nos inclinaremos ante ti, que tú hablas esas cosas?

[17] Y sus hermanos estaban celosos de él a causa de sus palabras y sueños, y continuaron odiándolo, y Ya 'akov reservó este sueño en su corazón.

[18] Y los hijos de Ya'akov fueron un día a alimentar los rebaños en Shejem, porque ellos aún eran pastores en esos días; y mientras los hijos de Ya'akov estaban ese día alimentando en Shejem y se demoraron, y el tiempo de reunir el ganado había pasado, y ellos no habían regresado.

[19] Y Ya'akov vio que sus hijos se habían retrasado en Shejem, y Ya'akov se dijo a sí: Quizás la gente de Shejem se han levantado para pelear contra ellos, por lo tanto se han demorado este día.

[20] Y Ya'akov llamó a Yosef su hijo y le ordenó, diciendo: He aquí que tus hermanos están alimentando este día en Shejem, y he aquí que ellos no han regresado; ve ahora por tanto y mira a ver donde están, y trae palabra de regreso referente al bienestar de tus hermanos y el bienestar del rebaño.

[21] Y Ya'akov envió a su hijo Yosef al valle de Hevron, y Yosef vino por sus hermanos a Shejem, y no los pudo encontrar, y Yosef fue por el campo alrededor de Shejem, para ver donde sus hermanos estaban, y él perdió el camino en el desierto, y no sabía que senda tomar.

[22] Y un malaj de YAHWEH lo encontró vagando por en el camino hacia el campo, y Yosef dijo al malaj de YAHWEH: Yo busco a mis hermanos, ¿has oído dónde están alimentando? Y el malaj de YAHWEH dijo a Yosef: Yo vi a tus hermanos alimentando aquí y los oí decir que iban a alimentar en Dotan.

[23] Y Yosef escuchó a la voz del malaj de YAHWEH, y él fue a sus hermanos en Dotan y él los encontró en Dotan alimentando el rebaño.

[24] Y Yosef avanzó hacia sus hermanos, y antes de que él llegara cerca de ellos, ellos hacían resuelto matarlo.

[25] Y Shimeon dijo a sus hermanos: He aquí que el hombre de los sueños está viniendo a nosotros este día, ahora, por lo tanto, matémosle y lo echamos en uno de los pozos que hay en el desierto, y cuando su padre lo busque de nosotros, diremos que una bestia salvaje lo ha devorado .

[26] Y Reuven oyó las palabras de sus hermanos referentes a Yosef, y él dijo a ellos: Ustedes no deben hacer esta cosa, porque ¿cómo podemos levantar la mirada a nuestro padre Ya'akov? Échenlo en este pozo para que muera ahí, pero no extiendan una mano sobre él para derramar sangre; y Reuven dijo esto para liberarlo de sus manos, y traerlo de regreso a su padre.

[27] Y cuando Yosef vino a sus hermanos él se sentó delante de ellos, y ellos se levantaron sobre él y lo agarraron y lo golpearon a tierra, y lo despojaron de la túnica de muchos colores que tenía sobre él.

[28] Y ellos lo agarraron y lo echaron dentro del pozo, y en el pozo no había agua, sino serpientes y escorpiones. Y Yosef tenía temor de las serpientes y escorpiones que estaban en el pozo, pero ellos no le hicieron daño a Yosef.

[29] Y Yosef llamó a sus hermanos desde el pozo, y les dijo a ellos: ¿Qué les he hecho a ustedes, y en qué he pecado? ¿Por qué ustedes no temen a YAHWEH referente a mí? ¿No soy yo sus huesos y sangre? ¿No es Ya'akov su padre, mi padre? ¿Por qué me hacen esta cosa, y cómo levantarán la vista a nuestro padre?

[30] Y él continuaba gritando y llamando a sus hermanos desde el pozo, y él dijo: O Yahudáh, Shimeon y Levi, mis hermanos, álcenme de este lugar de oscuridad donde me han puesto, y vengan este día a tener compasión sobre mí, ustedes hijos de YAHWEH, e hijos de Ya'akov mi padre. Y si yo he pecado contra ustedes, ¿no son ustedes los hijos de Abraham, Yitzjak y Ya'akov? ¡Si ellos veían a un huérfano, ellos tenían compasión sobre él, ellos le daban pan para comer, o a uno que tuviera sed, le daban agua para beber, y uno que estuviera desnudo, lo cubrían con atuendos!

[31] Y ¡cómo entonces ustedes van a retener la piedad de su hermano, porque yo soy su carne y huesos, y si yo he pecado contra ustedes, ciertamente ustedes harán esto por causa de nuestro padre!

[32] Y Yosef habló esas palabras desde el pozo, y sus hermanos no podían escucharlo, ni inclinar sus oídos a las palabras de Yosef, y Yosef estaba llorando y sollozando en el pozo.

[33] Y Yosef dijo: O si mi padre supiera, este día, el acto que mis hermanos me han hecho a mí, y las palabras que ellos este día me han hablado a mí.

[34] Y todos sus hermanos oyeron sus lloros y gritos en el pozo, y sus hermanos fueron y se removieron del pozo, para que no pudieran oír los lloros de Yosef y sus lamentos en el pozo.

42 – José Vendido Como Esclavo

(Génesis 37:36; 39:1)

[1] Y ellos fueron y se sentaron en la parte opuesta, como la distancia de un tiro de arco, y ellos se sentaron allí para comer pan, y mientras estaban comiendo, ellos tuvieron consejo juntos sobre qué iban a hacer con él, si matarlo o traerlo de regreso a su padre.

[2] Ellos estaban teniendo el consejo, cuando ellos levantaron sus ojos y vieron, y he aquí que había una compañía de Yishmaelim viniendo a la distancia por el camino de Gilead, con destino a Mitzrayim.

[3] Y Yahudáh dijo a ellos: ¿Qué ganaremos por matar a nuestro hermano? Quizás su Elohim lo requerirá de nosotros; este es, entonces, el consejo propuesto sobre él que ustedes harán a él: He aquí esta compañía de Yishmaelim yendo hacia Mitzrayim.

[4] Vengan ahora y vamos a deshacernos de él a las manos de ellos, y que nuestras manos no estén sobre él, y ellos lo llevarán con ellos, y él será perdido entre la gente de la tierra, y nosotros no lo pondremos a muerte con nuestras manos. Y la propuesta complació a sus hermanos y ellos hicieron de acuerdo a la palabra de Yahudáh.

[5] Y mientras ellos estaban discutiendo el asunto, y antes que la compañía de Yishmaelim pasara junto a ellos, siete mercaderes de Midyan pasaron junto a ellos, y mientras pasaban estaban sedientos, y ellos levantaron sus ojos y vieron el pozo donde Yosef estaba metido, y ellos vieron, y he aquí que toda especie de ave estaba sobre él.

[6] Y esos Midyanim corrieron al pozo para beber agua, porque ellos creían que contenía agua, y al venir al pozo ellos oyeron la voz de Yosef llorando y lamentándose en el pozo, y ellos miraron en el pozo, y he aquí que había un joven de hermosa apariencia y bien favorecido.

[7] Y ellos llamaron a él, y dijeron: ¿Quién eres tú y quién te puso ahí, y quién te puso en ese pozo en el desierto? Y todos ellos asistieron en halar a Yosef y ellos lo sacaron fuera del pozo, y lo tomaron y siguieron con su viaje y pasaron junto a sus hermanos.

[8] Y ellos les dijeron: ¿Por qué hacen esto, tomar a nuestro sirviente e irse? En verdad nosotros pusimos a este joven en el pozo porque se rebeló contra nosotros, y ustedes vienen y lo sacan y se lo llevan, ahora, dennos de regreso nuestro sirviente.

[9] Y los Midyanim respondieron y dijeron a los hijos de Ya'akov: ¿es este sirviente de ustedes o este hombre los atiende? Quizás ustedes todos son sirvientes de él, porque él es más hermoso y mejor favorecido que todos ustedes, ¿por qué todos ustedes nos hablan falsamente?

[10] Ahora, por lo tanto, nosotros no escucharemos a sus palabras, ni los atenderemos, porque nosotros encontramos a este joven en un pozo en el desierto, y nosotros lo tomamos, y por lo tanto, seguiremos.

[11] Y todos lo hijos de Ya'akov se acercaron a ellos y se levantaron y les dijeron: Dennos a nuestro sirviente y ¿Por qué morirán todos por el filo de la espada? Y los Midyanim gritaron contra ellos y desenfundaron sus espadas, y se acercaron para pelear contra los hijos de Ya'akov.

[12] He aquí que Shimeon se levantó de su asiento contra ellos, y saltó en la tierra y se acercó a los Midyanim y les dio un terrible grito delante de ellos, tal que su grito fue oído a la distancia, y la tierra tembló al grito de Shimeon.

[13] Y los Midyanim estaban aterrorizados a causa de Shimeon y el ruido de su grito, y ellos cayeron sobre sus rostros, y estaban excesivamente alarmados.

[14] Y Shimeon les dijo a ellos, en verdad yo soy Shimeon hijo de Ya'akov el Hebreo, que con mis hermanos destruimos la ciudad de Shejem y las ciudades de los Emorim; así además me haga a mí mi Elohim, que si todos sus hermanos el pueblo de Midyan, y también los reyes de Canaán, fueran a venir con ustedes, ellos no podrían pelear contra mí.

[15] Ahora, por lo tanto, devuélvanos al joven a quien ustedes han tomado, no sea que yo de su carne a las aves del cielo y a las bestias de la tierra.

[16] Y los Midyanim estaban más aterrorizados de Shimeon, y ellos se acercaron a los hijos de Ya'akov con terror y miedo, y con palabras patéticas, diciendo:

[17] Ciertamente ustedes han dicho que el joven es su sirviente, y que él se rebeló contra ustedes, y por tanto lo pusieron en el pozo; ¿qué, entonces, harás ustedes con un sirviente que se rebela contra su amo? Ahora, por lo tanto, véndanlo a nosotros y nosotros les daremos todo lo que requieran por él; y YAHWEH estaba complacido de hacer esto para que los hijos de Ya'akov no mataran a su hermano.

[18] Y los Midyanim vieron que Yosef era de apariencia hermosa, y bien favorecido ; ellos lo deseaban a él en sus corazones y estaban urgidos en comprarlo de sus hermanos.

[19] Los hijos de Ya'akov escucharon a los Midyanim y les vendieron a Yosef por

[20] piezas de plata, y Reuven su hermano no estaba con ellos, y los Midyanim tomaron a Yosef y continuaron su viaje a Gilead.

[20] Ellos iban por el camino y los Midyanim se arrepintieron de lo que habían hecho, en haber comprado al joven, y uno dijo al otro: ¿Qué es esta cosa que hemos hecho, en tomar este joven de los Hebreos, quien es de hermosa apariencia, y bien favorecido?

[21] Quizás este joven es robado de la tierra de los Hebreos, ¿y por qué, entonces hemos hecho tal cosa? Y si somos buscados y él es encontrado en nuestras manos, nosotros moriremos por él.

[22] Ciertamente fuertes y poderosos hombres lo han vendido a nosotros, la fuerza de uno quien ustedes vieron este día; quizás ellos lo robaron de esta tierra con su fuerza y su brazo poderoso, y ellos lo han vendido a nosotros por el bajo valor cual hemos dado a ellos.

[23] Y mientras ellos lo estaban discutiendo, ellos miraron, y he aquí que la compañía de Yishmaelim que estaba viniendo primero, y cual los hijos de Ya'akov vieron, estaba avanzando hacia los Midyanim, y los Midyanim se dijeron uno al otro: Vengan, vamos a vender a esta joven a la compañía de los Yishmaelim que está viniendo hacia nosotros, y tomaremos por él lo poco que dimos por él, y seremos librados de este mal.

[24] Y ellos hicieron así, y ellos llegaron a los Yishmaelim, y los Midyanim vendieron a Yosef a los Yishmaelim por las 20 piezas de plata que ellos habían dado por él a sus hermanos.

[25] Y los Midyanim siguieron su camino a Gilead, y los Yishmaelim tomaron a Yosef y ellos lo dejaron montar en uno de los camellos, y ellos lo estaban llevando a Mitzrayim.

[26] Y Yosef oyó que los Yishmaelim estaba en camino a Mitzrayim, y Yosef se lamentó y lloró por esta cosa que él estaba siendo removido tan lejos de la tierra de Canaán, de su padre, y él lloró amargamente y él estaba montado sobre el camello, y uno de los hombres lo observó, y lo hizo descender de camello y caminar a pie, y a pesar de esto, Yosef continuó llorando y lamentándose, y él dijo: O padre, O padre.

[27] Y uno de los Yishmaelim se levantó y golpeó a Yosef en el cachete, y él aún continuó llorando; y Yosef estaba fatigado en el camino y no podía seguir a causa del amargor de su alma, y ellos todos le pegaron y lo afligieron en el camino, y ellos lo aterrorizaron para que dejara de llorar.

[28] Y YAHWEH vio la aflicción de Yosef y su problema, y YAHWEH trajo sobre esos hombres oscuridad y confusión, y la mano de todos los que lo golpearon se marchitó.

[29] Y ellos dijeron uno al otro: ¿qué es esta cosa que Elohim nos ha hecho en el camino? Y ellos no sabían que esto les había sobrevenido por causa de Yosef, y los hombres siguieron de camino, y ellos pasaron por el camino de Efrat donde Rajel estaba sepultada.

[30] Y Yosef llegó a la sepultura de su madre, y Yosef se apresuró y corrió a la sepultura de su madre, y cayó sobre la sepultura y lloró.

[31] Y Yosef clamó a gran voz sobre la sepultura de su madre, él dijo: O madre, mi madre, O tú que me diste a luz, despiértate ahora, levántate y mira a tu hijo, como él ha sido vendido por esclavo, y ni uno se compadece de él.

[32] O levántate y llora conmigo a causa de mis aflicciones, y mira los corazones de mis hermanos.

[33] Levántate mi madre, levántate, despiértate de tu sueño para mí, dirige tus batallas contra mis hermanos. ¡O cómo ellos me han despojado de mi túnica y me han vendido dos veces como esclavo, y me han separado de mi padre, y no hay uno que tenga piedad!

[34] ¡Levántate y pon tu causa contra ellos delante del Elohim, y mira a ver a quién El Elohim justificará en el juicio, y a quién El condenará!

[35] ¡Levántate, O mi madre levántate, despiértate de tu sueño y mira a mi padre como su alma está conmigo este día, y confórtalo y consuela su corazón!

[36] Y Yosef continuó hablando esas palabras, y Yosef gritó a gran voz y lloró amargamente sobre la sepultura de su madre ; y él cesó de hablar, y de la amargura de su corazón se volvió inerte como piedra sobre la sepultura.

[37] Y Yosef oyó una voz que le hablaba a él desde debajo de la tierra, cual le respondió con amargura de corazón, y con una voz de lamento y oración en estas palabras:

[38] Mi hijo, mi hijo Yosef, yo he oído la voz de tu lloro y la voz de tu lamento, yo he visto tus lágrimas; yo conozco tus aflicciones, mi hijo, y me entristece por amor a ti, y abundante tristeza es añadida a mi tristeza.

[39] Y por lo tanto mi hijo, Yosef mi hijo, ten esperanza en YAHWEH, y espera en El y no temas, porque YAHWEH está contigo, El te liberará de todos los problemas.

[40] Levántate mi hijo y ve a Mitzrayim con tus amos, no temas, porque YAHWEH está contigo, mi hijo. Y ella continuó hablando en esa forma a Yosef, entonces ella se calló.

[41] Y Yosef oyó esto y él se quedó grandemente pensativo, y él continuó llorando; y después de esto uno de los Yishmaelim lo observó llorando y lamentándose sobre la sepultura, y su ira fue rebullida contra él, y lo echó de allí, y lo golpeó y lo maldijo.

[42] Y Yosef dijo a los hombres: ¿Puedo encontrar misericordia a la vista de ustedes para llevarme de regreso a la casa de mi padre , y él les dará abundancia de riquezas?

[43] Y ellos respondieron diciendo: ¿No eres tú el esclavo, y dónde está tu padre? Y si tú tuvieras un padre no hubieras sido vendido dos veces por tan poco dinero; y la ira de ellos aún estaba rebullida contra él, y ellos continuaron golpeándolo y castigándolo. y Yosef lloró amargamente.

[44] Y YAHWEH vio la aflicción de Yosef, y YAHWEH de nuevo golpeó a esos hombres, y los castigó, y YAHWEH causó oscuridad que los envolviera sobre la tierra, y relámpagos destellaron y truenos rugieron, y la tierra tembló a la voz de los truenos y del viento poderoso, y los hombres estaban aterrorizados y no sabían a donde ir.

[45] Y las bestias y los camellos se pararon inertes, y ellos las guiaban, pero no se movían, ellos las golpearon, y ellas se agacharon en la tierra, y los hombres se dijeron uno al otro; ¿Qué es esto que el Elohim ha hecho a nosotros? ¿Cuáles son nuestras trasgresiones y cuáles son nuestros pecados, que esta cosa ha caído sobre nosotros?

[46] Y uno de ellos respondió, y dijo: Quizás por el pecado de afligir a este esclavo, esta cosa nos sucedió este día a nosotros; por lo tanto, imploren de El fuertemente que nos perdone, y entonces sabremos por quién nos ha caído este mal sobre nosotros, y si el Elohim tienecompasión de nosotros, entonces sabremos que esto viene a nosotros por el pecado de afligir a este es clavo.

[47] Y los hombres lo hicieron así, y ellos suplicaron a Yosef y lo presionaron para perdonarlos; y ellos dijeron: Hemos pecado a Elohim y a ti, ahora, por lo tanto, concede nuestra petición de tu Elohim que El quite esta muerte de nosotros, porque hemos pecado a El.

[48] Y Yosef hizo de acuerdo a sus palabras, y YAHWEH escuchó a Yosef, y YAHWEH quitó la plaga con la cual infligió sobre esos hombres por causa de Yosef, y las bestias se levantaron de la tierra y ellos las condujeron, y ellos siguieron, y la tormenta rugiente se aplacó y la tierra se tranquilizó, y los hombres siguieron en su viaje a Mitzrayim, y los hombres sabían que este mal les había sobrevenido por causa de Yosef.

[49] Y ellos se dijeron uno al otro: He aquí, nosotros sabemos que fue por causa de su aflicción que este mal cayó sobre nosotros; ahora, por lo tanto, ¿por qué hemos de traer esta muerte sobre nuestras almas? Vamos a aconsejarnos en qué hacer con este esclavo.

[50] Y uno respondió , y dijo: Ciertamente él nos dijo que lo lleváramos de regreso a su padre; ahora por tanto vengan, vamos a llevarlo de regreso y lo llevaremos al lugar que él nos dirá; y tomaremos de su familia el precio que nosotros dimos por él y entonces nos iremos.

[51] Y uno respondió de nuevo, y dijo: He aquí este consejo es bueno, pero no lo podemos hacer porque el camino está muy lejos de nosotros, y no podemos salirnos del camino.

[52] Y uno más respondió y le dijo a él: Este es el consejo a ser adoptado, no nos desviaremos de él; he aquí, este día nosotros vamos a Mitzrayim, y cuando hayamos llegado a Mitzrayim, lo venderemos a un alto precio, y seremos liberados de su mal.

[53] Y esta cosa complació a los hombres, y así lo hicieron, y ellos continuaron su viaje a Mitzrayim con Yosef.

43 – Los Hermanos de José Lloran

[1] Y cuando los hijos de Ya'akov habían vendido a su hermano Yosef a los Midyanim, sus corazones fueron golpeados por causa de él, y ellos se arrepintieron de sus actos, y ellos lo buscaron para traerlo de regreso, pero no lo encontraron.

[2] Y Reuven regresó al pozo donde Yosef había sido echado, para poder alzarlo, y restaurarlo a su padre, y Reuven estaba junto al pozo, y no oyó ni una palabra, y él llamó ¡Yosef! ¡Yosef! Y nadie respondió ni pronunció una palabra.

[3] Y Reuven dijo: Yosef ha muerto del miedo, o alguna serpiente ha causado su muerte; y Reuven descendió al pozo, y él buscó a Yosef y no lo pudo encontrar en el pozo, y él salió de nuevo.

[4] Y Reuven rasgó sus vestiduras y él dijo: El niño no está aquí, ¿y cómo voy a reconciliar a mi padre acerca de él si él está muerto? Y él fue a sus hermanos y los encontró sufriendo a causa de Yosef, y aconsejándose juntos en cómo reconciliar a su padre acerca de él, y Reuven dijo a sus hermanos: Yo vine al pozo y he aquí que Yosef no estaba ahí, ¿qué entonces diremos a nuestro padre? Porque mi padre sólo reclamará al joven de mí.

[5] Y sus hermanos le respondieron, diciendo: Tal y tal nosotros hicimos, y nuestros corazones después nos golpeó a causa de este acto, y ahora nos sentamos a buscar un pretexto en cómo reconciliar a nuestro padre con esto.

[6] Y Reuven les dijo a ellos: ¿Qué es esto que ustedes han hecho para traer las canas de nuestro padre en tristeza a la sepultura? La cosa no es buena, lo que han hecho.

[7] Y Reuven se sentó con ellos, y ellos todos se levantaron y juraron uno al otro no decir esta cosa a Ya'akov, y ellos todos dijeron: El hombre que diga esto a nuestro padre o a su casa, o que reporte esto a cualquiera de los hijos de la tierra, nosotros nos levantaremos contra él y lo mataremos con la espada.

[8] Y los hijos de Ya'akov se temían uno al otro en este asunto, desde el menor al mayor, y ni uno habló una palabra, y ellos ocultaron esta cosa en sus corazones.

[9] Y ellos se sentaron para determinar e inventar algo que decir a su padre Ya'akov referente a todas estas cosas.

[10] Y Yissajar dijo a ellos: Aquí un consejo para ustedes si parece bien a sus ojos hacer esta cosa, tomen la túnica que pertenece a Yosef y la rasgan, y maten un cabrito de los carneros y la mojan con la sangre.

[11] Y la envían a nuestro padre y cuando él la vea, él dirá que una bestia malvada ha devorado a Yosef, por lo tanto, rasguen la túnica y he aquí que su sangre estará sobre la túnica, y por hacer esto estaremos libres de las murmuraciones de nuestro padre.

[12] Y el consejo de Yissajar les complació, y ellos lo escucharon a él y ellos hicieron de acuerdo a la palabra de Yissajar, con la cual los había aconsejado.

[13] Y ellos se apresuraron y tomaron la túnica de Yosef y la rasgaron, y ellos mataron un cabrito de los carneros y mojaron la túnica en la sangre del cabrito, y después la pisotearon en el polvo, y ellos enviaron la túnica a su padre Ya'akov por la mano de Naftali, y ellos le ordenaron decir estas palabras:

[14] Nosotros habíamos reunido el ganado, y habíamos venido tan lejos como el camino a Shejem y más lejos; cuando encontramos esta túnica en el camino en el desierto llena de sangre y polvo; ahora reconoce si es la túnica de tu hijo o no.

[15] Y Naftali fue y él vino a su padre y le dio la túnica, y le habló todas las palabras que sus hermanos le habían ordenado .

[16] Y Ya'akov vio la túnica de Yosef y la reconoció y él cayó con el rostro a tierra, y se volvió tan inerte como una piedra, y después él se levantó y gritó con una gran voz de lamento, y él dijo: ¡Es la túnica de mi hijo Yosef! 7 Y Ya'akov se apresuró y envió uno de sus sirvientes a sus hijos, quien fue a ellos y los encontró viniendo por el camino con el rebaño.

[18] Y los hijos de Ya'akov vinieron a su padre cerca del anochecer, y he aquí sus vestiduras estaban rasgadas y había polvo sobre sus cabezas, y ellos encontraron a su padre lamentándose y llorando a gran voz.

[19] Y Ya'akov dijo a sus hijos: ¿Díganme verdaderamente qué mal han traído de repente ustedes sobre mí? Y ellos respondieron a su padre Ya'akov, diciendo: Nosotros veníamos este día después que el rebaño había sido reunido, y vinimos tan lejos como la ciudad de Shejem por el camino del desierto, y encontramos esta túnica llena de sangre sobre la tierra, y nosotros la reconocimos y la enviamos a ti para que la reconocieras.

[20] Y Ya'akov oyó las palabras de sus hijos, y él gritó en alta voz, y él dijo: Es la túnica de mi hijo, una bestia maldita lo ha devorado; Yosef está rasgado en pedazos, pues yo lo envié este día para saber que todo iba bien con ustedes y bien con los rebaños y que me trajera palabra de ustedes, y él fue como yo le ordené, y esto es lo que la ha sucedido este día mientras yo creía que mi hijo estaba con ustedes.

[21] Y los hijos de Ya'akov respondieron, y dijeron: El no vino a nosotros, ni lo hemos visto desde el momento que salimos de ti hasta ahora.

[22] Y cuando Ya'akov oyó sus palabras él de nuevo gritó en alta voz, y él se levantó y rasgó sus vestiduras, y él puso cilicio sobre sus lomos, y él lloró amargamente y él se enlutó y alzó su voz en lamento y dijo estas palabras:

[23] Yosef mi hijo, O mi hijo Yosef, Y te envié este día tras el bienestar de tus hermanos, y he aquí que has sido rasgado en pedazos; por mi mano esto ha sucedido a mi hijo.

[24] Me entristece por ti; Yosef mi hijo, me entristece por ti, ¡cuán dulce eras tú para mí durante la vida, y ahora cuán extremadamente amarga es tu muerte para mí!

[25] ¡O que haya muerto yo en tu lugar Yosef mi hijo, porque me entristece desgraciadamente por ti mi hijo, O mi hijo, mi hijo! Yosef mi hijo, ¿dónde estas y hacia dónde has sido arrastrado? ¡Levántate, levántate de tu lugar, y ven a ver mi tristeza por ti, O mi hijo Yosef.

[26] Ven ahora y cuenta las lágrimas que fluyen de mis ojos por mis cachetes, y tráelas delante de YAHWEH, que Su ira se vuelva de mí.

[27] ¡O Yosef mi hijo, cómo caíste, por la mano de uno por el cual ni uno ha caído desde el principio del mundo hasta este día; porque tú has sido puesto a muerte por el golpe de un enemigo, infligido con crueldad, pero ciertamente yo sé que esto te ha sucedido a ti, a causa de la multitud de mis pecados.

[28] Levántate ahora y mira cuán amarga es mi aflicción por ti mi hijo, a pesar de que yo no te levanté, ni te formé, ni te di el aliento y alma, sino fue Elohim quien te formó e hizo tus huesos y los cubrió con carne, y sopló en tus narices el aliento de vida, y después El te dio a mí.

[29] Ahora, en verdad, el Elohim quien te dio a mí, El te ha tomado de mí, y tal ha caído sobre ti.

[30] Y Ya'akov continuó hablando como esas palabras referente a Yosef; y él lloró amargamente; y él cayó a tierra y se puso inerte.

[31] Y todos los hijos de Ya'akov, viendo la aflicción de su padre, ellos se arrepintieron de lo que habían hecho, ellos también lloraron amargamente.

[32] Y Yahudáh se levantó y alzó la cabeza de su padre de la tierra, y él limpió las lágrimas de su padre de sus cachetes, y Yahudáh lloró un extremadamente grande lloro, mientras la cabeza de su padre estaba reclinada en su regazo, inerte como una piedra.

[33] Y los hijos de Ya'akov vieron la aflicción de su padre, y ellos alzaron sus voces y continuaron llorando, y Ya'akov aún estaba tendido en la tierra inerte como una piedra .

[34] Y todos sus hijos y sus sirvientes y los hijos de sus sirvientes se levantaron y se pusieron alrededor de él para confortarlos, y él rehusó ser confortado.

[35] Y toda la casa de Ya'akov se levantó y hicieron luto, un gran luto a causa de Yosef y la aflicción de su padre, y la noticia llegó a Yitzjak, el hijo de Abraham, el padre de Ya'akov, y él lloró amargamente a causa de Yosef, él y toda su casa, y él fue desde el lugar donde él vivía en Hevron, y sus hombres con él, y él confortó a Ya'akov su hijo, y él rehusó ser confortado.

[36] Después de esto Ya'akov se levantó de la tierra, y sus lágrimas estaban corriendo por sus cachetes, y él dijo a sus hijos: Levántense y tomen sus espadas y sus arcos, y vayan al campo y busquen y vean si pueden encontrar el cuerpo de mi hijo y tráiganlo a mí que yo pueda sepultarlo.

[37] Busquen también, por favor, entre las bestias y las cazan, y esa que venga la primera ante ustedes, esa la agarran y la traen a mí, quizás YAHWEH este día tendrá piedad con mi aflicción, y prepare delante de ustedes eso que rasgó a mi hijo en pedazos, y tráiganlo a mí, y yo vengaré la causa de mi hijo.

[38] Y sus hijos hicieron lo que su padre les había ordenado, y ellos se levantaron temprano en la mañana, y cada uno tomó su espada y su arco en mano, y ellos fueron al campo a cazar las bestias.

[39] Y Ya'akov aún estaba llorando en alta voz y lamentándose y caminando de aquí para allá en la casa, y golpeando sus manos juntas, diciendo: ¡Yosef mi hijo, Yosef mi hijo!

[40] Y los hijos de Ya'akov fueron al desierto para agarrar las bestias , y he aquí que un lobo vino hacia ellos, y ellos lo agarraron y lo trajeron a su padre, y ellos dijeron a él: Este es el primero que

hemos encontrado y lo hemos traído a ti como tú has ordenado, y el cuerpo de tu hijo, nosotros no pudimos encontrar.

[41] Y Ya'akov tomó a la bestia de las manos de sus hijos, y él gritó con una gran voz de lamento, agarrando la bestia en sus manos, y él habló con corazón amargo a la bestia: ¿Por qué devoraste a mi hijo Yosef, y cómo no tienes temor del Elohim de la tierra, o de mi aflicción por mi hijo Yosef?

[42] Y tú devoraste a mi hijo por nada, porque él no cometió violencia, y por tanto me hiciste culpable a causa de él, por lo tanto Elohim requerirá él que es perseguido.

[43] Y YAHWEH abrió la boca de la bestia para confortar a Ya'akov con sus palabras, y respondió a Ya'akov y habló estas palabras a él:

[44] Como el Elohim vive quien nos creó a nosotros sobre la tierra, y como mi alma vive, mi señor, yo no vi a tu hijo, ni lo rasgué en pedazos, pero desde una tierra distante yo también vine a buscar a mi hijo quien se fue de mí este día, y yo no sé si está vivo o muerto.

[45] Y yo vine este día al campo a buscar a mi hijo, y tus hijos me encontraron, y me agarraron y aumentaron mi tristeza, y me han traído este día delante de ti, y ahora he hablado todas mis palabras a ti.

[46] Y ahora, por lo tanto, O hijo de hombre, yo estoy en tus manos, y haz a mí este día como parezca bien a tu vista, pero por la vida del Elohim quien me creó, yo no vi a tu hijo, ni lo rasgué en pedazos, ni la carne de hombres ha entrado en mi boca en todos los días de mi vida.

[47] Y cuando Ya'akov oyó estas palabras de la bestia él estaba grandemente sorprendido, y soltó la bestia de sus manos, y ella se fue.

[48] Y Ya'akov aún estaba llorando en voz alta y lamentándose por Yosef día tras día, y él se lamentó por su hijo muchos días.

44 - José Vendido a Potifar

(Génesis 37,39)

[1] Y los hijos de Yishmael que habían comprado a Yosef de los Midyanim, quienes lo habían comprado de sus hermanos, fueron a Mitzrayim con Yosef, y ellos llegaron a la frontera de Mitzrayim, y cuando se acercaron a Mitzrayim, ellos se encontraron a cuatro hombres hijos de Medan, el hijo de Abraham, quienes habían salido de la tierra de Mitzrayim en su viaje.

[2] Y los Yishmaelim les dijeron a ellos: ¿Desean ustedes comprar este esclavo de nosotros? Y ellos dijeron: Entrégalo a nosotros, y ellos entregaron a Yosef a ellos, y ellos lo miraron, y él era un hermoso joven, y ellos lo compraron por 20 shekels.

[3] Y los Yishmaelim continuaron su viaje a Mitzrayim, y los Medanim dijeron uno al otro : He aquí que hemos oído que Potifar, un oficial de Faraón, capitán de la guardia, busca un buen sirviente quien se pare delante de él para atenderlo, y para hacerlo supervisor de su casa y todo lo perteneciente a él.

[4] Vengan, vamos a venderlo a él por lo que deseemos, si él es capaz de darnos a nosotros lo que pidamos por él.

[5] Y esos Medanim fueron y llegaron a la casa de Potifar, y dijeron a él: Hemos oído que tú buscas un buen sirviente para que te atienda, mira nosotros tenemos un sirviente que te agradará, si tú puedes darnos eso que deseamos, y lo venderemos a ti.

[6] Y Potifar dijo: Tráiganlo delante de mí, y yo lo veré, y si él me place yo les daré eso que ustedes requieran por él.

[7] Y los Medanim fueron y trajeron a Yosef y lo pusieron delante de Potifar, y él lo vio, y él lo complació en extremo, y Potifar dijo a ellos: Díganme, ¿qué requieren ustedes por este joven?

[8] Y ellos dijeron: 400 piezas de plata deseamos por él, y Potifar les dijo a ellos: Yo lo compraré de ustedes si ustedes me traen el recibo de su compra por ustedes, y me dirán su historia, porque quizás él sea robado, porque este joven no es un esclavo, ni hijo de esclavos, pero yo observo en él la apariencia de una buena y hermosa persona.

[9] Y los Medanim fueron y trajeron a los Yishmaelim que les habían vendido a Yosef, y ellos le dijeron. El es un esclavo y nosotros se lo vendimos a ellos.

[10] Y Potifar oyó las palabras de los Yishmaelim dando la plata a los Medanim, y los Medanim tomaron la plata y siguieron su camino, y los Yishmaelim también regresaron a casa.

[11] Y Potifar tomó a Yosef y lo trajo a su casa para que él le sirviera, y Yosef encontró favor a la vista de Potifar, y él puso su confianza sobre él, y lo hizo supervisor de su casa, y todo lo que pertenecía a él, él lo entregó en sus manos.

[12] Y YAHWEH estaba con Yosef y él se convirtió en un hombre próspero, y YAHWEH bendijo la casa de Potifar por amor a Yosef.

[13] Y Potifar dejó todo lo que él poseía en las manos de Yosef, y Yosef era el que supervisaba las cosas que entraban y salían, y todo estaba regulado por su deseo en la casa de Potifar.

[14] Y Yosef tenía 18 años de edad, un joven con bellos ojos y hermosa apariencia, y como él no había en toda la tierra de Mitzrayim.

[15] En ese tiempo mientras él estaba en la casa de su amo, saliendo y entrando atendiendo a su amo, Zelicah la esposa de su amo, alzó sus ojos hacia Yosef y ella lo miró a él, y mira, él era un joven hermoso y bien favorecido.

[16] Y ella codiciaba su belleza en su corazón, y su alma estaba fijada sobre Yosef, y ella lo tentaba día tras día, y Zelicah persuadía a Yosef diariamente, pero Yosef no alzaba sus ojos para mirar a la esposa de su amo.

[17] Y Zelicah dijo a él: ¡Qué apuesta es tu apariencia y tu forma! En verdad yo he mirado a todos los esclavos, y no he visto un esclavo tan bello como lo eres tú; y Yosef dijo a ella: Ciertamente El, quien me creó a mí en el vientre de mi madre, creó a toda la humanidad.

[18] Y ella le dijo a él: ¡Qué bellos son tus ojos, con lo cuales has deslumbrado a todos los habitantes de Mitzrayim, hombres y mujeres! Y él le dijo a ella: Qué bellos son mientras estamos vivos, pero si los miras en la sepultura, seguro te volverás de ellos.

[19] Y ella dijo a él: ¡Qué bellas y placenteras son todas tus palabras! Toma ahora, el arpa que está en la casa, y toca con tus manos y déjanos oír tus palabras.

[20] Y él le dijo a ella: ¡Qué bellas y placenteras son mis palabras cuando yo hablo la alabanza de mi Elohim y Su Gloria! Y ella dijo a él: ¡Qué bello es el cabello de tu cabeza! Mira el peine de oro que está en la casa, tómalo por favor, y encrespa los cabellos de tu cabeza.

[21] Y él dijo a ella: ¿por cuánto tiempo hablarás estas palabras? Para de hablar esas palabras a mí. Levántate y atiende tus asuntos domésticos.

[22] Y ella dijo a él: No hay ni uno en la casa y no hay nada que atender excepto sino tus palabras y tu deseo; aun no obstante esto, ella no pudo traer a Yosef hacia ella, ni él puso sus ojos sobre ella, sino que dirigió su mirada al suelo .

[23] Y Zelicah deseaba a Yosef en su corazón, que él se acostara con ella, y en el tiempo que Yosef estaba sentado en la casa haciendo su trabajo, Zelicah vino y se sentó delante de él, y ella lo tentaba diariamente con su discurso que se acostara con ella, o tan siquiera mirarla, pero Yosef no la escuchaba a ella.

[24] Y ella dijo a él: Si tú no haces de acuerdo a mis palabras, yo te castigaré con el castigo de muerte, y pondré un yugo de hierro sobre ti.

[25] Y Yosef dijo a ella: Ciertamente el Elohim quien creó al hombre suelta los grilletes de los prisioneros, y es El quien me liberará de tu prisión y de tu juicio.

[26] Y cuando ella no pudo prevalecer sobre él para persuadirlo, y su alma estando aún fijada en él, su deseo la echó en enfermedad grave.

[27] Y todas las mujeres de Mitzrayim vinieron a visitarla, y ellas le dijeron: ¿Por qué estás tú en este estado de decadencia? Tú, que no te falta nada; ciertamente tu esposo es un gran y estimado príncipe a la vista del rey, ¿te falta algo de lo que tu corazón desea?

[28] Y Zelicah les respondió a ellas, diciendo: Este día será esto conocido por ustedes, de donde salta este desorden que me acaece en el cual ustedes me ven, y ella ordenó a sus sirvientas preparar comida para todas las mujeres, y ella hizo un banquete para ellas, y todas las mujeres comieron en la casa de Zelicah.

[29] Y ella les dio cuchillos para pelar los limones para comérselos, y ella ordenó que vistieran a Yosef en atuendos costosos, y que él debía aparecer frente a ellas, y Yosef vino ante sus ojos y todas las mujeres miraron a Yosef, y no podían quitar sus ojos de él, y ellas todas se cortaron sus manos con los cuchillos que tenían en sus manos, y todos los limones que estaban en sus manos, estaban llenos de sangre.

[30] Y ellas no supieron lo que habían hecho, pero continuaron mirando la belleza de Yosef, y no volvieron sus pestañas de él.

[31] Y Zelicah vio lo que ellas habían hecho, y ella les dijo: ¿Qué es esta obra que ustedes han hecho? Miren, yo les di limones para comer y todas se han cortado las manos.

[32] Y todas las mujeres vieron sus manos, y he aquí que estaban llenas de sangre, y su sangre fluía hasta sus atuendos, y ellas le dijeron: Este esclavo en tu casa nos ha sobrecogido, y no podíamos volver nuestras pestañas de él por causa de su belleza.

[33] Y ella les dijo: Seguramente esto sucedió a ustedes en el momento que lo miraron a él; y ustedes no se pudieron contener de él; ¿Cómo puedo yo abstenerme cuando él está constantemente en mi casa, y yo lo veo día tras día entrando y saliendo de la casa? ¿Cómo puedo mantenerme sin decaer o aun de perecer por cuenta de esto?

[34] Y ellas le dijeron: Las palabras son verdad, porque ¿quién puede ver esta bella forma en la casa y abstenerse de él, y no es él tu esclavo y supervisor de tu casa, y por qué no le dices eso que está en tu corazón, y sufre tu alma de perecer en esta forma?

[35] Y ella les respondió: Yo todos los días intento persuadirlo, y él no consiente a mis deseos, y yo le he prometido todo lo que es bueno, y aun me encuentro con que nada regresa de él; y yo estoy, por lo tanto, en estado de decadencia, como pueden ver.

[36] Y Zelicah se puso muy enferma a causa de su deseo hacia Yosef, y ella estaba desesperadamente enferma de amor por causa de él, y toda la gente en la casa de Zelicah y su esposo no sabían nada de este asunto, que Zelicah estaba enferma por causa de su amor por Yosef.

[37] Y toda la gente de su casa le preguntaron, diciendo: ¿Por qué estás enferma y en decadencia, y no te falta nada? Y ella les dijo a ellos: Yo no sé de esta cosa que diariamente está aumentando sobre mí.

[38] Y todas las mujeres y sus amigas venían diariamente a verla, y ellas hablaron con ella, y ella les dijo: Esto sólo puede ser por mi amor a Yosef; y ellas le dijeron: Sedúcelo y agárralo secretamente, quizás él te escuche, y quite esta muerte de ti.

[39] Y Zelicah se empeoró por su amor a Yosef, y ella continuó decayendo, hasta vagamente tenía fueras para pararse.

[40] Y en cierto día Yosef estaba haciendo el trabajo de su amo en la casa, y Zelicah vino secretamente y cayó repentinamente sobre él, y Yosef se levantó contra ella, y él era más poderoso que ella, y él la trajo al suelo.

[41] Y Zelicah lloró por el deseo en su corazón hacia él, y ella le suplicó con sollozos, y sus lágrimas fluían por sus cachetes, y ella habló con él en una voz de súplica y amargura de alma, diciendo:

[42] ¿Has oído tú, o visto, o conocido mujer tan bella como soy yo, o mejor que yo, quien te habla diariamente, y ha caído en decadencia por amor a ti, que ha concedido todo su honor a ti, y aún tú no escuchas a mi voz?

[43] Y si es por temor a tu amo no sea que él te castigue, como vive el rey ningún daño vendrá sobre ti de tu amo a causa de esta cosa, ahora, por lo tanto, por favor, escúchame, y consiente por el honor que yo concedido a ti, y quita esta muerte de mí, y ¿por qué he de morir por amor a ti? Y ella cesó de hablar.

[44] Y Yosef le respondió, diciendo: Abstente de mí, y deja este asunto a mi amo; he aquí que mi amo no sabe que es lo que hay conmigo en esta casa, porque todo lo que pertenece a él, él lo ha entregado en mi mano, y ¿cómo voy a hacer esas cosas en la casa de mi amo?

[45] Porque él también me ha honrado grandemente en esta casa, y él me ha hecho supervisor de su casa, y él me ha exaltado, no hay uno mayor en esta casa que yo, y mi amo no ha retenido nada de mí, excepto a ti que eres su esposa, ¿cómo, pues, puedes tú hablar esas palabras a mí, y cómo puedo yo hacer este gran pecado al Elohim y a tu esposo?

[46] Ahora, por lo tanto, abstente de mí, no hables más palabras como esas , porque no escucharé tus palabras. Pero Zelicah no quiso escuchar las palabras de Yosef cuando él habló esas palabras a ella, sino que ella lo seducía diariamente para que la escuchara.

[47] Y fue después de esto que el arroyo de Mitzrayim creció sobre sus riberas, y todos los habitantes de Mitzrayim salieron, y también el rey y príncipes salieron con cantos y danzas, porque era un gran regocijo en Mitzrayim, y un día festivo en el tiempo de inundación del mar de Sijor, y ellos fueron allí para regocijarse todo el día.

[48] Y cuando lo Mitzrayimim fueron para regocijarse, como era la costumbre, toda la gente de la casa de Faraón fue con ellos, pero Zelicah no quiso ir con ellos, porque ella dijo: Estoy indispuesta; y ella permaneció sola en la casa, y no había otra persona con ella en la casa.

[49] Y ella se levantó y ascendió a su templo en la casa, y se vistió en atuendos principescos, y ella puso sobre su cabeza piedras preciosas de ónice incrustadas de plata y oro, y ella embelleció su rostro y su piel con todo tipo de líquidos purificantes femeninos, y ella perfumó el templo y la casa con canela e incienso y ella regó mirra y áloes, y después se sentó a la entrada del templo, y en el pasillo a la casa, por el cual Yosef pasaba para hacer su trabajo, y he aquí que Yosef vino del campo, y entró a la casa para hacer el trabajo de su amo.

[50] Y él llegó al lugar por el cual tenía que pasar, y él vio la obra de Zelicah, y él se volvió.

[51] Y Zelicah vio a Yosef volviéndose de ella, y ella lo llamó, diciendo: ¿Qué te sucede Yosef? Ven a trabajar, y he aquí que yo haré espacio para ti hasta que hayas pasado a tu asiento.

[52] Y Yosef regresó y entró en la casa, pasó de ese lugar hasta el lugar de su asiento, y él se sentó para hacer el trabajo de su amo, como de costumbre, y he aquí que Zelicah vino a él y se paró delante de él en sus atuendos principescos, y la fragancia de su ropa fue difundida a la distancia.

[53] Y ella se apresuró y agarró a Yosef y sus vestiduras, y le dijo a él: Como vive el rey, si no haces mi petición tú morirás este día, y rápidamente ella extendió su otra mano y sacó una espada de debajo de sus atuendos, y la puso al cuello de Yosef, y ella dijo: Levántate y cumple con mi petición, y si no, tú mueres este día.

[54] Y Yosef estaba temeroso por ella hacer esto, y él se levantó para huir de ella, y ella agarró el frente de su vestidura, y en el terror de su huida la vestidura que Zelicah agarró se rasgó, y Yosef dejó la vestidura en las manos de Zelicah, y huyó y se fue, porque él estaba en temor.

[55] Y cuando Zelicah vio que la vestidura de Yosef estaba rasgada, y que él la había dejado en su mano y había huido, ella tuvo miedo por su vida, no fuera que el reporte referente a ella se difundiera, y ella se levantó y actuó con astucia, y se quitó los atuendos que tenía puestos, y se puso sus otros atuendos.

[56] Y ella tomó las vestiduras de Yosef y las puso a su lado, y ella fue y se sentó en el lugar donde se había sentado durante su enfermedad, antes de que la gente de la casa salieran al río, y ella llamó a un muchacho que estaba en su casa, y ella le ordenó llamar a la gente de la casa a ella.

[57] Y cuando ella los vio, ella dijo a ellos en alta voz de lamento: Miren qué Hebreo su amo ha traído a mí en la casa, porque él vino hoy a acostarse conmigo.

[58] Porque cuando ustedes se habían ido él vino a la casa, y viendo que no había ninguna persona en la casa, él vino a mí, y me agarró, con intenciones de acostarse conmigo.

[59] Y yo agarré su vestidura y la rasgué y llamé contra él en alta voz, y cuando yo alcé mi voz él tuvo miedo por su vida y él dejó su vestidura delante de mí, y huyó.

[60] Y la gente de su casa no habló nada, pero su ira estaba muy rebullida contra Yosef, y ellos fueron a su amo y le dijeron las palabras de su esposa.

[61] Y Potifar regresó a casa enfurecido, su esposa gritó a él, diciendo: ¿Qué es esta cosa que me has hecho trayéndome un sirviente Hebreo a la casa, porque él vino este día para retozar conmigo; así me hizo este día.

[62] Y Potifar oyó las palabras de su esposa, y él ordenó que Yosef fuera castigado con azotes severos, y así le hicieron a él.

[63] Y mientras ellos lo estaban azotando, Yosef clamó a gran voz, y alzó sus ojos al cielo, y dijo: O YAHWEH, el Elohim, Tú sabes que yo soy inocente de todas esas cosas, y ¿por qué he de morir este día por falsedades, a la mano de esos incircuncisos hombres perversos, a quienes Tú conoces?

[64] Y mientras los hombres de Potifar estaban golpeando a Yosef, él continuó gritando y llorando, y había allí un niño de once meses de edad, y YAHWEH abrió la boca del niño, y él habló estas palabras delante de los hombres de Potifar, quienes estaban golpeando a Yosef, diciendo:

[65] ¿Qué quieren ustedes de este hombre, y por qué le hacen este mal? Mi madre habla falsamente y pronuncia mentiras; así fue la transacción.

[66] Y el niño les dijo con precisión todo lo que había sucedido, y todas las palabras de Zelicah a Yosef día tras día él les declaró a ellos.

[67] Y todos los hombres oyeron las palabras del niño y estuvieron grandemente pensativos a las palabras del niño, y el niño cesó de hablar y se puso inerte.

[68] Y Potifar estaba muy avergonzado a las palabras de su hijo, y él les ordenó a sus hombres a no golpear más a Yosef, y los hombres cesaron de golpear a Yosef.

[69] Y Potifar tomó a Yosef y ordenó que fuera traído a justicia delante de los sacerdotes, que eran jueces pertenecientes al rey, para que lo juzgaran referente a este asunto.

[70] Y Potifar y Yosef vinieron delante de los sacerdotes que eran los jueces del rey, y él les dijo a ellos: Decidan, pido por favor, cuál juicio es debido a un sirviente, pues así ha hecho él.

[71] Y los jueces dijeron a Yosef; ¿Por qué hiciste esto a tu amo? Y Yosef les respondió, diciendo: No es así, mis señores, así fue el asunto; y Potifar dijo a Yosef: En vendad yo te confié en tus manos todo lo que pertenecía a mí, y yo no retuve nada sino a mi esposa, y ¿cómo puedes haber hecho este mal?

[72] Y Yosef respondió, diciendo: No es así mi señor, como YAHWEH vive, y como tu alma vive, mi señor, la palabra que oíste de tu esposa no es verdad, porque así fue el asunto este día.

[73] Un año me ha transcurrido desde que estoy en tu casa; ¿has visto alguna iniquidad en mí, o cualquier cosa que te cause demandar mi vida?

[74] Y los sacerdotes dijeron a Potifar: Envía, por favor, y que ellos traigan la vestidura rasgada de Yosef, y déjanos ver el rasgón en ella, y si el rasgón está en el frente de la vestidura, entonces su rostro tiene que haber estado opuesto a ella, y ella lo debe haber agarrado a él, para que viniera a ella, y con engaño tu esposa hizo todo lo que ella ha hablado.

[75] Y ellos trajeron la vestidura de Yosef delante de los sacerdotes que eran jueces, y ellos vieron y he aquí que el rasgón estaba delante de Yosef, y todos los sacerdotes jueces supieron que ella lo presionó, y ellos dijeron: El juicio de muerte no es debido a este esclavo porque él no ha hecho nada, pero su juicio es que sea puesto en la casa de prisión a causa del reporte, cual por medio de él ha salido contra tu esposa.

[76] Y Potifar oyó sus palabras y lo puso en la casa de prisión, el lugar donde los prisioneros del rey son recluidos, y Yosef estuvo en la casa de reclusión 12 años.

[77] Y a pesar de esto la esposa de su amo no se volvió de él, y no cesó de hablar con él día a día para que el escuchara sus palabras, y al término de tres meses Zelicah continuaba yendo a la casa de reclusión día a día, y ella lo seducía para que le escuchara, y Zelicah dijo a Yosef: ¿Por cuánto tiempo permanecerás en esta casa? Pero escucha a mis palabras y yo te sacaré de esta casa.

[78] Y Yosef le respondió a ella, diciendo: Es mejor para mí permanecer en esta casa que escuchar a tus palabras, pecar contra el Elohim; y ella dijo a él: Si tú no haces mi deseo, yo sacaré tus ojos, añadiré grilletes a tus pies, y te entregaré a las manos de aquellos que no conociste antes.

[79] Y Yosef respondió a ella, y dijo: He aquí que el Elohim de toda la tierra es capaz para liberarme de todo lo que tú me puedas hacer, porque El abre los ojos de los ciegos, y suelta a aquellos que están atados, y preserva a todos los extranjeros que no están familiarizados con la tierra.

[80] Y cuando Zelicah no pudo persuadir a Yosef a escucharla a ella, ella dejó de ir a seducirlo; y Yosef estaba aún recluido en la casa de reclusión. Y Ya'akov y todos sus hermanos que estaban en la tierra de Canaán aún lloraban y se enlutaban a causa de Yosef, porque Ya'akov rehusó ser confortado por su hijo Yosef, y Ya'akov lloraba en alta voz, y sollozaba y se enlutaba en esos días.

45 - Las Familias de los Hijos de Ya'akov

(Génesis 38 ; 46:8-25)

[1] Y fue en aquel tiempo en ese año, cual es el año de Yosef descender a Mitzrayim después que sus hermanos lo habían vendido, que Reuven el hijo de Ya'akov fue a Timnah y tomó para él por esposa a Eliuram, hija de Avi el Canaáni, y él vino a ella.

[2] Y Eliuram la esposa de Reuven fue preñada y dio a luz para él a Enoc, Palu, Hetzron y Carmi, cuatro hijos; y Shimeon su hermano tomó a su hermana Dinah por esposa, y ella dio a luz para él a Memuel, Yamin, Ohad, Yajin y Tzojar, cinco hijos.

[3] Y después vino a Bumah la mujer Canaán, la misma Bumah que Shimeon tomó cautiva de la ciudad de Shejem, y Bumah estaba delante de Dinah y la atendía, y Shimeon vino a ella, y ella dio a luz para él a Shaúl.

[4] Y Yahudáh fue en este tiempo a Adulam, y él vino a un hombre de Adulam, y su nombre era Hirah, y Yahudáh vio allí a la hija de un hombre de Canaán, y su nombre era Aliyat, la hija de Shua, y él la tomó, y vino a ella, y Aliyat dio a luz para Yahudáh a Er, Onan y Shiloh; tres hijos.

[5] Y Levi y Yissajar fueron a la tierra del este, y ellos tomaron para sí esposas , las hijas de Yovav el hijo de Yoktan; el hijo de Ever; y Yovav el hijo de Yoktan tenía dos hijas, el nombre de la mayor era Adinah, y el nombre de la menor era Aridah.

[6] Y Levi tomó a Adinah y Yissajar tomó a Aridah, y ellos vinieron a la tierra de Canaán, a la casa de su padre, y Adinah dio a luz para Levi a Gershon, Kehat y Merari; tres hijos.

[7] Y Aridah dio a luz para Yissajar a Tola, Puvah, Yov y Shomron, cuatro hijos; y Dan fue a la tierra de Moab, y tomó como esposa a Aflalet, la hija de Hamudan el Moabi, y la trajo a la tierra de Canaán.

[8] Y Aflalet era estéril, ella no tenía hijo, y el Elohim después se acordó de Aflalet la esposa de Dan, y ella fue preñada y dio a luz un hijo, y llamó su nombre Hushim.

[9] Y Gad y Naftali fueron a Haran y tomaron de ese lugar las hijas de Amuram el hijo de Uz, el hijo de Nahor por esposas.

[10] Y estos son los nombres de las hijas de Amuram, el nombre de la mayor era Merimah, y el nombre de la menor era Uzit; y Naftali tomó a Merimah, y Gad tomó a Uzit; y las trajeron a la tierra de Kenaa n, a casa de su padre.

[11] Y Merimah dio a luz para Naftali a Ya jzeel, Guni, Yazer y Shalem, cuatro hijos; y Uzit dio a luz para Gad a Zefion, Hagi, Shuni, Ezbon, Eri, Arodi y Arali, siete hijos.

[12] Y Asher salió y tomó a Adon hija de Aflal, hijo de Hadad, el hijo de Yishmael, por esposa, y él la trajo a la tierra de Canaán.

[13] Y Adon la esposa de Asher murió en esos días; ella no tuvo hijos, y fue después de la muerte de Adon que Asher fue al otro lado del río y tomó por esposa a Hadurah la hija de Avimael, el hijo de Ever, el hijo de Shem.

[14] Y la joven era de apariencia hermosa, y una mujer con sentido, y ella había sido la esposa de Malkiel, el hijo de Elam, el hijo de Shem.

[15] Y Hadurah dio a luz una hija para Malkiel, y él llamó su nombre Seraj, y Malkiel murió después de esto, y Hadurah fue y permaneció en la casa de su padre .

[16] Y después de la muerte de la esposa de Asher, él fue y tomó por esposa a Hadurah, y la trajo a la tierra de Canaán, y a Seraj su hija él también la trajo, y ella tenía tres años de edad, y la doncella fue criada en la casa de Ya'akov.

[17] Y la doncella era de hermosa apariencia, y ella caminó en los caminos Kadoshim de los hijos de Ya'akov; a ella no le faltaba nada, y YAHWEH le dio a ella sabiduría y entendimiento.

[18] Y Hadurah la esposa de Asher fue preñada y dio a luz para él a Yimnah, Yishvah, Yishvi y Beriyah; cuatro hijos.

[19] Y Zevulun fue a Midyan, y tomó por esposa a Merishah la hija de Molad, el hijo de Abida, el hijo de Midyan, y la trajo a la tierra de Canaán.

[20] Y Merishah dio a luz para Zevulun a Sered, Elon y Yajleel; tres hijos.

[21] Y Ya'akov envió a Aram el hijo de Tzova, el hijo de Teraj, y él tomó para su hijo Binyamin a Mejalia la hija de Aram, y ella vino a la tierra de Canaán a la casa de Ya'akov; y Binyamin era de diez años de edad cuando él tomó a Mejaliala hija de Aram por esposa.

[22] Y Mejalia fue preñada y dio a luz para Binyamin a Bela, Bejer, Ashbel, Gera y Naaman, cinco hijos; y Binyamin salió después y tomó por esposa a Aribat la hija de Shomron, el hijo de Abraham, además de su primera esposa, y él tenía 18 años de edad, y Aribat dio a luz para Binyamin a Aji, Vosh, Mupim, Hupim, y Ord; cinco hijos.

[23] Y en aquellos días Yahudáh fue a la casa de Shem y tomó a Tamar la hija de Elam, el hijo de Shem, para esposa de su primogénito Er.

[24] Y Er vino a su esposa Tamar, y ella fue su esposa, y cuando él venía a ella el externamente destruía su zera, y su obra era maldita a la vista de YAHWEH, y YAHWEH lo mató.

[25] Y fue después de la muerte de Er, el primogénito de Yahudáh, fue que Yahudáh dijo a Onan: Ve a la esposa de tu hermano y cásate con ella como el pariente cercano, y levanta zera para tu hermano.

[26] Y Onan tomó a Tamar por esposa y él vino a ella, y Onan también hizo como la obra de su hermano, y su obra era maldita a la vista de YAHWEH, y El lo mató también.

[27] Y cuando Onan murió Yahudáh dijo a Tamar: Permanece en al casa de tu padre hasta que mi hijo Shiloh haya crecido, y Yahudáh no se deleitó en Tamar para darla a Shiloh, porque él dijo: Quizás también muera como sus hermanos.

[28] Y Tamar se levantó y permaneció en la casa de su padre, y Tamar estuvo en la casa de su padre por largo tiempo.

[29] Y en el transcurso del año , Aliyat la esposa de Yahudáh murió ; y Yahudáh estaba confortado por su esposa, y después de la muerte de Aliyat, Yahudáh fue con su amigo Hirah a Timnah para trasquilar sus ovejas.

[30] Y Tamar oyó que Yahudáh había subido a Timnah para trasquilar las ovejas, y que Shiloh había crecido, y Yahudáh no se deleitó en ella.

[31] Y Tamar se levantó y se quitó las vestiduras de su viudez, y ella se puso un velo sobre sí, y ella se cubrió completamente, y ella fue y se sentó en la vía pública, que está sobre el camino a Timnah.

[32] Y Yahudáh pasó y la vio y la tomó y él vino a ella, y ella fue preñada de él, y al tiempo de dar a luz, he aquí que había gemelos en su vientre, y él llamó el nombre del primero Peretz y el nombre del segundo Zeraj.

46 – José Interpreta dos Sueños

(Génesis 40)

[1] En esos días Yosef aun estaba recluido en la casa de prisión en la tierra de Mitzrayim.

[2] En ese momento los sirvientes de Faraón estaban delante de él, el jefe de los coperos y el jefe de los panaderos que pertenecían al rey de Mitzrayim.

[3] Y el copero tomó vino y lo puso delante del rey para beber, y el panadero puso pan delante del rey para comer, y el rey bebió del vino y comió del pan, él y los sirvientes y ministros que comían a la mesa del rey.

[4] Y mientras ellos estaban comiendo y bebiendo, el copero y el panadero permanecieron allí, y los ministros de Faraón encontraron muchas moscas en el vino que el copero había traído, y piedras de nitrato en el pan del panadero.

[5] Y el capitán de la gua rdia puso a Yosef para atender a los oficiales de Faraón, y los oficiales de Faraón estuvieron recluidos por un año.

[6] Y al final de un año, ellos tuvieron sueños en una noche, en el lugar de reclusión donde ellos estaban, y en la mañana Yosef vino a ellos para atenderlos como de costumbre, y él los vio, y he aquí que sus semblantes estaban abatidos y tristes.

[7] Y Yosef les preguntó: ¿Por qué están sus semblantes abatidos y tristes este día? Y ellos dijeron a él: Nosotros soñamos un sueño y no hay uno que lo interprete; y Yosef dijo a ellos: Relátenme, por favor, su sueño, y el Elohim les dará una respuesta de Shalom como ustedes desean.

[8] Y el copero relató su sueño a Yosef, y él dijo: Yo vi en mi sueño, y he aquí que una gran viña estaba delante de mí, y en la viña yo vi tres ramas, y la viña rápidamente floreció y llegó a gran altura, y sus racimos fueron madurados y se hicieron uvas.

[9] Y yo tomé las uvas y las prensé en una copa, y la puse en la mano de Faraón y él bebió. Y Yosef dijo a él: Tres ramas que estaban en la viña son tres días.

[10] Aún dentro de tres días el rey ordenará que tú seas sacado y él te restaurará a tu trabajo, y tú darás al rey su vino para beber como antes, cuando eras su copero; pero deja encontrar favor a tu vista, para que me recuerdes a Faraón cuando te vaya bien, y ten bondad conmigo, y que me hagas salir de la prisión, porque yo fui robado de la tierra de Canaán y vendido como esclavo a este lugar.

[11] Y eso que te fue contado referente a la esposa de mi amo es falso, porque ellos me pus ieron en esta mazmorra por nada; y el copero respondió a Yosef diciendo: Si el rey trata conmigo bien como antes, como tú me has interpretado, yo haré todo lo que tu deseas, y te haré sacar de esta mazmorra.

[12] Y el panadero, viendo que Yosef interpretó correctamente el sueño del copero, también se acercó, y relató todo su sueño a Yosef.

[13] Y él le dijo a Yosef: En mi sueño yo vi, y he aquí tres cestas blancas sobre mi cabeza, y yo miré, y he aquí que en la cesta de más arriba había todo tipo de carnes horneadas para Faraón, y las aves las estaban comiendo de sobre mi cabeza.

[14] Y Yosef dijo a él: Las tres cestas que tú viste son tres días, aún dentro de tres días Faraón removerá tu cabeza, y te colgará de un árbol, y las aves comerán la carne tuya, como viste en tu sueño.

[15] Y en esos días la reina estaba para dar a luz, y ese día ella dio a luz a un hijo para el rey de Mitzrayim, y ellos proclamaron que el rey había tenido su hijo primogénito, y toda la gente de Mitzrayim y los oficiales y sirvientes se regocijaron grandemente.

[16] Y al tercer día de su nacimiento Faraón hizo fiesta para sus oficiales y sirvientes, para los ejércitos de la tierra de Tzoar y la tierra de Mitzrayim.

[17] Y toda la gente de Mitzrayim y los sirvientes de Faraón vinieron a comer y beber con el rey en la fiesta de su hijo, y para regocijarse con el regocijo del rey.

[18] Y todos los oficiales del rey y sus sirvientes se estaban regocijando en ese tiempo por ocho días en la fiesta, y ellos se alegraron con todo tipo de instrumento musical, con cantos y danzas en la casa del rey por ocho días.

[19] Y el copero, a quien Yosef le había interpretado su sueño, se olvidó de Yosef, y él no se lo mencionó al rey como él había prometido, porque esta cosa era de YAHWEH para castigar a Yosef porque había confiado en el hombre.

[20] Y Yosef permaneció después de esto en la casa de la prisión por dos años, hasta que hubo completado 12 años.

47 – Ya'akov y Esaú Hacen las Paces

(Génesis 35)

[1] Y Yitzjak el hijo de Abraham aún vivía en esos días en la tierra de Canaán, él estaba muy viejo, 180 años de e dad, y Esaú su hijo, el hermano de Ya'akov, estaba en la tierra de Edom, y él y sus hijos tenían posesiones en ella junto con los hijos de Seir.

[2] Y Esaú oyó que el tiempo de su padre se estaba acercando para morir, y él y sus hijos y su casa vinieron a la tierra de Canaán, a la casa de su padre, y Ya'akov y sus hijos salieron de la tierra donde ellos vivían en Hevron, y ellos todos vinieron a su padre Yitzjak, y ellos encontraron a Esaú y sus hijos en la tienda.

[3] Y Ya'akov y sus hijos se sentaron delante de su padre Yitzjak y Ya'akov aún estaba enlutado por su hijo Yosef.

[4] Y Yitzjak dijo a Ya'akov: Trae aquí a tus hijos y yo los bendeciré; y Ya'akov trajo a sus once hijos delante de su padre Yitzjak.

[5] Y Yitzjak puso sus manos sobre todos los hijos de Ya'akov, y él los tomó y los abrazó, y los besó uno a uno, y Yitzjak los bendijo en ese día, y les dijo a ellos: Que el Elohim de sus padres los bendiga y aumente su zera como las estrellas del cielo por números.

[6] Y Yitzjak también bendijo a los hijos de Esaú, diciendo: Que el Elohim los cause ser temor y terror a todos los que los contemplen, y a sus enemigos.

[7] Y Yitzjak llamó a Ya'akov y a sus hijos, y ellos vinieron y se sentaron delante de Yitzjak, y Yitzjak dijo a Ya'akov: YAHWEH el Elohim de toda la tierra me dijo a mí: A tu zera Yo daré esta tierra por herencia si tus hijos guardan Mis estatutos y Mis caminos, y Yo cumpliré a ellos el Pacto que Yo juré a su padre Abraham.

[8] Ahora, por lo tanto, mi hijo, enseña a tus hijos y a los hijos de tus hijos a temer a YAHWEH y a andar en el buen camino que complacerá a YAHWEH tu Elohim, porque si guardas los caminos de YAHWEH y Sus estatutos, YAHWEH también cumplirá a ti Su Pacto con Abraham, y hará bien para ti y tu zera todos lo días.

[9] Y cuando Yitzjak había terminado de ordenar a Ya'akov y sus hijos, él entregó su ruaj y murió, y fue reunido con su pueblo.

[10] Y Ya'akov y Esaú cayeron sobre el rostro de su padre Yitzjak, y ellos lloraron, y Yitzjak era de 180 años de edad cuando él murió en la tierra de Canaán, en Hevron, y sus hijos lo llevaron a la cueva de Majpelah, cual Abraham había comprado de los hijos de Het para posesión de lugar de sepultura .

[11] Y todos los reyes de la tierra de Canaán fueron con Ya'akov y Esaú a sepultar a Yitzjak, y todos los reyes de Canaán mostraron a Yitzjak gran honor en su muerte.

[12] Y los hijos de Ya'akov y los hijos de Esaú fueron descalzos de aquí para allá, caminando y llorando hasta que llegaron a Kiryat-Arva.

[13] Y Ya'akov y Esaú sepultaron a su padre Yitzjak en la cueva de Majpelah, cual está en Kiryat-Arva en Hevron, y ellos lo sepultaron con grande honor, como en funerales de reyes.

[14] Y Ya'akov y sus hijos, y Esaú y sus hijos, y todos los reyes de Canaán hicieron un gran y profundo luto, y ellos lo sepultaron y se enlutaron por muchos días.

[15] Y a la muerte de Yitzjak, él dejo su ganado, y sus posesiones, y todo lo perteneciente a él a sus hijos; y Esaú dijo a Ya'akov: He aquí que te pido por favor, que todo lo que nuestro padre ha dejado lo dividamos en dos, y yo escogeré, y Ya'akov dijo: Nosotros lo haremos.

[16] Y Ya'akov tomó todo lo que su padre había dejado en la tierra de Canaán, el ganado y la propiedad y los puso en dos partes delante de Esaú y sus hijos, y él dijo a Esaú: He aquí, todo esto está delante de ti, escoge para ti mismo la mitad que tomarás.

[17] Y Ya 'akov dijo a Esaú: Escucha tú por favor a lo que diré, diciendo: YAHWEH, el Elohim del cielo y la tierra habló con nuestros padres Abraham y Yitzjak, diciendo: A tu zera Yo daré esta tierra como herencia para siempre .

[18] Ahora, por lo tanto, todo lo que nuestro padre ha dejado está delante de ti, y he aquí que toda la tierra está delante de ti, escoge tú de ellos lo que desees.

[19] Y si tú deseas la tierra, tómala para ti y tus hijos para siempre , y yo tomaré estas riquezas, y si tú de seas las riquezas tómalas para ti, y yo tomaré esta tierra para mí y mis hijos que hereden para siempre.

[20] Y Nevayot el hijo de Yishmael estaba entonces en la tierra con sus hijos, y Esaú fue en ese día y consultó con él, diciendo:

[21] Así Ya'akov me ha hablado, y así me ha respondido, ahora dame tu consejo y nosotros oiremos.

[22] Nevayot dijo: ¿Qué es esto que Ya'akov ha hablado a ti? He aquí, todos los hijos de Canaán están viviendo seguros en su tierra, y Ya'akov dice que él la heredará con su zera todos los días.

[23] Ve, por lo tanto, y toma todas las riquezas de tu padre, y deja a Ya'akov tu hermano en la tierra, como él ha hablado.

[24] Y Esaú se levantó y regresó a Ya'akov, e hizo todo lo que Nevayot el hijo de Yishmael aconsejó, y Esaú tomó todas las riquezas que Yitzjak dejó, las almas, las bestias, el ganado y la propiedad, y toda la riqueza, él no dio nada a su hermano Ya'akov; y Ya'akov tomó toda la tierra de Canaán, desde el arroyo de Mitzrayim hasta el río Eufrates, y él la tomó para posesión para siempre.

[25] Y Ya'akov también tomó de su hermano Esaú la cueva de Majpelah, cual está en Hevron, cual Abraham había comprado de Efron para posesión de lugar de sepultura para él y su zera para siempre.

[26] Y Ya'akov escribió todas esas cosas en el libro de compra, y él lo firmó, y él testificó a esto con cuatro fieles testigos.

[27] Y estas son las palabras que Ya'akov escribió en el libro, diciendo: La tierra de Canaán y todas las ciudades de los Hitti, los Hivi, los Ye vusi, los Emorim, los Perizzi, y los Gergashi, todas las siete naciones desde el río de Mitzrayim hasta el río Eufrates.

[28] Y la ciudad de Hevron, Kiryat-Arva, y la cueva que está en ella, todo Ya'akov compró de su hermano Esaú por valor, para posesión y para una herencia para su zera después de él para siempre.

[29] Y Ya'akov tomó el libro de compra y la firma, el mandamiento, los estatutos, el libro revelado y los puso en una vasija de barro para que ellos perduraran por largo tiempo, y él lo entregó en las manos de sus hijos .

[30] Y Esaú tomó todo lo que su padre había dejado a su muerte de su hermano Ya'akov, y él tomó toda la propiedad desde hombre hasta bestia, camello y asno, buey y oveja, plata y oro, piedras preciosas, y todas las riquezas que habían pertenecido a Yitzjak el hijo de Abraham; no quedó nada que Esaú no tomara para él, de todo eso que Yitzjak había dejado a su muerte.

[31] Y Esaú tomó todo esto y él y sus hijos fueron a casa a la tierra de Seir el Hori, lejos de su hermano Ya'akov y sus hijos.

[32] Y Esaú tenía posesiones entre los hijos de Seir, y Esaú no regresó a la tierra de Canaán desde ese día en adelante.

[33] Y toda la tierra de Canaán se convirtió en herencia de los hijos de Yisra'el por herencia eterna, y Esaú con todos sus hijos heredaron el monte Seir.

48 – José interpreta el sueño del Faraón

(Génesis 41:1-40)

[1] En aquellos días, después de la muerte de Yitzjak, YAHWEH ordenó y causó una hambruna sobre toda la tierra .

[2] En ese tiempo Faraón rey de Mitzrayim estaba sentado sobre su trono en la tierra de Mitzrayim, y se acostó en su cama y soñó sueños, y Faraón vio en su sueño que él estaba parado junto al río de Mitzrayim.

[3] Y mientras estaba parado él vio y he aquí siete gordas y bien favorecidas vacas salieron del río.

[4] Y otras siete vacas, flacas y mal favorecidas, salieron después de ellas, y las siete mal favorecidas se comieron a las siete bien favorecidas, y aún su apariencia era mala como al principio.

[5] Y él se despertó y él se durmió otra vez y él soñó una segunda vez, y él vio y he aquí siete espigas de grano salieron sobre un manojo, de calidad y buenas, y siete espigas abatidas, golpeadas por en viento del este salieron después de ellas, y las espigas abatidas se tragaron a las de calidad, y Faraón se despertó de su sueño.

[6] Y en la mañana el rey se recordó de su sueño, y su ruaj estaba tristemente afligido a causa de sus sueños, y el rey se apresuró y envió y llamó a todos los magos de Mitzrayim, y a los hombres sabios, y ellos vinieron y se pararon delante de Faraón.

[7] Y el rey dijo a ellos: Yo he soñado sueños, y no hay nadie que los interprete; y ellos dijeron al rey: Relata los sueños a tus sirvientes y déjanos oírlos.

[8] Y el rey relató sus sueños a ellos, y ellos todos respondieron y dijeron con una voz al rey: Viva el rey para siempre, y esta es la interpretación de tu sueño.

[9] Las siete buenas vacas que viste significan siete hijas que te nacerán en los días postreros, y las siete vacas que viste saliendo después de ellas, y se las tragaron, son por señal que las hijas que tendrás que las hijas que te nacerán todas morirán en la vida del rey.

[10] Y eso que viste en el segundo sueño de sie te espigas buenas y llenas saliendo de un manojo, esta es la interpretación, que tú edificarás en los días postreros siete ciudades en la tierra de Mitzrayim; y eso que viste de las siete espigas abatidas saliendo después de ellas y tragándoselas mientras tú lo contemplabas con tus ojos, es por señal que todas las ciudades que edificarás serán destruidas en los días postreros, en la vida del rey.

[11] Y cuando ellos hablaron esas palabras el rey no inclinó sus oídos a sus palabras, ni él fijó su corazón en ellas, porque el rey sabía en su sabiduría que ellos no habían dado correcta interpretación de los sueños; y cuando ellos habían terminado de hablar delante del rey, el rey les respondió, diciendo: ¿Qué es esta cosa que ustedes han hablado a mí? Ciertamente ustedes han pronunciado falsedades y hablado mentiras, ahora, por lo tanto, den la correcta interpretación a mis sueños, no sea que todos mueran.

[12] Y el rey ordenó después de esto, y él envió y llamó a otros sabios, y el rey relató sus sueños a ellos, y ellos todos le respondieron de acuerdo a la primera interpretación, y la ira del rey fue rebullida y él estaba muy furioso, y el rey dijo a ellos: Ciertamente ustedes hablan mentiras y pronuncian falsedades en lo que han dicho.

[13] Y el rey ordenó que una proclamación fuera hecha por toda la tierra de Mitzrayim, diciendo: Está resuelto por el rey y sus grandes hombres, que cualquier hombre sabio que conoce y entiende la interpretación de sueños, y no venga este día delante del rey, morirá.

[14] Y el hombre que declare al rey la correcta interpretación de sus sueños, le será dado a él todo lo que él requiera del rey, y todos los hombres sabios de la tierra de Mitzrayim vinieron delante del rey, junto con los magos y los hechiceros que estaban en la tierra de Mitzrayim, en Goshen, en Raameses, en Tajpanjes, en Tzoar, y en todos los lugares de las fronteras de Mitzrayim, y todos ellos se pararon delante del rey.

[15] Y todos los nobles y príncipes, y los sirvientes que pertenecían al rey, vinieron juntos de todas las ciudades de Mitzrayim, y todos ellos se sentaron delante del rey, y el rey relató sus sueños delante de los hombres sabios, príncipes, y todos los que se sentaron delante del rey estaban sorprendidos de la visión.

[16] Y todos los hombres sabios que estaban delante del rey, estaban grandemente divididos en su interpretación de sus sueños; y algunos de ellos los interpretaron al rey diciendo: Las siete buenas vacas son siete reyes, quienes por la orden del rey serán levantados sobre Mitzrayim.

[17] Y las siete malas vacas son siete príncipes, que se levantarán contra ellos en días postreros y los destruirán; y las siete espigas de grano son siete grandes príncipes pertenecientes a Mitzrayim, quienes caerán en la manos de sietes príncipes menos poderosos de sus enemigos en las guerras de nuestro señor el rey.

[18] Y algunos de ellos interpretaron para el rey en esta forma, diciendo: Las siete buenas vacas son siete ciudades en Mitzrayim y las siete vacas malas son ciudades en Canaán, que vendrán contra las siete ciudades de Mitzrayim en los días postreros para destruirlas.

[19] Y eso que viste en el segundo sueño de las siete buenas y malas espigas, es una señal de que el gobierno de Mitzrayim regresará de nuevo a su zera como al principio.

[20] Y en su reino las siete ciudades de Mitzrayim se volverán contra las siete ciudades de Canaán que son más fuertes de lo que son ellas, y las destruirán, y el gobierno de Mitzrayim regresará a su zera.

[21] Y algunos de ellos dijeron al rey: Esta es la interpretación de tus sueños, las siete buenas vacas son siete reinas, a quienes tú tomarás por esposas en los días postreros, y las siete malas vacas significan que todas estas mujeres morirán durante la vida del rey.

[22] Y las siete buenas y malas espigas que viste en el segundo sueño, son 14 niños, y será en los postreros días que ellos se levantarán y pelearán entre ellos, y siete de ellos golpearán a los siete más poderosos.

[23] Y algunos de ellos dijeron estas palabras al rey: Las siete buenas vacas son siete hijos que te nacerán y ellos matarán a siete de los hijos de tus hijos en los días postreros; y las siete buenas espigas que viste en el segundo sueño, son esos príncipes contra los cuales otros príncipes menos poderosos pelearán en los días postreros, y vengarán la causa de tus hijos, y el gobierno entonces regresará a tu zera.

[24] Y el rey oyó todas las palabras de los hombres sabios de Mitzrayim y su interpretación de sus sueños, y ninguno de ellos complació al rey.

[25] Y el rey sabía en su sabiduría que ellos del todo no habían hablado correctamente en todas esas palabras, porque esto fue de YAHWEH para frustrar las palabras de los sabios de Mitzrayim, para que Yosef pudiera salir de la casa de reclusión, y para que él pudiera ser grande en Mitzrayim.

[26] Y el rey vio que ninguno entre los sabios y magos de Mitzrayim le hablaron correctamente a él, y la ira del rey fue rebullida, y su furia quemó dentro de él.

[27] Y el rey ordenó que todos los sabios y magos se fueran de su presencia, y ellos se fueron de la presencia del rey con vergüenza y deshonra.

[28] Y el rey ordenó que una proclamación fuera hecha en todo Mitzrayim para matar a todos los magos que había en Mitzrayim, y que ni uno de ellos se dejara vivir.

[29] Y los capitanes de la guardia que pertenecían al rey se levantaron, cada hombre desenfundó su espada, y ellos comenzaron a golpear a los magos de Mitzrayim, y a los sabios.

[30] Y después de esto Merod el jefe de los coperos del rey, vino y se inclinó delante del rey y se sentó delante de él.

[31] Y el copero dijo al rey, viva el rey para siempre, y su gobierno sea exaltado en la tierra.

[32] Tú estabas enojado con tu sirviente en aquellos días, ahora dos años han pasado, y me pusiste en la guardia, y yo estuve en la guardia por algún tiempo, yo y el jefe de los panaderos.

[33] Y había con nosotros un Hebreo sirviente perteneciente al capitán de la guardia, su nombre era Yosef, y su amo había estado furioso con él y lo puso en la casa de reclusión, y él nos atendió allí.

[34] Y un tiempo después que estábamos en la guardia, nosotros soñamos sueños en una noche, yo y el jefe de los panaderos.

[35] Y nosotros vinimos en la mañana y se lo dijimos a ese sirviente, y él interpretó nuestros sueños, a cada hombre de acuerdo a su sueño, y él correctamente los interpretó.

[36] Y sucedió que como lo interpretó a nosotros, así fue el evento, no cayó a tierra ninguna de sus palabras.

[37] Y ahora mi señor y mi rey no mates a la gente de Mitzrayim por nada; he aquí ese esclavo aún está recluido en la casa por el capitán de la guardia su amo, en la casa de reclusión.

[38] Si complace al rey que él envíe por él y vendrá delante de ti y te hará conocida la interpretación correcta del sueño que tú soñaste.

[39] Y el rey oyó las palabras del jefe de los coperos, y el rey ordenó que los sabios de Mitzrayim no fueran matados.

[40] Y el rey ordenó a sus sirvientes que trajeran a Yosef delante de él, y el rey dijo a ellos: Vayan a él y no lo aterroricen no sea que se confunda y no sepa como hablar correctamente.

[41] Y los sirvientes del rey fueron a Yosef, y ellos lo sacaron rápidamente de la mazmorra, los sirvientes del rey lo afeitaron y cambiaron sus vestiduras de prisión, y él cambió sus vestiduras de prisión y vino delante del rey.

[42] Y el rey estaba sentado en su trono real en un atuendo principesco ceñido con un efod dorado, y el oro fino que había sobre él brillaba, y el carbunclo y el rubí y la esmeralda, y junto con todas las piedras preciosas sobre la cabeza del rey, deslumbraban al ojo, y Yosef estuvo grandemente pensativo acerca del rey.

[43] Y el trono sobre el cual el rey se sentaba estaba cubierto con oro y plata, y con piedras de ónice, y tenía setenta peldaños.

[44] Y era su costumbre por toda la tierra de Mitzrayim, que todo hombre que viniera a hablar con el rey, si era un príncipe o uno que tuviera estima a la vista del rey, él ascendía hacia el trono del rey hasta el peldaño 31, y el rey descendía hasta el peldaño 36, y hablaba con él.

[45] Si él era uno entre la gente común, él ascendía hasta el tercer peldaño, y el rey descendía hasta el cuarto, y hablaba con él, y su costumbre era, además, que cualquier hombre que entendía para hablar en todos los 70 lenguajes, él ascendía los 70 peldaños, y subía hasta que llegaba al rey.

[46] Y cualquier hombre que no podía completar los 70, él ascendía tantos peldaños como los lenguajes que podía hablar.

[47] Y era de costumbre en esos días en Mitzrayim que nadie reinara sobre ellos, sino el que entendía para hablar en los 70 lenguajes.

[48] Y Yosef vino delante del rey y él se inclinó a tierra delante del rey, y él ascendió hasta el tercer peldaño, y el rey se sentó sobre el cuarto peldaño y habló a Yosef.

[49] Y el rey dijo a Yosef: Yo soñé un sueño, y no hay intérprete que lo interprete correctamente, y yo ordené este día, por lo tanto, que todos los magos de Mitzrayim y los sabios aquí, tenían que venir delante de mí, y yo relaté mi sueño a ellos, y ni uno me interpretó el sueño correctamente.

[50] Y después de esto, este día oí de ti, que tú eres un hombre sabio, y que correctamente puedes interpretar todos los sueños que oigas.

[51] Y Yosef respondió a Faraón diciendo: Que Faraón relate el sueño que soñó; ciertamente la interpretación pertenece al Elohim; y Faraón relató los sueños a Yosef, el sueño de las vacas y el sueño de las espigas, y el rey cesó de hablar.

[52] Y Yosef estaba entonces ceñido con el Ruaj del Elohim delante del rey, y él supo todas las cosas que caerían sobre el rey desde ese día en adelante, y él sabía la interpretación correcta del sueño del rey, y él habló delante del rey.

[53] Y Yosef encontró favor a la vista del rey, y el rey inclinó sus oídos y su corazón, y él escuchó todas las palabras de Yosef. Y Yosef dijo al rey: No te imagines que son dos sueños, porque es sólo un sueño, para lo que el Elohim ha escogido hacer por toda la tierra El ha mostrado al rey este sueño, y esta es la correcta interpretación del sueño:

[54] Las siete buenas vacas y espigas son siete años, y las malas siete vacas y espigas son también siete años; es un solo sueño.

[55] He aquí que los siete años que están viniendo, habrá abundancia por toda la tierra, y después siete años de hambruna le seguirán, una gravosa hambruna, y toda la abundancia será olvidada de la tierra, y la hambruna consumirá a los habitantes de la tierra.

[56] El rey soñó un sueño y el sueño fue repetido a Faraón porque la cuestión está establecida por el Elohim, y el Elohim en corto tiempo la traerá a suceder.

[57] Ahora, por lo tanto, yo te daré consejo para librar tu alma y las almas de los habitantes de la tierra del mal de la hambruna, que busques por todo tu reino por un hombre muy discreto y sabio, que conozca los asuntos de gobierno, y lo nombres para supervisar sobre la tierra de Mitzrayim.

[58] Y que el hombre a quien tu nombres sobre la tierra de Mitzrayim que nombre oficiales bajo él, que ellos recojan la comida de los buenos años que están viniendo, y que ellos traigan el grano y lo depositen en tus almacenes designados.

[59] Y que guarden esa comida para los siete años de hambruna, y que sea sostén para ti y para tu pueblo y toda tu tierra, y que tú y tu tierra no sean cortados por causa de la hambruna.

[60] Y que todos los habitantes de la tierra sean ordenados a reunir, todo hombre el producto de su campo, con todo tipo de comida, en los siete buenos años , y que lo pongan en sus almacenes, para que sea sostén para ellos en los días de la hambruna y que ellos puedan vivir de ello.

[61] Esta es la correcta interpretación de tu sueño, y este es el consejo dado para poder salvar tu alma y las almas de tus súbditos.

[62] Y el rey respondió y dijo a Yosef: ¿Quién dice y quién sabe que tus palabras sean correctas? Y él dijo al rey: Esta será una señal para ti con respecto a mis palabras, que ellas son verdaderas y mi consejo a ti es bueno:

[63] He aquí que tu esposa se sienta este día sobre el banco para dar a luz, y ella tendrá un hijo y tú te regocijarás con él; cuando el niño salga del vientre de su madre, tu primogénito que ha nacido hace dos años, morirá y tú serás confortado por el hijo que te nacerá este día.

[64] Y Yosef terminó de hablar esas palabras al rey, y él se inclinó hacia el rey y él salió, y cuando Yosef había salido de la presencia del rey, aquellas señales cuales Yosef había hablado al rey vinieron a suceder.

[65] Y la reina dio a luz un hijo ese día y el rey oyó las buenas noticias acerca de su hijo, y él se regocijó, y cuando los reporteros habían salido de la presencia del rey, los sirvientes del rey encontraron al primogénito del rey caído muerto en la tierra.

[66] Y hubo gran lamentación y ruido en la casa del rey, y el rey la oyó, y él dijo: ¿Qué es el ruido y la lamentación que he oído en la casa? Y ellos dijeron al rey que su hijo primogénito estaba muerto; entonces el rey supo que todas las palabras que Yosef había hablado eran correctas, y el rey fue consolado por su hijo por el hijo que fue nacido a él ese día como Yosef había hablado.

49 – José Como Virrey Todo Egipto

(Génesis 41:41-56)

[1] Después de esas cosas el rey envió y reunió a todos sus oficiales y sirvientes, y a todos los príncipes y nobles pertenecientes al rey, y todos ellos vinieron delante del rey.

[2] Y el rey dijo a ellos: He aquí que ustedes han visto y oído todas las palabras de este hombre Hebreo, y todas las señales que él declaró que habrían de suceder, y ni una de sus palabras ha caído a tierra.

[3] Y ustedes saben que él ha dado una correcta interpretación al sueño, y de cierto vendrá a suceder, ahora, por lo tanto, tomen consejo, y sepan lo que van a hacer y cómo la tierra será liberada de la hambruna.

[4] Busquen ahora y si algo similar puede ser encontrado, en cuyo corazón haya entendimiento y sabiduría, y yo lo nombraré sobre la tierra.

[5] Porque ustedes han oído lo que el hombre Hebreo ha aconsejado referente a esto para salvar a la tierra y todo en ella de la hambruna, y yo sé que la tierra no será liberada de la hambruna sino por el consejo del hombre Hebreo, aquél que me aconsejó.

[6] Y ellos todos respondieron al rey y dijeron: El consejo que el Hebreo ha dado referente a esto es bueno; ahora por lo tanto, nuestro señor y rey, he aquí que toda la tierra está en tus manos, haz eso que parezca bueno a tu vista.

[7] A aquel que tú escojas, y quien tú y tu sabiduría conozcan que es sabio y capaz de liberar a la tierra con su sabiduría, a él el rey nombrará bajó él sobre la tierra.

[8] Y el rey dijo a todos los oficiales: Yo he pensado que puesto que el Elohim ha hecho conoc ido al hombre Hebreo todo lo que él ha hablado, no hay nadie tan discreto y sabio en toda la tierra como él es; si es bueno a la vista de ustedes yo lo pondré sobre la tierra, porque él salvará a la tierra con su sabiduría.

[9] Y todos los oficiales respondieron al rey y dijeron: Pero ciertamente está escrito en las leyes de Mitzrayim, y no deben ser violadas, que ningún hombre reinará en Mitzrayim, ni será segundo al rey, sino uno que tenga conocimiento en todos los lenguajes de los hijos de los hombres.

[10] Ahora, por lo tanto, nuestro señor y rey, he aquí que este hombre Hebreo sólo puede hablar la lengua Hebrea, y ¿cómo puede ser él nuestro segundo en gobierno , un hombre que ni siquiera conoce nuestro lenguaje ?

[11] Ahora por favor envía por él, y que él venga delante de ti, y pruébalo en todas las cosas y haz como veas adecuado.

[12] Y el rey dijo: Será hecho mañana, y la cosa que ustedes han hablado es buena, y todos los oficiales vinieron ese día delante del rey.

[13] Y en esa noche YAHWEH envió a uno de sus malajim ministradores, y él vino a la tierra de Mitzrayim a Yosef, y el malaj de YAHWEH se paró sobre Yosef, y he aquí que Yosef estaba tendido

en su cama en la casa del amo en la mazmorra, porque su amo lo había puesto de nuevo en la mazmorra a causa de su esposa.

[14] Y el malaj lo despertó de su sueño, y Yosef se levantó y se paró sobre sus piernas, y he aquí que el malaj de YAHWEH estaba parado opuesto a Yosef; y el malaj de YAHWEH habló a Yosef, y El le enseñó todos los lenguajes del hombre en esa noche, y El llamó su nombre Yehosef.

[15] Y el malaj de YAHWEH se fue de él, y Yosef regresó y se acostó en su cama, y Yosef estaba estupefacto a la visión que él vio.

[16] Y vino a suceder que en la mañana el rey envió por todos sus oficiales y sirvientes, y todos ellos vinieron y se sentaron delante del rey, y el rey ordenó que Yosef fuera traído, y los sirvientes del rey fueron y trajeron a Yosef delante de Faraón.

[17] Y el rey vino y ascendió los peldaños al trono, y Yosef habló al rey en todos los lenguajes, y Yosef subió al rey y habló al rey hasta que llegó delante del rey en el peldaño 70, y él se sentó delante del rey.

[18] y el rey se regocijó grandemente por causa de Yosef, y los oficiales del rey se regocijaron grandemente con el rey cuando ellos oyeron las palabras de Yosef.

[19] Y la cosa pereció buena a la vista del rey y los oficiales, de nombrar a Yosef para ser segundo al rey sobre toda la tierra de Mitzrayim, y el rey habló a Yosef diciendo:

[20] Ahora tú me diste consejo de nombrar un hombre sabio sobre la tierra de Mitzrayim, para que con su sabiduría salvara a la tierra de Mitzrayim de la hambruna; ahora por lo tanto, puesto que el Elohim ha hecho todo esto conocido a ti, y todas las palabras que tú has hablado, no hay por toda la tierra un hombre discreto y sabio como tú.

[21] Y tu nombre ya no será llamado Yosef, sino Zafnat Paaneaj será tu nombre ; y tú serás segundo, y de acuerdo a tu palabra serán todos los asuntos de mi gobierno, y a tu palabra mi pueblo saldrá y entrará.

[22] También bajo de tu mano mis sirvientes y oficiales recibirán su salario cual es dado a ellos mensualmente, y a ti toda la gente de la tierra se inclinará, solamente en mi trono yo seré mayor que tú.

[23] Y el rey se quitó su anillo de su mano y lo puso en la mano de Yosef, y el rey vistió a Yosef en un atuendo principesco, y puso una corona de oro sobre su cabeza, y él puso una cadena de oro en su cuello.

[24] Y el rey ordenó a sus siervos, y lo hicieron montar en el segundo carruaje perteneciente al rey, que iba opuesto al carruaje del rey, y lo montó en un grande y fuerte caballo de los caballos del rey, y a ser conducido por las calles de la tierra de Mitzrayim.

[25] Y el rey ordenó que todos aquellos que tocaban liras y arpas y otros instrumentos musicales fueran con Yosef; 1,000 timbre lim, 1.000 mejolot, y 1,000 nebalim fueron tras él.

[26] Y 5,000 hombres con espadas desenfundadas relumbrantes en sus manos, y ellos fueron marchando y tocando delante de Yosef, y 20,000 de los grandes hombres del rey ceñidos con cinturones cubiertos de oro, marcharon a la mano derecha de Yosef, y 20,000 a su izquierda, y

todas las mujeres y doncellas fueron a las azoteas o se pararon en las calles tocando y regocijándose con Yosef, y contemplaban la apariencia de Yosef y su belleza.

[27] Y la gente del rey fue delante de él y detrás de él, perfumando el camino con incienso y con canela, y con todo tipo de perfumes finos, y regaron mirra y áloes en el camino, y 20 hombres proclamaban estas palabras delante de él por toda la tierra con alta voz:

[28] ¿Ven a este hombre a quien el rey ha escogido para ser su segundo? Todos los asuntos de gobierno serán regulados por él, y aquel que transgreda sus órdenes, o que no se incline a él a tierra, morirá, porque él se rebela contra el rey y su segundo.

[29] Y cuando los heraldos cesaron de proclamar, toda la gente de Mitzrayim se inclinó a tierra delante de Yosef y dijeron: Viva el rey, también que viva su segundo; y todos los habitantes de Mitzrayim se inclinaron en el camino , y ellos se regocijaron con toda clase de tibrel, mejol y nebal delante de Yosef.

[30] Y Yosef sobre su caballo alzó sus ojos al cielo, y clamó y dijo: El levanta al hombre pobre del polvo, El levanta al necesitado de la mazmorra, ¡O YAHWEH Tzevaot, feliz es el hombre que confía en Ti!

[31] Y Yosef pasó por la tierra de Mitzrayimcon lo sirvientes y oficiales de Faraón, y ellos le mostraron toda la tierra de Mitzrayim y todos los tesoros del rey.

[32] Y Yosef regresó y vino ese día delante de Faraón, y el rey dio a Yosef una posesión en la tierra de Mitzrayim, y posesión de campos y viñedos, y el rey dio a Yosef 3,000 talentos de plata y 1,000 talentos de oro, y piedra de ónice y piedras preciosas y muchos regalos.

[33] Y al día siguiente el rey ordenó a toda la gente de Mitzrayim traer a Yosef ofrendas y regalos, y aquel que violara el mandamiento del rey debía morir; y ellos edificaron un lugar alto en las calles de la ciudad, y ellos extendieron atuendos allí, y cualquiera que trajera cualquier cosa a Yosef lo ponía en el lugar alto.

[34] Y toda la gente de Mitzrayim echó algo en el lugar alto, un hombre un arete de oro, y el otro anillos y aretes, y diferentes vasijas de trabajo de oro y plata, y piedras de ónice y piedras preciosas echaban en el lugar alto; y todos dieron algo de lo que ellos poseían.

[35] Y Yosef tomó todas esas cosas y las puso en sus tesoros, y todos los nobles y oficiales pertenecientes al rey exaltaron a Yosef, y ellos le dieron muchos regalos, viendo que el rey lo había escogido a él para ser su segundo .

[36] Y el rey envió a Potifera el hijo de Ahiram, sacerdote de On, y él tomó a su hija doncella Osnat y la dio a Yosef por esposa.

[37] Y la doncella era muy hermosa, una virgen, una a quien hombre no había conocido, y Yosef la tomó por esposa; y el rey dijo a Yosef: Yo soy Faraón y aparte de ti nadie se atreverá a alzar su mano o su pie para regular a mi pueblo por toda la tierra de Mitzrayim.

[38] Y Yosef tenía 30 años de edad cuando él estuvo delante de Faraón, y Yosef salio de delante del rey, y él se convirtió en el segundo del rey en Mitzrayim.

[39] Y el rey dio a Yosef 100 sirvientes para atenderlo en su casa, y Yosef también envió y compró muchos sirvientes y ellos permanecieron en la casa de Yosef.

[40] Entonces Yosef se edificó para sí mismo una magnífica casa como las casas de los reyes, delante del patio del palacio del rey, y él hizo en la casa un templo grande, muy elegante en apariencia y conveniente para su residencia; tres años estuvo Yosef edificando su casa.

[41] Y Yosef se hizo para si mismo un trono muy elegante con abundancia de oro y plata, y él lo cubrió con piedras de ónice y piedras preciosas, y él hizo sobre ello la semejanza de toda la tierra de Mitzrayim, y la semejanza del río de Mitzrayim que riega toda la tierra de Mitzrayim; y Yosef se sentó sobre su trono en su casa y YAHWEH aumentó la sabiduría de Yosef.

[42] Y todos los habitantes de Mitzrayim y los sirvientes de Faraón, y sus príncipes amaban a Yosef en extremo, porque esta cosa era de YAHWEH a Yosef.

[43] Yosef tenía un ejército que hacía la guerra saliendo en hordas y tropas al número de 40,600 hombres, capaces de portar armas para asistir al rey y a Yosef contra el enemigo, y aparte de los oficiales del rey y sus sirvientes y habitantes sin números.

[44] Y Yosef dio a sus hombres poderosos, y a todo su ejército, escudos y jabalinas, y cascos y cotas de malla y piedras para la honda.

50 - Los Egipcios se Preparan Para la Hambruna

(Génesis 41:46-52)

[1] En ese tiempo los hijos de Tarshish vinieron contra los hijos de Yishmael, e hicieron la guerra con ellos, y los hijos de Tarshish saquearon a los hijos de Yishmael por mucho tiempo.

[2] Y los hijos de Yishmael eran pocos en número, y no pudieron prevalecer sobre los hijos de Tarshish, y ellos fueron profundamente oprimidos.

[3] Y los ancianos de los Yishmaelim enviaron un documento al rey de Mitzrayim, diciendo: Envía por favor a tus sirvientes oficiales y ejércitos para ayudarnos a pelear contra los hijos de Tarshish, porque nos hemos estado consumiendo por mucho tiempo.

[4] Y Faraón envió a Yosef con los hombres poderosos y el ejército que estaba con él, y también sus hombres poderosos que estaban con él.

[5] Y ellos fueron a la tierra de Havilah, para asistirlos contra los hijos de Tarshish, y los hijos de Yishmael pelearon con los hijos de Tarshish, y Yosef golpeó a los Tarshishim y sometió toda su tierra, y los hijos de Yishmael viven en ella hasta este día.

[6] Y cuando la tierra de Tarshish fue sometida, todos los Tarshishim corrieron lejos, y vinieron a la frontera de sus parientes los hijos de Yavan, y Yosef con todos sus hombres poderosos y ejército regresaron a Mitzrayim, ni un hombre de ellos faltaba.

[7] Y en el transcurso del año, en el segundo año del reinado de Yosef en Mitzrayim, YAHWEH dio gran abundancia en la tierra de Mitzrayim por siete años, como Yosef había hablado, porque YAHWEH bendijo el producto de la tierra en esos días por siete años, y ellos comieron y estaban grandemente satisfechos.

[8] Y Yosef en ese tiempo tenía oficiales bajo él, y ellos reunieron toda la comida de los años buenos, y amontonaron grano año tras año, y ellos lo guardaron en los tesoros de Yosef.

[9] En ese tiempo cuando ellos recogieron la comida que Yosef ordenó que ellos debían traer el grano en las espigas, y también traer con ellos alguna tierra del campo, para que no se pudriera.

[10] Y Yosef hizo de acuerdo a esto año tras año , y él amontonó grano como la arena del mar para abundancia y sus almacenes eran inmensos y no podía medirse la abundancia.

[11] También todos los habitantes de Mitzrayim reunieron toda clase de comida en sus almacenes en gran abundancia en los siete buenos años, pero no lo hicieron como hizo Yosef.

[12] Y toda la comida que Yosef había recogido en los siete años de abundancia, estaba asegurada en la tierra para los siete años de hambruna, para el sustento de toda la tierra.

[13] Y todos los habitantes de Mitzrayim llenaron, cada hombre, sus almacenes y sus lugares ocultos con grano, para ser de sustento durante la hambruna.

[14] Y Yosef puso toda la comida que él tenía en todas las ciudades de Mitzrayim, y él cerró todos los almacenes y puso centinelas sobre ellos.

[15] Y la esposa de Yosef, Osnat, la hija de Potifera le dio a luz para él dos hijos, Menasheh y Efrayim, y Yosef tenía 34 años de edad cuando ellos fueron nacidos a él.

[16] Y los muchachos crecieron y ellos fueron por sus instrucciones, y ellos no se desviaron de los caminos que su padre les enseñó, ni a la derecha o a la izquierda.

[17] Y YAHWEH estaba con los muchachos, y ellos crecieron y tenían entendimiento y destreza en toda sabiduría y en todos los asuntos de gobierno, y todos los oficiales del rey y sus grandes hombres de los habitantes de Mitzrayim exaltaron a los muchachos, y ellos fueron criados entre los hijos del rey.

[18] Y los siete años de abundancia que estaban sobre la tierra llegaron a su término, y los siete años de hambruna cayeron sobre ellos, como Yosef había hablado, y la hambruna estaba por toda la tierra.

[19] Y la gente de Mitzrayim vieron que la hambruna había comenzado en la tierra de Mitzrayim, y toda la gente de Mitzrayim abrieron sus almacenes porque la hambruna prevalecía sobre ellos.

[20] Y ellos encontraron que toda la comida que estaba en sus almacenes estaba llena de bichos y no era apta para consumo, y la hambruna prevaleció por toda la tierra, Y todos los habitantes de la tierra vinieron y clamaron a Faraón porque la hambruna pesaba sobre ellos.

[21] Y ellos dijeron a Faraón: Da comida a tus sirvientes, ¿por qué hemos de morir de hambre delante de tus ojos, aun nosotros y nuestros pequeños?

[22] Y Faraón les respondió, diciendo: ¿Por qué razón ustedes lloran a mí? ¿No ordenó Yosef que el grano tenía que ser guardado en los siete años de abundancia para los siete años de hambruna? ¿Por qué razón no escucharon a su voz?

[23] Y la gente de Mitzrayim respondieron a Faraón, diciendo: Como vive tu alma nuestro señor, tus sirvientes han hecho como Yosef ordenó, porque tus sirvientes también recogieron todo el producto de sus campos durante los siete años de abundancia y lo guardamos en almacenes hasta este día.

[24] Y cuando la hambruna prevaleció sobre tus sirvientes nosotros abrimos nuestros almacenes, y he aquí que todo el grano estaba lleno de bichos y no era apto para consumo.

[25] Y cuando el rey oyó todo lo que había caído sobre los habitantes de Mitzrayim, el rey estaba grandemente temeroso a causa de la hambruna, y él estaba muy aterrorizado; y el rey respondió a toda la gente de Mitzrayim, diciendo: Puesto que todo esto les ha sucedido, vayan a Yosef y hagan lo que él les diga a ustedes, no transgredan sus mandamientos.

[26] Y toda le gente de Mitzrayim salieron y vinieron a Yosef, y les dijeron a él: Danos comida, ¿por qué moriremos de hambre delante de ti? Porque nosotros recogimos en nuestros almacenes los siete años como tú ordenaste, y lo pusimos en almacenes, y así ha caído sobre nosotros.

[27] Y Yosef oyó todas las palabras de la gente de Mitzrayim y lo que había caído sobre ellos, Yosef abrió todos sus almacenes de comida y lo vendió a la gente de Mitzrayim.

[28] Y la hambruna prevaleció sobre toda la tierra, y la hambruna estaba en todos los países, pero en la tierra de Mitzrayim había producto para la venta.

[29] Y todos los habitantes de Mitzrayim vinieron a Yosef para comprar grano, porque la hambruna prevaleció sobre ellos, y todo su grano estaba arruinado, y Yosef lo vendía diariamente a la gente de Mitzrayim.

[30] Y todos los habitantes de la tierra de Canaán y los Plishtim, y aquellos del otro lado del Yarden, y los hijos del este y todas las ciudades de la tierra lejos y cerca oyeron que había grano en Mitzrayim, y ellos todos vinieron a comprar grano, porque la hambruna prevalecía sobre ellos.

[31] Y Yosef abrió los almacenes de grano y puso oficiales sobre ellos, y ellos diariamente estaban y vendía a todos los que venían.

[32] Y Yosef sabía que sus hermanos vendrían también a Mitzrayim a comprar grano, porque la hambruna prevaleció por toda la tierra. Y Yosef ordenó a toda su gente que ellos tenían que proclamar por toda la tierra de Mitzrayim, diciendo:

[33] Es el placer del rey, de su segundo y de sus grandes hombres, que cualquier persona que desee comprar grano en Mitzrayim no enviará a sus sirvientes a Mitzrayim a comprarlo, sino a sus hijos, y también cualquier Mitzrayimim o Cananeos, que venga de cualquiera de los almacenes de comprar grano en Mitzrayim y vaya a venderlo por la tierra, él morirá, porque ni uno comprará sino para el sustento de su casa.

[34] Y cualquier hombre que guíe tres o cuatro bestias morirá, porque un hombre sólo guiará su propia bestia.

[35] Y Yosef puso centinelas a las puertas de Mitzrayim, y les ordenó, diciendo: Cualquier persona que venga a comprar grano no le permitan entrar hasta que su nombre y el nombre de su padre, y el nombre del padre de su padre sea escrito, y lo que sea escrito por día, me envían sus nombres a mí al anochecer para que yo sepa sus nombres.

[36] Y Yosef puso oficiales por toda la tierra de Mitzrayim y les ordenó hacer todas esas cosas.

[37] Y Yosef hizo todas esas cosas, y decretó todos esos estatutos , para saber cuando sus hermanos vinieran a la tierra de Mitzrayim para comprar grano; y la gente de Yosef lo hicieron diariamente, proclamar en la tierra de Mitzrayim de acuerdo a estas palabras y estatutos que Yosef había ordenado.

[38] Y los habitantes del país del este y del oeste, y de toda la tierra, oyeron de los estatutos que Yosef había decretado en Mitzrayim, y los habitantes de las partes extremas del mundo vinieron a comprar grano en Mitzrayim día a día, y después ellos se iban.

[39] Y todos los oficiales de Mitzrayim hicieron como Yosef había ordenado, y todos ellos venían a comprar grano en Mitzrayim, los porteros escribían sus nombres, y los nombres de sus padres, y diariamente los traían delante de Yosef.

51 – Los Israelitas Van a Egipto por Comida

(Génesis 42)

[1] Y Ya'akov después oyó que había grano en Mitzrayim, y él llamó a sus hijos que fueran a Mitzrayim para comprar grano, porque sobre ellos la hambruna prevalecía, y él llamó a sus hijos diciendo:

[2] He aquí que yo oigo que hay grano en Mitzrayim, y la gente de la tierra van allí a comprar, ¿por qué se mostrarán satisfechos delante de la tierra entera? Ustedes también desciendan a Mitzrayim y compren un poco de grano entre esos que van allí, para que no muramos.

[3] Y los hijos de Ya'akov escucharon a la voz de su padre, y ellos se levantaron y fueron a comprar grano a Mitzrayim entre el resto que iba allí.

[4] Y Ya'akov su padre les ordenó, diciendo: Cuando ustedes lleguen a la ciudad no entren juntos por la misma puerta, a causa de los habitantes de la tierra.

[5] Y los hijos de Ya'akov salieron y fueron a la tierra de Mitzrayim, y los hijos de Ya'akov hicieron todo lo que Ya'akov les había ordenado, y Ya'akov no mandó a Binyamin porque él dijo: No sea que un accidente le pase como a su hermano; y diez de los hijos de Ya'akov salieron.

[6] Y mientras los hijos de Ya'akov estaban de camino, ellos se arrepintieron de lo que habían hecho a Yosef, y ellos se hablaron uno al otro, diciendo: Nosotros sabemos que nuestro hermano Yosef descendió a Mitzrayim, y ahora lo buscaremos a donde vamos, y si lo encontramos lo tomaremos de su amo por un rescate, y sino, a la fuerza, y nosotros moriremos por él.

[7] Y los hijos de Ya'akov acordaron en esta cosa y se fortalecieron por causa de Yosef, para liberarlo de las manos de su amo, y los hijos de Ya'akov fueron a Mitzrayim, y cuando llegaron cerca de Mitzrayim se separaron uno del otro, y ellos entraron por las diez puertas de Mitzrayim, y los porteros escribieron sus nombres en ese día, y los trajeron a Yosef al anochecer.

[8] Y Yosef leyó sus nombres de las manos de los porteros de la ciudad, y él encontró que sus hermanos habían entrado por las diez puertas de la ciudad, y Yosef en ese día ordenó que habría de ser proclamado en toda la tierra de Mitzrayim, diciendo:

[9] Vayan ustedes a todos los guardias de los almacenes, cierren todos los almacenes de grano y que sólo permanezca uno abierto, y aquellos que vengan puedan comprar allí.

[10] Y todos los oficiales de Yosef hicieron así en ese día, y ellos cerraron todos los almacenes y dejaron uno abierto.

[11] Y Yosef le dio los nombres escritos de sus hermanos a el que estaba a cargo del almacén abierto, y le dijo: Quien sea que venga a comprar grano pregunta por su nombre, y cuando los hombres de estos nombres vengan delante de ti, los agarran y me los mandan, y ellos así lo hicieron.

[12] Y cuando los hijos de Ya'akov vinieron dentro de la ciudad, ellos se reunieron en la ciudad para buscar a Yosef antes de comprar grano.

[13] Y ellos fueron a las calles de las prostitutas, y ellos buscaron a Yosef en las calles de las prostitutas por tres días, y ellos pensaron que encontrarían a Yosef en las casas de prostitución, porque Yosef era muy hermoso y muy favorecido, y los hijos de Ya'akov buscaron a Yosef por tres días, y ellos no lo pudieron encontrar.

[14] Y el hombre que estaba a cargo del almacén abierto buscó esos nombres que Yosef le había dado, y él no los pudo encontrar.

[15] Y él envió a Yosef, diciendo: Estos tres días han pasado, y esos nombres que tú me diste no han venido; y Yosef envió sirvientes a buscar los hombres en todo Mitzrayim, y a traerlos delante de Yosef.

[16] Y los sirvientes de Yosef fueron por Mitzrayim y no los pudieron encontrar, y fueron a Goshen y ellos no estaban allí, y después fueron a la ciudad de Raameses y no los pudieron encontrar.

[17] Y Yosef continuó enviando 16 sirvientes para buscar a sus hermanos, y ellos fueron y se dispersaron a las cuatro esqui nas de la ciudad, y cuatro de los hombres fueron a la casa de las prostitutas, y ellos encontraron a los diez hombres allí buscando a su hermano.

[18] Y esos cuatro hombres los agarraron y los trajeron delante de Yosef, y ellos se inclinaron a él a tierra, y Yosef estaba sentado sobre su trono en su templo, vestido en atuendos principescos, y sobre su cabeza había una grande corona de oro, y todos los hombres grandes estaban sentados alrededor de él.

[19] Y los hijos de Ya'akov vieron a Yosef, y su figura y apa riencia y dignidad de semblante pareció maravilloso a sus ojos, y ellos de nuevo se inclinaron a él a tierra.

[20] Y Yosef vio a sus hermanos, y él los reconoció, pero ellos no lo reconocieron a él, Yosef era muy grande a sus ojos, por lo tanto, no lo reconocieron.

[21] Y Yosef habló a ellos diciendo: ¿De dónde vienen? Y todos ellos respondieron: Tus sirvientes han venido de la tierra de Canaán para comprar grano, porque la hambruna prevalece por toda la tierra, y tus sirvientes oyeron que había grano en la tierra de Mitzrayim, así que hemos venido entre los otros que vienen para comprar grano para nuestro sustento.

[22] Y Yosef les respondió, diciendo: Si ustedes han venido a comprar como ustedes dicen, ¿por qué han entrado por las diez puertas de la ciudad? Sólo puede significar que han venido a espiar la tierra.

[23] Y todos ellos juntos respondieron a Yosef, y dijeron: No es así mi señor, nosotros somos rectos, tus sirvientes no son espías, sino que hemos venido a comprar grano, porque tus sirvientes son todos hermanos, hijos de un hombre de la tierra de Canaán, y nuestro padre nos ordenó, diciendo: Cuando ustedes entren en la ciudad no entren todos por la misma puerta por causa de los habitantes de la tierra.

[24] Y Yosef de nuevo les respondió a ellos, diciendo: Eso es esta cosa que yo les he hablado, ustedes han venido a espiar la tierra, por lo tanto, todos vienen por las diez puertas de la ciudad, ustedes han venido a ver la desnudez de la tierra.

[25] Ciertamente todo el que viene a comprar grano sigue su camino, pero ustedes han estado en la tierra tres días, y ¿qué hacen ustedes en las calles de las prostitutas en las cuales han estado por tres días? Ciertamente espías se comportan de esa forma.

[26] Y ellos dijeron a Yosef: Lejos esté de nuestro señor hablar así, porque nosotros somos 12 hermanos, hijos de nuestro padre Ya'akov, el Hebreo, y el más joven está con nuestro padre este día en la tierra de Canaán, y uno no está, porque él fue perdido de nosotros, y nosotros pensamos que quizás estaba en esta tierra, así que lo estamos buscando por toda la tierra, y hemos ido a las casas de las prostitutas para buscarlo allí.

[27] Y Yosef dijo a ellos: ¿Y ustedes lo han buscado por toda la tierra y sólo quedaba Mitzrayim para buscarlo? ¿Y qué iba a hacer su hermano en las casas de las prostitutas si estuviera en Mitzrayim? ¿No han dicho ustedes que son hijos de Yitzjak el hijo de Abraham, y que entonces los hijos de Ya'akov hacen en casas de prostitutas?

[28] Y ellos le dijeron a él: Porque nosotros oímos que los Yishmaelim lo robaron de nosotros, y fue dicho a nosotros que lo vendieron en Mitzrayim, y tu sirviente, nuestro hermano, es muy hermoso y buen favorecido, así que pensamos que él estaría en las casas de las prostitutas, por lo tanto, tus sirvientes fueron allí para buscarlo y dar rescate por él.

[29] Y Yosef aún les respondió a ellos, diciendo: Ciertamente ustedes hablan falsamente y pronuncian mentiras, decir de ustedes mismos que son hijos de Abraham; como vive Faraón, ustedes son espías, por lo tanto, han venido a las casas de las prostitutas para no ser reconocidos.

[30] Y Yosef les dijo a ellos: Y ahora si lo encuentran, y este asunto requiere de ustedes un gran precio, ¿lo darán por él? Y ellos dijeron: Será dado.

[31] Y él les dijo a ellos: Y si este amo no consiente dejarlo ir por un gran precio, ¿qué harán a él a causa de esto? Y ellos le respondieron, diciendo: Si él no lo entrega, nosotros lo mataremos, y tomaremos a nuestro hermano y nos iremos.

[32] Y Yosef les dijo a ellos: Esta es la cosa que yo he hablado a ustedes, ustedes son espías, porque han venido a matar a los habitantes de la tierra, porque nosotros hemos oído que dos de sus hermanos golpearon a todos los habitantes de Shejem, en la tierra de Canaán, por causa de su hermana, y ahora vienen a hacer lo mismo en Mitzrayim por causa de su hermano.

[33] Sólo de esta forma yo sabré que ustedes son hombres justos; si ustedes mandan a casa a uno de ustedes para ir a buscar a su hermano menor de su padre, y lo traen aquí a mí, por hacer esto yo sabré que ustedes son justos.

[34] Y Yosef llamó a 70 de sus hombres poderosos, y dijo a ellos: Tomen a estos hombres y los ponen en la guardia.

[35] Y los hombres poderosos agarraron a los diez hombres y los pusieron en la guardia y ellos estuvieron en la guardia tres días.

[36] Y en el tercer día Yosef los hizo sacar de la guardia, y él dijo a ellos: Hagan esto por ustedes mismos para que sean hombres veraces: Uno de sus hermanos será recluido en la guardia

mientras ustedes van a llevar el grano a su casa en la tierra de Canaán, y buscan a su hermano menor, y lo traen aquí a mí, y haciendo esto yo sabré que ustedes son hombres veraces.

[37] Y Yosef salió de ellos y vino a su cámara, y lloró un gran lloro, porque su piedad fue excitada por ellos, y él lavó su cara y regresó de nuevo a ellos, y él tomó a Shimeon de ellos y ordenó que fuera atado, pero Shimeon no estaba dispuesto a hacer eso, porque él era un hombre muy poderoso y ellos no podían atarlo.

[38] Y Yosef llamó a sus hombres y 70 hombres valientes vinieron delante de él con espadas desenfundadas en sus manos, y los hijos de Ya'akov estaban aterrorizados de ellos.

[39] Y Yosef dijo a ellos: Agarren a este hombre y lo recluyen en prisión hasta que sus hermanos vengan por él, y los hombres valientes de Yosef echaron mano de Shimeon para atarlo, y Shimeon soltó un alto y terrible aullido y el grito fue oído a la distancia.

[40] Y todos los hombres valientes de Yosef estaban aterrorizados al sonido de aullido, que ellos cayeron sobre sus rostros, y ellos estaban grandemente atemorizados y huyeron.

[41] Y todos los hombres que estaban con Yosef huyeron, porque ellos estaban grandemente temerosos por sus vidas, y sólo Yosef y Menasheh su hijo permanecieron allí, y Menasheh el hijo de Yosef vio la fuerza de Shimeon, y él estaba extremadamente furioso.

[42] Y Menasheh el hijo de Yosef es levantó hacia Shimeon, y Menasheh golpeó a Shimeon con un duro golpe con su puño contra la parte posterior de su cuello, y Shimeon fue calmado de su ira.

[43] Y Menasheh tomó a Shimeon y lo agarró violentamente, y lo ató y lo trajo a la casa de reclusión, y todos los hijos de Ya'akov estaban estupefactos con la acción del joven.

[44] Y Shimeon dijo: Ninguno puede decir que este es un golpe de un Mitzrayimi, sino que es un golpe de la casa de mi padre.

[45] Y después de esto Yosef ordenó que fuera llamado el que estaba a cargo del almacén, y que llenará sus sacos con tanto grano como pudieran cargar, y que restaurara el dinero de todos los hombres a sus sacos, y que les diera provisiones para el camino, y así les hizo a ellos.

[46] Y Yosef les ordenó a ellos, diciendo: Tomen cuidado no sea que transgredan mis órdenes, y traigan a su hermano como yo les he dicho, y será entonces, cuando ustedes traigan a su hermano a mí, yo sabré que son hombres veraces, y ustedes traficarán por la tierra, y yo les devolveré a su hermano, y ustedes regresarán en Shalom a su padre.

[47] Y todos ellos respondieron y dijeron: De acuerdo a como nuestro señor habla, así haremos, y ellos se inclinaron a él a tierra.

[48] Y todos los hombres alzaron su grano sobre sus asnos, y ellos salieron de la tierra de Canaán a su padre; y ellos llegaron al mesón y Levi abrió su saco para dar forraje a su asno, y cuando él vio he aquí su dinero estaba en peso completo en su saco.

[49] Y el hombre estaba grandemente asustado, y él dijo a sus hermanos: Mi dinero es restaurado, y aun está en mi saco, y los hombres estaban grandemente asustados, y ellos dijeron. ¿Qué es esto que el Elohim nos ha hecho?

[50] Y ellos todos dijeron: Y ¿dónde está la bondad de Elohim con nuestros padres, con Abraham, con Yitzjak y con Ya'akov, que YAHWEH nos ha entregado este día en las manos del rey de Mitzrayim para conspirar contra nosotros?

[51] Y Yahudáh les dijo a ellos: Ciertamente nosotros somos pecadores culpables delante de YAHWEH, nuestro Elohim, en haber vendido a nuestro hermano, nuestra carne, así que por qué razón ustedes dicen: ¿Dónde está la bondad de Elohim con nuestros padres?

[52] Y Reuven dijo a ellos: ¿No dije yo a ustedes, no pequen contra el muchacho, y no me quisieron escuchar? Ahora el Todopoderoso lo requiere de nosotros, y ustedes se atreven a decir, ¿dónde está la bondad de Elohim con nuestros padres, mientras ustedes han pecado a YAHWEH?

[53] Y ellos se quedaron esa noche en ese lugar, y se levantaron temprano en la mañana y cargaron sus asnos con su grano, y ellos los guiaron y vinieron a la casa de su padre en la tierra de Canaán.

[54] Y Ya'akov y su casa salieron a recibir a sus hijos, y Ya'akov vio y he aquí que su hermano Shimeon no estaba con ellos, y Ya'akov dijo a sus hijos: ¿Dónde está su hermano Shimeon a quien no veo? Y sus hijos le dijeron todo lo que había caído sobre ellos en Mitzrayim.

52 – Los Israelitas Regresan a Egipto

(Génesis 43)

[1] Y ellos entraron en la casa, y todos los hombres abrieron sus sacos, y he aquí que el dinero de todos ellos estaba en sus sacos, a lo cual ellos y su padre estaban grandemente aterrorizados.

[2] Y Ya'akov dijo a ellos: ¿Qué es esto que ustedes me han hecho a mí? Yo envié a su hermano Yosef para inquirir por sus asuntos y ustedes dijeron a mí: una bestia salvaje lo ha devorado.

[3] Y Shimeon fue con ustedes a comprar comida y ustedes dicen que el rey de Mitzrayim lo ha recluido en prisión, y ustedes desean llevar a Binyamin para causar su muerte también, y traer mis canas con tristeza a la sepultura por causa de Binyamin y su hermano Yosef.

[4] Ahora, por lo tanto, mi hijo no descenderá con ustedes, porque su hermano está muerto y él es dejado solo y daño puede caer sobre él por el camino que ustedes van, como cayó sobre su hermano.

[5] Y Reuven dijo a su padre: Tú matarás a mis dos hijos si yo no traigo a tu hijo y lo pongo delante de ti; y Ya'akov dijo a sus hijos: Quédense aquí y no vayan a Mitzrayim, porque mi hijo no descenderá a Mitzrayim con ustedes, ni morirá como su hermano.

[6] Y Yahudáh les dijo a ellos: Absténganse de él hasta que el grano se acabe, y él entonces dirá: Lleven a su hermano, cuando él vea que su vida y la de toda su casa está en peligro a causa de la hambruna.

[7] Y en aquellos días la hambruna estaba harta por toda la tierra, y toda la gente de la tierra iba a Mitzrayim para comprar comida, porque la hambruna prevalecía grandemente sobre ellos, y los hijos de Ya'akov permanecieron en la tierra de Canaán un año y dos meses hasta que el grano se había terminado.

[8] Y llegó a suceder cuando el grano se había terminado y toda la casa de Ya'akov estaba con hambre, y todos los infantes de los hijos de Ya'akov vinieron a Ya'akov, y todos ellos lo rodearon, y ellos dijeron a él: Danos pan o por esa razón todos pereceremos en tu presencia por el hambre.

[9] Y Ya'akov oyó la palabra de los hijos de sus hijos, y él lloró con gran lamento, y su piedad fue agitada por ellos, y Ya'akov llamó a sus hijos y todos ellos vinieron delante de él.

[10] Y Ya'akov dijo a ellos: Y ¿no han visto ustedes como sus hijos han estado llorando delante de mí, diciendo: danos pan y no hay ninguno? Ahora regresen y compren para nosotros un poco de comida.

[11] Y Yahudáh respondió, y dijo a su padre: Sí tú manadas a tu hijo con nosotros, nosotros iremos y descenderemos y compraremos granos para ti, y si tú no lo mandas entonces nosotros no iremos, porque ciertamente el rey de Mitzrayim particularmente nos enfatizó, diciendo: Ustedes no verán mi rostro si su hermano no está con ustedes, porque el rey de Mitzrayim es un rey fuerte y poderoso, y he aquí que si vamos a él sin nuestro hermano, todos seremos puestos a muerte.

[12] ¿No sabes tú y has oído que este rey es muy poderoso y sabio, y que no hay uno como él en toda la tierra? He aquí que si nosotros hemos visto a todos los reyes de la tierra, no hemos visto a

uno como ese rey, el rey de Mitzrayim, ciertamente entre todos los reyes de la tierra no hay uno más grande que Abimelec rey de los Plishtim, aun el rey de Mitzrayim es más grande y poderoso que él, y Abimelec solo puede ser comparado a uno de sus oficiales.

[13] Padre, tú no has visto su palacio y su trono, y todos los sirvientes parados delante de él; tú no has visto a ese rey sobre su trono en su pompa y apariencia real, vestido en sus atuendos reales con una grande corona de oro sobre su cabeza; tú no has visto el honor y la gloria cual el Todopoderoso le ha otorgado a él, porque no hay ninguno como él en toda la tierra.

[14] Padre, tú no has visto la sabiduría, el entendimiento y conocimiento que el Todopoderoso ha dado en su corazón, ni has oído su voz dulce cuando él habló con nosotros.

[15] Nosotros no sabemos, padre, quien le dio a conocer nuestros nombres y con todo lo que ha caído sobre nosotros, aun él también preguntó por ti, diciendo: ¿Está su padre aun vivo, y está todo bien con él?

[16] Tú no has visto los asuntos del gobierno de Mitzrayim regulados por él, sin inquirir de Faraón su señor; tú no has visto el sobrecogimiento y temor que él causa sobre todos los Mitzrayimim.

[17] Y también cuando salimos de él, nosotros le amenazamos en hacer a Mitzrayim lo que hicimos a el resto de las ciudades de los Emorim, y nosotros estábamos extremadamente furiosos con todas sus palabras que él habló referente a nosotros ser espías, y ahora cuando de nuevo vayamos a él, su terror caerá sobre nosotros, y ninguno de nosotros podrá hablar con él ni cosa pequeña o grande.

[18] Ahora, por lo tanto, padre, por favor manda al muchacho con nosotros , y nosotros descenderemos y compraremos comida para nuestro sustento, y no moriremos por hambruna; y Ya'akov les dijo a ellos: ¿Por qué han tratado tan mal conmigo en decirle al rey que tenían un hermano? ¿Qué es esta cosa que me han hecho a mí?

[19] Y Yahudáh dijo a Ya'akov su padre: Dame a mí el muchacho a mi cuidado y nosotros nos levantaremos y descenderemos a Mitzrayim a comprar grano, y después regresaremos, y si el muchacho no está con nosotros cuando regresemos, entonces yo llevaré tu culpa sobre mí para siempre .

[20] ¿Has visto a todos tus infantes llorando sobre ti por hambre y no hay poder en tu mano para satisfacerlos? Ahora que tu piedad sea agitada por ellos y manda a nuestro hermano con nosotros y nosotros nos iremos.

[21] Porque ¿cómo va a ser manifestada a ti la bondad de Elohim a nuestros padres cuando tú dices que el rey de Mitzrayim te quitará a tus hijos? Como vive YAHWEH yo no lo dejaré hasta que lo traiga y lo ponga delante de ti; y ora por nosotros a YAHWEH, que él trate bondadosamente con nosotros, para que El cause que nosotros seamos recibidos favorable y bondadosamente delante del rey de Mitzrayim y sus hombres, porque si no nos hubiéramos demorado ciertamente ahora ya hubiéramos regresado una segunda vez con tu hijo.

[22] Y Ya'akov dijo a sus hijos: Yo confío en YAHWEH, el Todopoderoso, que El los libere y les de favor a la vista del rey de Mitzrayim, y a la vista de todos sus hombres.

[23] Ahora levántense y vayan al hombre, y tomen para él un regalo de lo que pueda ser obtenido en la tierra y llévenlo delante de él, y que el Todopoderoso Elohim les otorgue misericordia delante de él y que él les envíe a sus hermanos Binyamin y Shimeon sus hermanos con ustedes.

[24] Y todos los hombres se levantaron y tomaron a su hermano Binyamin, y ellos tomaron en sus manos un regalo grande de lo mejor de a tierra, y también llevaron una doble porción de plata.

[25] Y Ya'akov estrictamente ordenó a sus hijos con respecto a Binyamin, diciendo: Tomen cuidado de él en el camino que están yendo, y no se separen de él en el camino, tampoco en Mitzrayim.

[26] Y Ya'akov se levantó de entre sus hijos y extendió sus manos y él oró a YAHWEH por causa de sus hijos, diciendo: O YAHWEH, el Todopoderoso del cielo y de la tierra, recuerda Tu Pacto con nuestro padre Abraham, recuérdalo con mi padre Yitzjak y trata bondadosamente con mis hijos y no los entregues en las manos del rey de Mitzrayim; hazlo por favor te pido a ti Elohim por amor a Tus misericordias y redime a todos mis hijos y rescátalos del poder de Mitzrayim, y regrésalos con sus dos hermanos.

[27] Y todas las esposas de los hijos de Ya'akov y sus hijos alzaron sus ojos al cielo y todos ellos lloraron delante de YAHWEH, y clamaron a El para que librara a sus padres de las manos del rey de Mitzrayim.

[28] Y Ya'akov escribió una carta al rey de Mitzrayim y la dio a las manos de Yahudáh y en las manos de sus hijos para el rey de Mitzrayim, diciendo:

[29] De tu sirviente Ya'akov, hijo de Yitzjak, hijo de Abraham el Hebreo, príncipe del Todopoderoso, al poderoso y sabio rey, el revelador de secretos, rey de Mitzrayim, saludos.

[30] Que se sepa por mi señor rey de Mitzrayim, la hambruna ha sido profunda sobre nosotros en la tierra de Canaán, y yo envié a mis hijos a ti para que compraran un poco de alimento para nuestro sostén.

[31] Pues mis hijos me rodearon, y siendo muy viejo, no puedo ver bien con mis ojos, porque mis ojos se han vuelto muy pesados por la edad, como también por lamentaciones diarias por mi hijo, por Yosef, que fue perdido de delante de mí, y yo ordené a mis hijos que no entraran por las puertas de la ciudad cuando llegaran a Mitzrayim, por causa de los habitantes de la tierra.

[32] Y yo también les ordené que fueran por la tierra de Mitzrayim para buscar a mi hijo Yosef, quizás ellos lo puedan encontrar allí, y ellos lo hicieron así, y tú los consideraste como espías de la tierra.

[33] ¿No habremos oído nosotros de ti que interpretaste los sueños de Faraón y le hablaste la verdad? ¿Cómo entonces tú no sabes en tu sabiduría que mis hijos no son espías?

[34] Ahora, por lo tanto, mi señor y rey, yo he enviado a mi hijo delante de ti, como tú hablaste a mis hijos; yo te suplico que pongas tus ojos sobre él hasta que él sea regresado a mí con sus hermanos.

[35] Porque, ¿no sabes tú, o no has oído lo que nuestro Elohim hizo a Faraón cuando él tomó a mi madre Sarah y lo que hizo a Abimelec rey de los Plishtim por causa de ella y también lo que mi

padre Abraham hizo a 9 reyes de Elam, como él los golpeó a todos con sólo pocos hombres que estaban con él?

[36] ¿Y también lo que mis dos hijos Shimeon y Levi hicieron a las ocho ciudades de los Emorim, cómo las destruyeron por causa de su hermana Dinah?

[37] Y también por causa de su hermano Binyamin ellos se consolaron por la pérdida de su hermano Yosef; ¿Qué harán entonces ellos por él cuando vean la mano de cualquier gente prevaleciendo sobre ellos, por amor a él?

[38] ¿No sabes tú, O rey de Mitzrayim, que el poder del Todopoderoso está con nosotros, y que también el Todopoderoso aun oye nue stras oraciones y no nos abandona todos los días?

[39] Y cuando mis hijos me dijeron de tu trato con ellos, y no clamé a YAHWEH por causa tuya, porque entonces ellos hubieran perecido con tus hombres antes de que mi hijo Binyamin viniera a ti, pero yo pensé que como Shimeon mi hijo estaba en tu casa quizás tú trataras bondadosamenten con él, por lo tanto no hice esta cosa a ti.

[40] Ahora he aquí que Binyamin mi hijo va a ti con mis otros hijos, toma cuidado de él y pon tus ojos sobre él, y entonces el Todopoderoso pondrá sus ojos sobre ti y por todo tu reino.

[41] Ahora yo te he dicho todo lo que está en mi corazón, y he aquí que mis hijos están yendo a ti con su hermano, examina la faz de toda la tierra por ellos y envíalos de regreso en Shalom con sus hermanos.

[42] Y Ya'akov dio la carta a sus hijos al cuidado de Yahudáh para darla al rey de Mitzrayim.

53 - Benjamín en Egipto
(Génesis 43-44)

[1] Y los hijos de Ya'akov se levantaron y tomaron a Binyamin y todos los regalos , y ellos salieron y fueron a Mitzrayim y se pararon delante de Yosef.

[2] Y Yosef contempló a su hermano Binyamin con ellos y él los saludó, y esos hombres vinieron a la casa de Yosef.

[3] Y Yosef ordenó al superintendente de su casa dar a sus hermanos de comer, y él lo hizo así para ellos.

[4] Y al mediodía Yosef envió por los hombres a venir a él con Binyamin, y los hombres le dijeron al superintendente de la casa de Yosef acerca de la plata que fue devuelta a ellos en los sacos, y él les dijo a ellos: Irá bien con ustedes, no teman, y él trajo a su hermano Shimeon a ellos.

[5] Y Shimeon dijo a sus hermanos: El amo de los Mitzrayimim ha actuado muy bondadosamente conmigo, él no me mantuvo atado, como ustedes vieron con sus ojos, porque cuando ustedes se fueron de la ciudad él me soltó y me trató bondadosamente en su casa.

[6] Y Yahudáh tomó a Binyamin de la mano, y ellos fueron delante de Yosef, y ellos se inclinaron a él a tierra.

[7] Y los hombres dieron el regalo a Yosef y todos ellos se sentaron delante de él, y Yosef les dijo a ellos: ¿Está bien con ustedes, y está bien con sus hijos, y está bien con su padre? Y ellos dijeron: Está bien, y Yahudáh tomó la carta que Ya'akov había enviado y la dio a la mano de Yosef.

[8] Y Yosef leyó la carta y él conocía la escritura de su padre, y él deseó llorar, y él fue a una habitación interna y lloró un gran lloro; y él salió.

[9] Y él alzó sus ojos y contempló a su hermano Binyamin y él dijo: ¿Es este su hermano de quien me hablaron? Y Binyamin se acercó a Yosef, y Yosef puso su mano sobre su cabeza y él le dijo: ¡Qué el Todopoderoso sea misericordioso contigo hijo mío!

[10] Y cuando Yosef vio a su hermano, el hijo de su madre, él de nuevo deseó llorar, y él entró en la cámara, y él lloró allí, y él lavó su cara y salió y se abstuvo de llorar, y él dijo: Preparen comida.

[11] Y Yosef tenía una copa de la cual bebía, era de plata bellamente incrustada con piedras de ónice y piedras preciosas, y Yosef golpeó la copa a la vista de sus hermanos mientras se estaban sentando para comer con él.

[12] Y Yosef dijo a ellos: Yo sé por esta copa que Reuven el primogénito, Shimeon y Levi y Yahudáh, Yissajar y Zevulun son hijos de una misma madre, siéntense a comer de acuerdo a sus nacimientos.

[13] Y él también sentó a los otros de acuerdo a sus nacimientos, y él dijo: Yo sé que éste su hermano menor no tiene hermano, y yo, como él, no tengo hermano, él por lo tanto se sentará a comer conmigo.

[14] Y Binyamin subió delante de Yosef y se sentó en el trono, y los hombres contemplaron los actos de Yosef, y ellos estaban estupefactos con ellos; y los hombres comieron y bebieron en ese

momento con Yosef, y él entonces les dio regalos, y Yosef dio un regalo a Binyamin, y Menasheh y Efrayim vieron los actos de su padre, y ellos también le dieron regalos, y Osnat le dio un regalo, y había cinco regalos en las manos de Binyamin.

[15] Yosef sacó vino para ellos beber, y ellos no querían beber, y ellos dijeron: Desde el día que Yosef fue perdido no hemos bebido vino, ni comida ninguna exquisitez.

[16] Y Yosef juró a ellos, y los presionó, y ellos bebieron abundantemente con él ese día, y Yosef después se volvió a su hermano Binyamin para hablar con él, y Binyamin aún estaba sentado sobre el trono delante de Yosef.

[17] Y Yosef le dijo a él: ¿Tienes tú hijos? Y él dijo: Tu sirviente tiene 10 hijos, y estos son sus nombres: Bela, Bejer, Ashbal, Gera, Naaman, Aji, Rosh, Mupim, Hupim, y Ord, y yo llamé sus nombres como mi hermano al cual no he visto.

[18] Y Yosef ordenó que trajeran delante de él su mapa de las estrellas, por el cual Yosef conocía todos los tiempos, y Yosef dijo a Binyamin: Yo he oído que los Hebreos son entendidos en toda sabiduría, ¿sabes tú algo de esto?

[19] Y Binyamin dijo: Tu sirviente es entendido en toda sabiduría que mi padre me enseñó, y Yosef dijo a Binyamin: Mira ahora a este instrumento y entiende donde tu hermano Yosef está en Mitzrayim, quien ustedes dijeron descendió a Mitzrayim.

[20] Y Binyamin contempló ese instrumento con el mapa de las estrellas del cielo, y él era sabio y miró en ello para saber donde estaba su hermano, y Binyamin dividió toda la tierra de Mitzrayim en cuatro divisiones , y él encontró que aquel sentado sobre el trono delante de él era su hermano Yosef, y Binyamin se puso muy pensativo, y cuando Yosef vio que su hermano Binyamin estaba tan estupefacto, él le dijo a Binyamin: ¿Qué has visto, y qué te ha puesto tan estupefacto?

[21] Y Binyamin dijo a Yosef: Yo puedo ver por esto que Yosef mi hermano se sienta aquí conmigo sobre el trono, y Yosef le dijo a él: Yo soy Yosef tu hermano. No reveles esta cosa a tus hermanos; he aquí yo te enviaré con ellos cuando ellos se vayan, y yo ordenaré que ellos sean traídos de nuevo a la ciudad, y yo te tomaré de ellos.

[22] Y si ellos se atreven con sus vidas a pelear por ti, yo sabré que se han arrepentido de lo que me hicieron a mí, y yo me haré conocido a ellos, pero si ellos te abandonan cuando yo te tome, entonces tú permanecerás conmigo, y yo reñiré con ellos, y ellos se irán, y yo no me haré conocido a ellos.

[23] En ese momento Yosef ordenó a sus oficiales llenar sus sacos con comida, y que pusieran el dinero de cada hombre en su saco, y que pusieran la copa en el saco de Binyamin, y que les dieran provisiones para el camino, y ellos lo hicieron así para ellos.

[24] Y al próximo día los hombres se levantaron temprano en la mañana, y ellos cargaron sus asnos con el grano, y ellos salieron con Binyamin, y ellos fueron a la tierra de Canaán con su hermano Binyamin.

[25] Ellos no habían ido lejos de Mitzrayim cuando Yosef ordenó a aquel que estaba sobre su casa, diciendo: Levántate y persigue a esos hombres antes de que se alejen de Mitzrayim, y le dices a ellos: ¿Por qué han robado la copa de mi amo?

[26] Y el oficial de Yosef se levantó y los alcanzó, y él habló a ellos todas las palabras de Yosef; y cuando ellos oyeron esta cosa ellos se volvieron extremadamente furiosos, y ellos dijeron: Aquel que tomó la copa de tu amo morirá, y nosotros también nos convertiremos en sus esclavos.

[27] Y ellos se apresuraron y cada hombre bajó su saco del asno, y ellos miraron en sus sacos y la copa fue encontrada en el saco de Binyamin, y todos ellos rasgaron sus vestiduras y regresaron a la ciudad, y ellos golpeaban a Binyamin en el camino, continuamente golpeándolo hasta que llegaron a la ciudad, y ellos se pararon delante de Yosef.

[28] Y la furia de Yahudáh fue rebullida, y él dijo: Este hombre sólo me ha traído de regreso para destruir a Mitzrayim este día.

[29] Y los hombres vinieron dentro de la casa de Yosef, y ellos encontraron a Yosef sentado sobre su trono, y todos sus hombres poderosos parados a su derecha e izquierda.

[30] Y Yosef dijo: ¿Qué es este acto que ustedes han hecho, que se llevaron mi copa de plata y se fueron? Porque yo sé que ustedes se llevaron mi copa para saber en qué parte de la tierra su hermano está.

[31] Y Yahudáh dijo: ¿Qué vamos a decir a nuestro señor, qué hablaremos y cómo nos justificaremos, el Todopoderoso este día ha encontrado la iniquidad de todos tus sirvientes, por lo tanto, ha hecho esta cosa a tus sirvientes este día.

[32] Y Yosef se paró y agarró a Binyamin y lo tomó de sus hermanos con violencia, y él vino a la casa y cerró la puerta con llave a ellos, y Yosef ordenó a aquel que estaba sobre su casa decirle a ellos: Vayan en Shalom a su padre, he aquí que yo he tomado al hombre en cuyas manos fue encontrada mi copa.

54 – José se Revela a Sus Hermanos

(Génesis 45)

[1] Y cuando Yahudáh vio los tratos de Yosef con ellos, Yahudáh se acercó a él y rompió la puerta, y vino con sus hermanos delante de Yosef.

[2] Y Yahudáh dijo a Yosef: Que no sea grave a la vista de mi señor, que tu sirviente por favor, ¿pueda hablar una delante de ti? Y Yosef dijo: Habla.

[3] Y Yahudáh habló delante de Yosef, y sus hermanos estaban allí parados delante de ellos; y Yahudáh dijo a Yosef: Ciertamente cuando nosotros primero vinimos delante de nuestro señor para comprar comida, tú nos consideraste espías de la tierra, y nosotros trajimos a Binyamin delante de ti, y aún tú haces juego de nosotros este día.

[4] Y ahora por lo tanto que el rey oiga mis palabras, y yo envío por favor que nuestro hermano venga con nosotros a nuestro padre, no sea que tu alma perezca este día con las almas de todos los habitantes de Mitzrayim.

[5] ¿No sabes tú lo que dos de mis hermanos, Shimeon y Levi, hicieron a la ciudad de Shejem, y a siete ciudades de los Emorim, por causa de nuestra hermana Dinah, y también lo que harán por amor a nuestro hermano Binyamin?

[6] Y yo con mi fuerza que soy más grande y poderoso que ambos de ellos, venimos este día sobre ti y tu tierra si tú estás renuente a enviar a nuestro hermano.

[7] ¿No has oído tú lo que Elohim quien nos escogió a nosotros hizo a Faraón por causa de nuestra madre Sarah, a quién quitó de nuestro Patriarca [padre] y El lo golpeó y a su casa con grandes plagas, que aun hasta este día los Mitzrayimim se relatan esta maravilla uno al otro? Así nuestro Elohim te hará a ti por causa de Binyamin a quien tú has tomado de su padre este día, y a causa de los males que tú amontonas este día sobre nosotros en tu tierra; porque nuestro Elohim recordará Su Pacto con nuestro padre Abraham y traerá daño sobre ti porque tú has adolorido el alma de nuestro padre este día.

[8] Ahora por lo tanto, oye las palabras que yo he hablado a ti este día y envía a nuestro hermano que él se pueda ir no sea que tú y la gente de la tierra mueran por la espada, porque tú no puedes prevalecer sobre mí.

[9] Y Yosef respondió a Yahudáh, diciendo: ¿Por qué has abierto grande tu boca y por qué te vanaglorias sobre nosotros, diciendo: La fuerza está contigo? Como vive Faraón, si yo ordeno a mis hombres valientes a pelear contigo, ciertamente tú y estos hermanos tuyos se hundirán en fango.

[10] Y Yahudáh dijo a Yosef: Ciertamente les pertenece a ti y a tu pueblo temerme a mí; como vive YAHWEH si yo una vez que haya desenfundado mi espada no la enfundaré de nuevo hasta que yo en este día tenga a todo Mitzrayim muerto, y yo comenzaré contigo y terminaré con Faraón tu amo.

[11] Y Yosef le respondió, diciendo: Ciertamente la fuerza no pertenece a ti solamente; yo soy más grande y fuerte que tú, seguro que si tú desenfundas tu espada yo la pondré en tu cuello y el cuello de tus hermanos.

[12] Y Yahudáh le dijo a él: Ciertamente si yo este día he abierto mi boca contra ti, yo te tragaré y tú serás destruido de sobre la tierra y perecerás este día de tu reino. Y Yosef dijo: Ciertamente si tú abres tu boca yo tengo la fuerza y el poder para cerrar tu boca con una piedra hasta que no puedas ni pronunciar una palabra; mira cuantas piedras hay delante de nosotros, en verdad yo puedo tomar una piedra y forzarla en tu boca y romper tus quijadas.

[13] Y Yahudáh dijo: El Todopoderoso es Testigo entre nosotros, que nosotros hasta ahora no hemos querido batallar contigo, sólo danos a nuestro hermano y nos iremos de ti; y Yosef respondió y dijo: Si todos los reyes de Canaán vinieran junto contigo, tú no lo tomarás de mi mano.

[14] Ahora, por lo tanto, váyanse por su camino a su padre, y su hermano será para mí por esclavo, porque él ha robado de la casa del rey. Y Yahudáh dijo: ¿Qué es para ti o para el carácter del rey, ciertamente el rey envía desde su casa, por toda la tierra, plata y oro ya sea en regalos o gastos, y tú aún hablas de tu copa que tú pusiste en el saco de nuestro hermano y tú dices que él la ha robado de ti?

[15] El Todopoderoso no permita que nuestro hermano Binyamin o ninguna de la zera de Abraham haga esta cosa de robar de ti, o de nadie más, ya sea rey, príncipe, o cualquier hombre.

[16] Ahora, por lo tanto, cesa esta acusación no sea que toda la tierra oiga tus palabras diciendo: Por un poco de plata el rey de Mitzrayim riñó con los hombres, y él los acusó y tomó a su hermano por esclavo.

[17] Y Yosef respondió y dijo: Toma para ti esta copa y váyanse de mí y dejen a su hermano por esclavo, porque es el juicio de un ladrón que sea esclavo.

[18] Y Yahudáh dijo ¿Por qué no estás avergonzado de tus palabras, de dejar a nuestro hermano y tomar tu copa? Ciertamente si tú nos das esta copa, o mil veces más, nosotros no dejaremos a nuestro hermano por la plata que es encontrada en la mano de cualquier hombre, para que nosotros no muramos por él.

[19] Y Yosef respondió a ellos: Y ¿Por qué abandonaron a su hermano y lo vendieron por 20 piezas de plata hasta este día, y por qué no harán lo mismo con éste su hermano?

[20] Y Yahudáh dijo: YAHWEH es Testigo entre yo y tú que nosotros no deseamos tus batallas; ahora, por lo tanto, danos a nuestro hermano y nos iremos de ti sin peleas.

[21] Y Yosef respondió y dijo: Si todos los reyes de la tierra se reunieran ellos no podrían tomar a tu hermano de mis manos; y Yahudáh dijo: ¿Qué diremos a nuestro padre cuando él vea que nuestro hermano no viene con nosotros, y el dolor caiga sobre él?

[22] Y Yosef respondió y dijo: Esta es la cosa que dirán a su padre, diciendo: La soga ha ido tras el balde.

[23] Y Yahudáh le dijo: Ciertamente tú eres un rey, y ¿por qué hablas de esas cosas que producen juicios falsos? ¡Ay del rey que es como tú!

[24] Y Yosef respondió, y dijo: No hay juicio falso en la palabra que yo hablé a causa de tu hermano Yosef, porque todos ustedes lo vendieron a los Midyanim por 20 piezas de plata, y todos ustedes lo negaron a su padre y dijeron a él: Una bestia maldita lo ha devorado, Yosef ha sido rasgado en pedazos.

[25] Y Yahudáh dijo: He aquí que el fuego de Shem quema en mi corazón, ahora yo quemaré toda tu tierra con fuego; y Yosef respondió , y dijo: Ciertamente tu nuera Tamar quien mató a tus hijos, extinguió el fuego de Shejem.

[26] Y Yahudáh dijo: Si yo arranco un solo pelo de mi carne, yo llenaré a todo Mitzrayim con su sangre.

[27] Tal es tu costumbre hacer como hiciste a tu hermano a quien tú vendiste, y tú manchaste su túnica en sangre y la llevaste a tu padre para que él dijera que una bestia maldita lo devoró y aquí está su sangre.

[28] Y cuando Yahudáh oyó esta cosa él estaba extremadamente furioso y su ira quemaba dentro de él, y había delante de él en ese lugar una piedra, el peso de la cual era de 400 shekels y la furia de Yahudáh fue rebullida y él tomó la piedra en una mano y la tiró a los cielos y la cogió con una mano.

[29] Y él la puso después debajo de sus piernas, y él se sentó sobre ella con toda su fuerza y la piedra se convirtió en polvo de la fuerza de Yahudáh.

[30] y Yosef vio el acto de Yahudáh y él estaba tremendamente atemorizado, pero él ordenó a Menasheh su hijo y él también hizo con otra piedra como el acto de Yahudáh, y Yahudáh dijo a sus hermanos: Que ningún hombre diga que este hombre es Mitzrayimi, pero por hacer esta cosa, él es de la familia de nuestro padre.

[31] Y Yosef dijo: No es a ti solamente la fuerza es dada, porque nosotros también somos hombres poderosos, y ¿por qué te jactas sobre todos nosotros? Y Yahudáh dijo a Yosef: Envía, pues, por nuestro hermano y no arruines tu país este día.

[32] Y Yosef respondió y les dijo a ellos: Vayan y digan a su padre que una bestia maldita lo ha devorado como ustedes dijeron referente a su hermano Yosef.

[33] Y Yahudáh habló a su hermano Naftali y le dijo a él: Ve y numera todas las calles de Mitzrayim y ven y dime; y Shimeon le dijo a él: No dejes que esta cosa te moleste, yo iré a la montaña y tomaré una piedra grande de la montaña y allanaré a todos en Mitzrayim y mataré a todos los que están en ella.

[34] Y Yosef oyó todas esas palabras que sus hermanos hablaron delante de él, y ellos no sabían que Yosef los entendía, porque ellos imaginaron que él no hablaba Hebreo.

[35] Y Yosef estaba grandemente atemorizado a las palabras de sus hermanos no fuera que destruyeran a Mitzrayim, y él ordenó a Menasheh, diciendo: Ve rápidamente y reúne a todos los habitantes de Mitzrayim, y todos los hombres valientes juntos, y que ellos vengan a mí sobre caballos y a pie con todo tipo de instrumentos musicales, y Menasheh fue y lo hizo.

[36] Y Naftali fue como Yahudáh le había ordenado, porque Naftali era ligero de pies como uno de los venados veloces, y él podía ir sobre las espigas de grano y ellas no se quebraban bajo él.

[37] Y él fue y numeró todas las calles de Mitzrayim, y encontró que eran 12, y él vino rápidamente y se lo dijo a Yahudáh, y Yahudáh dijo a sus hermanos: Apresúrense y todo hombre ponga su espada a sus lomos y vendremos sobre Mitzrayim, y los golpearemos a todos, y no dejaremos que un remanente quede.

[38] Y Yahudáh dijo: He aquí que yo destruiré tres calles con mi fuerza, y ustedes destruirán una calle, y cuando Yahudáh estaba hablando esta cosa, los habitantes de Mitzrayim y todos los hombres poderosos vinieron hacia ellos con todo tipo de instrumentos musicales, y con alta gritería.

[39] Y el número de ellos era 500 de caballería, 10,000 de infantería, y 400 hombres que podían pelear sin espada o lanza, y sólo con sus manos y fuerza.

[40] Y todos los hombres poderosos vinieron con gran asalto y gritería, y todos ellos rodearon a los hijos de Ya'akov y los aterrorizaron, y la tierra tembló al sonido de su gritería.

[41] Y cuando los hijos de Ya'akov vieron todas esas tropas ellos estaban grandemente atemorizados por sus vidas, y Yosef lo hizo para aterrorizar a los hijos de Ya'akov para que se tranquilizaran.

[42] Y Yahudáh les dijo a ellos: ¿Por qué están aterrorizados cuando la misericordia de YAHWEH está con nosotros? Y cuando Yahudáh vio a toda la gente de Mitzrayim rodeándolos a la orden de Yosef para aterrorizarlos, sólo Yosef les ordenó, diciendo: No toquen a ninguno de ellos.

[43] Y Yahudáh se apresuró y desenfundó su espada, y pronunció un fuerte y amargo grito, y él golpeó con su espada y saltó sobre la tierra y aún continuaba gritando a la gente.

[44] Y cuando él hizo esto YAHWEH causó terror de Yahudáh y sus hermanos sobre los hombres valientes y toda la gente que los rodeaba.

[45] Y todos ellos huyeron al sonido de la gritería, y estaban aterrorizados y cayeron uno sobre otro, y muchos de ellos murieron según cayeron, y ellos huyeron de delante de Yahudáh y sus hermanos y de delante de Yosef.

[46] Y cuando ellos estaban huyendo Yahudáh y sus hermanos los persiguieron hasta la casa de Faraón, y ellos escaparon, y Yahudáh de nuevo se sentó delante de Yosef y rugió a él como un león, y dio un gran y tremendo aullido a él.

[47] Y el aullido fue oído a la distancia, y todos los habitantes de Sukkot lo oyeron, y todo Mitzrayim tembló al sonido del aullido, y también los muros de Mitzrayim y los de la tierra de Goshen cayeron del temblor de la tierra, y Faraón también cayó de su trono a la tierra, y también todas las mujeres preñadas de Mitzrayim y Goshen abortaron cuando oyeron el ruido del temblor porque estaban tremendamente atemorizadas. [Esto es para ser entendido espiritualmente],

[48] Y Faraón envió palabra diciendo: ¿Qué es esta cosa que ha sucedido hoy en la tierra de Mitzrayim? Y ellos vinieron y le dijeron todas las cosas de principio a fin, y Faraón estaba alarmado y pensativo y estaba grandemente atemorizado.

[49] Y su miedo aumentó cuando él oyó todas esas cosas, y él envió a Yosef, diciendo. ¿Has traído a mí Hebreos para destruir la tierra de Mitzrayim; qué harás con ese esclavo ladrón? Envíalo fuera y que se vaya con sus hermanos, y no perezcamos por su mal, aun nosotros, tú y todo Mitzrayim.

[50] Y si tú no deseas hacer estas cosas quita de ti todas mis cosas valiosas y vete con ellos a su tierra, si te deleitas en ellos, porque ellos este día destruirán toda la tierra y matarán a toda mi gente; aun todas las mujeres de Mitzrayim han abortado por sus gritos; mira lo que ellos han hecho meramente por sus gritos y su hablar, además, ellos pelean con la espada, y ellos destruirán la tierra; por lo tanto escoge lo que desees, o yo o los Hebreos, o Mitzrayim o la tierra de los Hebreos.

[51] Y ellos vinieron y le dijeron a Yosef todas las palabras de Faraón que él había dicho referente a él, y Yosef estaba grandemente atemorizado a las palabras de Faraón y Yahudáh y sus hermanos aún estaban parados delante de Yosef indignados y enfurecidos, y todos los hijos de Ya'akov rugieron a Yosef, como el bramido del mar y sus olas.

[52] Y Yosef estaba grandemente atemorizado por sus hermanos a causa de Faraón, y Yosef buscó un pretexto para hacerse conocido a sus hermanos, no fuera que destruyeran a todo Mitzrayim.

[53] Y Yosef ordenó a su hijo Menasheh y Menasheh fue y se acercó a Yahudáh, y puso su mano sobre su hombro, y la furia de Yahudáh fue calmada.

[54] Y Yahudáh dijo a sus hermanos: Que ni uno de ustedes diga que esto es un acto de un joven Mitzrayimi porque esto es la obra de la casa de mi padre.

[55] Y Yosef viendo y sabiendo que la furia de Yahudáh estaba calmada, él se acercó a hablar con Yahudáh en el idioma de la suavidad.

[56] Y Yosef dijo a Yahudáh: Ciertamente tú hablas verdad y este día has confirmado tu aseveración referente a tu fortaleza, y que tu Elohim quien se deleita en ti, aumente tu bienestar, pero dime sinceramente de entre todos tus hermanos, ¿peleas tú conmigo por causa del muchacho, puesto que ninguno de ellos me ha hablado ni una palabra referente a él?

[57] Y Yahudáh respondió a Yosef: Ciertamente tú debes saber que yo soy la seguridad del muchacho para su padre; y si yo no lo trajera a él, yo cargaré con la culpa para siempre.

[58] Por lo tanto yo me he acercado a ti de entre mis hermanos, porque yo vi que tú no estabas dispuesto a dejarlo ir de ti, y ahora, por lo tanto, que yo encuentre misericordia a tu vista que tú lo envíes para que vaya con nosotros, y he aquí yo permaneceré como sustituto de él, para servirte en lo que tú desees, porque lo que sea que me ordenes, yo iré a servirte con gran energía.

[59] Envíame ahora a un rey poderoso que se haya rebelado contra ti, y tú sabrás lo que yo haré a toda su tierra, a pesar que él tenga caballería y infantería o un pueblo poderoso en extremo , yo los mataré a todos y te traeré la cabeza del rey delante de ti.

[60] ¿No sabes tú, o no has oído que nuestro padre Abraham con su sirviente Eliezer golpeó a todos los reyes de Elam con sus ejércitos en una noche, ellos no dejaron que uno quedara? Y desde ese día la fuerza de nuestro padre fue dada a nosotros por herencia, para nosotros y nuestra zera para siempre.

[61] Y Yosef respondió y dijo: Tú hablas verdad, porque la falsedad no está en tu boca, y también fue dicho a nosotros que los Hebreos tienen poder y que YAHWEH su Elohim se deleita mucho en ellos, y ¿quién puede entonces soportar delante de ellos?

[62] No obstante, con esta condición yo enviaré a tu hermano, si tu traes delante de mí a su hermano el hijo de su madre, de quien tú dices que se había ido de ustedes y descendió a Mitzrayim; y vendrá a suceder que cuando me traigas a su hermano, yo lo tomaré a él en lugar de este, porque ni uno de ustedes fue de garantía para tu padre, y cuando él venga a mí, yo enviaré contigo a tu hermano por quien tú eres la garantía.

[63] Y la furia de Yahudáh fue rebullida contra Yosef cuando él habló esta cosa, y sus ojos destilaron sangre de la ira, y él dijo a sus hermanos: ¡Cómo este hombre este día busca su propia destrucción y la de todo Mitzrayim!

[64] Y Shimeon respondió a Yosef, diciendo: ¿No te dijimos al principio que nosotros no sabemos el lugar particular al cual él fue, o si él está vivo o muerto, así que por cuál razón mi señor habla de esa forma de esas cosas?

[65] Y Yosef observando el semblante de Yahudáh discernió que su ira comenzó a encenderse cuando él le habló , diciendo: Tráiganme su otro hermano a cambio de este hermano.

[66] Y Yosef dijo a sus hermanos: En verdad ustedes dijeron que su hermano estaba muerto o perdido, ahora si yo lo llamara este día y él viniera delante de ustedes, ¿me lo darían a mí a cambio de su hermano?

[67] Y Yosef comenzó a hablar y a llamar, Yosef, Yosef, ven este día delante de mí, y aparece a tus hermanos y siéntate con ellos; ellos miraron cada uno en diferente dirección para ver de dónde Yosef vendría delante de ellos.

[69] Y Yosef observó todo sus actos, y dijo a ellos: ¿Por qué miran aquí y allá? Yo soy Yosef a quien ustedes vendieron a Mitzrayim, ahora por lo tanto, que no los entristezca que me vendieran, porque como sostén durante la hambruna el Todopoderoso me envió delante de ustedes .

[70] Y sus hermanos estaban aterrorizados de él cuando oyeron las palabras de Yosef, y Yahudáh estaba extremadamente aterrorizados de él.

[71] Y cuando Binyamin oyó las palabras de Yosef, él estaba delante de ellos en la parte interna de la casa, y Binyamin corrió hacia Yosef su hermano, y lo abrazó y cayó sobre su cuello, y ellos lloraron.

[72] Y cuando los hermanos de Yosef vieron que Binyamin había caído sobre el cuello de su hermano y estaban llorando, ellos también cayeron sobre Yosef y lo abrazaron, y ellos lloraron un gran lloro con Yosef.

[73] Y la voz fue oída en la casa de Yosef que ellos eran los hermanos de Yosef, y le complació a Faraón en extremo, porque él tenía miedo de ellos no fuera que destruyeran la tierra de Mitzrayim.

[74] Y Faraón envió a sus sirvientes a Yosef para felicitarlo referente a sus hermanos que habían venido a él, y todos los capitanes de los ejércitos y las tropas que estaban en Mitzrayim vinieron a regocijarse con Yosef, y todo Mitzrayim se regocijó grandemente acerca de los hermanos de Yosef.

[75] Y Faraón envió a sus sirvientes a Yosef, diciendo: Dile a tus hermanos que vayan a buscar todo lo perteneciente a ellos y que vengan a mí, y yo los pondré en la mejor parte de la tierra de Mitzrayim, y ellos lo hicieron.

[76] Y Yosef ordenó a aquel que estaba sobre su casa a que trajera a sus hermanos regalos y atuendos, y él les trajo muchos atuendos, siendo túnicas de realeza y muchos regalos, y Yosef los dividió entre sus hermanos.

[77] Y él dio a cada uno de sus hermanos una muda de atuendos de oro y plata, y 300 piezas de plata, y Yosef les ordenó a todos a vestirse con esos atuendos , y a ser traídos delante de Faraón.

[78] Y Faraón, viendo que todos los hermanos de Yosef eran hombres valientes, y de bella apariencia, él grandemente se regocijó.

[79] Y ellos después salieron de la presencia de Faraón para ir a la tierra de Canaán a su padre, y su hermano Binyamin estaba con ellos.

[80] Y Yosef se levantó y les dio 11 carruajes de Faraón, y Yosef les dio su carruaje, sobre el cual montó en el día que fue coronado en Mitzrayim, para ir a buscar a su padre para traerlo a Mitzrayim, y Yosef envió para todos los hijos de sus hermanos, atuendos de acuerdo a sus números, y cien piezas de plata para cada uno de ellos, y él también envió atuendos para las esposas de sus hermanos de las esposas de l rey, y él los despidió.

[81] Y él dio a cada uno de sus hermanos diez hombres para que fueran con ellos a la tierra de Canaán para que los sirvieran, para servir a sus hijos y a todo lo perteneciente a ellos cuando vinieran a Mitzrayim.

[82] Y Yosef envió por la mano de su hermano Binyamin diez trajes de atuendos plata para sus diez hijos, una porción por encima del resto de los hijos de de los hijos de Ya'akov.

[83] Y él envió a cada uno 50 piezas de plata, diez carruajes de la cuenta de Faraón, y él envió a su padre diez asnos cargados con los lujos de Mitzrayim, y diez asnas cargadas con grano y pan y alimentos para su padre , y a todos los que estaban con él como provisiones para el camino.

[84] Y él envió a su hermana Dinah atuendos de oro y plata, e incienso y mirra, y áloes y ornamentos de mujer en abundancia, y él mandó lo mismo de las esposas de Faraón a las esposas de Binyamin.

[85] Y él dio a todos sus hermanos, y también para sus esposas, ónices y todo tipo de resinas aromáticas, de todas las cosas valiosas entre las grandes personalidades de Mitzrayim, nada de las cosas valiosas quedó sino que lo que Yosef envió a la casa de su padre.

[86] Y él despidió a sus hermanos, y ellos se fueron, y él envió a su hermano Binyamin con ellos.

[87] Y Yosef fue con ellos en el camino para acompañarlos hasta el borde de Mitzrayim, y él les ordenó a ellos referente a su padre y su casa en venir a Mitzrayim.

[88] Y él les dijo a ellos: No peleen en el camino, porque esta cosa era de YAHWEH para mantener a Su gran pueblo lejos de la hambruna, porque aún quedaban cinco años de hambruna en la tierra.

[89] Y él les ordenó diciendo: Cuando ustedes vengan a la tierra de Canaán, no lleguen de repente sobre nuestro padre sobre este asunto, sino actúen es su sabiduría.

[90] Y Yosef cesó de ordenarlos y se volvió y fue de regreso a Mitzrayim, y los hijos de Ya'akov fueron a la tierra de Canaán con alegría y regocijo a su padre Ya'akov.

[91] Y cuando ellos llegaron al borde de la tierra, y ellos se dijeron uno al otro: ¿Qué haremos con este asunto delante de nuestro padre, porque si venimos de repente a él y le decimos el asunto, él estará grandemente alarmando con nuestras palabras y no nos creerá.

[92] Y ellos siguieron hasta que llegaron cerca de sus casas, y ellos encontraron a Seraj, la hija de Asher, saliendo para recibirlos, y la doncella era muy buena y sutil, y sabía como tocar el arpa.

[93] Y ellos la llamaron y ella vino a ellos, y ella los besó y ellos la tomaron y le dieron un arpa, diciendo: Ve delante de nuestro padre, y siéntate delante de él, y toca el arpa y habla estas palabras.

[94] Y ellos le ordenaron a ella a ira a la casa y ella tomó el arpa y se apresuró delante de ellos, y ella vino y se sentó cerca de Ya'akov.

[95] Y ella tocó bien y cantó, y pronunció la dulzura de sus palabras: Yosef mi tío está vivo, y él reina por toda la tierra de Mitzrayim, y no está muerto.

[96] Y ella continuó repitiendo y pronunciando eses palabras, y Ya'akov oyó sus palabras y eran agradables para él.

[97] El escuchó mientras ella repetía las palabras dos veces y tres veces, y alegría entró en el corazón de Ya'akov a la dulzura de sus palabras , y el Ruaj del Todopoderoso estaba sobre él, y él supo que todas sus palabras eran verdad.

[98] Y Ya'akov bendijo a Seraj cuando ella habló esas palabras delante de él, y él dijo: Mi hija, que la muerte nunca prevalezca sobre ti, porque tú has recibido mi ruaj sólo aun habla delante de mí como has hablado porque tú me has llenado de alegría con todas tus palabras.

[99] Y ella continuó cantando estas palabras, y Ya'akov escuchó, y le complació, y el Ruaj del Todopoderoso estaba sobre él.

[100] Y cuando él aún estaba hablando con ella, he aquí que sus hijos vinieron a él con caballos y carruajes, y atuendos reales, y sirvientes corriendo delante de ellos.

[101] Y Ya'akov se levantó para recibirlos, y vio a sus hijos vestidos en atuendos reales, y vio todos los tesoros que Yosef había enviado a ellos.

[102] Estás informado que nuestro hermano Yosef está vivo, y es él quien reina en toda la tierra de Mitzrayim, y es él quien habló a nosotros como nosotros te dijimos.

[103] Y Ya'akov oyó todas estas palabras de sus hijos, y su corazón palpitó con sus palabras, porque él no las podía creer hasta que él vio todo lo que Yosef les había dado y lo que le había enviado a él, y todas las señales que Yosef había hablado a ellos.

[104] Y ellos se abrieron delante de él, y le mostraron todo lo que Yosef había enviado, y ellos dieron a cada uno lo que Yosef les había enviado, y él supo que ellos hablaban verdad, y él se regocijo en extremo a causa de su hijo.

[105] Y Ya'akov dijo: Es suficiente para mí que Yosef esté aún vivo, yo iré y lo veré antes de que muera.

[106] Y sus hijos le contaron todo lo que había caído sobre ellos, y Ya'akov dijo: Yo descenderé a Mitzrayim y veré a mi hijo y a sus hijos.

[107] Y Ya'akov se levantó y se puso los atuendos que Yosef le había enviado, y después que él se lavó, y afeitó su pelo, él puso sobre su cabeza el turbante que Yosef le había enviado.

[108] Y toda la gente de la casa de Ya'akov y sus esposas se pusieron los atuendos que Yosef les había enviado, y ellos grandemente se regocijaron que Yosef estaba vivo y que él estaba reinando sobre Mitzrayim.

[109] Y todos los habitantes de Canaán oyeron de esta cosa, y ellos vinieron y se regocijaron mucho con Ya'akov porque él aún estaba vivo.

[110] Y Ya'akov hizo una fiesta para ellos por tres días, y todos los reyes de Canaán y nobles de la tierra comieron y bebieron en la casa de Ya'akov.

55 – Los Israelitas se Asientan en Egipto

[1] Y vino a suceder después de esto que Ya'akov dijo: Yo iré a ver a mi hijo a Mitzrayim y después regresaré a la tierra de Canaán de la cual el Todopoderoso ha hablado a Abraham, porque yo no puedo dejar la tierra de mi nacimiento.

[2] He aquí que la palabra de YAHWEH vino a él, diciendo: Desciende a Mitzrayim con toda tu casa y permanece allí, no temas en descender a Mitzrayim porque es allí que Yo te haré una gran nación.

[3] Y Ya'akov dijo dentro de él: Yo iré a ver a mi hijo para ver si el temor a nuestro Elohim aún está en su corazón entre todos los habitantes de Mitzrayim.

[4] Y YAHWEH dijo a Ya'akov: No temas acerca de Yosef porque él retiene su integridad para servirme, como será bueno a tu vista, y Ya'akov se regocijó en extremo por causa de su hijo.

[5] En este tiempo Ya'akov ordenó a sus hijos y su casa a descender a Mitzrayim de acuerdo a la palabra de YAHWEH a él, y Ya'akov se levantó con sus hijos y toda su casa, y salió de la tierra de Canaán de Beer-Sheva, con alegría y regocija de corazón, y ellos fueron a la tierra de Mitzrayim.

[6] Y vino a suceder que cuando estaban cerca de Mitzrayim, Ya'akov envió a Yahudáh delante de él a Yosef para que él les mostrara un lugar en Mitzrayim, y Yahudáh hizo de acuerdo a la palabra de su padre, y él se apresuró y vino a Yosef, y ellos les asignaron un lugar en la tierra de Goshen para toda su casa, y Yahudáh regresó por el camino a su padre.

[7] Y Yosef le puso los arreos a su carruaje, y él reunió a todos sus hombres poderosos y a sus sirvientes y a todos los oficiales de Mitzrayim para que fueran a conocer a su padre Ya'akov, y el mandato de Yosef fue proclamado, diciendo: Todos los que no vayan a recibir a Ya'akov, morirán.

[8] Y al día siguiente Yosef salió con todo Mitzrayim, una gran y poderosa horda, todos vestidos en atuendos de lino fino y púrpura y con instrumentos de plata y oro y con sus instrumentos de guerra con ellos.

[9] Y todos ellos fueron a recibir a Ya'akov con instrumentos musicales, con tambores y tirmbrelim, regando mirra y áloes por todo el camino, y todos fueron de esta forma, y la tierra tembló con sus gritos.

[10] Y todas las mujeres de Mitzrayim subieron a las azoteas de Mitzrayim y sobre los muros para conocer a Ya'akov, y sobre la cabeza de Yosef estaba la corona real de Faraón, porque Faraón la había enviado a él para que se la pusiera en el momento de ir a recibir a su padre.

[11] Y cuando Yosef llegó a 50 codos de su padre, él se bajó del carruaje y caminó hacia su padre, y cuando todos los oficiales de Mitzrayim vieron que Yosef estaba caminando hacia su padre, ellos también se bajaron y caminaron hacia Ya'akov.

[12] Y cuando Ya'akov se acercó al campamento de Yosef, Ya'akov observó que el campamento venía hacia él con Yosef, y lo complació a él y Ya'akov estaba estupefacto con lo que vio.

[13] Y Ya'akov dijo a Yahudáh: ¿Quién es ese hombre a quien veo en el campamento de Mitzrayim vestido de túnicas reales con un atuendo muy rojo sobre él y una corona real sobre su cabeza, que

se ha bajado de su carruaje y viene hacia nosotros? Y Yahudáh le respondió a su padre: El es tu hijo Yosef el rey; y Ya'akov se regocijó al ver la gloria de su hijo.

[14] Y Yosef vino cerca de su padre y se inclinó a su padre, y todos los hombres del campamento se inclinaron a tierra delante de Ya'akov.

[15] Y he aquí que Ya'akov corrió hacia su hijo Yosef y cayó sobre su cuello y lo besó, y ellos lloraron, y Yosef también abrazó a su padre y lo besó, y ellos lloraron y toda la gente de Mitzrayim lloró con ellos.

[16] Y Ya'akov dijo a Yosef: Ahora moriré feliz después que he visto tu rostro, y tú aún vives y con gloria.

[17] Y los hijos de Ya'akov y sus esposas y sus hijos y sus sirvientes, y toda la casa de Ya'akov lloraron en extremo con Yosef, y ellos lo besaron y lloraron abundantemente con él.

[18] Y Yosef y su gente regresaron después a casa a Mitzrayim, y Ya'akov y sus hijos y todos los hijos de su casa vinieron con Yosef a Mitzrayim, y Yosef los puso en la mejor parte de Mitzrayim, en la tierra de Goshen.

[19] Y Yosef dijo a su padre y a sus hermanos: Yo iré y le diré a Faraón, diciendo: Mis hermanos y la casa de mi padre y todo lo que les pertenece han venido a mí, y he aquí que ellos están en la tierra de Goshen.

[20] Y Yosef lo hizo así y tomó de sus hermanos a Reuven, Yissajar, Zevulun y su hermano Binyamin, y él los puso delante de Faraón.

[21] Y Yosef habló a Faraón, diciendo: Mis hermanos y la casa de mi padre y todo lo que les pertenece a ellos, junto con sus ovejas y reses han venido a mí desde la tierra de Canaán, para quedarse en Mitzrayim, porque la hambruna era dura sobre ellos.

[22] Y Faraón dijo a Yosef: Pon a tu padre y a tus hermanos en la mejor parte de la tierra, y que ellos coman de la grosura de la tierra.

[23] Y Yosef respondió, diciendo: He aquí que yo los he puesto en la tierra de Goshen, porque ellos son pastores, por lo tanto, permite que permanezcan en Goshen para alimentar sus rebaños aparte de los Mitzrayimim.

[24] Y Faraón dijo a Yosef: Haz con tus hermanos todo lo que ellos te digan a ti; y los hijos de Ya'akov se inclinaron delante de Faraón, y ellos salieron de él en Shalom, y después Yosef trajo a su padre delante de Faraón.

[25] Y Ya'akov vino y se inclinó delante de Faraón, y Ya'akov bendijo a Faraón, y él salió, y Ya'akov y sus hijos y toda su casa vivieron en la tierra de Goshen.

[26] En el segundo año, esto es, en el año 130 de la vida de Ya'akov, Yosef sostuvo a su padre y sus hermanos, y a toda la casa de su padre con pan de acuerdo a sus pequeños, todos los días de la hambruna y a ellos no les faltó nada.

[27] Y Yosef les dio a ellos la mejor parte de toda la tierra de Mitzrayim; lo mejor de Mitzrayim todos los días de Yosef; y Yosef y también les dio y a toda la casa de su padre atuendos año tras año; y los hijos de Ya'akov permanecieron seguros todos los días de Yosef.

[28] Y Ya'akov siempre comía en la mesa de Yosef, Ya'akov y sus hijos no dejaban la mesa de Yosef ni de día ni de noche, aparte de lo que los niños de Ya'akov consumían en sus casas.

[29] Y todo Mitzrayim comió pan todos los días de la hambruna de la casa de Yosef, y todos los Mitzrayimim vendieron todo lo que les pertenecía a ellos por causa de la hambruna.

[30] Y Yosef compró todas las tierras y campos de Mitzrayim por pan en la cuenta de Faraón, y Yosef suplía a todo Mitzrayim con pan todos los días de la hambruna, y Yosef reunió toda la plata y oro que venía a él por el grano que ellos compraron por toda la tierra, y él acumuló mucho oro y plata, aparte de una inmensa cantidad de piedras de ónice y piedras preciosas y atuendos valiosos que ellos traían a Yosef de todas las partes de la tierra cuando ya su dinero se había agotado .

[31] Y Yosef tomó todo el oro y plata que vino a sus manos, alrededor de 72 talentos de oro y plata, y también piedras de ónice y piedras preciosas en abundancia, y Yosef fue y los escondió en cuatro partes, y él escondió una parte en el desierto cerca del Mar Rojo, y una parte cerca del río Perat, y la tercera y cuartas partes él las escondió en el desierto opuesto al desierto de Media y Persia.

[32] Y él tomó parte del oro y la plata que quedó y la dio a todos sus hermanos y a la casa de su padre, y a todas las mujeres de la casa de su padre, y el resto él trajo a la casa de Faraón, 20 talentos de oro y plata.

[33] Y Yosef dio todo el oro y la plata que quedó a Faraón y Faraón lo puso en el tesoro, y los días de la hambruna cesaron después de eso en la tierra, y ellos sembraron y cosecharon en toda la tierra, y obtuvieron su cantidad usual año tras año ; no les faltaba nada.

[34] Y Yosef vivió con seguridad en Mitzrayim, y toda la tierra estaba bajo su consejo, y su padre y sus hermanos vivían en la tierra de Goshen y tomaron posesión de ella.

[35] Y Ya'akov estaba muy envejecido, avanzado en días y sus dos hijos, Efrayim y Menasheh permanecieron constantemente en la casa de Ya'akov, junto con los hijos de los hijos de Ya'akov, sus hermanos, para aprender los caminos de YAHWEH y Su Toráh.

[36] Y Ya'akov y sus hijos vivieron en la tierra de Mitzrayim en la tierra de Goshen, y ellos toma ron posesión de ella, y ellos fueron fructíferos y se multiplicaron.

56 - La Muerte de Ya'akov

(Génesis 49:29-33; 50:1-14)

[1] Y Ya'akov vivió en la tierra de Mitzrayim 17 años, y los días de Ya'akov, los días de su vida fueron 147 años.

[2] En ese tiempo Ya'akov fue atacado con esa enfermedad de la cual murió y él envió a llamar a su hijo Yosef de Mitzrayim, y Yosef su hijo vino de Mitzrayim y Yosef vino a su padre.

[3] Y Ya'akov dijo a Yosef y a sus hijos: He aquí que yo muero, y el Todopoderoso de sus padres los visitará, y los traerá de regreso a La Tierra, la cual YAHWEH juró darles a ustedes y a sus hijos después de ustedes, ahora, por lo tanto, cuando yo esté muerto, me sepultan en la cueva que está en Majpelah que está en Hevron en la tierra de Canaán, cerca de mis padres.

[4] Y Ya'akov hizo que sus hijos le juraran que lo sepultarían en Majpelah, en Hevron, y sus hijos le juraron referente a esta cosa.

[5] Y él les ordenó a ellos, diciendo: Sirvan a YAHWEH su Elohim, porque El que liberó a sus padres de todas las aflicciones, también los liberará a ustedes.

[6] Y Ya'akov dijo: Llamen a sus hijos hacia mí, y todos los hijos de los hijos de Ya'akov vinieron y se sentaron delante de él, y Ya'akov los bendijo, y él les dijo a ellos: YAHWEH, el Todopoderoso de sus padres les otorgará mil veces más y los bendecirá, y que El les de la bendición de su padre Abraham; y todos los hijos de los hijos de Ya'akov salieron en ese día después que él los había bendecido.

[7] Y al próximo día Ya'akov de nuevo llamó a sus hijos, y ellos se reunieron y vinieron a él y se sentaron delante de él, y Ya'akov en ese día bendijo a sus hijos antes de su muerte; cada hombre él bendijo de acuerdo a la bendición; he aquí que está escrito en el libro de la Toráh de YAHWEH con relación a Yisra'el.

[8] Y Ya'akov dijo a Yahudáh: Yo sé mi hijo que tú eres un hombre poderoso para tus hermanos, reina sobre ellos, y tus hijos reinarán sobre los hijos de ellos para siempre .

[9] Sólo enseña a tus hijos el arco y las armas de guerra, para que ellos puedan pelear las batallas de su hermano quien reinará sobre sus enemigos.

[10] Y Ya'akov de nuevo ordenó a sus hijos en ese día, diciendo: He aquí que yo seré este día reunido con mi pueblo; cárguenme fuera de Mitzrayim y me sepultan en la cueva de Majpelah como yo les he ordenado.

[11] Sin embargo, tengan cuidado por favor que ninguno de sus hijos me carguen, sólo ustedes, y esta es la manera que harán conmigo, cuando ustedes carguen mi cuerpo para ir con él a la tierra de Canaán para sepultarme.

[12] Yahudáh, Yissajar y Zevulun cargarán mi ataúd por el lado este; Reuven, Shimeon y Gad por el sur; Efrayim, Menasheh y Binyamin por el oeste; Dan, Asher y Naftali por el norte.

[13] Que Levi no cargue con ustedes, porque el y sus hijos cargarán el Arca del Pacto de YAHWEH con los Yisra'elim en el campamento, ni que Yosef me cargue porque como rey que así sea su gloria; sin embargo, Efrayim y Menasheh estarán en lugar de él.

[14] Así me harán cuando me lleven; no descuiden ninguna de las cosas que les ordeno; y vendrá a suceder que cuando ustedes me hagan esto a mí, que YAHWEH los recordará favorablemente a ustedes y sus hijos para siempre.

[15] Y ustedes mis hijos, honren cada uno a su hermano y a sus parientes, y ordenen a sus hijos y a los hijos de sus hijos después de ustedes a servir a YAHWEH, el Todopoderoso de sus padres todos los días.

[16] Para que ustedes puedan prolongar sus días en la tierra, ustedes y sus hijos y los hijos de sus hijos para siempre, cuando ustedes hagan lo que es bueno y recto a la vista de YAHWEH su Elohim, para ir por todos Sus caminos.

[17] Y tú Yosef mi hijo perdona te pido por favor los ataques de tus hermanos y todas sus malas obras en el daño que ellos amontonaron sobre ti, porque el Todopoderoso lo intencionó para ti y para el beneficio de tus hijos.

[18] Y O mi hijo no abandones a tus hermanos a los habitantes de Mitzrayim, y les dañes sus sentimientos, porque he aquí que yo los consigno a la mano del Todopoderoso y en tu mano para cuidarlos de los Mitzrayimim; y los hijos de Ya'akov respondieron a su padre diciendo: O, nuestro padre, todo lo que tú nos has ordenado, eso haremos; solamente que el Todopoderoso esté con nosotros.

[19] Y Ya'akov dijo a sus hijos: Así el Todopoderoso estará con ustedes cuando ustedes guarden todos Sus caminos; no se vuelvan de Sus caminos ni a la derecha ni a la izquierda en hacer lo que es bueno y recto a su vista.

[20] Porque yo sé que muchas y gravosas aflicciones caerán sobre ustedes en los días postreros en La Tierra, sí, sus hijos y los hijos de sus hijos, sólo sirvan a YAHWEH y El los salvará de todos los problemas.

[21] Y vendrá a suceder cuando ustedes vayan tras el Todopoderoso para servirle y enseñen a sus hijos después de ustedes, y a los hijos de sus hijos, a conocer a YAHWEH, entonces YAHWEH levantará para ustedes y sus hijos un siervo de entre sus hijos, y YAHWEH los liberará por Su Mano de toda aflicción, y los sacará fuera de Mitzrayim y los llevará a la tierra de sus padres para heredarla en seguridad.

[22] Y Ya'akov cesó de ordenar a sus hijos, y él puso los pies sobre la cama, y él murió y fue reunido con su pueblo.

[23] Y Yosef cayó sobre su padre y lloró y se lamentó sobre él y él lo besó, y él clamó en voz amarga, y dijo: ¡O mi padre, mi padre!

[24] Y las esposas de sus hijos y toda su casa vinieron y cayeron sobre Ya'akov, y ellos lloraron sobre él, y clamaron en una voz muy alta referente a Ya'akov.

[25] Y los hijos de Ya'akov se levantaron juntos y ellos se rasgaron sus vestiduras, y todos ellos pusieron saco de cilicio sobre sus lomos, y ellos cayeron sobre sus rostros, y ellos echaron polvo sobre sus cabezas hacia el cielo.

[26] Y la cosa fue dicha a Osmat la esposa de Yosef, y ella se levantó y se puso saco de cilicio y ella con todas las mujeres de Mitzrayim vinieron con ella y se enlutaron y lloraron por Ya'akov.

[27] También toda la gente de Mitzrayim que conocía a Ya'akov vinieron todos en ese día cuando ellos oyeron esta cosa, y todo Mitzrayim lloró por muchos días.

[28] Y también desde la tierra de Canaán mujeres vinieron a Mitzrayim cuando ellas oyeron que Ya'akov estaba muerto, y ellas lloraron por él en Mitzrayim por setenta días.

[29] Y vino a suceder después de esto que Yosef ordenó a sus sirvientes los doctores a embalsamar a su padre con mirra e incienso y toda forma de incienso y perfume, y los doctores embalsamaron a Ya'akov como Yosef les había ordenado.

[30] Y toda la gente de Mitzrayim y los ancianos y los habitantes de la tierra de Goshen lloraron y se lamentaron por Ya'akov, y sus hijos y los niños de su casa se lamentaron y lloraron por su padre Ya'akov por muchos días.

[31] Y después que los días de su luto habían pasado, al término de 70 días, Yosef dijo a Faraón: Yo iré y sepultaré a mi padre en la tierra de Canaán como él me hizo jurar, y entonces yo regresaré.

[32] Y Faraón envió a Yosef, diciendo: Sube y sepulta a tu padre como él ha dicho, y como él te hizo jurar; y Yosef se levantó con todos sus hermanos para ir a la tierra de Canaán para sepultar a su padre como él había ordenado.

[33] Y Faraón ordenó que haría de ser proclamado por todo Mitzrayim, diciendo: Cualquiera que no suba con Yosef y sus hermanos a la tierra de Canaán para sepultar a Ya'akov, morirá.

[34] Y todo Mitzrayim oyó acerca de la proclamación de Faraón, y ellos todos se levantaron juntos, y todos los sirvientes de Faraón, y los ancianos de su casa, y todos los ancianos de la tierra de Mitzrayim subieron con Yosef, y todos los nobles de Faraón subieron con los sirvientes de Yosef y ellos fueron a sepultar a Ya'akov en la tierra de Canaán.

[35] Y los hijos de Ya'akov cargaron el ataúd en el cual él yacía, de acuerdo a todo lo que su padre les había ordenado, así hicieron sus hijos a él.

[36] Y el ataúd era de oro puro y tenía incrustaciones todo alrededor de piedras de ónice y piedras preciosas, y la cubierta del ataúd era de trabajo de oro entretejido, unido con cuerdas, y sobre ellos había ganchos de piedra de ónice y piedras preciosas .

[37] Y Yosef puso sobre la cabeza de su padre una gran corona de oro, y él puso un cetro de oro en su mano, y ellos rodearon el ataúd como era la costumbre de reyes durante sus vidas.

[38] Y todas las tropas de Mitzrayim fueron delante de él en este despliegue, primero todos los hombres poderosos de Faraón, y los hombres poderosos de Yosef, y después de ellos el resto de los habitantes de Mitzrayim, y ellos estaban ceñidos con espadas y equipados con cotas de malla, y los símbolos de guerra estaban sobre ellos.

[39] Y todos los lamentadores y endechadotes iban a una distancia opuesta al ataúd, yendo y endechando y clamando en alta voz, y el resto de la gente iba detrás del ataúd.

[40] Y Yosef y su casa iban cerca del ataúd descalzos y llorando, y el resto de los sirvientes de Yosef iban alrededor de él; cada hombre tenía sus ornamentos sobre él, y todos ellos estaban armados con sus armas de guerra.

[41] Y 50 de los sirvientes de Ya'akov iban al frente del ataúd, y ellos regaron en el camino áloes y mirra, y todo tipo de perfume, y todas los hijos de Ya'akov que cargaban el ataúd caminaron sobre la perfumería, y los sirvientes de Yosef caminaron delante de ellos regando el perfume en el camino.

[42] Y Yosef subió con un fuerte campamento, y ellos lo hicieron de esta manera hasta que llegaron a la tierra de Canaán, y ellos legaron a la era de Atad, que estaba del otro lado del Yarden, y ellos endecharon una grande y profunda endecha en ese lugar.

[43] Y todos los reyes de Canaán oyeron de esta cosa y todos ellos salieron, cada hombre de su casa, 31 reyes de Canaán, y todos ellos vinieron con sus hombres para enlutarse y endechar sobe Ya'akov.

[44] Y todos esos reyes contemplaron el ataúd de Ya'akov, y he aquí que la corona de Yosef estaba sobre él, y ellos también pusieron sus coronas sobre el ataúd, y lo rodearon con coronas.

[45] Y todos esos reyes en ese lugar hicieron una gran y profunda endecha con los hijos de Ya'akov y Mitzrayim sobre Ya'akov, porque todos los reyes de Canaán conocían el valor de Ya'akov y sus hijos.

[46] Y el reporte llegó a Esaú, diciendo: Ya'akov murió en Mitzrayim y sus hijos y todo Mitzrayim lo están trayendo a Canaán para sepultarlo.

[47] Y Esaú oyó esta cosa y él estaba viviendo en la montaña de Seir, y él se levantó cono sus hijos y su gente y toda su casa, un pueblo extremadamente grande, y ellos vinieron a enlutarse y endechar sobre Ya'akov.

[48] Y vino a suceder que cuando Esaú vino él se enlutó sobre su hermano Ya'akov, y todo Mitzrayim y todo Canaán de nuevo se levantaron y endecharon una gran endecha con Esaú sobre Ya'akov en ese lugar.

[49] Y Yosef y sus hermanos trajeron a su padre Ya'akov de ese lugar, y ellos fueron a Hevron a sepultar a su padre en la cueva de sus padres.

[50] Y ellos vinieron a Kiryat-Arva, a la cueva, mientras venían Esaú se paró con sus hijos contra Yosef y sus hermanos como obstáculo en la cueva, diciendo: Ya'akov no será sepultado en ella, porque pertenece a nosotros y a nuestro padre.

[51] Y Yosef y sus hermanos oyeron las palabras de los hijos de Esaú, y ellos estaban extremadamente furiosos, y Yosef se acercó a Esaú, diciendo: ¿Qué es esta cosa que tú has hablado? Ciertamente mi padre Ya'akov la compró de ti por grandes riquezas después de la muerte de Yitzjak, ahora hace 5 y 20 años, y también toda la tierra de Canaán él compró de ti y de tus hijos y de tu zera después de ti.

[52] Y Ya'akov la compró para sus hijos y la zera de sus hijos después de él para herencia eterna, y ¿por qué hablas tú esas cosas este día?

[53] Y Esaú respondió, diciendo: Tú hablas falsedades y pronuncias mentiras, porque yo no vendí nada perteneciente a mí en toda esta tierra, como tú dices, ni mi hermano Ya'akov compró nada de mí en esta tierra.

[54] Y Esaú habló de esa forma para engañar a Yosef con sus palabras, porque Esaú sabía que Yosef no estaba presente en esos días cuando Esaú vendió todo lo perteneciente a él en la tierra de Canaán a Ya'akov.

[55] Y Yosef dijo a Esaú: Ciertamente mi padre insertó todas esas cosas contigo en el registro de compra, y testificó el registro con testigos, y he aquí que está con nosotros en Mitzrayim.

[56] Y Esaú respondió, diciendo a él: Trae el registro y todo lo que encuentres en el registro, así haremos.

[57] Y Yosef llamó a Naftali su hermano, y él le dijo: Apresúrate no te quedes, y corre te pido por favor a Mitzrayim y trae todos los registros; el registro de la compra, el registro sellado y el registro abierto, y también todos los primeros registros donde las transacciones de la primogenitura están escritas, ve y búscalas.

[58] Y tú los traerás a nosotros aquí, para que sepamos de ellos todas las palabras de Esaú y sus hijos que han hablado este día.

[59] Y Naftali escuchó a la voz de Yosef y él se apresuró para correr a descender a Mitzrayim, y Naftali era más ligero a pie que todos los venados que estaban en el desierto, porque el iba sobre espigas de grano sin aplastarlas.

[60] Y cuando Esaú vio que Naftali fue a buscar los registros, él y sus hijos incrementaron su resistencia en la cueva, y Esaú y toda su gente se levantaron contra Yosef y sus hermanos para la batalla.

[61] Y todos los hijos de Ya'akov y la gente de Mitzrayim pelearon contra Esaú y sus hombres ese día, y los hijos de Esaú y su gente fueron golpeados delante de los hijos de Ya'akov, y los hijos de Ya'akov mataron a 40 de los hombres de Esaú.

[62] Y Hushim el hijo de Dan, el hijo de Ya'akov, estaba en ese momento con los hijos de Ya'akov, pero él estaba a una distancia de 100 codos de los hijos del lugar de la batalla, porque él permaneció con los hijos de los hijos de Ya'akov junto al ataúd de Ya'akov para cuidarlo.

[63] Y Hushim era sordomudo, aun él entendió la voz de consternación entre los hombres.

[64] Y él preguntó y dijo: ¿Por qué ustedes no sepultan al muerto, y qué es esta gran consternación? Y ellos le respondieron las palabras de Esaú y sus hijos; y él corrió hacia Esaú en el medio de la batalla, y él mató a Esaú con la espada y le cortó la cabeza, y saltó a la distancia, y Esaú cayó entre la gente de la batalla.

[65] Y cuando Hushim hizo esta cosa los hijos de Ya'akov prevalecieron sobre los hijos de Esaú, y los hijos de Ya'akov sepultaron a su padre Ya'akov a la fuerza en la cueva, y los hijos de Esaú lo contemplaron.

[66] Y Ya'akov fue sepultado en Hevron, en la cueva de Majpelah, la cual Abraham había comprado de los hijos de Het para posesión de lugar de sepultura, y él fue sepultado en atuendos muy costosos.

[67] Y ningún rey recibió tales honores como Yosef dio a su padre en su muerte, porque él lo sepultó con grande honor como el entierro de reyes.

[68] Y Yosef y sus hermanos hicieron un luto de siete días por su padre.

57 - Zefó Hace la Guerra

[1] Y fue después de esto que los hijos de Esaú hicieron la guerra contra los hijos de Ya'akov, y los hijos de Esaú pelearon contra los hijos de Ya'akov en Hevron, y Esaú aún estaba tendido muerto, sin enterrar.

[2] Y la batalla fue dura entre ellos, y los hijos de Esaú fueron golpeados delante de los hijos de Ya'akov, y los hijos de Ya'akov mataron de los hijos de Esaú a 80 hombres y ni uno murió entre los hombres de los hijos de Ya'akov, y la mano de Yosef prevaleció sobre toda la gente de los hijos de Esaú, y él tomo a Zefo el hijo de Elifaz, el hijo de Esaú, y 50 de sus hombres cautivos, y los ató con cadenas de hierro y los dio a las manos de sus sirvientes para traer a Mitzrayim.

[3] Y vino a suceder que cuando los hijos de Ya'akov habían tomado a Zefo y toda esa gente cautiva, y ellos todos huyeron con Elifaz el hijo de Esaú y su gente, con el cuerpo de Esaú, y ellos fueron por el camino hacia la montaña de Seir.

[4] Y ellos vinieron a la montaña de Seir y sepultaron a Esaú en la montaña de Seir, pero ellos no habían traído su cabeza a Seir, porque fue enterrada en ese lugar donde la batalla había sido en Hevron.

[5] Y vino a suceder cuando los hijos de Esaú habían huido de los hijos de Ya'akov, los hijos de Ya'akov los persiguieron hasta los bordes de Seir, pero ellos no mataron ni a un hombre cuando los estaban persiguiendo, porque el cuerpo de Esaú el cual ellos llevaban con ellos excitó su confusión, así que ellos huyeron y los hijos de Ya'akov se volvieron de ellos y vinieron al lugar donde sus hermanos estaban en Hevron, y ellos permanecieron allí ese día y al próximo día ellos descansaron de la batalla.

[6] Y vino a suceder que los hijos de Esaú reunieron a los hijos de Seir el Hori, y ellos reunieron a todos los hijos del este, una multitud de gente como la arena del mar, y ellos salieron y descendieron a Mitzrayim para pelear con Yosef y sus hermanos para liberar a sus hermanos.

[7] Y Yosef y todos los hijos de Ya'akov oyeron que los hijos de Esaú y los hijos del este habían venido sobre ellos para batalla para poder liberar a sus hermanos.

[8] Y Yosef y sus hermanos y los hombres fuertes de Mitzrayim salieron y pelearon en la ciudad de Raameses, y Yosef y sus hermanos dieron un tremendo golpe a los hijos de Esaú y los hijos del este.

[9] Y ellos mataron a 600,000 hombres, y ellos mataron entre ellos a todos los hombres poderosos de los hijos de Seir el Hori ; y había sólo unos pocos de ellos que quedaron, y ellos mataron también a un gran número de los hijos del este y huyeron delante de Yosef y sus hermanos.

[10] Y Yosef y sus hermanos los persiguieron hasta que llegaron a Sukkot, y aun mataron de sus hombres a 30 en Sukkot, y el resto escapó y cada uno huyó a su ciudad.

[11] Y Yosef y sus hermanos y los hombres poderosos de Mitzrayim se volvieron de ellos con alegría y felicidad de corazón, porque ellos habían golpeado a sus enemigos.

[12] Y Zefo el hijo de Elifaz y sus hombres aún eran esclavos en Mitzrayim de los hijos de Ya'akov y sus dolores aumentaron.

[13] Y cuando los hijos de Esaú y los hijos de Seir regresaron a su tierra, los hijos de Seir vieron que ellos todos habían caído en las manos de los hijos de Ya'akov, y la gente de Mitzrayim, por culpa de la batalla de los hijos de Esaú.

[14] Y los hijos de Seir dijeron a los hijos de Esaú: Ustedes han visto y por lo tanto ustedes conocen que este campamento fue por causa de ustedes, y ni un hombre poderoso y ni un adepto en guerra queda.

[15] Ahora, por lo tanto, váyanse de nuestra tierra, váyanse de nosotros a la tierra de Canaán, a la tierra de sus padres. Por esa razón sus hijos heredarán los efectos de nuestros hijos en los días postreros.

[16] Y los hijos de Esaú no quisieron escuchar a los hijos de Seir, y los hijos de Seir consideraron hacer la guerra contra ellos.

[17] Y los hijos de Esaú enviaron secretamente a Angeas rey de África, el mismo es Dinhabah, diciendo:

[18] Envíennos a algunos de sus hombres y que vengan a nosotros, y nosotros pelearemos juntos con los hijos de Seir el Hori, porque ellos han resuelto pelear con nosotros para echarnos de su tierra.

[19] Y Angeas rey de Dinhabah lo hizo así, porque él en esos días era amigo de los hijos de Esaú, y Angeas envió 500 valientes de infantería y 800 de caballería a los hijos de Esaú.

[20] Y los hijos de Seir enviaron a los hijos del este y a los hijos de Midyan, diciendo: Ustedes han visto lo que los hijos de Esaú nos han hecho a nosotros, y por culpa de ellos estamos casi destruidos, en su batalla con los hijos de Ya'akov.

[21] Ahora, por lo tanto, vengan a nosotros y asístannos, y pelearemos juntos contra ellos, y los echaremos de la tierra y vengaremos la causa de nuestros hermanos quienes murieron por causa de ellos en su batalla con sus hermanos los hijos de Ya'akov.

[22] Y todos los hijos del este escucharon a los hijos de Seir, y vinieron a ellos 800 hombres con espadas desenfundadas, y los hijos de Esaú pelearon con los hijos de Seir en ese tiempo en el desierto de Paran.

[23] Y los hijos de Seir prevalecieron sobre los hijos de Esaú, y los hijos de Seir mataron en ese día a 200 de los hijos de Esaú en batalla, gente de Angeas rey de Dinhabah.

[24] Y en el segundo día los hijos de Esaú vinieron a pelear una segunda vez con los hijos de Seir, y la batalla fue dañina sobre los hijos de Esaú este segundo día, y los afligió grandemente a causa de los hijos de Seir.

[25] Y cuando los hijos de Esaú vieron que los hijos de Seir eran más poderosos que lo que ellos eran, algunos hombres de los hijos de Esaú se volvieron para asistir a los hijos de Seir, sus enemigos.

[26] Y allí cayeron en la segunda batalla aun de los hijos de Esaú 58 de los hombres de Angeas rey de Dinhabah.

[27] Y el tercer día los hijos de Esaú oyeron que algunos de sus hermanos se habían vuelto para pelear contra ellos en la segunda batalla; y los hijos de Esaú se lamentaron cuando oyeron esta cosa.

[28] Y ellos dijeron: ¿Qué haremos a nuestros hermanos que se volvieron de nosotros para asistir a los hijos de Seir nuestros enemigos? Y los hijos de Esaú de nuevo enviaron a Angeas rey de Dinhabah, diciendo:

[29] Envíennos otros hombres que con ellos podamos pelear contra los hijos de Seir, porque ya dos veces han sido más fuertes que nosotros.

[30] Y Angeas de nuevo envió a los hijos de Esaú alrededor de 600 hombres valientes, y ellos vinieron a asistir a los hijos de Esaú.

[31] Y en el tiempo de diez años los hijos de Esaú de nuevo hicieron la guerra con los hijos de Seir en el desierto de Paran, y la batalla fue muy severa sobre los hijos de Seir, y los hijos de Esaú prevalecieron esta vez contra los hijos de Seir, y los hijos de Seir fueron golpeados delante de los hijos de Esaú, y los hijos de Esaú mataron de ellos a 2,000 hombres.

[32] Y todos los hombres poderosos de los hijos de Seir murieron en batalla, y sólo quedaron de ellos sus pequeños que estaban en las ciudades.

[33] Y todo Midyan y los hijos del este se retiraron de pelear batallas, y ellos dejaron a los hijos de Seir y huyeron cuando ellos vieron que la batalla era dura sobre ellos, y los hijos de Esaú persiguieron a los hijos del este hasta que ellos llegaron a su tierra.

[34] Y los hijos de Esaú aun mataron de ellos a 250 y de la gente de los hijos de Esaú cayeron en esa batalla alrededor de 30 hombres. Pero este mal vino sobre ellos por causa de s us hermanos volverse de ellos para asistir a los hijos de Seir el Hori, y los hijos de Esaú de nuevo oyeron de las malas actuaciones de sus hermanos y ellos se lamentaron por causa de esta cosa.

[35] Y vino a suceder después de esta batalla que los hijos de Esaú se volvieron de regreso y fueron a casa a Seir, y los hijos de Esaú mataron a aquellos que quedaban en la tierra de los hijos de Seir; ellos también mataron a sus esposas y pequeños, ellos no dejaron un alma viva excepto 50 muchachos y doncellas que ellos dejaron vivir, y los hijos de Esaú no los pusieron a muerte, y los muchachos los hicieron sus esclavos y las doncellas ellos tomaron por esposas.

[36] Y los hijos de Esaú vivieron en Seir en el lugar de los hijos de Seir, y ellos heredaron su tierra y tomaron posesión de ella.

[37] Y los hijos de Esaú tomaron todo lo que pertenecía en la tierra a los hijos de Seir, también sus rebaños, sus reses y todos sus bienes, y todo lo perteneciente a los hijos de Seir, los hijos de Esaú tomaron, y los hijos de Esaú vivieron en Seir en lugar de los hijos de Seir hasta este día, y los hijos de Esaú dividieron la tierra en divisiones para a los cinco hijos de Esaú, de acuerdo a sus familias.

[38] Y vino a suceder en esos días que los hijos de Esaú resolvieron coronar un rey sobre ellos en la tierra que ellos llegaron a poseer. Y ellos se dijeron uno al otro: No así, porque él reinará sobre

nosotros en la tierra, y nosotros estaremos bajo su consejo y él peleará nuestras batallas, contra nuestros enemigos, y así lo hicieron.

[39] Y los hijos de Esaú juraron: Que ninguno de sus hermanos jamás reinaría sobre ellos, sino un hombre extraño que no es de sus hermanos, porque las almas de los hijos de Esaú estaban amargadas cada hombre contra su hijo, hermano y amigo, por causa del mal que ellos sostuvieron de sus hermanos cuando ellos pelearon con los hijos de Seir.

[40] Por lo tanto, los hijos de Esaú juraron, diciendo: Desde ese día en adelante ellos no escogerían un rey de entre sus hermanos, sino uno de una tierra extranjera hasta este día.

[41] Y había un hombre de la gente de Angeas rey de Dinhabah, su nombre era Bela hijo de Beor, quien era un hombre muy valiente, hermoso de buena apariencia y sabio en tosa sabiduría, y un hombre de sentido y consejo; y no había nadie de la gente de Angeas como él.

[42] Y todos los hijos de Esaú lo tomaron y lo ungieron y ellos lo coronaron por rey, y ellos se inclinaron a él, y ellos le dijeron: Que el rey viva, que el rey viva.

[43] Y ellos extendieron una sábana, y ellos le trajeron cada hombre aretes de oro y plata o anillos o brazaletes, y ellos lo hicieron muy rico en plata y oro, en piedras de ónice y piedras preciosas, ellos le hicieron un trono real, y ellos pusieron una corona real sobre su cabeza, y ellos edificaron un palacio sobre ellos, y él se convirtió en el rey sobre todos los hijos de Esaú.

[44] Y la gente de Angeas tomaron su jornal por las batallas de los hijos de Esaú, y ellos fueron y regresaron en este tiempo a su amo en Dinhabah.

[45] Y Bela reinó sobre los hijos de Esaú 30 años, y los hijos de Esaú vivieron en la tierra en lugar de los hijos de Seir, y ellos vivieron en seguridad hasta este día.

58 – Continúa la guerra edomita

[1] Y vino a suceder en el año 32 de los Yisra'elim haber descendido a Mitzrayim, esto es, en el año 71 de la vida de Yosef, en ese año Faraón rey de Mitzrayim murió, y Magron su hijo reino en lugar de él.

[2] Y Faraón ordenó a Yosef antes de su muerte ser un padre para su hijo Magron, y Magron debía estar bajo el cuidado de Yosef y su consejo.

[3] Y todo Mitzrayim consintió a esta cosa que Yosef sería rey sobre ellos, porque todo Mitzrayim amaba a Yosef y en adelante Magron el hijo de Faraón sólo se sentaba en el trono, y él fue rey en esos días en lugar de su padre.

[4] Y Magron era de 41 años de edad cuando él comenzó a reinar, y él reinó 40 años en Mitzrayim, y todo Mitzrayim llamaba su nombre Faraón como el nombre de su padre, porque era la costumbre para hacer en Mitzrayimcon todo rey que reinara sobre ellos.

[5] Y vino a suceder que cuando Faraón reinó en lugar de su padre, él puso las leyes de Mitzrayim y todos los asuntos de gobierno en las manos de Yosef, como su padre le había ordenado.

[6] Y Yosef fue rey sobre Mitzrayim, porque él era supervisor de todo Mitzrayim, y todo Mitzrayim estaba bajo su cuidado y su consejo, porque todo Mitzrayim se inclinó a Yosef a la muerte de Faraón, y ellos lo amaban en extremo para reinar sobre ellos.

[7] Pero había alguna gente entre ellos que él no les gustaba, diciendo: Ningún extranjero reinará sobre nosotros; aun todo el gobierno de Mitzrayim revolvía sobre Yosef en esos días, después de la muerte de Faraón, él siendo el regulador, haciendo lo que a él le placía por toda la tierra sin que ninguno interfiriera.

[8] Y todo Mitzrayim estaba bajo el cuidado de Yosef, y Yosef hizo la guerra con todos los enemigos alrededor, y él los sometió; también toda la tierra de los Plishtim hasta los bordes de Canaán, Yosef sometió , y ellos todos estaban bajo su poder y ellos pagaban un impuesto anual a Yosef.

[9] Y Faraón rey de Mitzrayim se sentó sobre su trono en lugar de su padre, pero él estaba bajo el control y consejo de Yosef, como él estaba antes bajo en control de su padre.

[10] Ni él reinó, sino solamente en la tierra de Mitzrayim, bajo el consejo de Yosef, pero Yosef reinó sobre todo el país en ese tiempo, desde Mitzrayim hasta el gran río Perat.

[11] Y Yosef era exitoso en todos sus caminos, y YAHWEH estaba con él, y YAHWEH dio a Yosef sabiduría adicional, y honor, y gloria, y amor hacia él en los corazones de los Mitzrayimim y por toda la tierra, y Yosef reinó sobre todo el país por 40 años.

[12] Y todos los países de los Plishtim y Canaán y Tzidon, y al otro lado del Yarden, todos traían regalos a Yosef todos sus días, y todo el país estaba en las manos de Yosef, y ellos traían a él un tributo anual como estaba regulado, porque Yosef había peleado con todos sus enemigos alrededor y los había sometido, y todo el país estaba en las manos de Yosef, y Yosef se sentaba con seguridad sobre su trono en Mitzrayim.

[13] Y también sus hermanos los hijos de Ya'akov vivieron en seguridad en la tierra, todos los días de Yosef, y ellos fueron fructíferos y se multiplicaron extremadamente en la tierra, y ellos sirvieron a YAHWEH todos sus días, como su padre Ya'akov les había ordenado.

[14] Y vino a suceder al término de muchos días y años, cuando los hijos de Esaú estaban viviendo tranquilamente en su tierra con Bela su rey, que los hijos de Esaú fueron fructíferos y se multiplicaron en su tierra, y ellos decidieron ir a pelear contra los hijos de Ya'akov y todo Mitzrayim y a liberar a su hermano Zefo, el hijo de Elifaz, y sus hombres, porque ellos aun en esos días eran esclavos de Yosef.

[15] Y los hijos de Esaú enviaron a todos los hijos del este, y ellos hicieron la paz con ellos, y todos los hijos del este vinieron a ellos para ir con los hijos de Esaú a pelear en Mitzrayim.

[16] Y también vinieron a ellos de la gente de Angeas rey de Dinhabah, y ellos también enviaron a los hijos de Yishmael, y ellos también vinieron.

[17] Y toda esta gente se reunieron y vinieron a Seir para asistir a los hijos de Esaú en sus batallas, y este campamento era muy grande y cargado con gente numerosa como la arena del mar, alrededor de 800,000 hombres, infantería y caballería, y todas estas tropas descendieron a Mitzrayim para pelear contra los hijos de Ya'akov, y ellos acamparon por Raameses.

[18] Y Yosef salió con sus hermanos y los hombres poderosos de Mitzrayim, cerca de 600 hombres, y ellos pelearon con ellos en la tierra de Raameses; y los hijos de Ya'akov en ese tiempo de nuevo pelearon contra los hijos de Esaú, en el año 50 que los hijos de Ya'akov descendieron a Mitzrayim, esto es, el año 30 del reinado de Bela sobre los hijos de Esaú en Seir.

[19] Y YAHWEH entregó a todos los hombres poderosos de Esaú y los hijos del este en las manos de Yosef y sus hermanos, y la gente de los hijos de Esaú y los hijos del este fueron golpeados delante de Yosef.

[20] Y la gente de Esaú y los hijos del este fueron muertos , allí delante de los hijos de Ya'akov 200,000 hombres, y su rey Bela hijo de Beor cayó en la batalla y estaba muerto, sus manos se debilitaron en el combate.

[21] Y Yosef y sus hermanos y todo Mitzrayim estaban aun golpeando a la gente de la casa de Esaú, y toda la gente de Esaú tenían miedo de los hijos de Ya'akov y huyeron de delante de ellos.

[22] Y Yosef y sus hermanos y todo Mitzrayim los persiguieron un día de camino; y aun mataron como a 300 hombres de ellos, continuando golpeándolos en el camino; y ellos después se volvieron de ellos.

[23] Y Yosef y sus hermanos regresaron a Mitzrayim, ni un hombre se había perdido de ellos, pero de los Mitzrayimim 12 hombres cayeron.

[24] Y cuando Yosef regresó a Mitzrayim él ordenó que Zefo y sus hombres fueran adicionalmente encadenados, y ellos los encadenaron en hierros y añadieron a su aflicción.

[25] Y toda la gente de los hijos de Esaú y los hijos del este regresaron en vergüenza cada uno a su ciudad, y todos los hombres poderosos que estaban con ellos habían caído en batalla.

[26] Y cuando los hijos de Esaú vieron que su rey había caído en batalla ellos se apresuraron y toma ron un hombre de los hijos del este; su nombre era Yovav el hijo de Zeraj, de la tierra de Botzrah, y lo hicieron reinar sobre ellos en lugar de Bela su rey.

[27] Y Yovav se sentó sobre el trono de Bela en lugar de él, y Yovav reinó en Edom sobre los hijos de Esaú por diez años, y los hijos de Esaú no fueron más a la batalla contra los hijos de Ya'akov, porque los hijos de Esaú conocían el valor de los hijos de Ya'akov, y ellos estaban grandemente atemorizados de ellos.

[28] Pero desde ese día en adelante los hijos de Esaú odiaron a los hijos de Ya'akov y el odio y enemistad eran muy profundos entre ellos todos los días, hasta este día.

[29] Y vino a suceder después de esto, al término de diez años, Yovav el hijo de Zeraj, de Botzrah murió, y los hijos de Esaú tomaron a un hombre cuyo nombre era Husham, de la tierra de Teman, y lo hicieron rey sobre ellos en lugar de Yovav, y Husham reinó en Edom sobre los hijos de Esaú por 20 años.

[30] Y Yosef rey de Mitzrayim, y sus hermanos, y todos los hijos de Yisra'el vivían con seguridad en Mitzrayim en esos días, junto con los hijos de Yosef y sus hermanos, sin tener ningún obstáculo ni accidente malvado y la tierra de Mitzrayim estaba en ese tiempo en descanso de guerra en los días de Yosef y sus hermanos.

59 - La Muerte de José

(Génesis 50:22-26)

[1] Y estos eran los nombres de los hijos de Yisra'el que vivían en Mitzrayim, que habían venido con Ya'akov, todos los hijos de Ya'akov vinieron a Mitzrayim, cada hombre con su casa.

[2] Los hijos de Leah fueron Reuven, Shimeon, Levi, Yahudáh, Yissajar y Zevulun, y su hermana Dinah.

[3] Y los hijos de Rajel fueron Yosef y Binyamin.

[4] Y los hijos de Zilpah, la sirvienta de Leah, fueron Gad y Asher.

[5] Y los hijos de Bilhah, la sirvienta de Rajel, fueron Dan y Naftali.

[6] Y estos fueron lo hijos nacidos a ellos en la tierra de Canaán, antes de que vinieran a Mitzrayim con su padre Ya'akov.

[7] Los hijos de Reuven fueron Hanok, Pallu, Hetzron y Carmi.

[8] Y los hijos de Shimeon fueron Yemuel, Yamin, Ohad, Yajin, Zojar y Shaúl, el hijo de una mujer de Canaán.

[9] Y los hijos de Levi fueron Gershon, Kehat y Merari, y su hermana Yojebed que fue nacida a ellos en su viaje de descenso a Mitzrayim.

[10] Y los hijos de Yahudáh fueron Er, Onan, Shelaj, Peretz y Zera j.

[11] Y Er y Onan murieron en la tierra de Canaán; y los hijos de Peretz fueron Hezron y Hamul.

[12] Y los hijos de Yissajar fueron Tola, Puvah, Yob y Shomron.

[13] Y los hijos de Zevulun fueron Zered, Elon y Yajleel, y el hijo de Dan fue Hushim.

[14] Y los hijos de Naftali fueron Yajzeel, Guni, Ytzer y Shilam.

[15] Y los hijos de Gad fueron Zifion, Haggi, Shuni, Ezbon, Eri, Arodi y Areli.

[16] Y los hijos de Asher fueron Yimnah, Yishvah, Yishvi, Beriah y su hermana Seraj; y los hijos de Beriah fueron Heber y Maljiel.

[17] Y los hijos de Binyamin fueron Bela, Bejer, Ashbel, Gera, Naaman, Aji, Rosh, Mupim, Hupim y Ord.

[18] Y los hijos de Yosef, nacidos a él en Mitzrayim, fueron Menasheh y Efrayim.

[19] Y todas las almas que salieron de los lomos de Ya'akov fueron 70 almas; esos fueron aquellos que vinieron con su padre Ya'akov a Mitzrayim a vivir allí; y Yosef y todos sus hermanos vivieron en seguridad en Mitzrayim, y ellos comieron lo mejor de Mitzrayim toda la vida de Yosef.

[20] Y Yosef vivió en la tierra de Mitzrayim 93 años, y Yosef reinó sobre todo Mitzrayim 80 años.

[21] Y cuando los días de Yosef se acercaron que él tenía que morir, él envió y llamó a sus hermanos y a toda la casa de su padre, y ellos todos vinieron juntos y se sentaron delante de Yosef.

[22] Y Yosef dijo a sus hermanos y a toda la casa de su padre : He aquí que yo muero, y el Todopoderoso ciertamente los visitará y los sacará de esta tierra y los subirá a la tierra que El juró a sus padres que El les daría.

[23] Y será cuando el Todopoderoso los visitará para sacarlos y subirlos de aquí a la tierra de sus padres, entonces suban mis huesos con ustedes desde aquí.

[24] Y Yosef hizo a los hijos de Yisra'el jurar por su zera después de ellos, diciendo: el Todopoderoso ciertamente los visitará y ustedes subirán mis huesos con ustedes de aquí.

[25] Y vino a suceder en ese año que Yosef murió después de esto, en el año 71 desde que los Yisra'elim descendieron a Mitzrayim.

[26] Y Yosef era de 110 años de edad cuando él murió en la tierra de Mitzrayim, y todos sus hermanos y sus sirvientes se levantaron y embalsamaron a Yosef, como era su costumbre, y sus hermanos y todo Mitzrayim se enlutaron por él por 70 días.

[27] Y ellos pusieron a Yosef en un ataúd lleno de especias y todo tipo de perfumes, y ellos lo sepultaron por el borde del río, esto es Sihor, y sus hijos y todos sus hermanos, y toda la casa de su padre hicieron luto por él por siete días.

[28] Y vino a suceder que después de la muerte de Yosef, todos los Mitzrayimim en esos días comenzaron a regir sobre los hijos de Yisra'el, y Faraón rey de Mitzrayim, quien reinó en lugar de su padre, tomó todas las leyes de Mitzrayim, y condujo todo el gobierno de Mitzrayim bajo su consejo, y él reinó con seguridad sobre su pueblo.

60 – La Guerra de Agneas–Turnus

[1] Y cuando el año llegó a su término, siendo este el año 72 que los hijos de Yisra'el descendieron a la tierra de Mitzrayim, después de la muerte de Yosef, Zefo el hijo de Elifaz, el hijo de Esaú, huyó de Mitzrayim, él y toda su gente , y ellos se fueron.

[2] Y él vino a África que es Dinhabah, a Angeas rey de África, y Angeas los recibió con grande honor, y él hizo a Zefo capitán de su ejército.

[3] Y Zefo encontró favor a la vista de Angeas, y a la vista de su pueblo, y Zefo fue capitán del ejército de Angeas rey de África por muchos días.

[4] Y Zefo sedujo a Angeas rey de África a reunir a su ejército e ir a pelear contra Mitzrayim, y con los hijos de Ya'akov, para que vengara la causa de sus hermanos.

[5] Pero Angeas no quiso escuchar a Zefo para hacer esta cosa, porque Angeas conocía la fuerza de los hijos de Ya'akov, y lo que habían hecho a su ejército en la guerra con los hijos de Esaú.

[6] Y Zefo era en esos días muy grande a la vista de Angeas, y a la vista de todo su pueblo, y él continuamente lo seducía para hacer la guerra a Mitzrayim, pero ellos no lo quisieron hacer.

[7] Y vino a suceder en esos días que había un hombre en la tierra de Kittim en la ciudad de Puzimna, cuyo nombre era Uzu, y él fue regenerativamente profanado por los hijos de Kittim, y el hombre murió y no tenía hijos, sólo una hija cuyo nombre era Jania.

[8] Y la doncella era extremadamente bonita, hermosa e inteligente, y no se había visto una como ella, con su belleza y sabiduría, por toda la tierra.

[9] Y la gente de Angeas rey de África la vieron y ellos vinieron y la alabaron a él, y Angeas envió a los hijos de Kittim, y él pidió tomarla para él por esposa, y la gente de Kittim consintieron en darla a él por esposa.

[10] Y cuando los mensajeros de Angeas salían hacia la tierra de Kittim para hacer el viaje, he aquí que los mensajeros de Turnus rey de Bibentu vinieron a la tierra de Kittim, porque Turnus el rey de Bibentu también envió sus mensajeros para pedir a Jania para él, para tomarla por esposa, porque todos sus hombres la habían alabado en su presencia, por lo tanto, él envió todos sus mensajeros a ella.

[11] Y los sirvientes de Turnus vinieron a Kittim y ellos preguntaron por Jania, para ser llevada a Turnus su rey por esposa.

[12] Y la gente de Kittim dijo a ellos: No la podemos dar, porque Angeas rey de África la deseó por esposa antes de que ustedes vinieran, y que nosotros debemos darla a él, y ahora no podemos hacer esta cosa de privar Angeas de la doncella para darla a Turnus.

[13] Porque nosotros estamos grandemente temerosos de Angeas no sea que él venga en batalla contra nosotros y nos destruya, y Turnus su amo no podrá liberarnos de su mano.

[14] Y los mensajeros de Turnus oyeron todas las palabras de los hijos de Kittim, ellos se volvieron a su amo y le dijeron todas las palabras de los hijos de Kittim.

[15] Y los hijos de Kittim enviaron un memorial a Angeas, diciendo: He aquí que Turnus a enviado por Jania para tomarla para él como esposa, y así le hemos respondido; nosotros hemos oído que él ha reunido a todo su ejército para ir a la guerra contra ti, y él tiene intenciones de pasar por el camino de Sardunia para pelear contra tu hermano Lucus , y después de eso él irá a pelear contigo.

[16] Y Angeas oyó las palabras de los hijos de Kittim las cuales le enviaron en la carta, y su ira fue rebullida, y él se levantó y reunió a todo su ejército y vino por entre las islas del mar, el camino a Sardunia, a su hermano Lucus rey de Sardunia.

[17] Y Niblos el hijo de Lucus, oyó que su tío Angeas estaba viniendo, y él fue a recibirlo con un gran ejército, y él lo besó y lo abrazó, y Niblos dijo a Angeas: Cuando le preguntes a mi padre por su bienestar, cuando yo vaya contigo a pelear con Turnus, dile que me haga capitán de su ejército, y Angeas lo hizo, y él vino a su hermano y su hermano vino a recibirlo, y él le preguntó por su bienestar.

[18] Y Angeas le preguntó a su hermano Lucus por su bienestar, y hacer a su hijo capitán de su ejército, y Lucus a sí lo hizo, y Angeas y su hermano se levantaron y fuero n hacia Turnus para la batalla, y había con ellos un gran ejército y un pueblo fuerte.

[19] Y él vino en barcos y ellos vinieron a la provincia de Ashtorash, y he aquí que Turnus vino hacia ellos, porque él fue a Sardunia con intenciones de destruirla y pasar luego de allí a Angeas para pelear con él.

[20] Y Angeas y Lucus su hermano se encontraron con Turnus en el valle de Canopia, y la batalla fue fuerte y poderosa entre ellos en ese lugar.

[21] Y la batalla fue severa sobre Lucus rey de Sardunia, y todo su ejército cayó, y Niblos su hijo también cayó en esa batalla.

[22] Y su tío Angeas ordenó a sus sirvientes y ellos hicieron un ataúd de oro para Niblos y ellos lo pusieron dentro de él, y Angeas de nuevo trabó batalla contra Turnus, y Angeas era más fuerte que él, y él lo mató, y él golpeó a toda su gente a filo de espada, y Angeas vengó la causa de Niblos el hijo de su hermano y la causa del ejército de Lucus su hermano.

[23] Y cuando Turnus murió, las manos de aquellos que sobrevivieron la batalla se debilitaron, y ellos huyeron de delante de Angeas y Lucus su hermano.

[24] Y Angeas y su hermano Lucus los persiguieron por el camino alto entre Alfanu y Romah, y ellos mataron a todo el ejército de Turnus a filo de espada.

[25] Y Lucus rey de Sardunia ordenó a sus sirvientes a hacer un ataúd de bronce, y que ellos debían poner el cuerpo de su hijo Niblos y lo enterraran en ese lugar.

[26] Y ellos edificaron sobre él una torre alta al pie del camino alto, y llamaron su nombre Niblos hasta el día de hoy, y ellos también enterraron a Turnus rey de Bibentu allí en ese lugar con Niblos.

[27] Y he aquí que al pie del camino alto entre Alfanu y Romah la tumba de Niblos está a un lado y la tumba de Turnus está al otro lado, y un pavimento entre ellos hasta este día.

[28] Y cuando Niblos fue enterrado, Lucus su padre regresó con su ejército a su tierra Sardunia, y Angeas su hermano fue a la ciudad de Bibentu, esto es, la ciudad de Turnus.

[29] Y los habitantes de Bibentu oyeron de su fama y estaban grandemente temerosos de él, y ellos salieron a recibirlo con lloros y lamentos , y los habitantes de Bibentu suplicaron a Angeas que no los matara ni destruyera su ciudad; y él lo hizo, porque Bibentu en esos días era reconocida como una de las ciudades de los hijos de Kittim, por tanto, él no destruyó la ciudad.

[30] Pero desde ese día en adelante las tropas del rey de África solían ir a Kittim a saquearla y despojarla, y cuando iban Zefo el capitán de los ejércitos de Angeas iba con ellos.

[31] Y fue después de esto cuando Angeas se volvió con su ejército y ellos vinieron a la ciudad de Puzimna, y Angeas tomó de allí a Jania la hija de Uzu por esposa y la trajo a su ciudad a África.

61 – Zefó Unificó Italia

[1] Y vino a suceder en ese tiempo que Faraón rey de Mitzrayim le ordenó a todo su pueblo edificarle un palacio fuerte en Mitzrayim.

[2] El también le ordenó a los hijos de Ya'akov a asistir a los Mitzrayimim en la edificación, y los Mitzrayimim hicieron un bello y elegante palacio para habitación real, y él vivió en él y renovó su gobierno y reinó en seguridad.

[3] Y Zevulun el hijo de Ya'akov murió en ese año, esto es, el año 72 después que los Yisra'elim habían descendido a Mitzrayim, y Zevulun murió, él era de 114 años cuando murió, y fue puesto en un ataúd y fue dado a las manos de sus hijos.

[4] Y en el año 75 su hermano Shimeon murió, y él era de 120 años de edad a su muerte, y él también fue puesto en un ataúd y dado a las manos de sus hijos.

[5] Y Zefo el hijo de Elifaz el hijo de Esaú, capitán de los ejércitos de Angeas rey de Dinhabah, todavía estaba diariamente seduciendo a Angeas a prepararse para la batalla para ir a pelear contra los hijos de Ya'akov y Mitzrayim, y Angeas no quería hacer esta cosa, porque sus sirvientes le habían relatado a él el poder de los hijos de Ya'akov, lo que ellos le habían hecho en su batalla con los hijos de Esaú.

[6] Y Zefo estaba en esos días seduciendo a Angeas para ir a pelear contra los hijos de Ya'akov.

[7] Y después de algún tiempo Angeas escuchó a las palabras de Zefo y consintió a él pelear contra los hijos de Ya'akov en Mitzrayim, y Angeas puso a todo su pueblo en orden, un pueblo tan numeroso como la arena que está a la costa del mar, y él hizo su resolución de ir a Mitzrayim a pelear.

[8] Y entre los sirvientes de Angeas había un joven de 15 años de edad, Bilaam el hijo de Beor era su nombre y el joven era muy sabio y entendía el arte de la hechicería.

[9] Y Angeas dijo a Bilaam: Conjura para nosotros, por favor, con la hechicería, para que podemos saber quién prevalecerá en la batalla que estamos por trabar.

[10] Y Bilaam ordenó que ellos le debían traer cera, y él hizo una semejanza de los carruajes y jinetes representando el ejército de Angeas y el ejército de Mitzrayim, y él los puso en astutamente aguas preparadas que él había hecho para ese propósito, y tomó en su mano ramas del árbol de Mirto, y él ejercitó su astucia, y él las reunió sobre el agua, y allí apareció el agua la imagen de semejanza de los ejércitos de Angeas cayendo delante de la imagen de la semejanza del ejército de Mitzrayim y los hijos de Ya'akov.

[11] Y Bilaam dijo esta cosa a Angeas, y Angeas se desanimó y no se armó para descender a Mitzrayim a la batalla, y él permaneció en la ciudad.

[12] Y cuando Zefo el hijo de Elifaz vio que Angeas se desanimó en ir a pelear contra los Mitzrayimim, Zefo huyó de Angeas de África y vino a Kittim.

[13] Y toda la gente de Kittim lo recibió con gran honor, y ellos lo contrataron para pelear sus batallas todos los días, y Zefo se enriqueció mucho en esos días, y las tropas del rey de África aun se desplegaban en esos días, y los hijos de Kittim se reunieron y fueron a la montaña de Cuptizia por causa de las tropas de Angeas rey de África, que estaban avanzando sobre ellas.

[14] Y un día Zefo perdió una novilla, y él fue a buscarla, y él oyó su mugido por la montaña.

[15] Y Zefo fue y vio, y he aquí que había una cueva grande al pie de la montaña, y había una gran piedra en la boca de la cueva, y Zefo partió la piedra y entró en la cueva y él miró y contempló un animal grande estaba devorando la novilla ; de la mitad hacia arriba era semejante a un hombre, y de la mitad hacia abajo era semejante a un animal, [posiblemente un gorila] y Zefo se levantó contra el animal y lo mató con sus espadas .

[16] Y los habitantes de Kittim oyeron de esta cosa, y ellos se regocijaron en extremo, y ellos dijeron: ¿Qué haremos a este hombre que mató al animal que se estaba devorando nuestro ganado?

[17] Y todos ellos se reunieron para consagrar un día al año a él y ellos llamaron al día Zefo como su nombre, y ellos le traían ofrendas de bebida año tras año en ese día, y le trajeron muchos regalos.

[18] En ese tiempo Jania la hija de Uzu, esposa de Angeas se enfermó, y su enfermedad fue profundamente sentida por Angeas y sus oficiales, y Angeas dijo a sus hombres sabios: ¿Qué haré a Jania y cómo la sanaré de su enfermedad? Y sus hombres sabios dijeron a él: Porque el aire de nuestro país no es como el aire de Kittim, y nuestra agua no es como el agua de ellos, por lo tanto, de esto la reina se ha enfermado.

[19] Porque por el cambio de aire y agua ella se enfermó, y porque en su país ella sólo bebía agua que venía de Purmah, cuales sus antepasados habían traído por medio de puentes.

[20] Y Angeas ordenó a sus sirvientes, y ellos le trajeron vasijas de las aguas de Purmah perteneciente a Kittim, y ellos pesaron esas aguas con todas las aguas de la tierra de África, y ellos encontraron esas aguas más ligeras que las aguas de África.

[21] Angeas vio esto y ordenó a todos sus oficiales a reunir grandes vasijas de piedra en los miles y diez miles y ellos labraron piedras sin número, y los constructores vinieron y ellos edificaron un puente fuerte en extremo y ellos condujeron la fuente de agua desde la tierra de Kittim hasta África y esas aguas eran para Jania la reina y para todos los usos de ella, para beber y hornear, para lavarse y bañarse, y también para regar toda semilla de la cual comida se obtenía y todos los frutos de la tierra.

[22] Y el rey ordenó que ellos trajeran de la tierra de Kittim en grandes barcos, y ellos también trajeron piedra para edificar, y los constructores edificaron palacios para Jania la reina, y la reina se curó de su enfermedad.

[23] Y en el transcurso del año las tropas de África continuaron viniendo a la tierra de Kittim para saquear como de costumbre, y Zefo el hijo de Elifaz oyó su reporte, y él dio orden referente a ellos, y él peleó con ellos, y ellos huyeron de delante de él, y él liberó la tierra de Kittim de ellos.

[24] Y los hijos de Kittim vieron el valor de Zefo, y los hijos de Kittim decidieron que harían a Zefo rey sobre ellos, y él fue rey sobre ellos, y mientras él reinaba ellos fueron a someter a los hijos de Tuval, y todas las islas alrededor.

[25] Y su rey Zefo fue a su cabeza y ellos hicieron la guerra con Tuval y las islas, y ellos las sometieron, y cuando ellos regresaron de la batalla ellos renovaron el gobierno para él, y ellos edificaron para él un palacio muy grande, para su habitación real y asiento, y ellos hicieron un trono grande para él, y Zefo reinó sobre toda la tierra de Kittim y sobre la tierra de Italia por 50 años.

62 - Mueren los Hijos de Ya'akov

(Éxodo 1:1-6)

[1] Y en ese año, siendo el año 79 que los Yisra'elim descendieron a Mitzrayim, Reuven el hijo de Ya'akov murió en la tierra de Mitzrayim; Reuven era de 125 años de edad cuando él murió, y ellos lo pusieron en una ataúd, y fue dado a las manos de sus hijos.

[2] Y en el año 80 su hermano Dan murió, él era de 120 años de edad cuando murió, y él también fue puesto en un ataúd y dado a las manos de sus hijos.

[3] Y en ese año Husham rey de Edom murió, y después de él reinó Hadad hijo de Bedad, por 35 años; y en el año 81 Yissajar el hijo de Ya'akov murió en Mitzrayim, y Yissajar era de 122 años de edad cuando murió , y él fue puesto en un ataúd y dado a las manos de sus hijos ;

[4] y en el año 82 Asher el hijo de Ya'akov murió, él era de 123 años de edad cuando murió, y él fue puesto en un ataúd y dado a las manos de sus hijos .

[5] Y en el año 83 Gad murió, él era de 125 años de edad cuando murió, y él fue puesto en un ataúd y dado a las manos de sus hijos.

[6] Y vino a suceder en el año 84, que es el quinto año del reino de Hadad, hijo de Bedad, rey de Edom, que él reunió a todos los hijos de Edom, y puso a todo su ejército en alerta, alrededor de 400,000 hombres, y él dirigió su camino hacia la tierra de Moab, y él fue a pelear con Moab y a hacerlos tributarios a él.

[7] Y los hijos de Moab oyeron esta cosa, y ellos estaban muy temerosos, y ellos enviaron a los hijos de Midyan para que los asistieran en pelear con Hadad hijo de Bedad, rey de Edom.

[8] Y Hadad vino a la tierra de Moab, y Moab y los hijos de Midyan fueron a encontrarlos, y se pusieron en orden de batalla contra él en el campo de Moab.

[9] Y Hadad peleó contra Moab, y cayeron muchos de los hijos de Moab y de los hijos de Madián muertos, alrededor de doscientos mil hombres.

[10] Y la batalla fue muy severa sobre Moab, y cuando los hijos de Moab vieron que la batalla estaba dura para ellos, ellos debilitaron sus manos y volvieron las espaldas, y dejaron a los hijos de Midyan que llevaran la batalla.

[11] Y los hijos de Midyan no sabían las intenciones de Moab, pero ellos se fortalecieron en batalla y pelearon con Hadad y toda su horda, y todo Midyan cayó delante de él.

[12] Y Hadad golpeó a todo Midyan con un gran derribamiento, y él los mató a filo de espada, y no dejó ni uno de aquellos que vinieron a asistir a Moab.

[13] Y cuando todos los hijos de Midyan habían perecido en la batalla, y los hijos de Moab habían escapado, Hadad hizo a todo Moab todo ese tiempo tributaria a él, y ellos estaban bajo su mano, y ellos le daban un impuesto anual como fue ordenado, y Hadad se volvió y regresó a su tierra.

[14] Y en el transcurso del año, cuando el resto de la gente de Midyan que estaban en la tierra oyeron que todos sus hermanos habían caído en batalla con Hadad, por ayudar a Moab, porque los hijos de Moab habían vuelto sus espaldas a la batalla y habían dejado a Midyan a pelear, entonces

5 príncipes de Midyan decidieron con el resto de sus hermanos que permanecieron en la tierra, pelear con Moab y vengar la causa de sus hermanos.

[15] Y los hijos de Midyan enviaron a todos sus hermanos los hijos del este, y todos sus hermanos, todos los hijos de Keturah vinieron a asistir a Midyan para pelear contra Moab.

[16] Y los hijos de Moab oyeron esta cosa, y ellos estaban grandemente asustados que los hijos del este se habían reunido para pelear contra ellos en batalla, y ellos los hijos de Moab enviaron un memorial a la tierra de Edom a Hadad hijo de Bedad, diciendo:

[17] Ven ahora a nosotros a asistirnos y nosotros golpearemos a Midyan, porque ellos se han reunido juntos y han venido contra nosotros con todos sus hermanos los hijos del este para la batalla, para vengar la causa de Midyan que cayó en batalla.

[18] Y Hadad hijo de Bedad, rey de Edom, salió con todo su ejército y fue a la tierra de Moab para pelear con Midyan, y Midyan y los hijos del este pelearon contra Moab en las planicies de Moab, y la batalla fue muy fiera entre ellos.

[19] Y Hadad golpeó a todos los hijos de Midyan y a los hijos del este con el filo de la espada, y Hadad en ese tiempo liberó a Moab de la mano de Midyan, y aquellos que quedaron de Midyan y de los hijos del este huyeron delante de Hadad y su ejército, y Hadad los persiguió hasta su tierra, y los golpeó con una gran matanza, y los muertos cayeron en el camino .

[20] Y Hadad liberó a Moab de la mano de Midyan, porque los hijos de Midyan habían caído a filo de espada, y Hadad fue y regresó a su tierra.

[21] Y desde ese día en adelante los hijos de Midyan odiaron a los hijos de Moab, porque ellos habían caído en la batalla por ayudarlos, y había una gran y poderosa enemistad entre ellos todos los días.

[22] Y todos los que eran encontrados de Midyan en el camino a la tierra de Moab perecían por la espada de Moab; y todos los que eran encontrados de Moab en el camino a la tierra de Midyan, perecían por la espada de Midyan; así hizo Moab a Midyan y Midyan a Moab por muchos días.

[23] Y vino a suceder que Yahudáh el hijo de Ya'akov murió en Mitzrayim, en el año 88 de Ya'akov descender a Mitzrayim, y Yahudáh era de 129 años de edad a su muerte, y ellos lo embalsamaron y lo pusieron en un ataúd , y él fue dado a las manos de sus hijos.

[24] Y en el año 89 Naftali murió, y él era de 132 años de edad cuando murió, y él fue puesto en un ataúd y dado a las manos de sus hijos.

[25] Y vino a suceder que en el año 91 de los Yisra'elim descender a Mitzrayim, esto es, el año 30 del reinado de Zefo el hijo de Elifaz, el hijo de Esaú, sobre los hijos de Kittim, los hijos de África vinieron sobre los hijos de Kittim para saquearlos como de costumbre, pero ellos no habían venido sobre ellos en esos 13 años.

[26] Y ellos vinieron en ese año, y Zefo el hijo de Elifaz, salió a ellos con algunos de sus hombres y los golpeó desesperadamente, y las tropas de África huyeron de Zefo y los muertos cayeron delante de él, y Zefo y sus hombres los persiguieron, siguiéndolos hasta que estaban cerca de África.

[27] Y Angeas rey de África oyó la cosa que Zefo había hecho, y lo irritó en extremo, y Angeas estaba temeroso de Zefo todos los días.

63 - Guerra Romano-Africana

[1] Y en el año 93 Levi el hijo de Ya'akov murió en Mitzrayim, y Levi era de 137 años de edad cuando él murió, y ellos lo pusieron en un ataúd y fue dado a las manos de sus hijos.

[2] Y vino a suceder después de la muerte de Levi, cuando todo Mitzrayim vio que todos los hijos de Ya'akov, los hermanos de Yosef estaban muertos, todos los Mitzrayimim comenzaron a afligir a los hijos de Ya'akov, y a amargar sus vidas desde ese día hasta que salieron de Mitzrayim, y ellos quitaron de sus manos todos los viñedos y campos que Yosef les había dado, y todas las casas elegantes donde los hijos de Yisra'el vivían, y toda la grosura de Mitzrayim, los Mitzrayimìm quitaron todo de los hijos de Ya'akov en esos días.

[3] Y la mano de Mitzrayim se puso más pesada contra los hijos de Yisra'el en aquellos días, y los Mitzrayimim dañaron a los hijos de Yisra'el hasta que los hijos de Yisra'el estaban extenuados de sus vidas por causa de los Mitzrayimim.

[4] Y vino a suceder en esos días, en el año 102 de Yisra'el descender a Mitzrayim, que Faraón rey de Mitzrayim murió, y Melol su hijo reinó en su lugar, y todos los hombres poderosos de Mitzrayim y toda la generación que conoció a Yosef y sus hermanos murieron en esos días.

[5] Y otra generación se levantó en lugar de esa, cual no había conocido a los hijos de Ya'akov y todo el bien que ellos les habían hecho a Mitzrayim, y su poder en Mitzrayim.

[6] Por lo tanto, todo Mitzrayim comenzó desde ese día en adelante a amargar las vidas de los hijos de Ya'akov, y a afligirlos con todo tipo de labor gravosa, porque ellos no habían conocido a sus antepasados que los habían liberado en los días de la hambruna.

[7] Y esto también era de YAHWEH, para los hijos de Yisra'el, para beneficiarlos en días postreros, para que todo Yisra'el conociera a YAHWEH su Elohim.

[8] Y para que conciernan las señales y poderosas maravillas que YAHWEH traería sobre Mitzrayim por amor a Su pueblo Yisra'el, para que los hijos de Yisra'el temieran a YAHWEH, el Todopoderoso de sus padres, y caminaran en Sus caminos, ellos y su zera después de ellos todos los días.

[9] Melol era de 20 años de edad cuando él comenzó a reinar, y él reinó 94 años, y todo Mitzrayim llamó su nombre Faraón como el nombre de su padre, como era la costumbre a hacer con todo rey que reinara en Mitzrayim.

[10] En aquel tiempo las tropas de Angeas el rey de África salieron para saquear la tierra de Kittim como era su costumbre y tomar el botín.

[11] Y Zefo el hijo de Elifaz, el hijo de Esaú oyó este reporte, y él salió para encontrarlos con su ejército, y él peleó con ellos allí en el camino.

[12] Y Zefo golpeó las tropas del rey de África con el filo de la espada, y no dejó a ninguno de ellos, ni uno regresó a su amo en África.

[13] Y Angeas oyó de esto que Zefo el hijo de Elifaz había hecho a todas sus tropas, que él las había destruido, y Angeas reunió a todas sus tropas, todos los hombres en la tierra de África, un pueblo numeroso como la arena en la costa del mar,

[14] Y Angeas envió a Lucus su hermanos, diciendo: Ven a mí con todos tus hombres y ayúdame a golpear a Zefo y a todos los hijos de Kittim quienes han destruido a mis hombres, y Lucus vino con todo su ejército, una gran fuerza, para asistir a Angeas su hermano a pelear con Zefo y los hijos de Kittim.

[15] Y Zefo y todos los hijos de Kittim oyeron esta cosa, y estaban grandemente atemorizados y gran terror cayó en sus corazones.

[16] Y Zefo también mandó una carta a la tierra de Edom a Hadad el hijo de Bedad rey de Edom y a todos los hijos de Esaú, diciendo:

[17] Yo he oído que Angeas rey de África está viniendo a nosotros con su hermano para trabar batalla contra nosotros, y nosotros estamos aterrorizados de él, porque su ejército es muy grande, particularmente él está viniendo a nosotros con su hermano y su ejército de la misma forma.

[18] Ahora, por lo tanto, ven tú también conmigo y ayúdame, y pelearemos juntos contra Angeas y su hermano Lucus, y tú nos salvarás de sus manos, pero si no, sepas tú que nosotros moriremos.

[19] Y los hijos de Esaú enviaron una carta a los hijos de Kittim y a Zefo su rey, diciendo: Nosotros no podemos pelear contra Angeas porque un pacto de Shalom ha estado entre nosotros por muchos años, desde los días de Bela el primer rey, y desde los días de Yosef el hijo de Ya'akov rey de Mitzrayim con quien nosotros peleamos en el otro lado del Yarden el día que él sepultó a su padre.

[20] Y cuando Zefo oyó las palabras de sus hermanos los hijos de Esaú él se abstuvo de ellos, y Zefo estaba tre mendamente atemorizado de Angeas.

[21] Y Angeas y Lucus su hermano acarrearon todas sus fuerzas, alrededor de 800,000 hombres, contra los hijos de Kittim.

[22] Y todos lo hijos de Kittim dijeron a Zefo: Ora por nosotros al Todopoderoso de tus antepasados , quizás El nos libere de las manos de Angeas y su ejército, porque hemos oído que El es un gran Elohim, que El libera a todos los que confían en él.

[23] Y Zefo oyó sus palabras, y Zefo buscó a YAHWEH y él dijo: O YAHWEH, el Todopoderoso de Abraham y Yitzjak mis antepasados , este día yo sé que Tú eres un verdadero Elohim, y que todos los poderosos de las naciones son vanos e inservibles.

[25] Recuérdame este día Tu Pacto con Abraham nuestro padre, cual nuestro antepasado nos relató, y has favorablemente este día a mí por amor a Abraham y Yitzjak nuestros padres, y sálvame y a los hijos de Kittim de las manos del rey de África quien viene contra nosotros para batalla.

[26] Y YAHWEH escuchó a la voz de Zefo, y El tuvo consideración con él por causa de Abraham y Yitzjak, y YAHWEH liberó a Zefo y los hijos de Kittim de las manos de Angeas y su pueblo.

[27] Y Zefo peleó con Angeas rey de África y toda su gente ese día, y YAHWEH entregó toda la gente de Angeas en las manos de los hijos de Kittim.

[28] Y la batalla fue severa sobre Angeas, y Zefo golpeó a todos los hombres de Angeas y Lucus su hermano, con el filo de la espada, y allí cayeron de ellos hasta el anochecer alrededor de 400,000 hombres.

[29] Y cuando Angeas vio que todos sus hombres perecieron, él envió una carta a todos los habitantes de África para que vinieran a él, para asistirlo en la batalla, y él escribió en la carta, diciendo: Todos los que se encuentren en África que vengan a mí desde 10 años de edad en adelante; que vengan a mí, y he aquí el que no venga morirá, y todo lo que él tiene, y toda su casa el rey tomará.

[30] Y todo el resto de los habitantes de África estaban aterrorizados a las palabras de Angeas, y salieron de la ciudad alrededor de 300,000 hombres y niños , de 10 años en adelante, y ellos vinieron a Angeas.

[31] Y al final de 10 días Angeas renovó la batalla contra Zefo y los hijos de Kittim, y la batalla fue muy grande y fuerte entre ellos.

[32] Y del ejército de Angeas y Lucus, Zefo mandó muchos de los heridos de su mano, cerca de 2,000 hombres, y Sosiftar el capitán del ejército de Angeas cayó en la batalla.

[33] Y cuando Sosiftar había caído, la tropas africanas volvieron sus espaldas para huir, y ellos huyeron, y Angeas y Lucus su hermano estaban con ellos.

[34] Y Zefo y los hijos de Kittim los persiguieron, y aun los golpearon fuertemente en el camino, alrededor de 200 hombres, y ellos persiguieron a Azdrubal el hijo de Angeas quien había huido con su padre, y ellos golpearon 20 de sus hombres en el camino, y Azdrubal escapó de los hijos de Kittim, y ellos no lo mataron.

[35] Y Angeas y Lucus su hermano huyeron con el resto de los hombres, y ellos escaparon y vinieron a África con terror y consternación, y Angeas temía todos los días no fuera que Zefo viniera a la guerra con él.

64 – Guerra Romano-Egipcia

[1] Y Bilaam el hijo de Beor estaba en ese tiempo con Angeas en la batalla, y cuando él vio que Zefo prevaleció sobre Angeas, él huyó y vino a Kittim.

[2] Y Zefo y los hijos de Kittim lo recibieron con gran honor, pues Zefo conocía la sabiduría de Bilaam, y Zefo le dio a Bilaam muchos regalos y él permaneció con él.

[3] Y cuando Zefo regresó de la guerra él ordenó que los hijos de Kittim fueran numerados quienes habían ido a la batalla con él, y he aquí que ninguno faltaba.

[4] Y Zefo se regocijó con esta cosa, y él renovó su reinado, y dio una fiesta para todos sus súbditos.

[5] Pero Zefo no se acordó de YAHWEH y no consideró que YAHWEH lo había ayudado en la batalla, y que El lo había liberado a él y su pueblo de la mano del rey de África, y aún caminó en las sendas de los hijos de Kittim, y las sendas perversas de los hijos de Esaú, sirviendo otros dioses que sus hermanos los hijos de Esaú le habían enseñado; por tanto, es dicho: Del perverso sale perversidad.

[6] Y Zefo reinó sobre todos los hijos de Kittim en seguridad, pero no conoció a YAHWEH quien lo había liberado y a todo su pueblo de la mano del rey de África; y las tropas de África no vinieron más a Kittim para saquear, como de costumbre, porque ellos conocían del poder de Zefo quien los había golpeado a todos ellos con el filo de la espada, así que Angeas tenía miedo de Zefo el hijo de Elifaz, y de los hijos de Kittim todos los días.

[7] En el tiempo que Zefo regresó de la guerra, y cuando Zefo vio cómo él prevaleció sobre la gente de África y los había golpeado en batalla con el filo de la espada, entonces Zefo aconsejó con los hijos de Kittim ir a pelear en Mitzrayim con los hijos de Ya'akov y con Faraón rey de Mitzrayim.

[8] Porque Zefo oyó que los hombres poderosos de Mitzrayim estaban muertos y que Yosef y sus hermanos los hijos de Ya'akov estaban todos muertos, y que todos los hijos de los hijos de Yisra'el permanecían en Mitzrayim.

[9] Y Zefo consideró pelear contra ellos y todo Mitzrayim para vengar la causa de sus hermanos los hijos de Esaú a quienes Yosef con sus hermanos y todo Mitzrayim habían golpeado en la tierra de Canaán, cuando ellos fueron a sepultar a Ya'akov en Hevron.

[10] Y Zefo envió mensajeros a Hadad hijo de Bedad rey de Edom y a todos sus hermanos los hijos de Esaú, diciendo:

[11] ¿No dijeron ustedes que no pelearían contra el rey de África porque es miembro de su pacto? He aquí que yo peleé contra él y lo golpeé y a toda su gente.

[12] Ahora, por lo tanto, yo he resuelto pelear contra Mitzrayim y los hijos de Ya'akov quienes están allí, y me vengaré de ellos por lo que Yosef, sus hermanos y sus padres nos hicieron en la tierra de Canaán cuando ellos subieron a sepultar a su padre en Hevron.

[13] Ahora, entonces, si ustedes están dispuestos en venir a asistirme en pelear contra ellos y Mitzrayim, entonces nosotros vengaremos la causa de nuestros hermanos.

[14] Y los hijos de Esaú escucharon a las palabras de Zefo, y los hijos de Esaú se reunieron juntos, un gran pueblo, y ellos fueron a asistir a Zefo y a los hijos de Kittim en la batalla.

[15] Y Zefo envió a todos los hijos del este y a los hijos de Yishmael palabras como esas, y ellos se reunieron y vinieron a asistir a Zefo y los hijos de Kittim en su guerra sobre Mitzrayim.

[16] Y todos estos reyes, los hijos del este, todos los hijos de Yishmael, y Zefo el rey de Kittim salieron y desplegaron sus tropas en Hevron.

[17] Y el campamento era muy grande, extendiéndose en distancia de una jornada de tres días, un pueblo numeroso como la arena en la costa del mar cual no se puede contar.

[18] Y todos esos reyes y sus ejércitos descendieron contra Mitzrayim en batalla, y acamparon juntos en el valle de Patros.

[19] Y todo Mitzrayim oyó el reporte y ellos también se reunieron juntos, toda la gente de la tierra de Mitzrayim, y todas las ciudades pertenecientes a Mitzrayim, alrededor de 300,000 hombres.

[20] Y los hombres de Mitzrayim también enviaron a los hijos de Yisra'el que estaban en aquellos días en la tierra de Goshen, que vinieran a ellos para poder pelear contra esos reyes.

[21] Y todos los hombres de Yisra'el se reunieron y fueron cerca de 150 hombres, y ellos fueron a la batalla para asistir a los Mitzrayimim.

[22] Y los hombres de Yisra'el y de Mitzrayim salieron, 150 hombres de Yisra'el y 300,000 hombres de Mitzrayim, y fueron hacia delante a aquellos reyes para la batalla y se estacionaron en la tierra de Goshen opuesto a Patros.

[23] Y todos los Mitzrayimim no creían que los hijos de Yisra'el fueran juntos con ellos en sus campamentos para la guerra, porque todos los Mitzrayimim dijeron: Quizás los hijos de Yisra'el nos entregarán en las manos de los hijos de Esaú y Yishmael porque ellos son hermanos.

[24] Y todos los Mitzrayimim dijeron a los hijos de Yisra'el: Quédense ustedes aquí en su puesto y nosotros iremos a pelar contra los hijos de Esaú y Yishmael, y si esos reyes prevalecen sobre nosotros , entonces ustedes viene sobre ellos y nos asisten, y los hijos de Yisra'el lo hicieron así.

[25] Y Zefo el hijo de Elifaz, el hijo de Esaú rey de Kittim, y Hadad el hijo de Bedad rey de Edom y todos sus campamentos, y todos los hijos del este y los hijos de Yishmael, un pueblo numeroso como arena, acamparon juntos en el valle de Patros, opuesto a Tajpanjes.

[26] Y Bilaam el hijo de Beor el Sirio estaba en el campamento de Zefo, porque él había venido con los hijos de Kittim a la batalla, y Bilaam era un hombre altamente honrado por Zefo y sus hombres.

[27] Y Zefo dijo a Bilaam: Trata por adivinación para que sepamos quien prevalecerá en la batalla, nosotros o los Mitzrayimim.

[28] Y Bilaam se levantó y trató el arte de adivinación, y él era diestro en el conocimiento de ello, pero él fue confundido y el trabajo fue destruido en sus manos.

[29] Y él lo trató de nuevo, pero no tuvo éxito, y Bilaam se desanimó y lo dejó, y no lo completó, porque era de YAHWEH, para hacer que Zefo y sus hombres cayeran en las manos de los hijos de Yisra'el, quienes habían confiado en YAHWEH, el Todopoderoso de sus padres, en su guerra.

[30] Y Zefo y Hadad pusieron sus fuerzas en despliegue de batalla, y todos los Mitzrayimim fueron solos contra ellos, 300,000 hombres, y ni un hombre de Yisra'el estaba con ellos.

[31] Y todos los Mitzrayimim pelearon contra esos reyes, opuesto a Patros y Tajpanjes, y la batalla fue severa contra los Mitzrayimim.

[32] Y todos los reyes fueron más fuertes que los Mitzrayimim en esa batalla, como 180 hombres de los Mitzrayim cayeron ese día, y cerca de 30 hombres de las fuerzas de los reyes, y todos los hombres de Mitzrayim huyeron delante de los reyes, así que los hijos de Esaú y Yishmael persiguieron a los Mitzrayimim, continuando golpeándolos hasta el campamento de los hijos de Yisra'el.

[33] Y todos los Mitzrayimim clamaron a los hijos de Yisra'el, diciendo: Apresúrense hacia nosotros y asístannos y sálvennos de las manos de Esaú, Yishmael y los hijos de Kittim.

[34] Y los 150 hombres de los hijos de Yisra'el corrieron de su estación hacia el campamento de esos reyes, y los hijos de Yisra'el clamaron a YAHWEH su Elohim para que los liberara.

[35] Y YAHWEH escuchó a Yisra'el, y YAHWEH entregó a todos los hombres de los reyes en sus manos, y los hijos de Yisra'el pelearon contra esos reyes, y los hijos de Yisra'el golpearon alrededor de 4,000 hombres de los reyes.

[36] Y YAHWEH echó una gran consternación en el campamento de esos reyes, así el temor a Yisra'el estaba sobre ellos.

[37] Y todos los ejércitos de los reyes huyeron delante de los hijos de Yisra'el y los hijos de Yisra'el los persiguieron y los siguieron golpeando hasta el borde de la tierra de Kush.

[38] Y los hijos de Yisra'el mataron de ellos en el camino a 2,000 hombres más, pero de los hijos de Yisra'el ni uno cayó.

[39] Y los Mitzrayimim vieron que los hijos de Yisra'el habían peleado con tan pocos hombres contra los reyes, y que la batalla fue tan severa sobre ellos;

[40] entonces todos los Mitzrayimim estaban temerosos por sus vidas a causa de la batalla intensa, y todo Mitzrayim huyó, cada hombre escondiéndose de las fuerzas de despliegue , y ellos se escondieron en el camino y dejaron a los hijos de Yisra'el peleando solos.

[41] Y los hijos de Yisra'el infligieron un golpe terrible sobre los hombres de los reyes, y ellos regresaron después que los habían perseguido hasta el borde de la tierra de Kush.

[42] Y todo Yisra'el conocía la cosa que los Mitzrayimim habían hecho a ellos, que ellos habían huido de la batalla, y los habían dejado para pelear solos.

[43] Así que los hijos de Yisra'el también actuaron con astucia, y según ellos regresaban de la batalla, ellos encontraron algunos hombres de Mitzrayim y allí mismo los golpearon.

[44] Y mientras los mataban ellos les dijeron estas palabras: Por esta razón ustedes se fueron de nosotros, nos dejaron, nosotros que somos pocos hombres, para pelear contra esos reyes que tenían mucha gente para golpearnos, para que ustedes, por ellos, libraran sus propias almas.

[46] Y de algunos que los Yisra'elim encontraron en el camino, ellos los hijos de Yisra'el hablaron uno al otro, diciendo: Golpea, golpea, porque él es un Yishmaeli o un Edomi, o uno de los hijos de Kittim, y se paraban sobre él y lo mataban, y ellos sabían que era un Mitzrayimi.

[47] Y los hijos de Yisra'el hicieron esas cosas con astucia a los Mitzrayimim, porque los habían desertado en la batalla y habían huido de ellos.

[48] Y los hijos de Yisra'el mataron de los Mitzrayimim de esta forma a 200 de Mitzrayim en el camino.

[49] Y todos los hombres de Mitzrayim vieron el mal que los hijos de Yisra'el habían hecho a ellos, así que todo Mitzrayim temió grandemente a los hijos de Yisra'el, porque habían visto su gran poder, y ni un hombre de ellos había caído.

[50] Así que todos los hijos de Yisra'el regresaron con gran alegría en su camino a Goshen, y el resto de Mitzrayim regresó cada hombre a su lugar.

65 – Los Israelitas Esclavizados

(Éxodo 1:7-22)

[1] Y vino a suceder después de esas cosas que todos los consejeros de Faraón, rey de Mitzrayim, y todos los ancianos de Mitzrayim se reunieron y vinieron delante del rey y se inclinaron delante del rey, y ellos se sentaron delante de él.

[2] Y todos los consejeros y ancianos de Mitzrayim hablaron con el rey, diciendo:

[3] He aquí que el pueblo de los hijos de Yisra'el es mayor y más poderoso que nosotros, y tú sabes todo el mal que ellos nos hicieron a nosotros en el camino cuando regresábamos de la batalla.

[4] Y tú también has visto su fuerte poder, porque este poder es a ellos de sus padres, porque pocos se pararon frente a un pueblo numeroso como la arena, y los golpearon con el filo de la espada, y de ellos ni uno cayó, así que si ellos hubieran sido numerosos los habrían destruido totalmente.

[5] Ahora, por lo tanto, danos consejo en lo que hacer con ellos, hasta que gradualmente los destruyamos de entre nosotros, no sea que se hagan muy numerosos para nosotros en la tierra.

[6] Porque si los hijos de Yisra'el aumentan en la tierra, serán un obstáculo para nosotros, y si una guerra fuera a tomar lugar, ellos con su gran poder se unirán al enemigo contra nosotros, y pelearán contra nosotros, nos destruirán de la tierra y se irán.

[7] Así que el rey respondió a los ancianos de Mitzrayim y les dijo: Este es el plan aconsejado para Yisra'el, del cual no nos separaremos,

[8] he aquí en la tierra están Raameses y Pitón, ciudades que no están fortificadas contra la batalla, nos corresponde a ustedes y nosotros edificarlas, y a fortificarlas.

[9] Ahora, por lo tanto, ustedes vayan y actúen con astucia hacia ellos, y proclamen una voz en Mitzrayim y en Goshen, diciendo:

[10] ¡Todos ustedes hombres de Mitzrayim, Goshen, Patros y todos sus habitantes! El rey nos ha ordenado edificar Piton y Raameses, y a fortificarlas para la batalla; quien entre ustedes en Mitzrayim y de los hijos de Yisra'el y de todos los habitantes de las otras ciudades, están dispuestos a edificar con nosotros, cada uno tendrá sus jornales dados a él diariamente por la orden del rey; así que vayan y háganlo con astucia, y reúnanse y vengan a Piton y Raameses para edificar.

[11] Y mientras están edificando hagan una proclamación como esta que sea hecha en todo Mitzrayim a la orden del rey.

[12] Y cuando algunos de los hijos de Yisra'el vengan a edificar con ustedes, ustedes les darán sus jornales diariamente por unos pocos días.

[13] Y después que ellos estén edificando a su jornal diario, ustedes se quitan del trabajo uno a uno secretamente, después ustedes se levantan y se convierten en sus amos de obra y oficiales, y los dejarán que edifiquen sin jornales, y si ellos rehúsan, los fuerzan con todo su poder para edificar.

[14] Y si ustedes hacen esto, será bueno para nosotros para fortalecer nuestra tierra contra los hijos de Yisra'el, porque a causa de la fatiga del trabajo de edificar, los hijos de Yisra'el disminuirán, porque ustedes los privarán de sus esposas día a día.

[15] Y todos los ancianos de Mitzrayim oyeron el consejo del rey, y el consejo parecía bueno a los ojos de los sirvientes de Faraón, y a los ojos de todos Mitzrayim, y ellos hicieron de acuerdo a la palabra del rey.

[16] Y todos los sirvientes salieron del rey y ellos ordenaron que una proclamación se hiciera en todo Mitzrayim, en Tajpanjes y en Goshen, y en todas las ciudades que rodean a Mitzrayim, diciendo:

[17] Ustedes han visto lo que los hijos de Esaú y los hijos de Yishmael nos hicieron a nosotros, quienes vinieron a la guerra contra nosotros y quisieron destruirnos.

[18] Ahora, por lo tanto, el rey nos ha ordenado fortificar la tierra, edificar las ciudades de Piton y Raameses, y fortificarlas para la batalla, para si ellos de nuevo vienen contra nosotros.

[19] Cualquiera de entre ustedes de todo Mitzrayim y de entre los hijos de Yisra'el que venga a edificar con nosotros, tendrá su jornal diario dado por el rey, como su orden es a nosotros.

[20] Y cuando Mitzrayim y los hijos de Yisra'el oyeron todo lo que los sirvientes de Faraón habían hablado, vinieron de entre los Mitzrayimim y de entre los hijos de Yisra'el para edificar con los sirvientes de Faraón, Piton y Raameses, pero ninguno de los hijos de Levi vinieron con sus hermanos a edificar.

[21] Y todos los sirvientes de Faraón y sus príncipes vinieron al principio con engaño para edificar con todo Yisra'el como jornaleros a jornal diario, y ellos dieron a Yisra'el su jornal al principio.

[22] Y los sirvientes de Faraón edificaron con todo Yisra'el, y fueron empleados en ese trabajo por un mes.

[23] Al final del mes todos los sirvientes de Faraón comenzaron a retirarse secretamente de la gente de Yisra'el diariamente.

[24] Y Yisra'el siguió con el trabajo en ese tiempo, pero ellos recibían su jornal diario, porque algunos de los hombres de Mitzrayim estaban haciendo el trabajo con los hijos de Yisra'el en ese tiempo, por lo tanto, los Mitzrayimim dieron a Yisra'el su jornal en esos tiempos, para que ellos, los Mitzrayimim y sus compañeros recibieran su paga por su trabajo diario.

[25] Al final de un año y cuatro meses todos los Mitzrayimim se habían retirado de los hijos de Yisra'el, así que los hijos de Yisra'el fueron dejados solos en el trabajo.

[26] Y después que todos los Mitzrayimim se habían retirado de los hijos de Yisra'el, ellos regresaron y se volvieron en opresores y oficiales sobre ellos, y algunos de ellos fueron puestos sobre los hijos de Yisra'el como amos de obra, para recibir de ellos todo lo que ellos daban por su paga de su labor.

[27] Todos los Mitzrayimim lo hicieron a los hijos de Yisra'el de esta forma día a día, para afligirlos en su trabajo.

[28] Y los hijos de Yisra'el estaban solos en su labor, y los Mitzrayimim se abstuvieron de dar paga a los hijos de Yisra'el de sde ese momento en adelante.

[29] Y cuando algunos de los hombres de Yisra'el rehusaron trabajar por causa de que los jornales no se les estaban dando, entonces los exactores y lo sirvientes de Faraón los oprimieron y los golpearon con duros golpes, y los hacían regresar a la fuerza, para laborar con sus hermanos; así hacían todos los Mitzrayimim a los hijos de Yisra'el todos los días.

[30] Y todos los hijos de Yisra'el estaban grandemente atemorizados de los Mitzrayimim en este asunto, y todos los hijos de Yisra'el regresaron y trabajaron solos sin paga.

[31] Y los hijos de Yisra'el edificaron Piton y Raameses, y todos los hijos de Yisra'el hicieron el trabajo, algunos haciendo ladrillos y otros edificando, y los hijos de Yisra'el edificaron y fortificaron toda la tierra de Mitzrayim y sus muros; y los hijos de Yisra'el estuvieron ocupados en este trabajo por años, hasta el tiempo que YAHWEH se acordó de ellos y los sacó de la tierra de Mitzrayim.

[32] Pero los hijos de Levi no estaban empleados en el trabajo con sus hermanos de Yisra'el desde el principio hasta el día que salieron de Mitzrayim.

[33] Porque todos los hijos de Levi sabían que los Mitzrayimim habían hablado esas palabras con engaño a los hijos de Yisra'el, por lo tanto, los hijos de Levi se abstuvieron de ir a trabajar con sus hermanos.

[34] Y los Mitzrayimim no dirigieron su atención para hacer trabajar a los hijos de Levi después, porque no habían estado con sus hermanos al principio, por lo tanto, los Mitzrayimim los dejaron quietos.

[35] Y las manos de los hombres de Mitzrayim estaban dirigidas con continua severidad contra los hijos de Yisra'el en ese trabajo, y los Mitzrayimim hicieron que los hijos de Yisra'el trabajaran con rigor.

[36] Y los Mitzrayimim amargaron las vidas de los hijos de Yisra'el con trabajo gravoso, en mortero y ladrillos, y también en todo tipo de trabajo en el campo.

[37] Y los hijos de Yisra'el llamaron a Melol el rey de Mitzrayim "Meror, rey de Mitzrayim," porque en sus días los Mitzrayimim habían amargado sus vidas con todo tipo de trabajo.

[38] Y todos los trabajos de los Mitzrayimim hacían que los hijos de Yisra'el hicieran, lo extraían con rigor, para afligir a los hijos de Yisra'el, pero mientras más los afligían, más ellos crecían y aumentaban, y los Mitzrayimim estaban irritados por causa de los hijos de Yisra'el.

66 – Matanza de Bebés Israelitas Varones

(Éxodo 1)

[1] En ese tiempo Hadad hijo de Bedad rey de Edom, murió, y Samlah de Mesrekah, del país de los hijos del este, reinó en su lugar.

[2] En el año 13 del reino de Faraón rey de Mitzrayim, cual era el año 125 desde que los hijos de Yisra'el descendieron a Mitzrayim, Samlah reinó sobre Edom por 18 años.

[3] Y cuando él reinó, él reunió sus fuerzas para ir a pelear contra Zefo el hijo de Elifaz y los hijos de Kittim, porque ellos hicieron la guerra contra Angeas rey de África, y ellos destruyeron su ejército completo.

[4] Pero él no se batió con él porque los hijos de Esaú se lo impidieron, diciendo: El era su hermano, así que Samlah escuchó a la voz de los hijos de Esaú, y se devolvió con todas sus fuerzas a la tierra de Edom, y no procedió a pelear con Zefo hijo de Elifaz.

[5] Y Faraón rey de Mitzrayim oyó esta cosa, diciendo: Samlah rey de Edom ha resuelto pelear contra los hijos de Kittim, y después él vendrá a pelear contra Mitzrayim.

[6] Y cuando todos los Mitzrayimim oye ron este asunto, ellos aumentaron la labor sobre los hijos de Yisra'el, no fuera que los Yisra'elim hicieran a ellos lo que hicieron a ellos en su guerra contra los hijos de Esaú en los días de Hadad.

[7] Así que los Mitzrayimim dijeron a los hijos de Yisra'el: Apresuren su trabajo, y terminen su tarea, y fortalezcan la tierra, no sea que los hijos de Esaú sus hermanos vengan a pelear contra nosotros, porque por causa de ustedes ellos vienen contra nosotros.

[8] Y los hijos de Yisra'el hicieron el trabajo de los hombres de Mitzrayim día a día, y los Mitzrayimim afligían a los hijos de Yisra'el para que disminuyeran en la tierra.

[9] Y los Mitzrayimim aumentaron la labor sobre los hijos de Yisra'el, y también los hijos de Yisra'el aumentaron y se multiplicaron, y todo Mitzrayim estaba lleno de los hijos de Yisra'el.

[10] Y en el año 125 de Yisra'el descender a Mitzrayim, todos los Mitzrayimim vieron que su consejo no funcionaba contra Yisra'el, sino que ellos aumentaban y crecían, y la tierra de Mitzrayim y la tierra de Goshen estaban llenas de los hijos de Yisra'el.

[11] Entonces todos los ancianos de Mitzrayim y sus hombres sabios vinieron delante del rey, y se inclinaron delante de él, y se sentaron delante de él.

[12] Y todos los ancianos de Mitzrayim y los hombres sabios de allí dijeron al rey: Que el rey viva para siempre; tú nos diste el consejo a nosotros, el consejo contra los hijos de Yisra'el, y nosotros hicimos a ellos de acuerdo a la palabra del rey,

[13] Pero en proporción al aumento de la labor, así ellos aumentan y crecen en la tierra, y he aquí que todo el país esta lleno de ellos.

[14] Ahora por lo tanto, nuestro señor y rey, los ojos de Mitzrayim están sobre ti para darle consejo con tu sabiduría, por la cual ellos puedan prevalecer sobre Yisra'el y destruirlos, o disminuirlos de

la tierra; y el rey les respondió a ellos, diciendo: Ustedes den consejo en este asunto para que podamos saber lo que hacer a ellos.

[15] Y un oficial, uno de los consejeros del rey, cuyo nombre era Job, de Mesopotamia, en la tierra de Uz, respondió al rey, diciendo:

[16] Si le complace al rey, que él oiga consejo de su sirviente; y el rey le dijo: Habla.

[17] Y Job habló delante del rey, los príncipes, y delante de todos los ancianos de Mitzrayim, diciendo:

[18] He aquí que el consejo del rey que él aconsejó ante con respecto a la labor de los hijos de Yisra'el es bueno, y tú no los debes remover de su labor nunca.

[19] Pero este es el consejo con el cual los puedes disminuir, si le parece bien al rey afligirlos.

[20] He aquí que nosotros hemos temido a la guerra por un largo tiempo, y nosotros dijimos: Cuando Yisra'el sea fructíferos en la tierra, ellos nos echarán de la tierra si una guerra toma lugar.

[21] Si le complace al rey, que él dicte un decreto real, y que sea escrito en las leyes de Mitzrayim cuales no serán revocadas, que todo niño varón nacido a los Yisra'elim, su sangre sea echada a tierra.

[22] Y haciendo esto, cuando todos los varones de Yisra'el hayan muerto, el mal de sus guerras cesará; que el rey lo haga así y que envíe por todas las parteras Hebreas, y les ordenas este asunto y que lo ejecuten; así la cosa complació al rey y los príncipes, y el rey hizo de acuerdo a la palabra de Job.

[23] Y el rey envió a llamar a las parteras Hebreas de las cuales el nombre de una era Shefrah y el nombre de la otra era Puah.

[24] Y las parteras vinieron delante del rey y se pararon en su presencia.

[25] Y el rey dijo a ellas: Cuando ustedes hagan el oficio de parteras a las mujeres Hebreas, y las vean sobre la banca, si en un varón, ustedes lo matan; pero si es una hembra, ella vivirá.

[26] Pero si ustedes no hacen esta cosa, yo las quemaré y a toda su casa con fuego.

[27] Pero las parteras temían al Todopoderoso y no escucharon al del rey de Mitzrayim ni hicieron de acuerdo a su palabra; y cuando la mujer Hebrea daba a luz, la partera, ya fuera varón o hembra, hacía lo necesario para mantenerlos con vida; así hicieron las parteras todos los días.

[28] Y esto fue dicho al rey, y él envió a llamar a las parteras y dijo a ellas: ¿Por qué han hecho esta cosa y han salvado a los varones vivos?

[29] Y las parteras respondieron y hablaron juntas delante del rey, diciendo:

[30] Que el rey no crea que las mujeres Hebreas son como las mujeres de Mitzrayim, porque los hijos de Yisra'el son robustos y saludables, y ellas dan a luz antes de que la partera llegue, y en cuanto a nosotros tus sirvientas, ninguna mujer Hebrea ha dado a luz sobre nosotros en muchos días, porque las mujeres Hebreas son sus propias parteras, porque son robustas y saludables.

[31] Y Faraón oyó sus palabras y les creyó en este asunto, y las parteras salieron del rey, y el Todopoderoso trató bien con ellas, y el pueblo se multiplicó y aumentó en extremo.

67 - Nace Miriam

[1] Había un hombre en la tierra de Mitzrayim de la zera de Levi, cuyo nombre era Amram, el hijo de Kehat, el hijo de Levi, el hijo de Yisra'el.

[2] Y este hombre fue y tomó esposa, a saber, Yojebeb la hija de Levi, la hermana de su padre, y ella era de 126 años y él vino a ella.

[3] Y la mujer fue preñada y dio a luz una hija, y ella la llamó Miryam, porque en esos días los Mitzrayimim habían amargado la vida de los hijos de Yisra'el.

[4] Y ella fue preñada de nuevo y dio a luz un hijo y llamó su nombre Aharon, porque en los días de su concepción Faraón comenzó a derramar la sangre de los niños varones de Yisra'el.

[5] Y en esos días Zefo el hijo de Elifaz, el hijo de Esaú, rey de Kittim, murió; y Janeas reinó en su lugar.

[6] Y el tiempo que Zefo reinó sobre los hijos de Kittim fue de 50 años, y él murió y fue sepultado en la ciudad de Nabna en la tierra de Kittim.

[7] Y Janeas uno de los hombres poderosos de la tierra de Kittim, reinó después de él, y reinó por 50 años.

[8] Y fue después de la muerte del rey de Kittim que Bilaam el hijo de Beor huyó de la tierra de Kittim, y él vino a Mitzrayim a Faraón rey de Mitzrayim.

[9] Y Faraón lo recibió con gran honor porque había oído de su sabiduría, y le dio regalos y lo hizo consejero, y lo engrandeció.

[10] Y Bilaam vivió en Mitzrayim en honor con los nobles del rey, y los nobles lo exaltaron, porque ellos codiciaban aprender su sabiduría.

[11] Y en el año 130 de Yisra'el descender a Mitzrayim, Faraón soñó que el estaba sentado en su trono real, y él levantó sus ojos y vio a un hombre viejo parado delante de él, y había pesas en las manos del viejo, tales pesas como las usadas por los mercaderes.

[12] Y el viejo tomó las pesas y las colgó delante de Faraón.

[13] Y el viejo tomó a todos los ancianos de Mitzrayim y a sus nobles y los grandes hombres, y él los ató a todos juntos y los puso en una pesa.

[14] Y tomó un corderito y los puso en la otra pesa, y el corderito tuvo preponderancia sobre todos ellos.

[15] Y Faraón estaba estupefacto al ver esta horrible visión, y porqué el corderito habría tenido preponderancia sobre todos ellos, y Faraón se despertó y he aquí que era un sueño.

[16] Y Faraón se levantó temprano en la mañana y llamó a sus sirvientes y les relató el sueño, y los hombres estaban grandemente temerosos.

[17] Y el rey dijo a todos sus hombres sabios, por favor interpreten el sueño que soñé, para que yo pueda saber.

[18] Y Bilaam el hijo de Beor respondió al rey y le dijo: Esto no significa más que un gran mal que saltará contra Mitzrayim en días postreros.

[19] Porque un hijo nacerá a Yisra'el quien destruirá todo Mitzrayim y a todos sus habitantes, y sacará a los Yisra'elim de Mitzrayim con una Mano Poderosa.

[20] Ahora, por lo tanto, O rey, toma consejo sobre este asunto, para que tú puedas destruir la esperanza de los hijos de Yisra'el y sus expectaciones, antes de que este mal se levante contra Mitzrayim.

[21] Y el rey dijo a Bilaam: ¿Y qué haremos a Yisra'el? Ciertamente de cierta forma que aconsejamos al principio contra ellos, y no pudimos prevalecer sobre ellos.

[22] Ahora da tú consejo contra ellos por el cual podamos prevalecer sobre ellos.

[23] Y Bilaam respondió al rey, diciendo: Envía ahora y llama a tus dos consejeros, y veremos cual es su consejo sobre este asunto y después de eso tu sirviente hablará.

[24] Y el rey envió y llamó a sus dos consejeros Reuel el Midyanim y Job el Uzim, y ellos vinieron y se sentaron delante del rey.

[25] Y el rey dijo a ellos: He aquí que ustedes dos han oído el sueño que yo soñé, y la interpretación de él; ahora, por lo tanto, den consejo en cuanto a lo que tiene que ser hecho con los hijos de Yisra'el, por el cual podamos prevalecer sobre ellos, antes de que su mal salte contra nosotros.

[26] Y Reuel el Midyanim respondió al rey y dijo: Que el rey viva, que el rey viva para siempre.

[27] Si parece bien al rey, que él desista de los Hebreos y los dejes, y no extiendas tu mano contra ellos.

[28] Porque estos son aquellos que YAHWEH escogió en los tiempos antiguos, y los tomó como el pueblo de Su herencia de entre todas las naciones de la tierra y de los reyes de la tierra; y ¿quién extenderá su mano contra ellos con impunidad, de quien Su Elohim no se haya vengado?

[29] Ciertamente tú sabes que Abraham descendió a Mitzrayim, Faraón, el anterior rey de Mitzrayim, y vio a Sarah su esposa, y la tomó por esposa, porque Abraham dijo que ella era su hermana, porque tenía miedo no fuera que los hombres de Mitzrayim lo mataran por causa de su esposa.

[30] Y cuando el rey de Mitzrayim había tomado a Sarah entonces el Todopoderoso lo golpeó a él y su casa con pesadas plagas, hasta que él restauró a Abraham su esposa Sarah, entonces fue sanado.

[31] Y Abimelec el Gerarim, rey de los Plishtim, el Todopoderoso castigó por causa de Sarah la esposa de Abraham, sellando toda matriz de humanos y animales.

[32] Y su Elohim vino a Abimelecen un sueño de noche y lo aterrorizó para que él restaurara a Abraham Sarah quien él había tomado, y después toda la gente de Gerar fue castigada por causa de Sarah, y Abraham oró a su Elohim por ellos , él le suplicó y El los sanó.

[33] Y Abimelec temió a todo este mal que vino sobre él y su pueblo, y él regresó a Abraham su esposa Sarah, y le dio a él con ella muchos regalos.

[34] También hizo lo mismo con Yitzjak cuando lo echó de Gerar, y el Todopoderoso había hecho cosas maravillosas a él, y todos los manantiales de agua de Gerar fueron secos, y sus árboles productivos no dieron fruto.

[35] Hasta que Abimelec de Gerar, Ahuzat uno de sus amigos, y Pijol el capitán de su ejército fueron a él y se inclinaron delante de él a tierra.

[36] Y ellos le pidieron que suplicara por ellos, y él oró a YAHWEH por ellos y YAHWEH oyó su súplica y fueron sanados.

[37] Ya'akov también, el hombre sencillo, fue liberado por medio de su integridad de la mano de su hermano Esaú, y de la mano de Labán el Sirio el hermano de su madre, quien había buscado su vida; asimismo de la mano de los reyes de Canaán que habían venido juntos contra él y sus hijos los destruyeron, y YAHWEH los liberó de sus manos , y ellos se volvieron y los golpearon, y ¿quién ha extendido su mano contra ellos con impunidad?

[38] Ciertamente Faraón e l anterior, el padre de tu padre, levantó a Yosef el hijo de Ya'akov por encima de todos los príncipes de la tierra de Mitzrayim, cuando él vio su sabiduría, porque con su sabiduría él rescató a todos los habitantes de la tierra de la hambruna.

[39] Después de lo cual él ordenó a Ya'akov y a sus hijos descender a Mitzrayim, para que ellos por su virtud, la tierra de M itzrayim y la tierra de Goshen fueran liberadas de la hambruna.

[40] Ahora, por lo tanto, si parece bien a tus ojos, cesa de destruir a los hijos de Yisra'el, y si no es tu voluntad que vivan en la tierra de Mitzrayim, entonces, envíalos fuera de aquí, para que ellos puedan ir a la tierra de Canaán, la tierra donde sus padres se quedaron.

[41] Y cuando Faraón oyó las palabras de Yitro él estaba muy furioso con él, así que él se levantó con vergüenza de la presencia del rey, y se fue a Midyan su tierra, y se llevó el cetro de Yosef con él.

[42] Y el rey dijo a Job el Uzim: ¿Qué dices tú, cual es tu consejo respecto a los Hebreos?

[43] Así que Job dijo al rey: He aquí que todos los habitantes de la tierra están bajo tu poder, que el rey haga lo que parezca bien a sus ojos.

[44] Y el rey dijo a Bilaam, ¿Qué dices tú Bilaam? Habla tu palabra para que la podamos oír.

[45] Y Bilaam dijo al rey: De todo lo que tú has aconsejado contra los Hebreos, de todo serán liberados, y el rey no podrá prevalecer sobre ellos con ningún consejo.

[46] Porque si tú te imaginas que los vas a disminuir por fuego abrasante, no puedes prevalecer sobre ellos, porque ciertamente su Elohim liberó a Abraham su padre de Ur Kasdim, y si te imaginas que los vas a destruir por la espada, ciertamente Yitzjak su padre fue liberado de ella, y un carnero fue puesto en su lugar.

[47] Y si con dura y rigurosa labor te imaginas que los vas a disminuir, tú no prevalecerás aun en esto, porque su padre Ya'akov sirvió a Labán en todo tipo de trabajo, y prosperó.

[48] Ahora por lo tanto, O rey, oye mis palabras, porque éste es el consejo que es aconsejado contra ellos, y del cual no te debes separar.

[49] Si complace al rey que él ordene que todos los hijos que nazcan desde este día en adelante, que sean echados al agua, porque esto puede borrar su nombre, porque ninguno de ellos, ni sus padres, fueron probados de esta manera.

[50] Y el rey oyó las palabras de Bilaam, y la cosa complació al rey y los príncipes, y el rey hizo de acuerdo a la palabra de Bilaam.

[51] Y el rey ordenó que una proclamación fuera hecha, y una ley decretada en toda la tierra de Mitzrayim, diciendo: Todo hijo varón de los Hebreos que nazca desde este día en adelante será echado al agua.

[52] Y Faraón llamó a sus sirvientes, diciendo: Ahora vayan y busquen en toda la tierra de Goshen donde están los hijos de Yisra'el, y vean que todo varón nacido a los Hebreos sea echado al río, pero toda hembra ustedes dejarán vivir.

[53] Y cuando los hijos de Yisra'el oyeron esta cosa que Faraón había ordenado, de echar sus hijos varones al río, algunos del pueblo se separaron de sus esposas y otros se unieron más.

[54] Y desde ese día en adelante cuando el tiempo de dar a luz venía a esas mujeres en Yisra'el que habían permanecido con sus esposos, ellas iban al campo para dar a luz allí, y ellas daban a luz en el campo, y dejaban a los niños en el campo y regresaban a casa.

[55] Y YAHWEH quien había prometido a sus padres multiplicarlos envió a uno de sus malajim ministradores que están en el cielo, a lavar a cada niño en agua , y a ungirlos y envolverlo y a poner en sus manos dos piedras lisas, de una mamaba leche y de la otra miel, y él causaba que su pelo creciera hasta las rodillas, por lo cual se podía cubrir; para confortarlos y se agarraran a él, por Su compasión por ellos.

[56] Y cuando el Todopoderoso tuvo compasión sobre ellos y tuvo el deseo de multiplicarlos sobre la faz de la tierra, El ordenó a Su tierra a recibirlos y preservarlos en ella hasta el tiempo que crecieran, después de lo cual la tierra abría su boca y los vomitaba y ellos brotaban de la ciudad como herbario de la tierra, y hierba del bosque, y cada uno regresaba a su familia y a la casa de su padre, y permanecían con ellos.

[57] Y todos los bebés de los hijos de Yisra'el estaban en la tierra como hierba del campo, por la misericordia del Todopoderoso hacia ellos.

[58] Y cuando todos los Mitzrayimim vieron esta cosa, ellos fueron al campo con su yugo de bueyes y su arado, y ellos lo araban como uno ara la tierra en tiempo de siembra.

[59] Y cuando ellos araban no podían dañar a los infantes de los hijos de Yisra'el, así que el pueblo aumentó y creció extremadamente.

[60] Y Faraón ordenó diariamente a sus oficiales ir a Goshen para buscar los bebés de los hijos de Yisra'el, y cuando ellos encontraran uno, ellos lo habrían de tomar de los brazos de su madre por la fuerza, pero la hembra la habrían de dejar con su madre; así hicieron los Mitzrayimim a los Yisra'elim todos los días.

68 – Nace Moisés

(Éxodo 2)

[1] Y fue en ese tiempo que el Ruaj del Todopoderoso estaba sobre Miryam la hija de Amram, la hermana de Aharon, y ella salió por su casa y profetizó, diciendo: Ha aquí que un hijo será nacido a nosotros de mi padre y mi madre en este tiempo, y él salvará a Yisra'el de las manos de Mitzrayim.

[2] Y cuando Amram oyó las palabras de su hija él fue y trajo de regreso a su esposa a la casa, después que él la había despedido cuando Faraón ordenó que todos los hijos varones de la casa de Ya'akov fueran echados al agua.

[3] Así que Amram tomó a Yojebed su esposa, tres años después que él la había despedido, y él vino a ella y ella fue preñada.

[4] Y al final de siete meses de su concepción ella dio a luz un hijo, y toda la casa fue llena con una gran luz como la luz del sol y la luna en el tiempo que brillan.

[5] Y cuando la mujer vio que el niño era hermoso y placentero a la vista, ella lo escondió por tres meses en una habitación interna.

[6] En aquellos días los Mitzrayimim conspiraban para destruir a todos los Hebreos allí.

[7] Y las mujeres Mitzrayimim fueron a Goshen donde estaban los hijos de Yisra'el, y ellas se llevaban a sus pequeños sobre sus hombros, los bebés que aun no hablaban.

[8] Y en esos días cuando las mujeres de los hijos de Yisra'el daban a luz, cada mujer escondía a su hijo de delante de los Mitzrayimim, para que los Mitzrayimim no supieran que ellas habían dado a luz, y no los pudieran destruir de la tierra.

[9] Y las mujeres Mitzrayimim venían a Goshen y sus hijos que no podían hablar estaban sobre sus hombros, y cuando una mujer Mitzrayimim venía a la casa de una Hebrea, su bebé comenzaba a llorar.

[10] Y cuando lloraba, el niño que estaba en la habitación interna respondía, así que las mujeres Mitzrayimim se iban y lo decían en la casa de Faraón.

[11] Y Faraón mandaba sus oficiales a tomar los niños y matarlos; así hacían los Mitzrayimim a las mujeres Hebreas todos los días.

[12] Y fue en ese tiempo, como tres meses después que Yojebed escondió a su hijo, que la cosa fue conocida en la casa de Faraón.

[13] Y la mujer se apresuró a sacar a su hijo antes de que los oficiales vinieran, y ella hizo un arca de junco, y lo cubrió con cieno y brea, y puso al niño en ella, y la puso en el borde del río.

[14] Y su hermana Miryam se paró lejos para ver qué sucedía al niño, y que se haría de sus palabras.

[15] Y el Todopoderoso envió en ese tiempo un calor terrible sobre la tierra de Mitzrayim, que quemaba la carne del hombre como el sol en su circuito, y grandemente oprimió a los Mitzrayimim.

[16] Y todos los Mitzrayimim descendían al río a bañarse, por causa del calor consumidor que quemaba su carne.

[17] Y Batia la hija de Faraón, también fue a bañarse en el río, debido al calor abrasador, y sus sirvientas caminaban por el borde del río, como todas las mujeres de Mitzrayim.

[18] Y Batia alzó sus ojos al río y ella vio el arca sobre el río, y mandó a su sirvienta a buscarla.

[19] Y ella la abrió y vio al niño, y he aquí que el niño lloraba, y ella tuvo compasión de él, y ella dijo: Este es un niño de los Hebreos.

[20] Y todas las mujeres de Mitzrayim que caminaban por el borde del río deseaban darle de mamar, pero él no mamaba, porque esta cosa era de YAHWEH, para devolverlo al pecho de su madre.

[21] Y Miryam su hermana estaba en ese momento con las mujeres de Mitzrayim por el borde del río, y ella vio esta cosa y ella dijo a la hija de Faraón: ¿Quieres que vaya a buscar una nodriza de entre las mujeres Hebreas para que de mamar al niño?

[22] Y la hija de Faraón le dijo a ella: Ve, y la joven fue y llamó a la madre de la criatura.

[23] Y la hija de Faraón dijo a Yojebed: Toma este niño y amamántalo por mí, y yo te pagaré tus jornales, dos piezas de plata diarias; y la mujer tomó al niño y lo amamantó.

[24] Y al final de dos años, cuando el niño creció, ella lo trajo a la hija de Faraón, y él fue para ella como un hijo, y ella llamó su nombre Moshe, porque ella dijo: Yo lo saqué a él del agua.

[25] Y Amram su padre llamó su nombre Habar, porque él dijo; Fue por él que se juntó con su esposa a quien había despedido.

[26] Y Yojebed llamó su nombre Yekutiel, porque ella dijo: Yo he esperado por él en el Todopoderoso y el Todopoderoso lo restauró a mí,

[27] Y Miryam su hermana lo llamó Yered, porque ella descendió tras él al río para ver cual sería su fin.

[28] Y Aharon su hermano llamó su nombre Avi Zanuj, diciendo: Mi padre dejó a mi madre y regresó a ella por causa de él.

[29] Y Kehat el padre de Amram llamó su nombre Abigdor, porque por causa de él el Todopoderoso reparó la brecha de la casa de Ya'akov, para que ya ellos no tuvieran que echar al río sus hijos varones.

[30] Y la nodriza lo llamó Abi Sojo, diciendo: En Su Tabernáculo estuvo escondido por tres meses por causa de los hijos de Ham.

[31] Y todo Yisra'el llamó su nombre Shemayah, hijo de Netanel, porque ellos dijeron: En sus días el Todopoderoso ha oído sus clamores, y los ha rescatado de sus opresores.

[32] Y Moshe estaba en la casa de Faraón, y fue para Batia, la hija de Faraón, como un hijo, y Moshe creció entre los hijos del rey.

69 – Los Egipcios Maltrataron a los Israelitas
(Éxodo 5)

[1] Y el rey de Edom murió en esos días, en el año 18 de su reinado, y fue sepultado en su templo que él edificó para sí como residencia real en la tierra de Edom.

[2] Y los hijos de Esaú enviaron a Petor cual está sobre el río, y buscaron de allí un hombre joven de ojos bellos y hermoso aspecto, cuyo nombre era Shaúl y lo hicieron rey en lugar de Shamlah.

[3] Y Shaúl reinó sobre todos los hijos de Esaú en la tierra de Edom por 40 años.

[4] Y cuando Faraón vio que el consejo de Bilaam que él había aconsejado con respecto a los hijos de Yisra'el no funcionó, sino que ellas aún eran fructíferos y se multiplicaban por el tierra de Mitzrayim;

[5] entonces Faraón ordenó una proclamación que debía ser anunciada por toda la tierra de Mitzrayim a los hijos de Yisra'el, diciendo: Ningún hombre disminuirá nada de su labor diaria.

[6] Y el hombre que sea encontrado deficiente en su labor que él hace diariamente, ya sea en mortero o ladrillos, entonces su hijo menor será puesto en su lugar.

[7] Y la labor de Mitzrayim se endureció sobre los hijos de Yisra'el en esos días, y he aquí que si un ladrillo estaba deficiente en la labor diaria de cualquier hombre, los Mitzrayimim agarraban su hijo menor a la fuerza de su madre, y lo ponían en la edificación en lugar del ladrillo que su padre dejó deficiente .

[8] Y los hombres de Mitzrayim hicieron así a todos los hijos de Yisra'el día a día por largo tiempo.

[9] Pero la tribu de Levi en ese tiempo no trabajaba con los Yisra'elim sus hermanos, porque los hijos de Levi conocían la astucia de los Mitzrayimim cual ellos ejercitaron al principio con los Yisra'elim.

70 - El Infante Moisés

(Éxodo 4:10)

[1] Y al tercer año del nacimiento de Moshe, Faraón estaba sentado en un banquete, cuando Alparanit la reina estaba sentada a su derecha y Batia a su izquierda, y el niño Moshe estaba en sus regazos, y Bilaam el hijo de Beor con sus dos hijos, y todos los príncipes del reino estaban sentados a la mesa en la presencia del rey.

[2] Y el niño extendió su mano sobre la cabeza del rey, y quitó la corona de la cabeza del rey y la puso sobre su propia cabeza.

[3] Y cuando el rey y los príncipes vieron la obra que el niño había hecho, el rey y los príncipes estaban aterrorizados, y un hombre expresó estupefacción a su vecino.

[4] Y el rey dijo a los príncipes que estaban delante de él en la mesa: ¿Qué hablan ustedes, y qué dicen ustedes, O ustedes príncipes, en este asunto, y cuál será el juicio contra el niño a causa de este acto?

[5] Y Bilaam el hijo de Beor el mago respondió delante del rey y los príncipes, y él dijo: ¿Recuerdas ahora, O mi señor el rey, el sueño que tú soñaste hace ya muchos años , y que tu sirviente interpretó para ti?

[6] Ahora, por lo tanto, este es el niño de los niños Hebreos, en quien el Ruaj del Todopoderoso está, y que no se imagine mi señor el rey que este niño hizo eso sin conocimiento.

[7] Porque él es un niño Hebreo y entendimiento y sabiduría están con él, aunque aún sea un niño, y con sabiduría él ha hecho esto y ha escogido para él mismo el reino de Mitzrayim.

[8] Porque esta es la forma de todos los Hebreos para engañar a reyes y nobles, hacer todas esas cosas con astucia, para hacer que los reyes de la tierra y sus hombres tiemblen.

[9] Seguramente tú sabes que Abraham su padre actuó así, y así engañó al ejército de Nimrod rey de Bavel, y a Abimelec rey de Gerar, y que él poseyó para sí la tierra de los hijos de Het y todos los reinos de Canaán.

[10] Y que él descendió a Mitzrayim y dijo de Sarah su esposa: Ella se mi hermana, para engañar a Mitzrayim y a su rey.

[11] Su hijo Yitzjak también lo hizo cuando él fue a vivir a Gerar, y su poder prevaleció sobre el ejército de Abimelec rey de los Plishtim.

[12] Y él también pensó hacer que el reino de los Plishm tropezara, en decir que Rivkah su esposa era su hermana.

[13] Ya'akov también trató traicioneramente con su hermanos, y tomó de su mano su primogenitura y su bendición.

[14] Y fue entonces a Padan-Aram a la casa de Labán el hermano de su madre, y con astucia obtuvo de él sus hijas, su ganado, y todo lo perteneciente a él, y huyó y regresó a la tierra de Canaán a su padre.

[15] Sus hijos vendieron a su hermano Yosef, quien descendió a Mitzrayim y fue un esclavo, y fue puesto en la casa de prisión por doce años.

[16] Hasta que el antiguo Faraón soñó sueños, y lo sacó de la casa de prisión, y lo engrandeció por encima de todos los príncipes de Mitzrayim por causa de que su interpretación de los sueños de él.

[17] Y cuando el Todopoderoso causó una hambruna por toda la tierra él envió y trajo a su padre y a todos sus hermanos, y toda la casa de su padre, y los sostuvo sin precio ni recompensa y trajo a los Mitzrayimim por esclavos .

[18] Ahora, por lo tanto, mi señor y rey, este niño se ha levantado en Mitzrayim en lugar de ellos, para hacer de acuerdo a sus obras, y para jugar con todos los reyes, príncipes y jueces.

[19] Si le complace al rey derramemos su sangre sobre la tierra, no sea que crezca y quite el gobierno de tu mano, con la esperanza que Mitzrayim perezca después que él haya reinado.

[20] Y Bilaam dijo al rey: Déjanos además llamar a todos los jueces de Mitzrayim y a los sabios aquí, y para que sepamos si el juicio de muerte es debido a este niño como tú has dicho, y entonces lo mataremos.

[21] Y Faraón envió y llamó a todos los hombres sabios de Mitzrayim y ellos vinieron delante de su presencia, y el Malaj de YAHWEH vino entre ellos, y El era como uno de los hombres sabios de Mitzrayim.

[22] Y el rey dijo a los hombres sabios: Seguramente ustedes han oído lo que este niño Hebreo que está en la casa ha hecho, y así Bilaam ha juzgado en este asunto.

[23] Y ahora, juzguen ustedes también y vean qué es debido a este niño por el acto que ha cometido.

[24] Y El Malaj quien parecía como uno de los hombres sabios de Faraón, respondió y dijo como sigue, delante de todos los hombres sabios de Mitzrayim y delante del rey y los príncipes:

[25] Si le complace al rey, que el rey envíe por hombres que traigan una piedra de ónice y un carbón de fuego, y que los ponga delante del niño, y si el niño extiende su mano hacia la piedra de ónice, entonces sabremos que en sabiduría el niño ha hecho todo lo que ha hecho, y tenemos que matarlo.

[26] Pero si extiende su mano hacia el carbón, entonces sabremos que no fue con conocimiento que él hizo esta cosa, y él vivirá.

[27] Y la cosa pareció buena en los ojos del rey y los príncipes, así que el rey hizo conforme a la palabra del Malaj de YAHWEH.

[28] Y el rey ordenó que la piedra de ónice y el carbón fueran traídos y puestos delante del niño Moshe.

[29] Y ellos pusieron al niño delante de ello, y el niño intentó extender su mano hacia la piedra de ónice, pero el Malaj de YAHWEH tomó su mano y la puso sobre el carbón, y el carbón se apagó en su mano, y lo alzó y lo puso en su boca, y quemó parte de sus labios y parte de su lengua, y se puso adolorido de lengua y boca.

[30] Y cuando el rey y príncipes vieron esto, ellos supieron que Moshe no había actuado con sabiduría en quitar la corona de la cabeza del rey.

[31] Así que el rey y los príncipes se abstuvieron de matar al niño, y así Moshe permaneció en la casa de Faraón, creciendo, y YAHWEH estaba con él.

[32] Y mientras el niño estaba en la casa del rey, él estaba vestido de escarlata y creció entre los hijos del rey.

[33] Y cuando creció en la casa del rey, Batia la hija de Faraón lo consideraba como un hijo, y toda la casa de Faraón lo honraba, y todos los hombres de Mitzrayim tenían miedo de él.

[34] Y él salía diariamente e iba a la tierra de Goshen, donde sus hermanos, los hijos de Yisra'el estaban, y Moshe los veía diariamente en escasez de aliento y trabajo gravoso.

[35] Y Moshe les preguntó, diciendo: ¿Cuál es la razón por la cual este trabajo es impuesto a ustedes día a día?

[36] Y ellos le contaron todo lo que había caído sobre ellos y todas las órdenes que Faraón había puesto sobre ellos antes de su nacimiento.

[37] Y ellos le dijeron de todos los consejos con los cuales Bilaam el hijo de Beor había aconsejado contra ellos, y lo que él había aconsejado contra Moshe para matarlo cuando él había quitado la corona del rey de su cabeza.

[38] Y cuando Moshe oyó esas cosas su ira fue rebullida contra Bilaam, y él pensó en matarlo, y él estaba en emboscada por él día a día.

[39] Y Bilaam tenía miedo de Moshe, y él y sus dos hijos se levantaron y se fueron de Mitzrayim, y ellos huyeron y entregaron sus almas y se trasladaron a la tierra de Kush a Kikianus rey de Kush.

[40] Y Moshe estaba en la casa del rey saliendo y entrando, YAHWEH le dio favor a los ojos de Faraón, y a los ojos de todos sus sirvientes, y en los ojos de toda la gente de Mitzrayim, y ellos amaban a Moshe en extremo.

[41] Y el día llegó cuando Moshe fue a Goshen a ver a sus hermanos, y él vio a los hijos de Yisra'el con sus cargas y trabajos gravosos, y Moshe estaba entristecido por causa de ellos.

[42] Y Moshe regresó a Mitzrayim y vino a la casa de Faraón, y vino delante del rey y Moshe se inclinó delante del rey.

[43] Y Moshe dijo a Faraón: Por favor mi señor, Yo he venido buscando una pequeña petición de ti, no vuelvas mi rostro vacío; y Faraón le dijo a él: Habla.

[44] Y Moshe dijo a Faraón: Que les sea dado a tus sirvientes los hijos de Yisra'el que están en Goshen un día de descanso de sus labores.

[45] Y el rey respondió a Moshe y dijo: He aquí que yo he levantado tu rostro en este asunto para otorgar tu petición.

[46] Y Faraón ordenó que una proclamación fuera hecha en Mitzrayim y Goshen, diciendo:

[47] A ustedes, todos los hijos de Yisra'el, así dice el rey: POR SEIS DÍAS USTEDES HARÁN SU TRABAJO Y LABOR; PERO EL DÍA SÉPTIMO USTEDES DESCANSARÁN, y no harán ningún trabajo, así harán todos los días, como el rey y Moshe el hijo de Batia han ordenado.

[48] Y Moshe se regocijó a esta cosa que el rey le había otorgado, y todos los hijos de Yisra'el hicieron como Moshe había ordenado.

[49] Porque esto era de YAHWEH para todos los hijos de Yisra'el, porque YAHWEH había comenzado a recordarse de los hijos de Yisra'el para salvarlos por amor a sus padres.

[50] Y YAHWEH estaba con Moshe y su fama se extendió por todo Mitzrayim.

[51] Y Moshe se volvió grande a los ojos de todos los Mitzrayimim, y a los ojos de todos los hijos de Yisra'el, buscando el bien para su pueblo Yisra'el, hablando palabras de Shalom referente a ellos al rey.

71 – Moisés Mata a Un Egipcio

(Éxodo 2:11-15)

[1] Y cuando Moshe tenía 18 años de edad él deseaba ver a su padre y madre y fue a la tierra de Goshen, y Moshe estaba cerca de Goshen, él vino al lugar donde estaban los hijos de Yisra'el trabajando, y él observó sus cargas, y él vio un Mitzrayimi golpeando a uno de sus hermanos Hebreos .

[2] Y cuando el hombre que estaba siendo golpeado vio a Moshe él corrió hacia él por ayuda, porque el hombre Moshe era grandemente respetado en la casa de Faraón, y le dijo a él: Mi señor atiéndeme, este Mitzrayimi vino a mi casa de noche, me ató y vino sobre mi esposa en mi presencia, y ahora él busca quitarme a mi esposa.

[3] Y cuando Moshe oyó esta cosa perversa, su ira fue rebullida contra el Mitzrayimi, y él se volvió a este lado y al otro, y cuando vio que no había ningún hombre él golpeó al Mitzrayimi y lo escondió en la arena, y liberó al Hebreo de la mano de aquel que lo golpeó.

[4] Y el Hebreo fue a su casa y Moshe regresó a su hogar, y fue y regresó a la casa del rey.

[5] Y cuando el hombre regresó a su casa él pensó en repudiar a su esposa, porque no era correcto en la casa de Ya'akov, para un hombre venir a su esposa después de haber sido profanada.

[6] Y la mujer fue y se lo dijo a sus hermanos, y los hermanos de la mujer buscaron matarlo, y él huyó a su casa y escapó.

[7] Y en el segundo día Moshe salió a sus hermanos, y vio, he aquí que dos hombres estaban peleando, y él dijo al perverso: ¿Por qué golpeas a tu prójimo?

[8] Y él le respondió y le dijo: ¿Quién te ha puesto por príncipe y juez sobre nosotros? ¿Piensas matarme como hiciste con el Mitzrayimi? Y Moshe tuvo miedo, y dijo: Seguramente este asunto es conocido.

[9] Y Faraón oyó de este asunto y él ordenó que Moshe fuera muerto, así que el Todopoderoso envió a Su Malaj, y El apareció a Faraón con semejanza del capitán de la guardia.

[10] Y el Malaj de YAHWEH tomó la espada de la mano del capitán de la guardia , y quitó su cabeza con ella, porque la semejanza del capitán de la guardia fue vuelta a la semejanza de Moshe.

[11] Y el Malaj de YAHWEH tomó la mano derecha de Moshe, y lo sacó de Mitzrayim, y lo puso fuera de la frontera de Mitzrayim, una distancia de un viaje de 40 días.

[12] Y Aharon su hermano permaneció solo en la tierra de Mitzrayim, y él profetizó a los hijos de Yisra'el, diciendo:

[13] Así dice YAHWEH, el Elohim de sus padres: Echen cada hombre las abominaciones de sus ojos, no se profanen a sí con los ídolos de Mitzrayim.

[14] Y los hijos de Yisra'el se rebelaron y no escucharon a Aharon en ese momento.

[15] Y YAHWEH pensó en destruirlos, y si no hubiera sido que YAHWEH recordó del Pacto que El había hecho con Abraham, Yitzjak y Ya'akov.

[16] En aquellos días la mano de Faraón continuaba siendo severa sobre los hijos de Yisra'el, y él los apabullaba y los oprimía hasta el tiempo que el Todopoderoso envió Su Palabra y se fijó en ellos.

72 - Kikianus

[1] Y fue en esos días que hubo una gran guerra entre los hijos de Kush y los hijos del este y Aram, y ellos se rebelaron contra el rey de Kush en cuyas manos ellos estaban.

[2] Así, pues, Kikianus rey de Kush salió con todos lo hijos de Kush, un pueblo numeroso como la arena, y él fue a pelear contra Aram y los hijos del este, para traerlos bajo sujeción.

[3] Y cuando Kikianus salió él dejó a Bilaam el mago y a sus dos hijos para cuidar la ciudad, y la clase más baja de gente de la tierra.

[4] Así que Kikianus salió a Aram y a los hijos del este, y él peleó contra ellos y los golpeó, y ellos cayeron heridos delante de Kikianus y su gente.

[5] Y él tomó a muchos de ellos cautivos y los trajo bajo sujeción como antes, y él acampó en su tierra para tomar tributo de ellos como siempre.

[6] Y Bilaam el hijo de Beor, cuando el rey de Kush lo había dejado para cuidar la ciudad y a los pobres de la ciudad, él se levantó y aconsejó a la gente de la ciudad que se levantaran contra el rey Kikianus, que no lo dejaran entrar en la ciudad cuando él regresara.

[7] Y la gente de la tierra lo escucharon a él, y ellos juraron a él y lo hicieron rey sobre la tierra, y sus dos hijos por capitanes del ejército.

[8] Y ellos se levantaron y ellos edificaron sobre el muro de la ciudad en las dos esquinas, edificaron un edificio fuerte en extremo.

[9] Y en la tercera esquina ellos cavaron trincheras sin número, entre la ciudad y el río que rodeaba toda la tierra de Kush, y ellos hicieron que las aguas irrumpieran desde allí.

[10] Y en la cuarta esquina ellos reunieron un número de serpientes por sus conjuros y hechizos, y ellos fortificaron la ciudad y vivieron en ella, y ni uno de ellos salía o entraba delante de ellos.

[11] Y Kikianus peleó contra Aram y los hijos del este y los sometió como antes, y ellos le dieron su tributo usual, y él fue y regresó a su tierra.

[12] Y cuando Kikianus rey de Kush se acercó a su ciudad y todos los capitanes de sus fuerzas con él, ellos alzaron sus ojos y vieron que los muros de la ciudad habían sido edificados hacia arriba, y estaban grandemente elevados, así que los hombres estaban estupefactos con esto.

[13] Y ellos se dijeron uno al otro: Es porque ellos vieron que nos demorábamos en la batalla y estaban atemorizados de nosotros, por lo tanto, ellos han hecho esta cosa y han levantado los muros de la ciudad para que los reyes de Canaán no vinieran en batalla contra ellos.

[14] Y el rey y sus tropas se acercaron a las puertas de la ciudad, y ellos miraron y he aquí que todas las puertas de la ciudad estaban cerradas , y ellos llamaron a los centinelas y dijeron: Abran para nosotros para que podamos entrar en la ciudad.

[15] Pero los centinelas rehusaron abrir bajo las órdenes de Bilaam el mago, su rey, ellos no les permitieron entrar en la ciudad.

[16] Y ellos levantaron una batalla opuesto a las puertas de la ciudad, y 130 hombres del ejército de Kikianus cayeron ese día.

[17] Y el próximo día ellos siguieron peleando y ellos pelearon a un lado del río; ellos trataron de pasar pero no pudieron, así que algunos se hundieron en los pozos y murieron.

[18] Así que el rey ordenó cortar los árboles y a hacer balsas, sobre las cuales podrían pasar a ellos, y así lo hicieron.

[19] Y cuando llegaron al lugar de las zanjas, las aguas dieron un vuelco por molinos, y 200 hombres sobre las balsas se ahogaron.

[20] Y en el tercer día ellos vinieron a pelear en la esquina de las serpientes, pero no se pudieron acercar porque las serpientes mataron a 170 hombres de ellos, y ellos cesaron de pelear contra Kush, y ellos asediaron a Kush por nueve años, ninguna persona entraba y ninguna salía.

[21] En aquel tiempo que la guerra y el asedio estaban contra Kush Moshe huyó de Mitzrayim de Faraón quien lo buscaba para matarlo por él haber matado al Mitzrayimi.

[22] Y Moshe tenía 18 años de edad cuando huyó de Mitzrayim de la presencia de Faraón, y él huyó y escapó al campamento de Kikianus, cual en ese tiempo estaba asediando a Kush.

[23] Y Moshe estuvo nueve años en el campamento de Kikianus rey de Kush, todo el tiempo ellos estaban asediando a Kush y Moshe salía y entraba con ellos.

[24] Y el rey y los príncipes y todos los hombres peleando amaban a Moshe, porque él era grande y digno, su talla moral era como un león noble, su rostro era como el sol, y su fortaleza era como la del león, y él era consejero del rey.

[25] Y al final de nueve años Kikianus fue sobrecogido con una enfermedad mortal, y su enfermedad prevaleció sobre él, y él murió en el séptimo día.

[26] Y sus sirvientes lo embalsamaron y lo llevaron y lo sepultaron opuesto a las puertas de la ciudad, al norte de la tierra Mitzrayim.

[27] Y ellos edificaron sobre él un elegante y fuerte y alto edificio, y pusieron grandes piedras abajo.

[28] Y los escribas del rey grabaron sobre esas piedras todo el poder de su rey Kikianus, y todas sus batallas que él había peleado, he aquí que están escritas hasta este día.

[29] Ahora después de la muerte del rey Kikianus de Kush sus hombres y tropas se entristecieron mucho a causa de la guerra.

[30] Así que ellos se dijeron uno al otro: Dennos consejo en lo que debemos hacer este día, puesto que hemos residido en el desierto por nueve años fuera de nuestros hogares.

[31] Si decimos que pelearemos contra la ciudad muchos de nosotros caerán heridos o muertos, y si permanecemos aquí en el asedio también moriremos.

[32] Y ahora todos los reyes de Aram y los hijos del este oirán que nuestro rey está muerto, y ellos nos atacarán de repente de una forma hostil, y ellos pelearán contra nosotros y no nos dejarán un remanente de nosotros.

[33] Ahora, por lo tanto, vayamos y nombremos un rey sobre nosotros, y permanezcamos en el asedio hasta que la ciudad sea entregada a nosotros.

[34] Y ellos deseaban escoger por rey ese día un hombre del ejército de Kikianus , y ellos no encontraron ninguno mejor que Moshe para reinar sobre ellos.

[35] Y ellos se apresuraron y despojaron de cada hombre sus atuendos y los echaron en la tierra e hicieron un gran montón y pusieron a Moshe sobre él.

[36] Y ellos se levantaron y llamaron con la trompeta delante de él, y dijeron: ¡Que el rey viva, que el rey viva!

[37] Y toda la gente y nobles juraron delante a él darle por esposa Adoniah la reina, la Kushah, esposa de Kikianus , y ellos hicieron a Moshe rey sobre ellos en ese día.

[38] Y toda la gente de Kush hicieron una proclamación ese día, diciendo: Todo hombre tiene que dar algo a Moshe de lo que está en su posesión.

[39] Y ellos extendieron una sábana sobre el montón, y todos los hombres echaron algo de lo que tenían, uno un arete de oro, otro una monada.

[40] También piedras de ónice y piedras preciosas, perlas y mármol los hijos de Kush echaron a Moshe sobre el montón, también oro y plata en gran abundancia.

[41] Y Moshe tomó todo el oro y la plata, todas las vasijas, todo el ónice y las piedras preciosas , cuales todos los hijos de Kush le habían dado, y él los puso entre sus tesoros.

[42] Y Moshe reinó sobre los hijos de Kush en ese día, en lugar de Kikianus rey de Kush.

73 - Moisés en Etiopía

(Éxodo 2)

[1] En el año 55 de Faraón rey de Mitzrayim, esto es, el año 157 de los Yisra'elim descender a Mitzrayim, Moshe reinó en Kush.

[2] Moshe era de 27 años cuando él comenzó a reinar en Kush, y él reinó 40 años.

[3] Y YAHWEH otorgó a Moshe favor y misericordia en los ojos de todos los hijos de Kush, y los hijos de Kush lo amaron en extremo, así Moshe fue favorecido por YAHWEH y por los hombres.

[4] Y en el séptimo día de su reino todos los hijos de Kush se reunieron y vinieron delante de Moshe y se inclinaron a él a tierra.

[5] Y todos los hijos hablaron en la presencia del rey, diciendo: Danos consejo para que nosotros veamos qué debemos hacer a esta ciudad.

[6] Porque han pasado nueve años que la hemos estado asediando por sus alrededores, y nosotros no hemos visto a nuestras esposas e hijos.

[7] Así, pues, el rey les respondió, diciendo: Si ustedes escuchan a mi voz en todo lo que yo les ordeno, entonces YAHWEH les dará esta ciudad en sus manos y nosotros la someteremos.

[8] Porque si peleamos con ella como en las otras batallas que tuvimos con ella antes de la muerte de Kikianus , muchos de nosotros caeremos heridos como antes.

[9] Y ahora, por lo tanto, he aquí el consejo en este asunto: Si ustedes escuchan a mi voz, entonces esta ciudad será entregada en sus manos.

[10] Así que todas las fuerzas respondieron al rey: Todo lo que nuestro señor ha ordenado, nosotros haremos.

[11] Y Moshe dijo a ellos: Pasen por medio y proclamen una voz al campamento completo a toda la gente, diciendo:

[12] Así dice el rey: Vayan al bosque y traigan uno de los polluelos de la cigüeña, cada hombre un polluelo en su mano.

[13] Y cualquier persona que transgreda la palabra del rey, quien no traiga su polluelo, él morirá, y el rey tomará todo lo que le pertenezca a él.

[14] Y cuando ustedes los traigan, ellos estarán en su cuidado, y ustedes los criarán hasta que crezcan, y ustedes les enseñarán a lanzarse sobre, como es la senda de los polluelos del halcón.

[15] Así todos los hijos de Kush oyeron las palabras de Moshe, y se levantaron e hicieron proclamación por todo el campamento, diciendo:

[16] A ustedes todos los hijos de Kush: La orden del rey es, que ustedes vayan juntos al bosque, y agarren allí el polluelo de la cigüeña, cada hombre con el polluelo en su mano, y ustedes los traerán a casa.

[17] Y cualquier persona que viole la orden del rey morirá, y el rey tomará todo lo que le pertenezca a él.

[18] Y toda la gente lo hizo, y ellos salieron al bosque y treparon los árboles de abeto y cada hombre con un polluelo en su mano, todos los polluelos de la cigüeña, y los trajeron al desierto y los criaron por la orden del rey, y ellos los enseñaron a lanzarse sobre, similar a los halcones.

[19] Y Después que los polluelos estaban criados, el rey ordenó que pasaran hambre por tres días, y toda la gente lo hizo así.

[20] Y así, al tercer día, el rey dijo a ellos: fortalézcanse y sean hombres valientes, y cada hombre se ponga su armadura y se ciña con su arma de guerra, y cada hombre monte en su caballo, y cada uno tome su polluelo de cigüeña en su mano.

[21] Y nosotros nos levantaremos y pelearemos contra la ciudad en el lugar donde están las serpientes; y toda la gente hizo como ordenó el rey.

[22] Y cada hombre tomó su polluelo en mano, y ellos salieron, y cuando llegaron al lugar de las serpientes, el rey les dijo a ellos, cada uno envíe su polluelo de cigüeña sobre las serpientes.

[23] Y cada uno envió su polluelo a la orden del rey, y los polluelos se lanzaron sobre las serpientes y las devoraron a todas, y las destruyeron de ese lugar.

[24] Y cuando la gente y el rey vieron que todas las serpientes estaban destruidas de ese lugar, toda la gente dio un gran grito.

[25] Y ellos se acercaron y pelearon contra la ciudad y la sometieron, y entraron en la ciudad.

[26] Y en ese día murieron 1,100 hombres de la gente de la ciudad, todos los que habitaban la ciudad, pero la gente que estaba asediando ni uno murió.

[27] Así todos los hijos de Kush cada uno fue a casa, a su esposa e hijos, y a todo lo perteneciente a él.

[28] Y Bilaam el mago, cuando el vio que la ciudad estaba siendo asediada, él abrió la puerta y él y sus dos hijos y ocho hermanos huyeron y regresaron a Mitzrayim a Faraón rey de Mitzrayim.

[29] Ellos son los magos y hechiceros mencionados en el libro de la Toráh, que se levantaron contra Moshe cuando YAHWEH trajo las plagas sobre Mitzrayim.

[30] Así, pues, Moshe tomó esta ciudad por su sabiduría, y los hijos de Kush lo pusieron sobre el trono en lugar de Kikianus rey de Kush.

[31] Y ellos pusieron la corona real sobre su cabeza, y le dieron por esposa a Adoniah la reina Kushah, la esposa de Kikianus.

[32] Y Moshe temía a YAHWEH, el Todopoderoso de sus padres, así que él no vino a ella, ni volvió sus ojos a ella.

[33] Porque Moshe se acordó cómo Abraham había hecho que su sirviente jurara, diciendo a él: Tú no tomarás mujer de las hijas de Canaán para mi hijo Yitzjak.

[34] También lo que Yitzjak hizo cuando Ya'akov estaba huyendo de su hermano, cuando él le ordenó, diciendo: Tú no tomarás esposa de entre las hijas de Canaán, ni harás alianza con ninguno de los hijos de Ham.

[35] Porque YAHWEH nuestro Elohim dio a Ham el hijo de Noé y a todos sus hijos como esclavos para los hijos de Shem, y para los hijos de Yefet, y a su zera después de ellos por esclavos para siempre.

[36] Por lo tanto Moshe no volvió su corazón ni sus ojos hacia la esposa de Kikianus todos los días que él reinó sobre Kush. y Moshe temió a YAHWEH su Elohim toda su vida.

[37] Y Moshe caminó delante de YAHWEH en verdad con todo su corazón y alma, él no se volvió de la senda correcta todos los días de su vida, él no decayó de la senda ni a la derecha ni a la izquierda, en la cual Abraham, Yitzjak y Ya'akov habían caminado.

[38] Y Moshe se fortaleció en el reino de los hijos de Kush, y él guió a los hijos de Kush con su usual sabiduría, y Moshe prosperó en su reino.

[39] Y en ese tiempo Aram y los hijos del este oyeron que Kikianus rey de Kush había muerto, así que Aram y los hijos del este se rebelaron contra Kush en esos días.

[40] Y Moshe reunió a todos los hijos de Kush, un pueblo muy poderoso, cerca de 30,000 hombres, y él salió para pelear con Aram y los hijos del este.

[41] Y ellos fueron primero a los hijos del este, y cuando los hijos del este oyeron su reporte, ellos fueron a encontrarse con ellos, y trabaron batalla con ellos.

[42] Y la guerra fue severa contra los hijos del este, así que YAHWEH dio a todos los hijos del este en la mano de Moshe, como 300 hombres cayeron muertos.

[43] Y todos los hijos del este se volvieron y retrocedieron, así que Moshe y los hijos de Kush los persiguieron y los sometieron, y pusieron un impuesto sobre ellos, como era su costumbre.

[44] Y Moshe y toda la gente con él pasaron de allí y fueron a Aram para la batalla.

[45] Y la gente de Aram también fue a encontra rse con ellos, y YAHWEH los entregó en la mano de Moshe, y muchos de los hombres cayeron heridos.

[46] Y Aram también fue sometido por Moshe y la gente de Kush, y ellos también pagaron su usual impuesto.

[47] Y Moshe trajo a Aram y a los hijos del este bajo sujeción de los hijos de Kush, y Moshe y toda la gente que estaba con él se volvieron y fueron a la tierra de Kush.

[48] Y Moshe se fortaleció en el reino de los hijos de Kush, y YAHWEH estaba con él, y todos los hijos de Kush tenían temor de él.

74 - El Reinado de Moisés en Cush

[1] Al término de los años Shaúl rey de Edom murió, y Baal Hanan el hijo de Ajbor reinó en su lugar.

[2] Durante el año 16 del reinado de Moshe sobre los hijos de Kush, Baal Hanan el hijo de Ajbor reinó en la tierra de Edom sobre todos los hijos de Edom por 38 años.

[3] En sus días Moab se rebeló contra el poder de Edom, habiendo estado bajo el poder de Edom desde los días de Hadad el hijo de Bedad, quien los golpeó a ellos y a Midyan, y trajo a Moab bajo su sujeción.

[4] Y cuando Baal Hanan reinó en la tierra de Edom, todos los hijos de Moab retiraron su alianza con Edom.

[5] Y Angeas rey de África murió en esos días, y Azdrubal su hijo reinó en su lugar.

[6] Y en esos días Janeas rey de los hijos de Kittim murió, y lo sepultaron en su templo el cual él había edificado para sí en la llanura de Canopia para residencia, y Latinus reinó en su lugar.

[7] En el segundo año del reino de Moshe sobre los hijos de Kush, Latinus reinó sobre los hijos de Kittim por 45 años.

[8] Y él también se edificó para sí una gran y poderosa torre , y él edificó en la torre un elegante templo para su residencia, para conducir su gobierno, como era la costumbre.

[9] Y en el tercer año de su reinado, él hizo una proclamación para ser hecha a todos sus hombres con destreza, quienes hicieron barcos para él.

[10] Y Latinus reunió todas sus fuerzas, y ellos vinieron dentro de los barcos, y fueron a pelear con Azdrubal hijo de Angeas rey de África, y trabó batalla con Azdrubal y su ejército.

[11] Y Latinus prevaleció sobre Azdrubal, y Latinus tomó de Azdrubal el acueducto que su padre había traído de los hijos de Kittim, cuando él tomó a Jania la hija de Uzi por esposa, así que Latinus derribó el puente del acueducto, y golpeó a todo el ejército de Azdrubal con un golpe severo.

[12] Y los restantes hombres fuertes de Azdrubal se fortalecieron y sus corazones fueron llenos de envidia, y ellos cortejaron la muerte, y de nuevo trabaron batalla con Latinus rey de Kittim.

[13] Y la batalla fue severa sobre todos los hombres de África, y todos ellos cayeron delante de Latinus y su pueblo, y Azdrubal el rey también cayó en esa batalla.

[14] Y el rey Azdrubal tenía una hija muy bella, cuyo nombre era Ushpezena, y todos los hombres de África bordaron su semejanza en sus atuendos, a causa de su gran belleza y su hermosa apariencia.

[15] Y los hombres de Latinus vieron a Ushpezena la hija de Azdrubal, y la alabaron a su rey Latinus.

[16] Y Latinus ordenó que ella fuera traída a él, y Latinus tomó a Ushpezena por esposa, y regresó en su camino a Kittim.

[17] Y fue después de la muerte de Azdrubal hijo de Angeas, cuando Latinus había regresado a su tierra de la batalla, que todos los habitantes de África se levantaron y tomaron a Aníbal hijo de

Angeas, el hermano menor de Azdrubal, y lo hicieron rey en lugar de su hermano sobre toda la tierra de África.

[18] Y cuando él reinó, él resolvió ir a Kittim para pelear con los hijos de Kittim, para vengar la causa de su hermano Azdrubal, y la causa de los habitantes de África, y así lo hizo.

[19] Y él hizo muchos barcos, y él vino con todo su ejército, y él fue a Kittim.

[20] Así, pues, Aníbal peleó con los hijos de Kittim, y los hijos de Kittim cayeron heridos delante de Aníbal y su ejército, y Aníbal vengó la causa de su hermano.

[21] Y Aníbal continuó la guerra con los hijos de Kittim por 18 años, y Aníbal vivió en la tierra de Kittim y acampó allí por un largo tiempo.

[22] Y Aníbal golpeó los hijos de Kittim muy severamente, y él mató a sus hombres grandes y príncipes, y del resto de la gente él golpeó alrededor de 80,000 hombres.

[23] Y al término de los días y años Aníbal regresó a su tierra África, y él reinó en seguridad en lugar de su hermano Azdrubal.

75 – Los Efraimitas Intentan salir de Egipto

(1 Crónicas 7:20-23)

[1] En ese tiempo, en el año 180 de los Yisra'elim descender a Mitzrayim, salieron de Mitzrayim hombres valientes, 30,000 a pie, de los hijos de Yisra'el, quienes eran todos de la tribu de Yosef, de los hijos de Efrayim el hijo de Yosef.

[2] Porque ellos dijeron que el período estaba completo que YAHWEH había designado a los hijos de Yisra'el desde tiempos antiguos, cual El había hablado a Abraham.

[3] Y esos hombres se ciñeron y ellos se armaron con su espada a su lado, y todo hombre su armadura sobre él, y ellos confiaron en su fuerza y ellos salieron juntos de Mitzrayim con una mano poderosa.

[4] Pero ellos no trajeron provisiones para el camino, sólo oro y plata, ni tan siquiera pan para ese día ellos trajeron es sus manos, porque ellos pensaron en comprar provisiones de los Plishtim, y sino, lo tomaban por la fuerza.

[5] Y esos hombres eran muy valientes y poderosos, un hombre podía perseguir a 1,000 y dos podían hacer huir a 10,000, así que confiaron en su fuerza y fueron así mismo como estaban.

[6] Y ellos dirigieron su curso hacia la tierra de Gat, y ellos fueron y encontraron a los pastores de Gat alimentando al ganado de los hijos de Gat.

[7] Y ellos dijeron a los pastores: Dennos algunas de las ovejas por paga, para poder comer, porque tenemos hambre y no hemos comido pan este día.

[8] Y los pastores les dijeron: ¿Son ellas nuestras ovejas o reses que la podamos dar aun por paga? Entonces los hijos de Efrayim se acercaron para tomarlas a la fuerza.

[9] Y los pastores de Gat les gritaron a ellos y su grito fue oído a la distancia, así que todos los hijos de Gat salieron a ellos.

[10] Y cuando los hijos de Gat vieron las obras malas de los hijos de Efrayim, ellos regresaron y reunieron a los hijos de Gat, y ellos pusieron cada hombre su armadura y vinieron a los hijos de Efrayim para la batalla.

[11] Y ellos se batieron en el valle de Gat, y la batalla fue severa, y ellos golpearon de uno al otro un gran número en ese día.

[12] Y en el segundo día los hijos de Gat enviaron a todas las ciudades de los Plishtim que ellos debían venir a ayudar, diciendo:

[13] Vengan a nosotros a ayudarnos para que podamos golpear a los hijos de Efrayim que han salido de Mitzrayim para tomar nuestro ganado, y para pelear contra nosotros sin causa.

[14] Ahora las almas de los hijos de Efrayim estaban exhaustas de hambre y sed, porque ellos no habían comido ningún pan en tres días, y 40,000 hombres salieron de las ciudades de los Plishtim para asistir a los hombres de Gat.

[15] Y esos hombres trabaron batalla con los hijos de Efrayim, y YAHWEH entregó a los hijos de Efrayim en las manos de los Plishtim.

[16] Y ellos golpearon a todos los hijos de Efrayim, todos los que habían salido de Mitzrayim, ninguno quedó sino diez hombres que habían huido de la batalla.

[17] Porque este mal fue de YAHWEH para los hijos de Efrayim, porque ellos transgredieron la palabra de YAHWEH por haber salido de Mitzrayim, antes de que el período hubiera llegado que YAHWEH había designado para Yisra'el desde los días de la antigüedad.

[18] Y de los Plishtim también cayeron muchos, alrededor de 20,000 hombres, y sus hermanos los cargaron y los sepultaron en sus ciudades.

[19] Y los muertos de los hijos de Efrayim permanecieron olvidados en el valle de Gat por muchos días y años, y no fueron sepultados, y el valle fue lleno de huesos de hombres.

[20] Y los hombres que habían escapado de la batalla vinieron a Mitzrayim, y les dijeron a los hijos de Yisra'el todo lo que había caído sobre ellos.

[21] Y su padre Efrayim se enlutó por muchos días, y sus hermanos vinieron a consolarlo.

[22] Y él vino a su esposa y ella dio a lux un hijo, y llamó su nombre Beriyah, porque ella fue desgraciada en su casa.

76 - Moisés Salió de la Tierra de Cush

(Éxodo 2:11-23; Hecho 7:30)

[1] Y Moshe el hijo de Amram aún estaba en la tierra de Kush en aquellos días, y él prosperó en su reino, y condujo el gobierno de los hijos de Kush en justicia, rectitud, e integridad.

[2] Y todos los hijos de Kush amaron a Moshe todos los días que él reinó sobre ellos, y todos los habitantes de la tierra de Kush estaban grandemente temerosos de Moshe.

[3] Y en el año 40 del reinado de Moshe sobre los hijos de Kush, Moshe estaba sentado sobre el trono real mientras Adoniah la reina estaba delante de él, y todos los nobles estaban sentados alrededor de él.

[4] Y Adoniah dijo delante del rey y los príncipes: ¿Qué es esta cosa que los hijos de Kush han hecho por este largo tiempo?

[5] Ciertamente ustedes saben que durante los 40 años que este hombre ha reinado sobre los hijos de Kush él no se ha acercado a mí, ni él ha servido a los poderosos de los hijos de Kush.

[6] Ahora, por lo tanto, oigan O hijos de Kush, y no dejen que este hombre reine sobre ustedes porque él no es nuestra carne.

[7] He aquí que Menacrus mi hijo está crecido, que él reine sobre ustedes, porque es mejor para ustedes servir al hijo de su señor, que servir a un extranjero, esclavo del rey de Mitzrayim.

[8] Y toda la gente y nobles de los hijos de Kush oyeron las palabras que Adoniah la reina había hablado en sus oídos.

[9] Y todo el pueblo se estaba preparando hasta el anochecer y en la mañana ellos se levantaron e hicieron a Menacrus, hijo de Kikianus, rey sobre ellos.

[10] Y todos los hijos de Kush tenían miedo de extender su mano contra Moshe, porque YAHWEH estaba con Moshe, y los hijos de Kush recordaron el juramento que hicieron a Moshe, por lo tanto, ellos no le hicieron ningún daño.

[11] Pero los hijos de Kush dieron muchos regalos a Moshe, y lo despidieron de ellos con gran honor.

[12] Así que Moshe salió de la tierra de Kush, y fue a casa y cesó de reinar sobre Kush, y Moshe era de 66 años de edad cuando salió de la tierra de Kush, pues esta cosa era de YAHWEH, porque el período había llegado que El había designado desde tiempos de la antigüedad, para sacar a Yisra'el de la aflicción de los hijos de Ham.

[13] Así Moshe fue a Midyan, porque él tenía miedo de regresar a Mitzrayim por causa de Faraón, y él fue y se sentó junto a un pozo de agua en Midyan.

[14] Y las siete hijas de Reuel el Midyanim fueron al pozo a dar agua al rebaño de su padre.

[15] Y ellas vinieron al pozo y sacaron agua para dar de beber al rebaño de su padre.

[16] Pero los pastores de Midyan vinieron y las ahuyentaron, y Moshe se levantó y las ayudó a dar agua al rebaño.

[17] Y ellas vinieron a casa a su padre Reuel, y le dijeron lo que Moshe había hecho por ellas.

[18] Y ellas dijeron: Un hombre de Mitzrayim nos ha liberado de las manos de los pastores, él sacó agua para nosotros y le dio de beber al rebaño.

[19] Y Reuel preguntó a sus hijas: ¿Dónde está él? ¿Por qué razón han dejado al hombre?

[20] Y Reuel envió por él y lo buscó y lo trajo a casa, y él comió pan con Moshe.

[21] Y Moshe relató a Reuel que él había huido de Mitzrayim y que él reinó 40 años sobre Kush, y que después de eso ellos habían quitado el gobierno de él, y lo habían despedido en Shalom con honor y regalos.

[22] Y Reuel había oído las palabras de Moshe, y Reuel se dijo dentro de sí: Yo pondré a este hombre en la casa de prisión, y así me reconciliaré con los hijos de Kush, porque él había huido de ellos.

[23] Y ellos lo pusieron en la casa de prisión, y Moshe estuvo en prisión 10 años, y mientras Moshe estaba en la casa de prisión, Zipporah la hija de Reuel le tomó piedad, y lo sostenía con pan y agua todo el tiempo.

[24] Y todos los hijos de Yisra'el aun estaban en Mitzrayim sirviendo a los Mitzrayimim en todo tipo de trabajo gravoso, y la mano de Mitzrayim continuaba en severidad sobre los hijos de Yisra'el en aquellos días.

[25] Y en ese tiempo YAHWEH golpeó a Faraón rey de Mitzrayim, y lo afligió con la plaga de lepra desde la planta de sus pies hasta la coronilla de su cabeza; debido al trato cruel sobre los hijos de Yisra'el fue esta plaga en este tiempo de YAHWEH sobre Faraón rey de Mitzrayim.

[26] Porque YAHWEH había escuchado a la oración de Su pueblo, los hijos de Yisra'el, y el clamor de ellos llegó a El por causa de su trabajo gravoso.

[27] Aún su ira no se volvió de ellos, y la mano de Faraón estaba aún extendida contra los hijos de Yisra'el, y Faraón endureció su cerviz delante de YAHWEH, y él aumentó su yugo sobre los hijos de Yisra'el, y amargó sus vidas con todo tipo de trabajo gravoso.

[28] Y cuando YAHWEH había infligido la plaga sobre Faraón rey de Mitzrayim, él pidió a sus hombres sabios y a sus hechiceros que lo curaran.

[29] Y sus hombres sabios y hechiceros le dijeron a él: Si la sangre de niños pequeños fuera puesta en las llagas él sería curado.

[30] Y Faraón los escuchó a ellos, y envió ministros a la tierra de Goshen a los hijos de Yisra'el para tomar sus hijos pequeños.

[31] Y los ministros de Faraón tomaron a los niños pequeños de los hijos de Yisra'el del pecho de sus madres a la fuerza y ellos los traían a Faraón diariamente, un niño cada día, y los médicos lo mataban y aplicaban la sangre a la plaga; así hacían todos los días.

[32] Y el número de niños que Faraón mató fue de 375.

[33] Pero YAHWEH no escuchó a los médicos del rey de Mitzrayim y la plaga aumentó poderosamente.

[34] Y Faraón estuvo diez años afligido por la plaga, aún el corazón de Faraón se endureció más contra los hijos de Yisra'el.

[35] Y al término de diez años YAHWEH continuó afligiendo a Faraón con plagas destructivas.

[36] Y YAHWEH lo golpeó con un tumor maligno y enfermedad del estómago, y la plaga se convirtió en severos forúnculos.

[37] En ese tiempo los dos ministros de Faraón vinieron de la tierra de Goshen donde estaban todos los niños, y fueron a la casa de Faraón y le dijeron a él: Hemos visto a los hijos de Yisra'el aflojarse en su trabajo y negligentes en sus labores.

[38] Y Faraón oyó las palabras de los ministros, su ira fue rebullida contra los hijos de Yisra'el en extremo, porque él estaba grandemente irritado por su dolor corporal.

[39] Y él respondió, y dijo: Ahora que los hijos de Yisra'el saben que yo estoy enfermo, ellos se vuelven y se burlan de nosotros, ahora, por lo tanto, ponle los arreos a mi carruaje, y yo iré a Goshen y yo veré la burla que los hijos de Yisra'el con la cual me están ridiculizando; y sus sirvientes pusieron los arreos a su carruaje.

[40] Y ellos lo tomaron y lo hicieron motar en un caballo, porque no podía montar solo;

[41] y él llevó consigo diez jinetes y diez de infantería, y fue a los hijos de Yisra'el en Goshen.

[42] Y cuando llegaron a la frontera de Egipto, el caballo del rey pasó por un lugar angosto, elevado en la parte hueca de la viña, cercado por ambos lados, quedando la tierra baja y llana del otro lado.

[43] Y los caballos corrían rápidamente en ese lugar y se apretaban unos a otros, y los otros caballos apretaban al caballo del rey. [44] Y el caballo del rey cayó en un plano inferior mientras el rey estaba montado sobre él, y cuando cayó, el carruaje se volvió sobre la cara del rey, y el caballo yacía sobre el rey, y el rey gritó, porque su carne estaba muy adolorida.

[45] Y la carne del rey fue desgarrada de él, y sus huesos estaban quebrados y no podía montar, porque esta cosa era de YAHWEH para él, porque YAHWEH escuchó el clamor de Su pueblo Yisra'el y su aflicción.

[46] Y sus sirvientes lo cargaron sobre sus hombros, un poco cada uno, y ellos lo trajeron de regreso a Mitzrayim, y los jinetes que estaban con él también regresaron a Mitzrayim.

[47] Y ellos lo tendieron en su cama, y el rey supo que su fin había llegado para morir, así que Asparamit la reina, su esposa, vino y lloró delante del rey, y el rey lloró un gran lloro con ella.

[48] Y todos los nobles y sirvientes vinieron ese día y vieron al rey en esa grande aflicción, y lloraron un gran lloro con él.

[49] Y los príncipes del rey y sus consejeros aconsejaron al rey que nombrara uno para reinar en su lugar en la tierra, cualquiera que él escogiera de sus hijos.

[50] Y el rey tenía tres hijos y dos hijas cuales Asparamit la reina su esposa le había dado a luz para él, aparte de los hijos del rey de sus concubinas.

[51] Y estos eran sus nombres: El primero Otri, el segundo Adikam, y el tercero Morion; y sus hermanas, el nombre de la mayor era Batia y de la otra Acuzi.

[52] Y Otri el primogénito del rey era idiota, precipitado y rápido en sus palabras.

[53] Pero Adikam era astuto y un hombre sabio y conocía toda sabiduría de Mitzrayim, pero indecoroso de aspecto, grueso en la carne, y muy corto de estatura; su altura era de un codo [50cm].

[54] Y cuando el rey vio a Adikam su hijo inteligente y sabio en todas las cosas, el rey resolvió que él habría de ser rey en lugar de él después de su muerte.

[55] Y él tomó para él por esposa a Gedulah hija de Abilot, y él era de diez años de edad, y ella dio a luz para él cuatro hijos.

[56] Y después él fue y tomó tres esposas y ellas le dieron a luz ocho hijos y tres hijas.

[57] Y la enfermedad grandemente prevaleció sobre el rey, y su carne hedía como esa de un cuerpo muerto echado en el campo en tiempo de verano, durante el calor del sol.

[58] Y cuando el rey vio que su enfermedad grandemente se había fortalecido sobre él, él ordenó que su hijo Adikam fuera traído a él, y lo hicieron rey sobre la tierra en su lugar.

[59] Y a los tres años el rey murió en vergüenza, desgracia y disgusto, y sus sirvientes lo cargaron y lo sepultaron en el sepulcro de los reyes de Mitzrayim en Zoan Mitzrayim.

[60] Pero ellos no lo embalsamaron como era la costumbre para los reyes de Mitzrayim, porque su carne estaba putrefacta, y no podían acercarse para embalsamarlo por causa del hedor, así que lo sepultaron apresuradamente.

[61] Porque este mal era de YAHWEH para él, porque YAHWEH había devuelto sobre él todo el mal que él hizo en sus días a Yisra'el.

[62] Y él murió con terror y en vergüenza, y su hijo Adukam reinó en su lugar.

77 - La Vara de Moisés
(Exodus 4:2)

[1] Adikam era de 20 años de edad cuando él reinó sobre Mitzrayim, y él reinó por cuatro años.

[2] En el año 206 de los Yisra'elim descender a la tierra de Mitzrayim Adikam reinó sobre Mitzrayim, y él no continuó por tanto tiempo en su reino sobre Mitzrayim como sus padres continuaron sus reinos.

[3] Porque Melol su padre había reinado en Mitzrayim por 94 años, pero él estuvo enfermo diez años y murió, porque él había sido perverso delante de YAHWEH.

[4] Y todo Mitzrayim llamó su nombre Adikam Faraón como el nombre de sus padres, como era su costumbre en Mitzrayim.

[5] Y todos los hombres sabios de Mitzrayim llamaron su nombre Adikam Ahuz, porque corto es Ahuz en el lenguaje de Mitzrayim.

[6] Y Adikam era extremadamente feo, y él era de un codo y un palmo [65 cm.] y él tenía una gran barba que llegaba a las platas de sus pies.

[7] Y Faraón se sentó en el trono de su padre para reinar sobre Mitzrayim, y él condujo en gobierno de Mitzrayim en sabiduría.

[8] Y mientras él reinó él excedió a su padre y a todos los reyes previos en perversidad, y él aumentó el yugo de los hijos de Yisra'el.

[9] Y él fue con sus sirvientes a Goshen a los hijos de Yisra'el, y él fortaleció la labor sobre ellos y él les dijo: Completen el trabajo, cada tarea diaria, y que sus manos no se aflojen de nuestro trabajo desde este día en adelante como hicieron en los días de mi padre.

[10] Y él puso oficiales sobre ellos de entre los hijos de Yisra'el y él puso amos de obras de entre sus sirvientes.

[11] Y él puso sobre ellos una medida de ladrillos para ellos hacer de acuerdo a ese número, día a día, y él se volvió y regresó a Mitzrayim.

[12] En ese tiempo los amos de obra de Faraón ordenaron a los oficiales de los hijos de Yisra'el de acuerdo a la orden de Faraón, diciendo:

[13] Así dice Faraón: hagan su trabajo cada día, y terminen su tarea, y observen una medida diaria de ladrillos, no lo disminuyan en nada.

[14] Y vendrá a suceder que si ustedes son deficientes en sus ladillos diarios, yo pondré sus hijos pequeños en su lugar.

[15] Y los amos de obra de Mitzrayim hicieron en esos días como Faraón les había ordenado.

[16] Y cuando alguna deficiencia era encontrada en la medida de ladrillos diarios en los hijos de Yisra'el, los amos de obra de Faraón iban a las esposas de los hijos de Yisra'el y tomaban infantes de entre los hijos de Yisra'el de acuerdo al número de ladrillos deficientes, ellos los tomaban a la fuerza de los regazos de su madre, y los ponían en la edificación en lugar de los ladrillos.

[17] Mientras sus padres y madres estaban llorando sobre ellos y lamentándose cuando ellos oían las voces llorosas de sus infantes en la pared del edificio.

[18] Y los amos de obra prevalecieron sobre Yisra'el, que los Yisra'elim debían poner a sus hijos en el edificio, así un hombre ponía a su hijo en la pared y ponía mortero sobre él, mientras sus ojos lloraban sobre él, y sus lágrimas corrían hacia el niño.

[19] Y los amos de obra hicieron así a los bebés de Yisra'el por muchos días, y ni uno tuvo piedad ni compasión por los bebés de los hijos de Yisra'el.

[20] Y el número de niños muertos en el edificio fue de 270, algunos de ellos habían edificado sobre ellos en lugar de ladrillos que habían sido dejados deficientes por sus padres, y algunos habían sacado muertos del edificio.

[21] Y la labor impuesta sobre los hijos de Yisra'el en los días de Adikam excedió la dureza que ellos impusieron en los días de su padre.

[22] Y los hijos de Yisra'el se lamentaban todos los días a causa de su duro trabajo, porque ellos se habían dicho: ¡He aquí que cuando Faraón muera su hijo se levantará y aligerará nuestro trabajo!

[23] Pero él aumentó el trabajo en vez de disminuirlo, y los hijos de Yisra'el se lamentaron por esto y su lamento ascendió al Todopoderoso por causa de su trabajo.

[24] Y el Todopoderoso oyó la voz de los hijos de Yisra'el y su lamento en aquellos días, y el Todopoderoso les recordó a ellos Su Pacto cual El había hecho con Abraham, Yitzjak y Ya'akov.

[25] Y el Todopoderoso vio la carga de los hijos de Yisra'el, y su duro trabajo en esos días, y El determinó liberarlos.

[26] Y Moshe el hijo de Amram aún estaba recluido en la mazmorra en aquellos días, en la casa de Reuel el Midyanim, y Zipporah la hija de Reuel lo sostenía con comida secretamente día a día.

[27] Y Moshe estuvo recluido en la mazmorra de la casa de Reuel por diez años.

[28] Y al final del décimo año era el primer año del reino de Faraón sobre Mitzrayim en lugar de su padre.

[29] Zipporah dijo a su padre Reuel: Ninguna persona pregunta por el hombre Hebreo, a quien has atado en prisión por estos diez años.

[30] Ahora si te parece bien a tus ojos, vamos a enviar a ver si él esta vivo o muerto, pero su padre no sabía que ella lo había sostenido.

[31] Y Reuel su padre respondió y dijo a ella: ¿ha sucedido alguna vez que un hombre sea puesto en prisión sin comida por diez años, y él viva?

[32] Y Zipporah respondió a su padre, y dijo: Ciertamente tú has oído que el Todopoderoso de los Hebreos es Grande e Imponente, y hace maravillas para ellos todo el tiempo.

[33] Fue El quien liberó a Abraham de Ur de los Kasdim, y a Yitzjak de la espada de su padre, y a Ya'akov de la espada del Malaj de YAHWEH quien luchó con él en el arroyo del Yabok.

[34] También con este hombre El ha hecho muchas cosas, El lo liberó del río en Mitzrayim, también de la espada de Faraón, y de los hijos de Kush, así que también El lo puede liberar de la hambruna y hacerlo vivir.

[35] Y la cosa pereció buena a la vista de Reuel, y él hizo de acuerdo a la palabra de su hija, y envió a la mazmorra para determinar lo que fue de Moshe.

[36] Y él vio y he aquí que el hombre Moshe estaba viviendo en la mazmorra, parado sobre sus pies, alabando y orando al Todopoderoso Elohim de sus padres.

[37] Y Reuel ordenó que Moshe fuera sacado de la mazmorra, así que lo afeitaron y él cambió sus vestiduras de prisión y comió pan.

[38] Y después Moshe fue al jardín de la casa de Reuel que estaba detrás de la casa, y allí él oro a YAHWEH su Elohim, quien había hecho poderosas maravillas para él.

[39] Y fue mientras él oraba que él miró opuesto a él, y he aquí que una caña de zafiro fue puesta en la tierra, cual estaba plantada en el medio del jardín.

[40] Y él se acercó a la caña y miró, y he aquí que el Nombre de YAHWEH, el Todopoderoso estaba grabado en ella, escrito y desarrollado en la caña.

[41] Y él lo le yó y extendió su mano y lo arrancó como un árbol del bosque, y la caña estaba en su mano.

[42] Y esta es la caña con la cual todas las obras de nuestro Elohim fueron hechas, después que El había creado el cielo y la tierra, y todo el ejército de ellos, mares, ríos y sus peces.

[43] Y cuando el Todopoderoso había echado a Adán del jardín de Edén, él tomó la caña en su mano y fue y labró la tierra de la cual él había sido tomado.

[44] Y la caña vino a Noé y fue dada a Shem y su zera, hasta que vino a la mano de Abraham el Hebreo.

[45] Y cuando Abraham había dado todo lo que él tenía a su hijo Yitzjak, él también le dio la caña.

[46] Y cuando Ya'akov huyó a Padan-Aram, él la tomó en su mano, y cuando él regresó a su padre él no la dejó atrás.

[47] También él descendió a Mitzrayim y la llevó con él en su mano, y la dio a Yosef, una porción por encima de sus hermanos, porque Ya'akov la había tomado a la fuera de su hermano Esaú.

[48] Y después de la muerte de Yosef los nobles de Mitzrayim vinieron a la casa de Yosef, y la caña vino a la mano de Reuel el Midyanim, y cuando él salio de Mitzrayim, él la tomó en su mano y la plantó en su jardín.

[49] Y todos los hombres poderosos de los Kinim trataron de arrancarla cuando intentaron tomar a Zipporah su hija, pero fueron infructuosos.

[50] Así que la caña permaneció plantada en el jardín de Reuel, hasta que vino el que tenía derecho a ella y la tomó.

[51] Y cuando Reuel vio la caña en la mano de Moshe, él se puso pensativo, y le dio a él su hija Zippora por esposa.

78 - El llamado de Moisés

(Exodus 3)

[1] En ese tiempo murió Baal-Hanan hijo de Ajbor, rey de Edom, y fue sepultado en su casa en la tierra de Edom.

[2] Y después de su muerte los hijos de Esaú enviaron a la tierra de Edom, y tomaron de allí un hombre que estaba en Edom, cuyo nombre era Hadad, y ellos lo hicieron rey sobre ellos en lugar de Baal-Hanan, su rey.

[3] Y Hadad reinó sobre los hijos de Edom por 48 años.

[4] Y cuando reinó resolvió pelear contra los hijos de Moab, para traerlos bajo el poder de los hijos de Esaú, como había sido antes, pero no lo pudo hacer, porque los hijos de Moab oyeron esta cosa, y ellos se levantaron y se apresuraron a nombrar un rey sobre ellos de entre sus hermanos.

[5] Y ellos después reunieron un gran pueblo, y enviaron por los hijos de Amón sus hermanos para que ayudaran en pelear contra Hadad rey de Edom.

[6] Y Hadad oyó la cosa que los hijos de Moab habían hecho, y estaba grandemente temeroso de ellos, y desistió de pelear contra ellos.

[7] En aquellos días Moshe el hijo de Amram, en Midyan, tomó a Zipporah por esposa, la hija de Reuel el Midyanim.

[8] Y Zipporah caminó en la senda de las hijas de Ya'akov, ella no se quedó corta en la rectitud de Sarah, Rivkah, Rajel y Leah.

[9] Y Zippora fue preñada y dio a luz un hijo y él llamó su nombre Gershom, porque dijo: Yo fui extranjero en una tierra extraña; pero él no circuncidó su prepucio, a la orden de Reuel su suegro.

[10] Y ella fue preñada de nuevo y dio a luz un hijo, y circuncidó su prepucio, y llamó su nombre Eliezer, porque Moshe dijo: Porque el Todopoderoso de mis padres fue mi ayuda, y me liberó de la espada de Faraón.

[11] Y Faraón rey de Mitzrayim grandemente aumentó la labor de los hijos de Yisra'el en esos días, y continuó haciendo su yugo más pesado sobre los hijos de Yisra'el.

[12] Y él ordenó una proclamación a ser hecha en Mitzrayim, diciendo: No den más paja al pueblo para hacer ladrillos, que ellos vayan y la reúnan donde la encuentren.

[13] También la cantidad de ladrillos que harán será la misma cada día, y no disminuyan nada, porque ellos están parados en el trabajo.

[14] Y los hijos de Yisra'el oyeron esto, y ellos lloraron y se lamentaron, y ellos clamaron a YAHWEH a causa de la amargura de sus almas .

[15] Y YAHWEH oyó el clamor de los hijos de Yisra'el, y vio la opresión con la cual los Mitzrayimim los oprimían.

[16] Y YAHWEH estaba celoso por Su pueblo y Su herencia, y oyó su voz, y resolvió sacarlos fuera de la aflicción de Mitzrayim, para darles la tierra de Canaán para su posesión.

79 - Moisés Ante el Faraón

(Exodus 5:1-3)

[1] Y en esos días Moshe estaba dando de comer al rebaño de Reuel el Midyanim su suegro, más allá del desierto de Sin, y la caña que él tomó de su suegro estaba en su mano.

[2] Y sucedió un día que un corderito de los carneros se apartó del rebaño, y Moshe lo persiguió y llegó al Monte del Todopoderoso, a Horev.

[3] Y cuando él vino a Horev YAHWEH se le apareció allí en una zarza , y él encontró la zarza quemándose con fuego, pero el fuego no tenía poder sobre la zarza para consumirlo.

[4] Y Moshe estaba grandemente estupefacto a la vista de este, razonando que la zarza no se consumía, así que él se acercó para ver esta cosa poderosa, y YAHWEH llamó a Moshe desde el fuego y le ordenó a él descender a Mitzrayim, a Faraón rey de Mitzrayim, para sacar a los hijos de Yisra'el de su servicio.

[5] Y YAHWEH dijo a Moshe: Ve, regresa a Mitzrayim, porque todos esos hombres que buscaron tu vida están muertos, y tú hablarás con Faraón para que envíe fuera de su tierra a los hijos de Yisra'el.

[6] Y YAHWEH le enseñó hacer las señales y maravillas en Mitzrayim delante de los ojos de Faraón y de los ojos de sus súbditos, para que ellos creyeran que YAHWEH lo había enviado.

[7] Y Moshe escuchó a todo lo que YAHWEH le había ordenado, y él regresó a su suegro y le dijo esta cosa, y Reuel le dijo a él: Ve en Shalom.

[8] Y Moshe se levantó para ir a Mitzrayim, y él tomó a su esposa e hijos con él, y él estaba en un mesón en el camino, y un malaj del Todopoderoso descendió, y buscó una ocasión contra él.

[9] Y él quiso matarlo a causa de su primogénito hijo, porque él no lo había circuncidado, y había transgredido el Pacto que YAHWEH había hecho con Abraham.

[10] Porque Moshe había escuchado las palabras de su suegro cuales le había hablado a él, de no circuncidar a su primogénito hijo, por lo tanto, él no lo circuncidó.

[11] Y Zipporah vio al malaj de YAHWEH buscando una ocasión contra Moshe, y ella sabía que esta cosa era debida a no haber circuncidado a su hijo Gershom.

[12] Y Zipporah se apresuró y tomó un pedernal afilado que estaba allí, y ella circuncidó a su hijo, y liberó a su esposo y a su hijo de la mano del malaj de YAHWEH.

[13] Y Aharon el hijo de Amram, el hermano de Moshe, estaba en Mitzrayim caminando por el borde del río en ese día.

[14] Y YAHWEH se le apareció a él en ese lugar, y El le dijo: Ve ahora hacia Moshe en el desierto, y él fue y se encontró con él en al Monte del Todopoderoso, y él lo besó.

[15] Y Aharon alzó sus ojos y vio a Zipporah la esposa de Moshe y sus hijos, y él dijo a Moshe: ¿Quiénes son esos para ti?

[16] Y Moshe dijo: Ellos son mi esposa e hijos, cuales el Todopoderoso me dio en Midyan; y la cosa irritó a Aharon a causa de la mujer y sus hijos.

[17] Y Aharon dijo a Moshe: Despide a la mujer y sus hijos que ellos puedan ir a la casa del padre de ella, y Moshe escuchó a las palabras de Aharon y él lo hizo.

[18] Y Zipporah regresó con sus hijos y ellos fueron a la casa de Reuel, y ella permaneció allí hasta el tiempo que YAHWEH visitó a Su pueblo, y los sacó de Mitzrayim de la mano de Faraón.

[19] Y Moshe y Aharon vinieron a Mitzrayim a la comunidad de los hijos de Yisra'el, y ellos les hablaron todas las palabras de YAHWEH, y el pueblo se regocijó en extremo con gran regocijo.

[20] Y Moshe y Aharon se levantaron temprano al día siguiente, y ellos fueron a la casa de Faraón, y ellos tomaron en su mano la caña del Todopoderoso.

[21] Cuando ellos vinieron a las puertas del rey, dos leones jóvenes estaban recluidos allí con instrumentos de hierro, y ninguna persona salía o entraba delante de ellos, a no ser aquellos que el rey ordenara venir, cuando los magos venían y retiraban los leones por sus conjuros, y esto los traía al rey.

[22] Y Moshe se apresuró y alzó la caña sobre los leones y él los confundió, y Moshe y Aharon vinieron a la casa del rey.

[23] Y los leones también vinieron con ellos en regocijo, y ellos los siguieron y se regocijaron como un perro se regocija sobre su amo cuando él regresa del campo.

[24] Y cuando Faraón vio esta cosa él estaba estupefacto con ello, y él estaba grandemente aterrorizado con el reporte, porque su apariencia era como la apariencia de hijos del Todopoderoso.

[25] Y Faraón dijo a Moshe: Qué es lo que tú requieres? Y ellos le respondieron diciendo: YAHWEH el Todopoderoso de los Hebreos nos ha enviado a ti, para decir: Envía fuera a Mi pueblo para que ellos Me sirvan.

[26] Y Faraón oyó sus palabras y él estaba grandemente aterrorizado delante de ellos, y él dijo a ellos: Váyanse hoy y regresen a mí mañana, y ellos hicieron de acuerdo a la palabra del rey.

[27] Y cuando ellos se habían ido Faraón envió por Bilaam y por Janes y Jambres sus hijos , y a todos los magos y hechiceros y consejeros que pertenecían al rey, y ellos vinieron y se sentaron delante del rey.

[28] Y el rey les dijo todas las palabras que Moshe y su hermano Aharon habían hablado a él; y los magos dijeron al rey: ¿Pero cómo vinieron los hombres a ti por causa de los leones que estaban recluidos a la puerta?

[29] Y el rey dijo: Porque ellos alzaron su cetro contra los leones y los confundieron, y vinieron a mí, y los leones también se regocijaron con ellos como un perro se regocija al encontrar a su amo.

[30] Y Bilaam el hijo de Beor el mago respondió al rey, diciendo: Esos no son más que magos como nosotros.

[31] Ahora, por lo tanto, envía por ellos, y que vengan y los probaremos, y el rey así lo hizo.

[32] Y en la mañana Faraón envió por Moshe y Aharon que vinieran delante del rey, y ellos tomaron el cetro del Todopoderoso, y vinieron al rey y hablaron con él, diciendo: Así dice YAHWEH, el Todopoderoso de los Hebreos: Envía fuera a Mi pueblo para que ellos Me sirvan.

[34] Y el rey dijo a ellos: Pero quién les creerá que ustedes son mensajeros del Todopoderoso y que vienen a mí por orden de El?

[35] Ahora, por lo tanto, denme una maravilla o una señal en este asunto, y entonces las palabras que ustedes hablan serán creídas.

[36] Y Aharon se apresuró y tiró el cetro de su mano delante de Faraón y delante de sus sirvientes, y el cetro se convirtió en una serpiente.

[37] Y los hechiceros vieron esto y ellos tiraron cada uno su cetro al suelo y se convirtieron en serpientes.

[38] Y la serpiente del cetro de Aharon alzó su cabeza y abrió su boca y se tragó los cetros de los magos.

[39] Y Bilaam el mago respondió, y dijo: Esta cosa ha sido desde la antigüedad que una serpiente se trague a los de su clase, y que cosas vivientes se devoran una a la otra.

[40] Ahora, por lo tanto, restáurala al cetro que era antes, y nosotros también restauraremos nuestros cetros como estaban antes, y si tu cetro se traga nuestros cetros, entonces sabremos que el Ruaj del Todopoderoso está en ustedes, y si no lo hace, entonces sólo son artífices como nosotros.

[41] Y Aharon se apresuró y cogió la serpiente por la cola y se convirtió en un cetro en su mano, y los hechiceros hicieron lo mismo con sus cetros, y cada uno cogió cada serpiente por su cola, y se convirtieron en cetros como antes.

[42] Y cuando fueron restaurados a cetros, el cetro de Aharon se tragó los cetros de ellos.

[43] Y cuando el rey vio esta cosa, él ordenó el libro de los registros que relata lo de los reyes de Mitzrayim, fuera traído a él, y ellos trajeron el libro de los registros, las crónicas de los reyes de Mitzrayim, en donde estaban inscritos todos lo ídolos de Mitzrayim, porque ellos pensaron buscar en él el Nombre de YAHWEH, pero ellos no lo encontraron.

[44] Y Faraón dijo a Moshe y Aharon: He aquí que yo no he encontrado el nombre del Elohim de ustedes escrito en este libro, y su nombre yo no conozco.

[45] Y los consejeros y hombres sabios respondieron al rey: Nosotros hemos oído que el Todopoderoso de los Hebreos es un hijo del sabio, el hijo de reyes antiguos.

[46] Y Faraón se volvió a Moshe y a Aharon y les dijo a ellos: Yo no conozco a YAHWEH a quien ustedes han declarado, ni yo enviaré a su pueblo.

[47] Y ellos respondieron y dijeron al rey: YAHWEH el Todopoderoso de los Elohim es Su Nombre, y El proclamó Su Nombre a nosotros desde los días de nuestros padres, y nos envió, diciendo: Vayan a Faraón y digan a él: Envía a Mi pueblo fuera que ellos Me puedan servir.

[48] Ahora, por lo tanto, envíanos, que nosotros podamos tomar una jornada de tres días dentro del desierto, y allí sacrificar para El, porque desde los días de nosotros descender a Mitzrayim, El no ha tomado de nuestras manos ofrenda quemada, ni libación ni sacrificio, y si tú no nos envías, Su ira será rebullida contra ti, y El golpeará a Mitzrayim con la plaga o con la espada.

[49] Y Faraón dijo a ellos: Díganme ahora su poder y su fortaleza, y ellos dijeron a él: El creó el cielo y la tierra, los mares y todos los peces, y El formó la luz y creó la oscuridad, causó lluvia sobre la tierra y la regó, e hizo que los herbarios y la hierba brotaran, y El creó al hombre y la bestia y los animales del bosque, las aves del aire y los peces del mar, y por Su boca ellos viven y mueren.

[50] Seguramente él te creó en el vientre de tu madre, y puso en ti aliento de vida, y te crió y te colocó sobre el trono real de Egipto, y él tomará tu aliento y tu alma de ti, y te devolverá a la tierra de donde fuiste tomado.

[51] Y la ira del rey fue rebullida a sus palabras, y él dijo a ellos: ¿Pero quién entre todos los dioses de las naciones puede hacer esto? Mi río es mío propio, y yo lo he hecho para mí mismo.

[52] Y él los echó de él, y él ordenó la labor sobre Yisra'el que fuera más severa que lo que fue ayer y antes.

[53] Y Moshe y Aharon salieron de la presencia del rey y ellos vieron a los hijos de Yisra'el en una condición maligna porque los amos de obra habían hecho su trabajo extremadamente duro.

[54] Y Moshe regresó a YAHWEH y dijo: ¿Por qué tratas tan mal a Tu pueblo? Porque desde que yo vine a hablar a Faraón lo que Tú me enviaste a hacer, él ha extremadamente dañado a los hijos de Yisra'el.

[55] Y YAHWEH dijo a Moshe: He aquí que tú verás que con una mano extendida y con plagas severas, Faraón enviará los hijos de Yisra'el de su tierra.

[56] Y Moshe y Aharon vivían entre los hermanos los hijos de Yisra'el en Mitzrayim.

[57] Y en cuanto a los hijos de Yisra'el los Mitzrayimim amargaron sus vidas, con el trabajo duro que habían impuesto sobre ellos.

80 - Las Plagas Egipcias

(Exodus 7:14; 8-12)

[1] Y al término de dos años YAHWEH de nuevo envió a Moshe a Faraón para sacar a los hijos de Yisra'el, y enviarlos fuera de la tierra de Mitzrayim.

[2] Y Moshe fue y vino a la casa de Faraón, y él le habló las palabras de YAHWEH quien lo había enviado, pero Faraón no quiso escuchar a la voz de YAHWEH y el Todopoderoso levantó Su poder en Mitzrayim sobre Faraón y sobre sus súbditos, y el Todopoderoso golpeó a Faraón y a su gente con grandes dañinas plagas.

[3] Y YAHWEH envió por la mano de Aharon y convirtió las aguas de Mitzrayim en sangre, y todos sus arroyos y ríos.

[4] Y cuando un Mitzrayimi venía a beber y sacar agua, él miraba en su cubo, y he aquí que toda el agua fue convertida en sangre; y él venía a beber de su taza y al agua de su taza se convertía en sangre.

[5] Y cuando una mujer amasaba su masa y cocinaba sus víveres, su apariencia era convertida en sangre.

[6] Y YAHWEH envió de nuevo y causó que de las aguas brotaran ranas, y todas las ranas vinieron dentro de las casas de los Mitzrayimim.

[7] Y cuando los Mitzrayimim bebían, sus estómagos se llenaban de ranas y danzaban en sus panzas como ellas danzan cuando están en el río.

[8] Y toda su agua de beber y su agua de cocinar se convirtió en ranas, también cuando se acostaban en sus camas su sudor criaba ranas.

[9] Y a pesar de todo esto la ira de YAHWEH no se volvió de ellos, y Su mano estaba extendida contra todos los Mitzrayimim para golpearlos con todo tipo de plagas severas.

[10] Y El fue y golpeó su polvo en piojos, y los piojos llegaron en Mitzrayim a dos codos de la tierra.

[11] Y los piojos también eran muy numerosos, en la carne de los hombres y bestias y en todos los habitantes de Mitzrayim, también sobre el rey y la reina YAHWEH envió los piojos, y causó grave dolor a Mitzrayim en extremo a causa de los piojos.

[12] Y a pesar de esto, la ira de YAHWEH no se volvió, y Su mano aún estaba extendida sobre Mitzrayim.

[13] Y YAHWEH envió todo tipo de bestias del campo a Mitzrayim, y ellas vinieron y destruyeron todo Mitzrayim, hombre y bestia, y árboles y todas las cosas que estaban en Mitzrayim.

[14] Y YAHWEH envió serpientes fieras, escorpiones, ratones, comadrejas, sapos juntos con otros arrastrándose en el polvo.

[15] Moscas, avispas, pulgas, bichos y jejenes, cada enjambre de acuerdo a su tipo.

[16] Y todos los reptiles y animales de alas de acuerdo a su tipo vinieron a Mitzrayim y fue dolor grave sobre los Mitzrayimim en extremo.

[17] Y las pulgas y las moscas entraban en los ojos y los oídos de los Mitzrayimim.

[18] Y las avispas vinieron sobre ellos y ellos se removieron a sus habitaciones interiores, pero los persiguieron.

[19] Y cuando los Mitzrayimim se escondieron por causa de los enjambres de animales, ellos se encerraron con cerrojo tras de sus puertas, y el Todopoderoso ordenó al Sulanut cual estaba en el mar, subir e ir a Mitzrayim.

[20] Y ella tenían brazos largos, diez codos en largo del codo del hombre.

[21] Y ella subió sobre los techos y descubría las vigas del techo y el revestimiento de los suelos y los cortaba, y extendía su brazo dentro de la casa y abría los cerrojos, y abría las casas de Mitzrayim.

[22] Después de eso venían los enjambres de animales dentro de las casas de Mitzrayim, y los enjambres de animales destruyeron a los Mitzrayimim, y fue dolor grave en extremo.

[23] A pesar de esto, la ira de YAHWEH no se volvió de los Mitzrayimim, y Su mano aún estaba extendida contra ellos.

[24] Y el Todopoderoso envió la pestilencia, y la pestilencia dominó a Mitzrayim, en los caballos y asnos, y los camellos, en las manadas de bueyes, y ovejas y en los hombres, y cuando los Mitzrayimim se levantaron temprano en la mañana para llevar a su ganado a pastar, ellos encontraron a casi todo su ganado muerto.

[26] Y quedó de las reses de los Mitzrayim sólo una en diez, y del ganado perteneciente a Yisra'el en Goshen ni uno murió.

[27] Y el Todopoderoso envió una inflamación ardiente sobre la carne de los Mitzrayimim, cual brotó su piel, y se volvió en una picazón severa en todos los Mitzrayimim desde las plantas de sus pies hasta las coronillas de sus cabezas .

[28] Y muchos forúnculos había en su carne, hasta que su carne se volvió podrida y pútrida.

[29] A pesar de, esto la ira de YAHWEH no se volvió y Su mano aún estaba extendida sobre todo Mitzrayim.

[30] Y YAHWEH envió un muy fuerte granizo cual golpeó sus viñedos y quebró sus árboles frutales y se secaron cuando cayó sobre ellos .

[31] También todo herbario verde se secó y pereció, porque una mezcla de fuego descendió entre e l granizo, por lo tanto, el granizo y el fuego consumieron todas las cosas.

[32] También las bestias y hombres que fueron encontrados fuera perecieron por las llamas del fuego y por el granizo, y todos los leones jóvenes estaban exhaustos.

[33] Y YAHWEH envió y trajo numerosas langostas sobre Mitzrayim, langostas cada una de su clase que devoraron todo lo que el granizo dejó en pie.

[34] Entonces los Mitzrayimim se regocijaron de las langostas, a pesar que ellas habían consumido el producto del campo, ellos las cazaron en abundancia, y las salaron para comida.

[35] Y YAHWEH volvió un poderoso viento del mar que se llevó todas las langostas, aún las que estaban saladas, y las echó en el Mar Rojo , ni una langosta quedó en los contornos de Mitzrayim.

[36] Y el Todo poderoso envió oscuridad sobre Mitzrayim, y toda la tierra de Mitzrayim y Patros se volvieron oscuridad por tres días, tanto que un hombre no podía ver su mano cuando la alzaba hacia su boca.

[37] En ese tiempo murió mucha gente de Yisra'el que se habían rebelado contra YAHWEH y que no quisieron escuchar a Moshe y a Aharon, y no creyeron en ellos que el Todopoderoso los había enviado.

[38] Y quienes habían dicho: Nosotros no saldremos de Mitzrayim no sea que perezcamos de hambre en el desierto desolado, y que no quisieron escuchar a la voz de Moshe.

[39] Y YAHWEH los plagó en los tres días de oscuridad, y los Yisra'elim los sepultaron en esos días sin que los Mitzrayimim se enteraran de ello ni se regocijaran sobre ello.

[40] Y la oscuridad fue muy grande en Mitzrayim por tres días, y cualquier persona que estaba parada cuando la oscuridad vino, permaneció parada, y aquel que estaba sentado permaneció sentado, y el que estaba tendido continuó tendido en el mismo estado, y aquel que estaba caminando permaneció sentado sobre el suelo en el mismo lugar, y esta cosa sucedió a todos los Mitzrayimim, hasta que la oscuridad pasó.

[41] Y los días de oscuridad pasaron y YAHWEH envió a Moshe y a Aharon a los hijos de Yisra'el, diciendo: Celebren su Festividad y hagan su Pésaj, porque Yo vengo en el medio de la noche entre todos los Mitzrayimim, y Yo golpearé a sus primogénitos, del primogénito del hombre hasta es primogénito de la bestia, y cuando Yo vea su Pésaj, Yo pasaré por alto de ustedes.

[42] Y los hijos de Yisra'el hicieron de acuerdo a todo lo que YAHWEH había ordenado a Moshe y a Aharon, así hicieron ellos en esa noche.

[43] Y vino a suceder en el medio de la noche, que YAHWEH salió entre en medio de Mitzrayim y golpeó a todos los primogénitos de los Mitzrayimim, desde el primogénito del hombre hasta el primogénito de la bestia.

[44] Y Faraón se levantó en la noche, él y todos sus sirvientes y todos los Mitzrayimim, y hubo gran lamento por todo Mitzrayim en esa noche, porque no hubo una casa en la cual no se halló un cuerpo.

[45] También las semejanzas de los primogénitos de Mitzrayim que estaban talladas en las paredes en sus casas, fueron todas destruidas y cayeron a tierra.

[46] Aun los huesos de los primogénitos que habían muerto antes de esto y a quienes ellos habían enterrado en sus casas, fueron escarbados por los perros de Mitzrayim en esa noche y arrastrados delante de los Mitzrayimim y echados delante de ellos.

[47] Y todos los Mitzrayimim vieron esta mal que había caído de repente sobre ellos, y todos los Mitzrayimim se lamentaron en alta voz.

[48] Y todas las familias de Mitzrayim lloraron esa noche, cada hombre por su hijo y cada hombre por su hija, siendo la primogénita, y el tumulto de Mitzrayim fue oído a la distancia esa noche.

[49] Y Batia la hija de Faraón salió con el rey esa noche para buscar a Moshe y Aharon en sus casas, y ellos los encontraron en sus casas, comiendo y bebiendo y regocijándose con todo Yisra'el.

[50] Y Batia dijo a Moshe: ¿Es esta la recompensa por el bien que yo te he hecho a ti, quien te ha criado y te ha sostenido, y tú has traído este mal sobre mí y la casa de mi padre?

[51] Y Moshe dijo a ella: Ciertamente diez plagas YAHWEH trajo sobre Mitzrayim; ¿Te cayó a ti algún mal de alguna de ellas? ¿Alguna de ellas te afectó? Y ella dijo, No.

[52] Y Moshe dijo a ella: A pesar que tú eres la primogénita de tu madre, tú no morirás y ningún mal te llegará en medio de Mitzrayim.

[53] Y ella dijo: ¿Qué ventaja es eso para mí, cuando yo veo al rey mi hermano, y a toda su casa y súbditos en este mal, cuyo primogénito pereció con todos los primogénitos de Mitzrayim?

[54] Ciertamente tu hermano y su casa y sus súbditos, las familias de Mitzrayim, no quisieron escuchar a las palabras de YAHWEH, por lo tanto, este mal cayó sobre ellos.

[55] Y Faraón rey de Mitzrayim se acercó a Moshe y Aharon, y algunos de los hijos de Yisra'el que estaban con ellos en ese lugar, y él oró a ellos, diciendo:

[56] Levántense y tomen a sus hermanos, todos los hijos de Yisra'el que están en la tierra, con sus ovejas y reses, y todo lo perteneciente a ellos, y no dejarán nada atrás, sólo oren por mí a YAHWEH su Elohim.

[57] Y Moshe dijo a Faraón: He aquí que aunque tú eres el primogénito de tu madre, tú no temas, porque no morirás, porque YAHWEH ha ordenado que tú vivas, para mostrarte a ti Su Gran Poder y Su Brazo Extendido.

[58] Y Faraón ordenó que los hijos de Yisra'el fueran enviados fuera, y todos los Mitzrayimim se fortalecieron para enviarlos, porque ellos dijeron: Nosotros estamos pereciendo.

[59] Y todos los Mitzrayimim enviaron a los Yisra'elim fuera, con grandes riquezas, ovejas y reses, cosas preciosas, de acuerdo al juramento de YAHWEH entre El y nuestro padre Abraham.

[60] Y los hijos de Yisra'el se dilataron en salir de noche, y cuando los Mitzrayimim vinieron para sacarlos fuera, ellos les dijeron: ¿Somos nosotros ladrones, que nos tenemos que ir de noche?

[61] Y los hijos de Yisra'el pidieron a los Mitzrayimim vasijas de plata, y vasijas de oro, atuendos, y los hijos de Yisra'el despojaron a los Mitzrayimim.

[62] Y Moshe se apresuró y se levantó y fue al río de Mitzrayim, y trajo de ese lugar el ataúd de Yosef y lo llevó con él.

[63] Los hijos de Yisra'el también llevaron, cada hombre, el ataúd de sus padre, y cada hombre los ataúdes de su tribu.

81 - La Separación del Mar Rojo
(Exodus 14)

[1] Y todos los hijos de Yisra'el viajaron de Raameses a Sukkot, cerca de 600,000 hombres a pie, aparte de los pequeños y sus esposas.

[2] También una multitud mixta salió con ellos, y rebaños y manadas, aún mucho ganado.

[3] Y la estadía de los hijos de Yisra'el, que vivieron en la tierra de Mitzrayim fue de 210 años.

[4] Y al final de los 210 años, YAHWEH sacó a los hijos de Yisra'el de Mitzrayimcon una Mano Poderosa.

[5] Y los hijos de Yisra'el viajaron de Mitzrayim, y de Goshen, y de Raameses, y acamparon en Sukkot el día 15 de primer mes.

[6] Y los Mitzrayimim sepultaron a todos los primogénitos que YAHWEH había golpeado, y todos los Mitzrayimim sepultaron a sus muertos por tres días.

[7] Y los hijos de Yisra'el viajaron de Sukkot y acamparon en Etom al borde del desierto.

[8] Y al tercer día de que los Mitzrayim habían sepultado sus muertos, muchos hombres se levantaron de Mitzrayim y fueron tras Yisra'el para hacerlos regresar a Mitzrayim, porque ellos se habían arrepentido que habían despedido a los Yisra'elim de su servidumbre.

[9] Y un hombre dijo a su vecino: Ciertamente Moshe y Aharon hablaron con Faraón, diciendo: Nosotros iremos la jornada de tres días dentro del desierto para sacrificar para YAHWEH nuestro Elohim.

[10] Ahora, levantémonos temprano en la mañana y los obligaremos a regresar, y será que si ellos regresan a nosotros a Mitzrayim y a sus amos, entonces sabremos que hay fidelidad en ellos, pero si ellos no regresan, nosotros pelearemos con ellos, y los haremos regresar con gran poder y mano fuerte.

[11] Y todos los nobles de Faraón se levantaron temprano en la mañana , y con ellos 700,000 hombres, y salieron de Mitzrayim en ese día, y vinieron al lugar donde estaban los hijos de Yisra'el.

[12] Y todos los Mitzrayimim vieron, y he aquí que Moshe y Aharon y todos los hijos de Yisra'el estaban sentados delante de Pi-Hahirot, celebrando Festividad para YAHWEH.

[13] Y todos los Mitzrayimim dijeron a los hijos de Yisra'el: Ciertamente ustedes dijeron que iban la jornada de tres días dentro del desierto a sacrificar para nuestro Elohim y regresaremos .

[14] Ahora, por lo tanto, este día marca el quinto día desde que se fueron, ¿por qué no regresan a sus amos?

[15] Y Moshe y Aharon les respondieron a ellos, diciendo: Porque YAHWEH nuestro Elohim ha testificado en nosotros, diciendo: Ustedes ya no más regresarán a Mitzrayim, sino que iremos a una tierra donde fluye leche y miel, como YAHWEH nuestro Elohim había jurado a nuestros padres darnos.

[16] Y cuando los nobles de Mitzrayim vieron que los hijos de Yisra'el no les escuchaban, para regresar a Mitzrayim, ellos se ciñeron para pelear con Yisra'el.

[17] Y YAHWEH fortaleció los corazones de los hijos de Yisra'el sobre los Mitzrayimim, que ellos le dieron una severa golpiza, y la batalla fue dañina para los Mitzrayimim, y todos los Mitzrayimim huyeron de los hijos de Yisra'el, porque muchos perecieron por la mano de Yisra'el.

[18] Y los nobles de Faraón fueron a Mitzrayim y le dijeron a Faraón, diciendo: Los hijos de Yisra'el han huido, y no más regresarán a Mitzrayim, y de esta forma Moshe y Aharon hablaron con nosotros.

[19] Y Faraón oyó estas cosas y su corazón y el corazón de todos sus súbditos fueron vueltos contra Yisra'el, y ellos se arrepintieron que habían enviado a Yisra'el; y todos los Mitzrayimim aconsejaron a Faraón perseguir a los hijos de Yisra'el para hacerlos regresar a sus cargas.

[20] Y ellos dijeron cada hombre a su hermano: ¿Qué es esto que nosotros hemos hecho, que hemos enviado a Yisra'el fuera de nuestra servidumbre?

[21] Y YAHWEH fortaleció los corazones de todos los Mitzrayimim para perseguir a los Yisra'elim, porque YAHWEH deseaba echar a los Mitzrayimim en el Mar Rojo.

[22] Y Faraón se levantó y aparejó su carruaje, y él ordenó a todos los Mitzrayimim a reunirse, ni un hombre quedó excepto los pequeños y las mujeres.

[23] Y todos los Mitzrayimim salieron con Faraón para perseguir a los hijos de Yisra'el, y el campamento de Mitzrayim era extremadamente grande y fuerte, cerca de 1,000,000 de hombres.

[24] Y todo su campamento fue y persiguió a los hijos de Yisra'el para traerlos de regreso a Mitzrayim, y ellos los alcanzaron en el campamento del Mar Rojo.

[25] Y los hijos de Yisra'el alzaron sus ojos, y contemplaron a todos los Mitzrayimim persiguiéndolos, y los hijos de Yisra'el estaban grandemente aterrorizados por ellos, y los hijos de Yisra'el clamaron a YAHWEH.

[26] Y por causa de los Mitzrayimim los hijos de Yisra'el se dividieron en cuatro divisiones, y ellos estaban divididos en sus opiniones, porque tenían miedo de los Mitzrayimim, y Moshe habló con cada uno de ellos.

[27] La primera división eran los hijos de Rueven, Shimeon y Yissajar, y ellos resolvieron echarse al mar, porque ellos estaban extremadamente temerosos de los Mitzrayimim.

[28] Y Moshe les dijo a ellos: No teman, párense quietos y vean la salvación que YAHWEH traerá para ustedes este día.

[29] La segunda división era de los hijos de Zevulun, Binyamin y Naftali, y ellos resolvieron regresar a Mitzrayim con los Mitzrayimim.

[30] Y Moshe les dijo a ellos: No teman, pues ustedes han visto a los Mitzrayimim este día, pero no los verán jamás.

[31] Y la tercera división era de los hijos de Yahudáh y Yosef [y ¿Dan?], y ellos resolvieron encontrarse con los Mitzrayimim y pelear con ellos.

[32] Y Moshe les dijo a ellos: En pie en sus lugares, porque YAHWEH peleará por ustedes y ustedes permanezcan callados.

[33] Y la cuarta división era de los hijos de Levi, Gad y Asher, y ellos resolvieron ir en medio de los Mitzrayimim y confundirlos, y Moshe dijo a ellos: Permanezcan en sus estaciones y no teman, sólo clamen a YAHWEH para que El los salve de sus manos.

[34] Después de esto Moshe se levantó de entre la gente , y él oró a YAHWEH, y dijo:

[35] O YAHWEH el Todopoderoso de toda la tierra, salva ahora Tu pueblo a quien Tú sacaste de Mitzrayim, y no permitas que los Mitzrayimim se jacten que el poder y la fuerza son de ellos.

[36] Así que YAHWEH dijo a Moshe: ¿Por qué clamas Mí? Habla con los hijos de Yisra'el que ellos procedan, y extiende tu cetro sobre el mar y divídelo, y los hijos de Yisra'el pasarán por medio de él.

[37] Y Moshe así lo hizo, y él alzó su cetro sobre el mar y lo dividió.

[38] Y las aguas del mar fueron divididas en doce partes, los hijos de Yisra'el pasaron a pie, con zapatos, como un hombre pasa por una carretera preparada.

[39] Y YAHWEH manifestó a los hijos de Yisra'el Sus maravillas en Mitzrayim y en el mar por la mano de Moshe y Aharon.

[40] Y cuando los hijos de Yisra'el habían entrado en el mar, los Mitzrayimim fueron tras ellos, y las aguas del mar regresaron sobre ellos , y todos ellos se hundieron en el agua, y ni un hombre quedó, excepto Faraón, quien le dio gracias a YAHWEH y creyó en El, por lo tanto, YAHWEH no causó que él pereciera en ese tiempo con los Mitzrayimim.

[41] Y YAHWEH ordenó a un malaj tomarlo de entre los Mitzrayimim, quien lo tiró sobre la tierra de Ninveh y él reinó sobre ella por mucho tiempo.

[42] Y en ese día YAHWEH salvó a Yisra'el de la mano de Mitzrayim, y todo Yisra'el vio que los Mitzrayimim perecieron, y ellos contemplaron la Gran Mano de YAHWEH, en lo que El había hecho en Mitzrayim y en el mar.

[43] Entonces Moshe y los hijos de Yisra'el cantaron este canto a YAHWEH en el día que YAHWEH causó que los Mitzrayimim cayeran delante de ellos.

[44] Y todo Yisra'el cantaron en concierto, diciendo: Yo cantaré a YAHWEH porque El es grandemente exaltado, el caballo y su jinete ha echado al mar; He aquí que esta escrito en el libro de la Toráh del Todopoderoso.

[45] Después de esto los hijos de Yisra'el continuaron su viaje, y acamparon en Marah, y YAHWEH dio a los hijos de Yisra'el estatutos y juicios allí en ese lugar en Marah, y YAHWEH ordenó a los hijos de Yisra'el caminar en Sus caminos y servirle.

[46] Y ellos viajaron de Marah y acamparon en Elim, y en Elim había doce fuentes de agua y 70 palmeras de dátiles, y los hijos acamparon allí junto a las aguas.

[47] Y ellos viajaron de Elim y vinieron al desierto de Sin, en el día 15 del segundo mes después de su salida de Mitzrayim.

[48] En ese tiempo YAHWEH dio maná a los hijos de Yisra'el para comer, y YAHWEH causó comida que lloviera de los cielos para los hijos de Yisra'el día a día.

[49] Y los hijos de Yisra'el comieron maná por 40 años, todos los días que ellos estuvieron en el desierto, hasta que vinieron a la tierra de Canaán para poseerla.

[50] Y ellos continuaron del desierto de Sin y acamparon en Alush.

[51] Y continuaron de Alush y acamparon en Refidim.

[52] Y cuando los hijos de Yisra'el estaban en Refidim, Amalek el hijo de Elifaz, el hijo de Esaú, el hermano de Zefo, vino a pelear con Yisra'el.

[53] Y él trajo con él 800 y 1,000 hombres, magos y hechiceros, y él se preparó para la batalla con Yisra'el en Refidim.

[54] Y ellos trabaron una gran y severa batalla contra Yisra'el, y YAHWEH entregó a Amalek y su pueblo en las manos de Moshe y los hijos de Yisra'el, y en las manos de Josué [Y'shúa], el hijo de Nun, el Efrayimi, el sirviente de Moshe.

[55] Y los hijos de Yisra'el golpearon a Amalek y su pueblo a filo de espada, pero la batalla fue muy dura sobre los hijos de Yisra'el.

[56] Y YAHWEH dijo a Moshe: Escribe esta cosa en un libro como memorial para ti, y ponlo en las manos de Josué [Y'shúa], el hijo de Nun, tu sirviente, y ti ordenarás a los hijos de Yisra'el, diciendo: Cuando ustedes entren en la tierra de Canaán, ustedes borrarán completamente la memoria de Amalek de debajo del cielo.

[57] Y Moshe lo hizo así, y él tomó el libro y escribió las palabras sobre él, diciendo:

[58] Recuerden lo que Amalek les ha hecho a ustedes en el camino cuando ustedes salieron de la tierra de Mitzrayim.

[59] Quien te esperó en el camino y te atacó por la retaguardia, aun aquellos débiles detrás cuando estabas agotado y debilitado.

[60] Por lo tanto, será cuando YAHWEH tu Elohim te de descanso de todos tus enemigos en todo alrededor en la tierra la cual YAHWEH tu Elohim, te da por herencia para poseerla que tú borrarás la memoria de Amalek de debajo del cielo, tú no lo olvidarás.

[61] Y el rey que tenga piedad sobre Amalek, o sobre su memoria o sobre su zera, he aquí que Yo lo requeriré de él, y Yo lo cortaré de su pueblo.

[62] Y Moshe escribió todas estas cosas en un libro y él ordenó a todos los hijos de Yisra'el respecto a estos asuntos.

82 - La Ley en el Sinaí

(Exodus 19,20)

[1] Y los hijos de Yisra'el continuaron de Refidim y acamparon en el desierto del Sinai, en el tercer mes de haber salido de Mitzrayim.

[2] En ese tiempo vino Reuel el Midyanim, suegro de Moshe, con Zipporah su esposa y sus dos hijos, porque él había oído de las maravillas de YAHWEH que El había hecho a Yisra'el, que El los había liberado de la tierra de Mitzrayim.

[3] Y Reuel vino a Moshe al desierto donde él estaba acampado, donde estaba el Monte del Todopoderoso.

[4] Y Moshe procedió a recibir a su suegro con gran honor, y todo Yisra'el estaba con él.

[5] Y Reuel y sus hijos permanecieron con los hijos de Yisra'el por muchos días , y Reuel conoció a YAHWEH desde ese día en adelante.

[6] Y en el tercer mes de la salida de los hijos de Yisra'el de Mitzrayim, en el sexto día, YAHWEH le dio a Yisra'el los diez Mandamientos [Diez Palabras] en el Monte Sinai.

[7] Y todo Yisra'el oyó esos mandamientos y todo Yisra'el se regocijó extremadamente en YAHWEH ese día.

[8] Y la Gloria de YAHWEH descansó sobre el Monte Sinai, y El llamó a Moshe, y Moshe vino en el medio de una nube y ascendió la montaña.

[9] Y Moshe estuvo sobre la montaña 40 días y 40 noches; él no comió ningún pan ni bebió ninguna agua, y YAHWEH lo instruyó en los estatutos y juicios para poder enseñar a los hijos de Yisra'el.

[10] Y YAHWEH escribió "Los Diez Mandamientos" cuales El le había ordenado a los hijos de Yisra'el sobre dos tablas de piedra, cuales dio a Moshe para ordenar a los hijos de Yisra'el.

[11] Y al término de 40 días y 40 noches, cuando YAHWEH había terminado de hablar con Moshe sobre el Monte Sinai, entonces YAHWEH dio a Moshe las tablas de piedra, escritas con El Dedo del Todopoderoso.

[12] Y cuando los hijos de Yisra'el vieron que Moshe se demoraba en descender del Monte, ellos se reunieron alrededor de Aharon, y dijeron: En cuanto a este hombre Moshe, nosotros no sabemos lo que le haya sucedido.

[13] Ahora, por lo tanto, levántense, hagan para nosotros un dios que vaya delante de nosotros, para que no muramos.

[14] Y Aharon estaba tremendamente temeroso del pueblo, y él les ordenó a ellos traerle oro y él lo formó en un becerro de oro para el pueblo.

[15] Y YAHWEH dijo a Moshe, antes de que él descendiera de la montaña: Rápido, desciende, porque tu pueblo el cual tú sacaste de la tierra de Mitzrayim se ha corrompido.

[16] Ellos se han hecho un becerro fundido , y se han inclinado a él, ahora, por lo tanto, déjame, que Yo los consuma de la tierra, porque ellos son un pueblo de dura cerviz.

[17] Y Moshe imploró al semblante de YAHWEH, y oró a YAHWEH por el pueblo por causa del becerro que ellos habían hecho, y él después descendió de la montaña y sus manos estaban sobre las tablas de piedra, las cuales YAHWEH le había dado para ordenar a los Yisra'elim.

[18] Y cuando Moshe se acercó al campamento él vio el becerro cual el pueblo había hecho, y la ira de Moshe fue rebullida y él quebró las tablas al pie del Monte.

[19] Y Moshe vino al campamento y el quemó el becerro con fuego, y lo molió hasta que se volvió polvo fino, y lo echó en al agua e hizo que los Yisra'elim lo bebieran.

[20] Y allí murieron de l pueblo por la espada de cada uno unos 3,000 hombres que habían hecho el becerro.

[21] Y en la mañana Moshe dijo al pueblo: Yo iré a YAHWEH, quizás pueda hacer expiación por los pecados que ustedes por los cuales han pecado contra YAHWEH.

[22] Y Moshe subió a YAHWEH, y él permaneció de nuevo 40 días y 40 noches.

[23] Y durante los 40 días Moshe suplicó a YAHWEH por los hijos de Yisra'el, y YAHWEH escuchó a la oración de Moshe , y YAHWEH recibió la súplica de él por su pueblo Yisra'el.

[24] Entonces YAHWEH habló a Moshe que cortara dos tablas de piedra y las subiera a YAHWEH quien escribiría sobre ellas "Los Diez Mandamientos."

[25] Y Moshe así lo hizo, cuando él descendió y cortó las dos tablas y subió a la montaña Sinai a YAHWEH y YAHWEH escribió "Los Diez Mandamientos" sobre las tablas.

[26] Y Moshe permaneció aun con YAHWEH 40 días y 40 noches, y YAHWEH lo instruyó en estatutos y juicios para impartir a Yisra'el.

[27] Y YAHWEH le ordenó a él con respecto a los hijos de Yisra'el que ellos tenían que hacer un Lugar Kadosh para YAHWEH, para que Su Nombre descansara allí, y YAHWEH le mostró el modelo del Lugar Kadosh y el modelo
de sus vasijas.

[28] Y al final de 40 días, Moshe descendió de la montaña y las dos tablas estaban en su mano.

[29] Y Moshe vino a los hijos de Yisra'el y habló a ellos todas las palabras de YAHWEH, él les enseñó leyes, estatutos y juicios, los cuales YAHWEH le había enseñado .

[30] Y Moshe dijo a los hijos de Yisra'el la palabra de YAHWEH, que un Lugar Kadosh tenía que ser hecho para El.

[31] Y el pueblo se regocijó grandemente por todo el bien que YAHWEH había hablado a ellos, por medio de Moshe, y ellos dijeron: Nosotros haremos todo lo que YAHWEH ha hablado contigo.

[32] Y el pueblo se levantó como un solo hombre e hicieron ofrendas generosas para el Lugar Kadosh de YAHWEH, y cada hombre trajo la ofrenda de YAHWEH para el trabajo en el Lugar Kadosh, y para todo su servicio.

[33] Y todos los hijos de Yisra'el trajeron cada hombre todo lo que encontró en su posesión para el trabajo del Lugar Kadosh de YAHWEH, oro, plata y bronce; y todo lo que era de uso para el Lugar Kadosh.

[34] Y todos los hombres sabios que estaban diestros en trabajo vinieron e hicieron el Lugar Kadosh de YAHWEH; de acuerdo a todo lo que YAHWEH había ordenado, cada hombre en el trabajo que él era diestro; y todos los hombres sabios de corazón hicieron el Lugar Kadosh, y sus muebles y sus vasijas para el servicio Kadosh, como YAHWEH había ordenado a Moshe.

[35] Y el trabajo del Lugar Kadosh del Tabernáculo fue completado al final de cinco meses, y los hijos de Yisra'el hicieron todo lo que YAHWEH había ordenado a Moshe.

[36] Y ellos trajeron el Lugar Kadosh y todo su mobiliario a Moshe; como el modelo que YAHWEH le había enseñado a Moshe, así hicieron los hijos de Yisra'el.

[37] Y Moshe vio el trabajo, y he aquí que ellos lo hicieron como YAHWEH había ordenado a Moshe, así que Moshe los bendijo.

83 – Los Doce Espías

(Números 13)

[1] Y en el mes 12, en el día 23 del mes, Moshe tomó a Aharon y sus hijos, y él los vistió en sus atuendos, y los ungió e hizo a ellos como YAHWEH le había ordenado, y Moshe subió todas las ofrendas que YAHWEH en ese día le había ordenado.

[2] Moshe después tomó a Aharon y a sus hijos , y les dijo a ellos : Por siete días permanecerán en la puerta del Tabernáculo, porque así yo fui ordenado.

[3] Y Aharon y sus hijos hicieron todo lo que YAHWEH les había ordenado por medio de Moshe , y ellos permanecieron por siete días a la puerta del Tabernáculo .

[4] Y en el octavo día, siendo el primer día del primer mes, en el segundo año que los Yisra'elim salieron de Mitzrayim, Moshe erigió el Lugar Kadosh, y Moshe puso todo el mobiliario del Tabernáculo, y todo el mobiliario del Lugar Kadosh, y él hizo todo lo que YAHWEH le ordenó a él.

[5] Y Moshe llamó a Aharon y sus hijos, y ellos trajeron la ofrenda quemada y la ofrenda de pecado por ellos mismos y pos los hijos de Yisra'el, como YAHWEH había ordenado a Moshe.

[6] En ese día los dos hijos de Aharon, Nadav y Avihu tomaron fuego extraño y lo trajeron delante de YAHWEH quien no les había ordenado, y fuego salió de delante de YAHWEH y los consumió, y ellos murieron delante de YAHWEH en ese día.

[7] Entonces el día que Moshe había terminado de erigir el Lugar Kadosh, los príncipes de Yisra'el comenzaron a traer ofrendas delante de YAHWEH para la dedicación del altar.

[8] Y ellos trajeron sus ofrendas cada príncipe un día, un príncipe al día por 12 días.

[9] Y todas las ofrendas que ellos trajeron, cada hombre en su día, una bandeja de plata que pesaba 130 shekels , un tazón de plata que pesaba 70 shekels del shekel del Lugar Kadosh, ambos llenos de harina fina, unido con aceite para una ofrenda de grano.

[10] Un cucharón de oro que pesaba diez shekels lleno de incienso.

[11] Un becerro, un macho cabrío, un cordero del primer año para ofrenda quemada,

[12] y un cabrito de los carneros para ofrenda de pecado.

[13] Y para sacrificio de ofrenda de Shalom, dos toros, cinco carneros, cinco machos cabríos y cinco corderos de un año.

[14] Así hicieron los doce príncipes de Yisra'el día a día, cada hombre en su día.

[15] Y fue después de esto, durante el día 13 del mes, que Moshe ordenó a los hijos de Yisra'el observar el Pésaj.

[16] Y los hijos de Yisra'el guardaron Pésaj en su temporada el día 14 del mes, como YAHWEH había ordenado a Moshe, así hicieron los hijos de Yisra'el.

[17] Y durante el segundo mes, el primer día de él, YAHWEH habló a Moshe, diciendo:

[18] Numera las cabezas de todos los varones de los hijos de Yisra'el de 20 años de edad hacia arriba, tú y tu hermano Aharon y los doce príncipes de Yisra'el.

[19] Y Moshe así lo hizo, y Aharon vino con los doce príncipes de Yisra'el, y ellos numeraron a los hijos de Yisra'el en el desierto de Sinai.

[20] Y los números de los hijos de Yisra'el por las casas de sus padres, de 20 años de edad hacia arriba, fueron 600 y [3,000,550].

[21] Pero los hijos de Levi no fueron numerados entre los hijos de Yisra'el.

[22] Y el número de los hijos de Yisra'el de un mes hacia arriba fue de 22,273.

[23] Y el número de los hijos de Levi de un mes hacia arriba fue de 22,000.

[24] Y Moshe puso a los kohanim y a los levi'im cada hombre a su servicio y a su trabajo para servir en el Lugar Kadosh del Tabernáculo, como YAHWEH había ordenado a Moshe.

[25] Y en el día 20 del mes, la nube fue alzada del Tabernáculo del Testimonio.

[26] Y en ese momento los hijos de Yisra'el continuaron su viaje del desierto de Sinai, y ellos hicieron un viaje de tres días, y la nube descansó en el desierto de Paran; allí la ira de YAHWEH fue rebullida contra Yisra'el, porque ellos provocaron a YAHWEH por pedir carne para que ellos comieran.

[27] Y YAHWEH escuchó sus voces y les dio carne que ellos comieron por un mes.

[28] Pero después de esto la ira de YAHWEH fue rebullida contra ellos, y El los golpeó con una gran matanza, y ellos fueron enterrados allí en ese lugar.

[29] Y los hijos de Yisra'el llamaron al lugar Kebrot-Hattaavah, porque sepultaron la gente que tuvo lujuria por la carne.

[30] Y ellos salieron de Kebror- Hattaarah y se plantaron en Hazerot, cual está en el desierto de Paran.

[31] Y mientras los hijos de Yisra'el estaban en Hazerot, la ira de YAHWEH fue rebullida contra Miryam por causa de Moshe, y ella se volvió leprosa, blanca como la nieve.

[32] Y ella fue recluida fuera del campamento por siete días, hasta que fue recibida de nuevo después de su lepra.

[33] Y los hijos de Yisra'el después salieron de Hazerot, y se plantaron al final del desierto de Paran.

[34] En ese tiempo YAHWEH habló a Moshe que enviara 12 hombres de los hijos de Yisra'el, un hombre por cada tribu, para ir a explorar la tierra de Canaán.

[35] Y Moshe envió los doce hombres, y ellos vinieron a la tierra de Canaán para explorarla y examinarla, y ellos exploraron toda la tierra desde el desierto de Sin hasta Rejov como cuando se viene de Hamot.

[36] Y al final de 40 días ellos vinieron a Moshe y Aharon, y ellos les trajeron palabra como estaba en sus corazones, y diez de los hombres trajeron un mal reporte a los hijos de Yisra'el, de la tierra cual ellos habían explorado, diciendo: Es mejor para nosotros regresar a Mitzrayim que ir a esta tierra, una tierra que consume a sus habitantes.

[37] Pero Josué [Y'shúa] el hijo de Nun, y Kalev el hijo de Yefuneh, que eran de aquellos que exploraron la tierra, dijeron: La tierra es extremadamente buena.

[38] Si YAHWEH se deleita en nosotros, entonces El nos traerá a esta tierra y nos la dará, porque es una tierra que fluye con leche y miel.

[39] Pero los hijos de Yisra'el no quisieron escucharlos a ellos, y ellos escucharon a la voz de los diez hombres que habían traído un mal reporte de la tierra.

[40] Y YAHWEH oyó la murmuración de los hijos de Yisra'el y El estaba furioso y juró, diciendo:

[41] Ciertamente ningún hombre de esta generación perversa verá la tierra de los 20 años hacia arriba, excepto Kalev el hijo de Yefunah y Josué [Y'shúa] el hijo de Nun.

[42] Pero ciertamente esta generación perversa perecerá en este desierto, y sus hijos vendrán a la tierra y ellos la poseerán; así que la ira de YAHWEH fue rebullida contra Yisra'el, y El los hizo vagar por el desierto por 40 años, hasta en fin de esa generación perversa, porque ellos no siguieron a YAHWEH.

[43] Y el pueblo vivió en el desierto de Paran por largo tiempo, y después ellos procedieron al desierto por el Mar Rojo.

84 - La Rebelión de Coré

(Números 16)

[1] En ese tiempo Koraj el hijo de Hetzer, el hijo de Kehat, el hijo de Levi, tomó muchos hombres de los hijos de Yisra'el, y ellos se levantaron y riñeron con Moshe y Aharon y toda la Congregación.

[2] Y YAHWEH estaba furioso con ellos, y la tierra abrió su boca y se los tragó a todos, y sus casas y todo lo perteneciente a ellos, y a todos los hombres de Koraj.

[3] Y después de esto YAHWEH hizo al pueblo ir por el camino alrededor de la montaña de Seir por largo tiempo.

[4] En ese tiempo YAHWEH dijo a Moshe: No provoques una guerra contra los hijos de Esaú, porque Yo no les daré de nada de lo que pertenezca a ellos, ni aun donde pise la planta del pie, porque Yo he dado la montaña de Seir por herencia a Esaú.

[5] Por lo tanto, los hijos de Esaú pelearon contra los hijos de Seir cuatro veces, y YAHWEH entregó a los hijos de Seir en las manos de los hijos de Esaú, y los destruyó de delante de ellos, y los hijos de Esaú vivieron allí en lugar de ellos hasta este día.

[6] Por lo tanto, YAHWEH dijo a los hijos de Yisra'el: No peleen contra los hijos de Esaú sus hermanos, porque nada en su tierra les pertenece a ustedes, pero pueden comprar comida de ellos por dinero y comerla, y pueden comprar agua de ellos por dinero y beberla.

[7] Y los hijos de Yisra'el hicieron de acuerdo a la palabra de YAHWEH.

[8] Y los hijos de Yisra'el fueron alrededor del desierto, yendo alrededor del Monte Sinai por largo tiempo, y no tocaron a los hijos de Esaú, y ellos continuaron en ese distrito por 19 años.

[9] En ese tiempo Latinus rey de los hijos de Kittim murió, durante el año 45 de su reino, cual es el año 14 que los hijos de Yisra'el salieron de Mitzrayim.

[10] Y ellos lo sepultaron en su lugar que él había edificado en la tierra de Kittim, y Abimnas reinó en su lugar por 38 años.

[11] Y los hijos de Yisra'el pasaron el borde de los hijos de Esaú en esos días, al final de 19 años ellos vinieron y pasaron el camino del desierto de Moab.

[12] Y YAHWEH dijo a Moshe: No asedies a Moab, no pelees contra ellos, porque no te daré nada de la tierra de ellos.

[13] Y los hijos de Yisra'el pasaron el camino del desierto de Moab por 19 años y ellos no pelearon contra Moab.

[14] Y durante el año 36 de que los hijos de Yisra'el salieron de la tierra de Mitzrayim, YAHWEH golpeó el corazón de Sihon, rey de los Emorim, y él hizo la guerra, y él fue a pelear contra los hijos de Moab.

[15] Y Sihon envió mensajeros a Beor el hijo de Janeas, el hijo de Bilaam, consejero del rey de Mitzrayim, y a Bilaam su hijo, para maldecir a Moab, para que fuera entregada en las manos de Sihon.

[16] Y los mensajeros fueron y trajeron a Beor el hijo de Janeas y a su hijo Bilaam, desde Petor en Mesopotamia, así que Beor y Bilaam su hijo vinieron a la ciudad de Sihon, y ellos maldijeron a Moab y a su rey en la presencia de Sihon rey de los Emorim.

[17] Así que Sihon salió con todo su ejército, y él fue a Moab y peleó contra ellos, y él los sometió, y YAHWEH los entregó en sus manos, y Sihon mató al rey de Moab.

[18] Y Sihon tomó todas las ciudades de Moab en batalla; él también tomó a Heshbon de ellos, porque Heshbon era una de las ciudades de Moab, y Sihon puso sus nobles y príncipes en Heshbon, y Heshbon pertenencia a Sihon en esos días.

[19] Por lo tanto, los que hablaban en parábolas Beor y Bilaam su hijo pronunciaron estas palabras, diciendo: Vengan a Heshbon la ciudad de Sihon será edificada y establecida.

[20] ¡Ay de ti Moab! ¡Tú estás perdida, O habitantes de Kemosh! He aquí que está escrito en el libro de la Toráh del Todopoderoso.

[21] Y cuando Sihon había conquistado a Moab, él puso guardias en las ciudades que él había tomado de Moab, y un considerable número de los hijos de Moab cayeron en batalla a las manos de Sihon, y él hizo una gran captura de ellos, hijos e hijas y él mató a su rey; así que Sihon se volvió y regresó a su propia tierra .

[22] Y Sihon dio numerosos regalos de plata y oro a Beor y Bilaam su hijo, y él los despidió, y ellos fueron a Mesopotamia a su tierra y su país.

[23] En ese tiempo todos los hijos de Yisra'el pasaron por el camino del desierto de Moab, y regresaron y rodearon el desierto de Edom.

[24] Así toda la Congregación vino al desierto de Sin el primer mes del año 40 de haber salido de Mitzrayim, y los hijos de Yisra'el vivieron en Kadesh, del desierto de Sin, y Miryam murió allí y fue sepultada allí.

[25] En ese tiempo Moshe envió mensajeros a Hadad rey de Edom, diciendo: Así dice tu hermano Yisra'el: Déjame pasar por favor por tu tierra, no pasaremos por campos o viñas, no beberemos el agua del pozo, caminaremos en el camino del rey.

[26] Y Edom dijo a él: Ustedes no pasarán por mi tierra, y Edom salió para encontrarse con los hijos de Yisra'el con un pueblo poderoso.

[27] Y los hijos de Esaú rehusaron dejar pasar por su tierra a los hijos de Yisra'el, así los Yisra'elim se removieron de ellos y no pelearon con ellos.

[28] Porque antes de esto, YAHWEH había ordenado a los hijos de Yisra'el, diciendo: Ustedes no pelearán contra los hijos de Esaú, por lo tanto, los Yisra'elim se removieron de ellos y no pelearon con ellos.

[29] Así los hijos de Yisra'el salieron de Kadesh, y todo el pueblo vino a la montaña de Hor.

[30] En ese tiempo YAHWEH dijo a Moshe: Dile a tu hermano Aharon que él morirá allí, porque él no vendrá a la tierra que Yo he dado a los hijos de Yisra'el.

[31] Y Aharon subió, a la orden de YAHWEH, a la montaña Hor, durante el año 40, en el quinto mes, en el primer día del mes.

[32] Y Aharon era de 123 años de edad cuando él murió en la montaña de Hor.

85 - Los Moabitas Seducen a Israelitas

(Números 25)

[1] Y el rey de Arad, el Canaáni, quien vivía en el sur, oyó que los Yisra'elim habían venido por el camino de los espías, y él reunió sus fuerzas para pelear contra los Yisra'elim.

[2] Y los hijos de Yisra'el estaban grandemente temerosos de él, porque él tenía un gran y poderoso ejército, así que los hijos de Yisra'el resolvieron regresar a Mitzrayim.

[3] Y los hijos de Yisra'el de volvieron como la distancia del viaje de tres días a Maserat Beni Yaakon, porque ellos estaban grandemente atemorizados del rey Arad.

[4] Y los hijos de Yisra'el no querían regresar a sus lugares, así que permanecieron en Maserat Beni Yaakon por un mes.

[5] Y cuando los hijos de Levi vieron que los hijos de Yisra'el no querían volverse, ellos estaban celosos por amor a YAHWEH, y ellos se levantaron y pelearon contra los Yisra'elim sus hermanos, y mataron de ellos un gran número, y los forzaron a regresar a su lugar, la montaña de Hor.

[6] Y cuando ellos regresaron el rey Arad todavía estaba reuniendo a su ejército para pelear contra los Yisra'elim.

[7] Y Yisra'el hizo un juramento: Si Tú entregas este pueblo en mis manos, yo totalmente destruiré sus ciudades.

[8] Y YAHWEH escuchó a la voz de Yisra'el y El entregó los Cananeos en sus manos, los derrotaron totalmente en sus ciudades, y llamaron el nombre del lugar Hormah.

[9] Y los hijos de Yisra'el viajaron de la montaña de Hor y se plantaron en Obot, y ellos viajaron de Obot y se plantaron en Ije- Abarim, en el borde de Moab.

[10] Y los hijos de Yisra'el enviaron a Moab, diciendo: Déjennos pasar por su tierra a nuestro lugar, pe ro los hijos de Moab no dejaron que los hijos de Yisra'el pasaran por su tierra, porque los hijos de Moab estaban grandemente temerosos no fuera que los hijos de Yisra'el les hicieran lo que les había hecho el rey Sihon de los Emorim, quien había tomado su tierra y había matado a muchos de ellos.

[11] Por lo tanto, Moab no dejaba que los Yisra'elim pasaran por su tierra, y YAHWEH ordenó a los hijos de Yisra'el, diciendo: Que ellos no pelearan con Moab, así que los Yisra'elim se removieron de Moab.

[12] Y los hijos de Yisra'el viajaron desde el borde de Moab, y ellos vinieron al otro lado del Arnon, y se plantaron en el borde de Sihon, rey de los Emorim, en el desierto de Kedemot.

[13] Y los hijos de Yisra'el enviaron mensajeros a Sihon, rey de los Emorim, diciendo:

[14] Déjennos pasar por su tierra y no nos volveremos a sus campos ni a sus viñas, iremos por el camino del rey hasta que hayamos pasado el borde, pero Sihon no permitió que los Yisra'elim pasaran.

[15] Así que Sihon reunió a toda la gente de los Emorim y fue al desierto a encontrarse con los hijos de Yisra'el, y él peleó contra Yisra'el en Yahaz.

[16] Y YAHWEH entregó a Sihon rey de los Emorim en la mano de los hijos de Yisra'el, y Yisra'el golpeó a toda la gente de Sihon por el filo de la espada y vengó la causa de Moab.

[17] Y los hijos de Yisra'el tomaron posesión de la tierra de Sihon desde Arad hasta Yabuk, a los hijos de Amón, y ellos tomaron todo el botín de sus ciudades.

[18] Y Yisra'el tomó todas esas ciudades, y Yisra'el vivió en las ciudades de los Emo rim.

[19] Y todos los hijos de Yisra'el resolvieron pelear contra los hijos de Amón para también tomar su tierra.

[20] Así que YAHWEH dijo a los hijos de Yisra'el: No asedien a los hijos de Amón ni busquen batalla con ellos, porque Yo no les daré nada de la tierra de ellos, y los hijos de Yisra'el escucharon a la palabra de YAHWEH y no pelearon contra los hijos de Amón.

[21] Y los hijos de Yisra'el se volvieron y fueron por el camino de Bashan a la tierra de Og, rey de Bashan, y Og el rey de Bashan salió a encontrarse con los Yisra'elim en batalla, y él tenía muchos hombres valientes, y una fuerza muy fuerte de la gente de los Emorim.

[22] Y Og rey de Bashan era un hombre muy poderoso, pero Aharon su hijo era extremadamente poderoso, aún más fuerte que su padre.

[23] Y Og dijo en su corazón: He aquí que el campamento de Yisra'el toma el espacio de tres ejércitos, ahora yo los golpearé a todos sin la espada o la lanza.

[24] Y cuando Og subió a la montaña de Yahaz y tomó una piedra enorme y la puso sobre su cabeza, y resolvió tirarla sobre el campamento de los hijos de Yisra'el, para golpear a todos los Yisra'elim con esa piedra.

[25] Y el malaj de YAHWEH vino y golpeó la piedra sobre la cabeza de Og, y la piedra cayó sobre el cuello de Og, y Og cayó a tierra por el peso de la piedra sobre su cuello.

[26] En ese tiempo YAHWEH dijo a los hijos de Yisra'el: No tengan temor de él, porque Yo lo he dado a él y toda su gente y toda su tierra en su mano, y ustedes harán a él como hicieron a Sihon. Y Moshe descendió a él con un pequeño número de los hijos de Yisra'el, y Moshe golpeó a Og con una caña en sus tobillos y lo mató.

[28] Los hijos de Yisra'el después persiguieron a los hijos de Og y a todo su pueblo, y ellos los golpearon y destruyeron hasta que no quedó un remanente.

[29] Moshe después envió a algunos de los hijos de Yisra'el a espiar a Yaazer y explorarla, porque Yaazer era una ciudad muy famosa.

[30] Y los espías fueron a Yaazer y la exploraron, y todos los espías confiaban en YAHWEH, y ellos pelearon contra los hombres de Yaazer.

[31] Y esos hombres tomaron a Yaazer, y YAHWEH los entregó en su mano, y ellos echaron a los Emorim que estaban allí.

[32] Y los hijos de Yisra'el tomaron la tierra de los dos reyes de los Emorim, 66 ciudades cuales estaban del otro lado del Yarden, desde el arroyo de Arnon hasta el Monte Hermon.

[33] Y los hijos de Yisra'el viajaron y vinieron a las llanuras de Moab que está de este lado del Yarden, por Yerijo.

[34] Y los hijos de Moab oyeron de todo el mal que los hijos de Yisra'el habían hecho a los dos reyes de los Emorim, a Sihon y a Og, así que todos los hombres de Moab estaban grandemente temerosos de los hijos de Yisra'el.

[35] Y los ancianos de Moab dijeron: He aquí que los dos reyes de los Emorim, Sihom y Og, eran más poderosos que todos los reyes de la tierra, ¿pudieron ellos soportar a los hijos de Yisra'el, entonces, cómo podremos nosotros soportar delante de ellos?

[36] Ciertamente ellos nos enviaron un mensaje antes para pasar por nuestra tierra en su camino, y nosotros no los dejamos, ahora ellos se volverán contra nosotros con sus pesadas espadas y nos destruirán; y Moab estaba preocupado por causa de los hijos de Yisra'el, y ellos estaban grandemente temerosos de ellos, y ellos tomaron consejo juntos de qué hacer con los hijos de Yisra'el.

[37] Y los ancianos de Moab resolvieron y tomaron a uno de sus hombres, Balak el hijo de Zippor el Moabim, y lo hicieron rey sobre ellos en ese tiempo, y Balak era un hombre muy sabio.

[38] Y los ancianos de Moab se levantaron y enviaron a los hijos de Midyan para hacer la paz con ellos, porque una gran batalla de enemistad había en esos días entre Midyan y Moab, desde los días de Hadad el hijo de Bedad rey de Edom, quien golpeó a Midyan en las llanuras de Moab, en aquellos días.

[39] Y los hijos de Moab enviaron a los hijos de Midyan, y los ancianos de Midyan vinieron a la tierra de Moab para hacer la paz en nombre de los hijos de Midyan.

[40] Y los ancianos de Moab entraron en consejo con los ancianos de Midyan en qué hacer para salvar sus vidas de los hijos de Yisra'el.

[41] Y todos los hijos de Moab dijeron a los hijos de Midyan: Ahora, por lo tanto, los hijos de Yisra'el se lamen todo lo que está alrededor, como un buey lame la hierba del campo, porque así hicieron a los dos reyes de los Emorim quienes eran más fuertes que lo que somos nosotros.

[42] Y los ancianos de Midyan dijeron a Moab: Nosotros oímos que en el tiempo que Sihon rey de los Emorim peleó contra ustedes, cuando él prevaleció y tomó la tierra de ustedes, él había enviado a Beor el hijo de Janeas y Bilaam su hijo de Mesopotamia, y ellos los maldijeron a ustedes; por lo tanto, la mano de Sihon prevaleció contra ustedes y él tomó su tierra.

[43] Por lo tanto, envíen ustedes también por Bilaam su hijo, porque él aun permanece en la tierra, y le daremos su paga, y él pueda maldecir a toda la gente que ustedes le tienen miedo; así los ancianos de Moab oyeron esta cosa y los complació enviar por Bilaam hijo de Beor.

[44] Entonces Balak hijo de Zippor de Moab envió mensajeros a Bilaam, diciendo:

[45] He aquí que hay un pueblo que ha salido de Mitzrayim, y he aquí que ellos cubren la faz de la tierra, y ellos se quedan allí contra mí.

[46] Ahora, por lo tanto, ven y maldice a este pueblo por mí, porque ellos son muy poderosos, quizás pueda prevalecer contra ellos, y echarlos fuera, porque yo he oído que aquellos que tú bendices son bendecidos, y los que maldices son maldecidos.

[47] Así, pues, los mensajeros de Balak fueron a Bilaam y trajeron a Bilaam para maldecir al pueblo para pelear contra Moab.

[48] Y Bilaam vino a Balak para maldecir a Yisra 'el, y YAHWEH dijo a Bilaam: No maldigas a este pueblo porque está bendecido.

[49] Y Balak urgió a Bilaam día a día para maldecir a Yisra'el, y Bilaam no escuchó a Balak por causa de la palabra de YAHWEH la cual El había hablado a Bilaam.

[50] Y cuando Balak vio que Bilaam no accedía a su deseo, él se levantó y fue a su casa, y Bilaam también fue de regreso a su tierra y él fue de allí a Midyan.

[51] Y los hijos de Yisra'el viajaron de las llanuras de Moab y se plantaron junto al Yarden en Beit-Yeshimot aun en Avel-Shittim, al final de las llanuras de Moab.

[52] Y cuando los hijos de Yisra'el se quedaron en la llanura de Shittim, ellos comenzaron a prostituirse con las hijas de Moab.

[53] Y los hijos de Yisra'el se acercaron a Moab, y los hijos de Moab plantaron sus tiendas opuesto al campamento de los hijos de Yisra'el.

[54] Y los hijos de Moab tenían miedo de los hijos de Yisra'el, y los hijos de Moab tomaron a sus hijas y sus esposas de aspecto bonito, y de linda apariencia y las vistieron en oro y plata y atuendos costosos.

[55] Y los hijos de Moab sentaron esas mujeres a las puertas de sus tiendas, para que los hijos de Yisra'el las vieran y se volvieran a ellas, y no pelearan contra Moab.

[56] Y todos los hijos de Moab hicieron esta cosa a los hijos de Yisra'el, y todos los hombres pusieron su esposa e hija a la puerta de su tienda, y todos los hijos de Yisra'el vieron los actos de los hijos de Moab, y los hijos de Yisra'el se volvieron a las hijas de Moab y las codiciaron, y ellos fueron con ellas.

[57] Y vino a suceder que cuando un Hebreo venía a la puerta de la tienda de Moab, y veía a la hija de Moab y la deseaba en su corazón, mientras estaban hablando juntos los hombres de las tiendas salían y hablaban a los Hebreos en esta forma:

[58] Ciertamente ustedes saben que nosotros somos hermanos, todos somos descendientes de Lot y los descendientes de Abraham su hermano.

¿Por qué razón no se quedarán con nosotros? ¿Por qué razón no comen pan con nosotros y nuestro sacrificio?

[59] Y cuando los hijos de Moab los habían sobrecogido con su oratoria, y los seducían con palabras lisonjeras, ellos los sentaban en la tienda y cocinaban y sacrificaban para ellos , y comían de su sacrificio y de su pan.

[60] Y ellos le daban vino y ellos bebían y se intoxicaban, y ellos ponían delante de él una bella doncella, y él hacía con ella lo que quería, porque él no sabía lo que estaba haciendo, y él bebía vino a plenitud.

[61] Así hacían los hijos de Moab a los hijos de Yisra'el en la llanura de Shittim, y la ira de YAHWEH fue rebullida contra Yisra'el por este asunto, y El envió una pestilencia entre ellos, y allí murieron de los Yisra'elim 24,000 hombres.

[62] Y había un hombre de los hijos de Shimeon cuyo nombre era Zimri, el hijo de Salu, quien se conectó con la Midayni Cosbi, la hija de Zur, rey de Midyan, a la vista de todos los hijos de Yisra'el.

[63] Y Pinjas el hijo de Eleazar, el hijo de Aharon el kohen, vio esta cosa maldita de Zimri había hecho, y él tomó una lanza y se levantó y fue tras ellos, y lo atravesó a los dos y los mató, y la pestilencia cesó de los hijos de Yisra'el.

86 – Israel Ataca a Madián

(Números 31)

[1] En ese tiempo después de la pestilencia, YAHWEH le dijo a Moshe, y a Eleazar el hijo de Aharon el kohen, diciendo:

[2] Numera las cabezas de toda la comunidad de los hijos de Yisra'el, de 20 años de edad y para arriba, todos los que salieron en el ejército.

[3] Y Moshe y Eleazar numeraron los hijos de Yisra'el por sus familias, y el número de todo Yisra'el era de 700,730.

[4] Y el número de los hijos de Levi, de un mes de nacidos para arriba era de 23,000, y entre ellos no había un hombre de aquellos numerados por Moshe y Aharon en el desierto de Sinai.

[5] Porque YAHWEH les había dicho que todos morirían en el desierto, y todos murieron, y ni uno de ellos quedó excepto Kalev el hijo de Yefuneh y Josué [Y'shúa] el hijo de Nun.

[6] Y fue después de esto que YAHWEH dijo a Moshe: Dile a los hijos de Yisra'el que venguen sobre Midyan la causa de los hijos de Yisra'el.

[7] Y Moshe así lo hizo, y los hijos de Yisra'el escogieron de entre ellos a 12,000 hombres, siendo 1,000 por tribu, y ellos fueron a Midyan.

[8] Y los hijos de Yisra'el batallaron contra Midyan, y ellos mataron a todos los varones, y también a los cinco príncipes de Midyan, y a Bilaam el hijo de Beor ellos mataron a espada.

[9] Y los hijos de Yisra'el tomaron a las esposas de Midyan cautivas, y a sus pequeños y su ganado, y todo lo perteneciente a ellos.

[10] Y ellos tomaron todo el botín y todos los presos, y lo trajeron a Moshe y Eleazar a las llanuras de Moab.

[11] Y Moshe y Eleazar y todos los príncipes de la congregación salieron a encontrarlos con alegría.

[12] Y ellos dividieron el botín de Midyan, y los hijos de Yisra'el habían vengado la causa de Midyan por sus hermanos los hijos de Yisra'el.

87 – La Muerte de Moisés

(Deuteronomio 34)

[1] Y en ese tiempo YAHWEH dijo a Moshe: He aquí que tus días se están acercando al fin, toma ahora a Josué [Y'shúa] el hijo de Nun tu sirviente y ponlo en el Tabernáculo, y Yo le ordenaré, y Moshe así lo hizo.

[2] Y YAHWEH se apareció en el Tabernáculo en el pilar de nube, y el pilar de nube se estacionó a la entrada del Tabernáculo.

[3] Y YAHWEH ordenó a Josué [Y'shúa] el hijo de Nun y dijo a él: Sé fuerte y valiente, porque tú traerás a los hijos de Yisra'el a La Tierra la cual Yo juré darles a ellos, y Yo estaré contigo.

[4] Y Moshe dijo a Josué [Y'shúa]: Sé fuerte y sé valiente porque tú harás que los hijos de Yisra'el hereden La Tierra, y YAHWEH estará contigo, El no te dejará ni te abandonará, no tengas miedo ni te descorazones.

[5] Y Moshe llamó a todos los hijos de Yisra'el, y dijo a ellos: Ustedes han visto todo el bien que YAHWEH, su Elohim, ha hecho por ustedes en el desierto.

[6] Por lo tanto, observen todas las palabras de esta Toráh, y caminen en la senda de YAHWEH su Elohim, no se vuelvan de la senda que YAHWEH les ha ordenado, ni a la derecha ni a la izquierda.

[7] Y Moshe enseñó a los hijos de Yisra'el estatutos, y juicios, y leyes para hacer en la tierra que YAHWEH le había ordenado a él.

[8] Y él les enseñó la senda de YAHWEH y Sus leyes, he aquí que están escritas en el libro de la Toráh del Todopoderoso cual El dio a los hijos de Yisra'el por la mano de Moshe.

[9] Y Moshe terminó de ordenar a los hijos de Yisra'el, y YAHWEH le dijo a él, diciendo: Sube al Monte Avarim y muere allí, y se reunido con tu pueblo como lo fue tu hermano Aharon.

[10] Y Moshe subió como YAHWEH le había ordenado, y él murió allí en la tierra de Moab por la orden de YAHWEH, en el año 40 de los Yisra'elim salir de la tierra de Mitzrayim.

[11] Y los hijos de Yisra'el lloraron a Moshe en las llanuras de Moab por 30 días, y los días de lamentarse y llorar por Moshe fueron completados.

88 – Josué Cruza el Jordán

(Josué 3)

[1] Y fue después de la muerte de Moshe que YAHWEH dijo a Josué [Y'shúa] el hijo de Nun, diciendo:

[2] Levántate y pasa el Yarden a la tierra que Yo he dado a los hijos de Yisra'el, y tú harás que los hijos de Yisra'el hereden La Tierra.

[3] Todo lugar que pise la planta de tu pie pertenecerá a ustedes, desde el desierto del Levanon hasta el gran río Perat serán sus fronteras.

[4] Ningún hombre se opondrá contra ti todos los días de tu vida; como estuve con Moshe, así estaré contigo, sólo sé fuerte y de buen valor para observar toda la Toráh que Moshe les ordenó, no se vuelvan de la senda ni a la derecha ni a la izquierda, para que puedan prosperar en todo lo que hacen.

[5] Y Josué [Y'shúa] ordenó a los oficiales de Yisra'el, diciendo: Pasen por el campamento y ordenen al pueblo, diciendo: Preparen para ustedes provisiones, porque en tres días más ustedes cruzarán el Yarden para poseer La Tierra.

[6] Y los hijos de Yisra'el así lo hicieron, y ellos ordenaron al pueblo y ellos hicieron todo lo que Josué [Y'shúa] ordenó.

[7] Y Josué [Y'shúa] envió dos hombres a espiar la tierra de Yerijo, y los hombres fueron y espiaron Yerijo.

[8] Y al final de siete días ellos vinieron a Josué [Y'shúa] en el campamento, y dijeron a él: YAHWEH ha entregado toda La Tierra en nuestras manos, los habitantes de allí están derretidos de miedo por causa de nosotros.

[9] Y vino a suceder después de eso que Josué [Y'shúa] se levantó en la mañana y todo Yisra'el con él, y ellos viajaron desde Shittim, y Josué [Y'shúa] y todo Yisra'el con él pasaron el Yarden, y Josué [Y'shúa] era de 82 años de edad cuando él pasó el Yarden con Yisra'el.

[10] Y el pueblo subió del Yarden en el día 10 del primer mes y ellos acamparon en Gilgal, en la esquina este de Yerijo.

[11] Y los hijos de Yisra'el guardaron Pésaj en Gilgal, en las llanuras de Yerijo, en el día 14 del primer mes, como está escrito en la Toráh de Moshe.

[12] Y el maná ceso en ese día en la mañana de Pésaj, y no hubo más maná para los hijos de Yisra'el, y ellos comieron del producto de la tierra de Canaán.

[13] Y Yerijo estaba completamente cerrado contra los hijos de Yisra'el, ni uno salía, ni uno entraba.

[14] Y fue en el segundo mes en el día primero del mes, que YAHWEH dijo a Josué [Y'shúa]: Levántate, he aquí que Yo he entregado a Yerijo en tu mano, con toda la gente allí; y todos ustedes hombres de guerra irán alrededor de la ciudad una vez al día, y así harán por seis días.

[15] Y los kohanim sonarán los shofarot, y cuando ustedes oigan el sonido de los shofarot todo el pueblo dará un gran grito, y los muros de la ciudad caerán; y todo el pueblo subirá, cada hombre contra su oponente.

[16] Y Josué [Y'shúa] hizo de acuerdo a todo lo que YAHWEH le había ordenado.

[17] Y en el séptimo día ellos fueron alrededor de la ciudad siete veces, y los kohanim sonaron los shofarot.

[18] Y a la séptima vuelta, Josué [Y'shúa] dijo al pueblo: Griten, porque YAHWEH ha entregado toda la ciudad en sus manos.

[19] Toda la ciudad y todo lo que contiene será maldito para YAHWEH, y manténganse alejados de las cosas malditas, no sea que hagan que el campamento de Yisra'el sea maldito y lo aflijan.

[20] Pero todo el oro y la plata y el bronce será kadash para YAHWEH, y vendrán al tesoro de YAHWEH.

[21] Y el pueblo sonó los shofarot y hubo una gran gritería, y los muros de Yerijo cayeron, y todo el pueblo subió, cada hombre directo al frente de él y ellos tomaron la ciudad y totalmente destruyeron todo en ella, ambos hombres y mujeres, jóvenes y viejos, buey, oveja y asno, a filo de la espada.

[22] Y ellos quemaron toda la ciudad con fuego; sólo los utensilios de plata y oro, bronce y hierro, ellos pusieron en el tesoro de YAHWEH.

[23] Y Josué [Y'shúa] juró en ese tiempo, diciendo: maldito sea el hombre que reedifique Yerijo, echará los cimientos sobre su primogénito, y edificará las puertas sobre su hijo menor.

[24] Y Ajam el hijo de Carmi, el hijo de Zavdi, el hijo de Zeraj, el hijo de Yahudáh, trató traicioneramente con las cosas malditas, y tomó de las cosas malditas y las escondió en su tienda, y la ira de YAHWEH fue rebullida contra Yisra'el.

[25] Y fue después de esto, cuando los hijos de Yisra'el habían regresado de quemar a Yerijo, Josué [Y'shúa] envió hombres para espiar a Ai y pelear contra ella.

[26] Y los hombres subieron a espiar a Ai y ellos regresaron y dijeron: Que no vaya todo el pueblo contra Ai, que sólo vayan 3,000 hombres para golpear la ciudad porque los hombres allí son pocos.

[27] Josué [Y'shúa] lo hizo así, así que subieron con él de los hijos de Yisra'el 3,000 hombres, y ellos pelearon contra los hombres de Ai.

[28] Y la batalla fue severa contra Yisra'el, y los hombres de Ai golpearon 36 hombres de Yisra'el, y los hijos de Yisra'el huyeron delante de los hombres de Ai.

[29] Y cuando Josué [Y'shúa] vio esta cosa, él rasgó sus vestiduras y cayó con el rostro en tierra delante de YAHWEH, él con los ancianos de Yisra'el pusieron polvo en sus cabezas.

[30] Y Josué [Y'shúa] dijo; ¿Por qué, O YAHWEH, trajiste a este pueblo desde el otro lado del Yarden? ¿Qué diré después que los Yisra'elim han vuelto sus espaldas del enemigo?

[31] Ahora, por lo tanto, todos los Cananeos, habitantes de la tierra, oirán esta cosa, y nos rodearán y cortarán nuestro nombre.

[32] YAHWEH dijo a Josué [Y'shúa]: ¿Por qué caes sobre tu rostro? Levántate, porque los Yisra'elim han pecado, y han tomado de las cosas malditas, Yo no estaré más con ellos a no ser que destruyan las cosas malditas de entre ellos.

[33] Y Josué [Y'shúa] se levantó y reunió al pueblo, y trajo el Urim por la orden de YAHWEH, y la tribu de Yahudáh fue escogida, y Ajam el hijo de Carmi fue escogido.

[34] Josué [Y'shúa] dijo a Ajam: Dime, hijo mío, lo que has hecho, y Ajam dijo: Yo vi dentro del botín un buen atuendo de Shinar y 200 shekels de plata, y un lingote de oro de 50 shekels de peso; yo los codicié y los tomé, y he aquí que todo está escondido en la tierra en el medio de mi tienda.

[35] Y Josué [Y'shúa] envió hombres que fueron y los tomaron de la tienda de Ajam, y los trajeron a Josué [Y'shúa]

[36] Y Josué [Y'shúa] tomó a Ajam y esos utensilios, y sus hijos e hijas, y todo lo perteneciente a él, y los llevaron al valle de Ajor.

[37] Y Josué [Y'shúa] los quemó allí con fuego, y todo Yisra'el apedrearon a Ajan con piedras, y ellos levantaron sobre él un montón de piedras, por lo tanto, él llamó al lugar el valle de Ajor, así la ira de YAHWEH fue aplacada, y Josué [Y'shúa] después vino a la ciudad y peleó contra ella.

[38] Y YAHWEH dijo a Josué [Y'shúa]: No temas, ni te desmayes, porque Yo te he dado a Ai en tu mano, su rey y su gente, y harás a ellos como hiciste a Yerijo y a su rey, sólo que el botín y el ganado puedes tomar para ustedes; pon emboscada a la ciudad desde atrás.

[39] Así Josué [Y'shúa] hizo de acuerdo a la palabra de YAHWEH, y él escogió de entre los hijos de guerra a 30,000 hombres, y él los envió, y ellos se tendieron en emboscada a la cuidad.

[40] Y él les ordenó, diciendo: Cuando ustedes nos vean, nosotros huiremos con astucia y ellos nos perseguirán, entonces ustedes se levantarán de su emboscada y tomarán la cuidad, y ellos así lo hicieron.

[41] Y Josué [Y'shúa] peleó y los hombres de la ciudad salieron hacia Yisra'el, sin saber que había una emboscada para ellos detrás de la ciudad.

[42] Y Josué [Y'shúa] y todos los Yisra'elim se hicieron los abatidos delante de ellos, y ellos huyeron por el camino del desierto con astucia.

[43] Y los hombres de Ai reunieron a toda la gente que estaba en la ciudad para perseguir a los Yisra'elim, y ellos salieron y fueron atraídos fuera de la ciudad, ni uno permaneció, y dejaron la ciudad abierta para perseguir a los Yisra'elim.

[44] Y aquellos que estaban tendidos en la emboscada se levantaron de sus lugares, y se apresuraron para venir a la ciudad y la tomaron y la pusieron a fuego, y los hombres de Ai se volvieron, y he aquí que el fuego de la ciudad ascendía al cielo, y ellos no tenían medios de retroceder ni para un lugar o para el otro.

[45] Y todos los hombres de Ai estaban en el medio de Yisra'el, algunos de este lado y otros del otro lado, y ellos los golpearon y ni uno quedó.

[46] Y los hijos de Yisra'el tomaron a Melosh rey de Ai vivo, y ellos lo trajeron a Josué [Y'shúa], y Josué [Y'shúa] lo colgó de un árbol y él murió.

[47] Y los hijos de Yisra'el regresaron a la ciudad después de haberla quemado, y ellos golpearon a aquellos que estaban en ella con el filo de la espada.

[48] Y el número de aquellos que habían caído de los hombres de Ai, ambos hombres y mujeres era de 12,000; solamente el ganado y el botín de la ciudad ellos tomaron, de acuerdo a la palabra de YAHWEH a Josué [Y'shúa].

[49] Y todos los reyes en este lado del Yarden, todos los reyes de Canaán, oyeron del mal que los hijos de Yisra'el habían hecho a Yerijo y Ai, y ellos se reunieron juntos para pelear con Yisra'el.

[50] Sólo los habitantes de Giveon estaban grandemente aterrorizados de pelear contra Yisra'el no fuera que ellos perecieran, así que ellos actuaron con astucia, y ellos vinieron a Josué [Y'shúa] y a todo Yisra'el, y les dijeron a ellos: Nosotros hemos venido de una tierra distante , ahora, por lo tanto, hagan un pacto con nosotros.

[51] Y los habitantes de Giveon llagaron a los corazones de los hijos de Yisra'el, y los hijos de Yisra'el hicieron un pacto con ellos, y ellos hicieron Shalom con ellos, y los príncipes de la Congregación les juraron, pero después los hijos de Yisra'el supieron que ellos eran vecinos y estaban viviendo entre ellos.

[52] Pero los hijos de Yisra'el no los mataron, porque ellos les habían jurado por YAHWEH, entonces ellos se convirtieron en aguadores y leñadores para ellos.

[53] Y Josué [Y'shúa] les dijo a ellos: ¿Por qué ustedes me engañaron, e hicieron esta cosa? Y ellos le respondieron, diciendo: Porque fue dicho a tus sirvientes todo lo que ustedes han hecho a los reyes de los Emorim, y nosotros estábamos grandemente atemorizados por nuestras vidas, y nosotros hicimos esta cosa.

[54] Y Josué [Y'shúa] los nombró en ese día para sacar agua y cortar leña, y él los dividió por esclavos para todas la tribus de Yisra'el.

[55] Y cuando Adonizedek rey de Yerushalayim oyó todo lo que los hijos de Yisra'el habían hecho a Yerijo y Ai, él envió a Hojam rey de Hevron y a Piram rey de Yarmut, y a Yafia rey de Lajish, y a Dever rey de Eglon, diciendo:

[56] Suban a mí y ayúdenme, para que podamos golpear a los hijos de Yisra'el y a los habitantes de Giveon, quienes han hecho Shalom con los hijos de Yisra'el.

[57] Y ellos se reunieron juntos y 5 los reyes de los Emorim subieron con todos sus campamentos, un pueblo numeroso como la arena que está en la costa del mar.

[58] Y todos esos reyes vinieron y acamparon delante de Giveon, y ellos comenzaron a pelear contra los habitantes de Giveon, y todos los hombres de Giveon enviaron a Josué [Y'shúa], diciendo: Ven rápido a nosotros y ayúdanos, porque todos los reyes de los Emorim se han reunido juntos para pelear contra nosotros.

[59] Y Josué [Y's húa] y todos los hombres de guerra fueron a Gilgal, y Josué [Y'shúa] vino de repente sobre ellos, y golpeó a esos 5 reyes con gran matanza.

[60] Y YAHWEH los confundió delante de los hijos de Yisra'el, quienes los golpearon con una terrible matanza en Giveon, y los persiguieron por el camino que va a Beit-Horon y Makkedah, y ellos huyeron de los hijos de Yisra'el.

[61] Y mientras ellos estaban huyendo, YAHWEH envió sobre ellos tormentas de granizo del cielo, y más de ellos murieron por el granizo que por la matanza de los hijos de Yisra'el.

[62] Y los hijos de Yisra'el los persiguieron, y ellos aun los golpearon en el camino, y siguieron golpeándolos.

[63] Y mientras los estaban golpeando, el día estaba declinando hacia en anochecer, y Josué [Y'shúa] dijo a la vista del pueblo: Sol quédate quieto sobre Giveon, y tú luna en el valle de Ajalon, hasta que la nación se vengue de sus enemigos.

[64] Y YAHWEH escuchó a la voz de Josué [Y'shúa], y el sol se quedó quieto en el medio de los cielos, y se quedó quieto 6 y 30 momentos, y la luna también se quedó quieta y no se apresuró para descender un día completo.

[65] Y no hubo un día como ese, antes de él o después, y YAHWEH escuchó a la voz de un hombre, porque YAHWEH peleó por Yisra'el.

89 - La Conquista de Canaán
(Josué 6-13)

[1] Entonces habló Josué [Y'shúa] este canto, en el día que YAHWEH había entregado a los Emorim en las manos de Josué [Y'shúa] y de los hijos de Yisra'el, y él lo dijo a la vista de todo Yisra'el:

[2] Tú has hecho cosas maravillosas, O YAHWEH, Tú has hecho grandes obras, ¿quién es como Tú? Mis labios cantarán a Tu Nombre.

[3] Mi bondad, Mi fortaleza, Mi Torre Fuerte, yo cantaré canto nuevo a Ti, con acción de gracias cantaré a Ti, Tú eres la fuerza de mi Salvación.

[4] Todos los reyes de la tierra te alabarán, los príncipes del mundo cantarán a Ti, los hijos de Yisra'el se regocijarán en Tu Salvación, ellos cantan y alaban Tu Poder.

[5] En Ti, O YAHWEH, nosotros confiamos; nosotros dijimos Tú eres nuestro Elohim, porque fuiste refugio y torre fuerte contra nuestros enemigos.

[6] A Ti clamamos y no estuvimos avergonzados, en Ti confiamos y fuimos liberados; cuando clamamos a Ti Tú oíste nuestra voz, y liberaste nuestras almas de la espada, y nos mostraste Tu misericordia, Tú nos diste Tu Salvación, Tú regocijaste nuestros corazones con Tu fuerza.

[7] Tú saliste adelante para nuestra salvación, con Tu Brazo Tú redimiste a Tu pueblo; Tú nos respondiste desde los cielos de Tu Kedushah, y Tú nos salvaste de diez miles de gente.

[8] El sol y la luna se quedaron quietos en el cielo, y Tú te levantaste en Tu ira contra nuestros opresores, y ordenaste Tus juicios sobre ellos.

[9] Todos los príncipes de la tierra se levantaron, los reyes de las naciones se habían reunido juntos, ellos no se movieron por Tu presencia, ellos desearon Tus batallas.

[10] Y Tú te levantaste contra ellos en Tu ira, y trajiste Tu ira contra ellos; y los destruiste en Tu ira, y los cortaste en Tu corazón.

[11] Naciones han sido consumidas con Tu furia, reinos han sido reducidos por Tu ira, Tú heriste reyes en el día de Tu ira.

[12] Y Tú derramaste Tu furia sobre ellos, Tu ira furiosa los sobrecogió; Tú volviste su iniquidad sobre ellos, y los cortaste en su perversidad.

[13] Ellos extendieron trampa, y ellos cayeron en ella, en la red que ellos escondieron, su pie fue atrapado.

[14] Tu Mano estaba lista para todos tus enemigos que dijeron: Por su espada ellos poseyeron la tierra, por su brazo ellos habitaron las ciudades; Tú colmaste sus rostros con vergüenza, Tú trajiste sus cuernos a tierra, y Tú los aterrorizaste en Tu furia, y Tú los destruiste en Tu ira.

[15] Y la tierra tembló al sonido de Tu tormenta sobre ellos, y Tú no retrajiste sus almas de la muerte, y trajiste sus vidas a la tumba.

[16] Tú los perseguiste en Tu tormenta, Tú los consumiste en Tu torbellino, y Tú volviste su lluvia en granizo, ellos cayeron en pozos hondos, y así ni podían salir.

[17] Sus cadáveres fueron como basura tirada en el medio de las calles.

[18] Ellos fueron consumidos y destruidos en Tu ira, y Tú Salvaste a Tu pueblo con Tu Poder.

[19] Por los tanto, nuestros corazones se regocijan en ti, nuestras almas se exaltan en Tu Salvación.

[20] Nuestras lenguas relatarán Tu Poder, y nosotros cantaremos y alabaremos Tus obras maravillosas.

[21] Porque Tú nos salvaste de nuestros enemigos, Tú nos liberaste de aquellos que se levantaron contra nosotros, Tú los destruiste delante de nosotros y los presionaste debajo de nuestros pies.

[22] Así todos tus enemigos perecerán, O YAHWEH, y el perverso será como paja menuda llevada por el viento, y Tus amados serán como árboles plantados junto a las aguas.

[23] Así Josué [Y'shúa] y todo Yisra'el regresaron al campamento de Gilgal, después de haber golpeado a los reyes, ni un remanente quedó de ellos.

[24] Y los 5 reyes huyeron solos a pie de la batalla, y se escondieron en una cueva, y Josué [Y'shúa] los buscó en el campo de batalla, pero no los encontró.

[25] Y después fue dicho a Josué [Y'shúa], diciendo: Los reyes han sido encontrados, y he aquí que están escondidos en una cueva.

[26] Y Josué [Y'shúa] dijo: Nombren hombres para que estén a la boca de la cueva, para vigilarla, no sea que se vayan; y los hijos de Yisra'el así lo hicieron.

[27] Y Josué [Y'shúa] llamó a todo Yisra'el y dijo a los oficiales de la batalla: Pongan sus pies sobre los cuellos de esos hombres, y Josué [Y'shúa] dijo: Así YAHWEH hará a todos Sus enemigos.

[28] Y Josué [Y'shúa] ordenó que mataran a los reyes y los echaran en la cueva, y pusieran grandes piedras a la boca de la cueva.

[29] Y Josué [Y'shúa] fue después con todo el pueblo que estaba con él a Makkedah, y él la golpeó con el filo de la espada.

[30] Y él totalmente destruyó sus almas y todo lo perteneciente a la ciudad, y él hizo al rey de allí y a la gente como él había hecho a Yerijo.

[31] Y él pasó de allí a Libnah y peleó contra ella, y YAHWEH la entregó en su mano, y Josué [Y'shúa] la golpeó con el filo de su espada, y todas las almas allí, y él hizo a ella y al rey allí como había hecho a Yerijo.

[32] Y de allí pasó a Lajish para pelear contra ella, y Horam rey de Azzah subió para asistir a los hombres de Lajish, y Josué [Y'shúa] los golpeó y a su gente, hasta que no le quedó nadie a él.

[33] Y Josué [Y'shúa] tomó a Lajish y a toda la gente allí, y él le hizo como había hecho a Libnah.

[34] Y Josué [Y'shúa] pasó de allí a Eglon, y él tomó esa también, y él la golpeó y toda la gente allí a filo de espada.

[35] Y de allí pasó a Hevron y peleó contra ella y la tomó y la destruyó totalmente, y él regresó de allí con todo Yisra'el a Devir y peleó contra ella y la golpeó con el filo de la espada.

[36] Y él destruyó toda alma en ella, y no dejó nada, y él hizo a ella y al rey de allí como había hecho a Yerijo.

[37] Y Josué [Y'shúa] golpeó a todos los reyes de los Emorim desde Kadesh-Barnea hasta Azzah, y tomó su tierra de una vez, porque YAHWEH había peleado por Yisra'el.

[38] Y Josué [Y'shúa] con todo Yisra'el vinieron a acampar en Gilgal.

[39] Cuando en ese tiempo Yavin rey de Hazor oyó todo lo que Josué [Y'shúa] había hecho a los reyes de los Emorim, Yavin envió a Yobat rey de Midyan, y a Labán rey de Shimron, y a Yefal rey de Ajshaf, y a todos los reyes de los Emorim, diciendo:

[40] Vengan rápido a nosotros y ayúdennos, para que podamos derribar a los hijos de Yisra'el, antes de que ellos vengan sobre nosotros y nos hagan como han hecho a los otros reyes de los Emorim.

[41] Y todos esos reyes escucharon a las palabras de Yavin rey de Hazor, y ellos salieron todos con sus campamentos, 17 reyes, y su gente era tan numerosa como la arena en la costa del mar, junto con caballos y carruajes innumerables, y todos ellos vinieron y se plantaron juntos por las aguas de Meron, y ellos se reunieron juntos para pelar contra Yisra'el.

[42] Y YAHWEH dijo a Josué [Y'shúa]: No temas, porque mañana a esta hora Yo los entregaré a todos muertos delante de ti, tú desjarretarás sus caballos y quemarás sus carruajes con fuego.

[43] Y Josué [Y'shúa] y todos los hombres de guerra vinieron de repente sobre ellos y los golpearon, y ellos cayeron en sus manos, porque YAHWEH los había entregado en las manos de los hijos de Yisra'el.

[44] Y los hijos de Yisra'el persiguieron a todos esos reyes con sus campamentos, y los golpearon hasta que no quedó uno de ellos, y Josué [Y'shúa] les hizo a ellos como YAHWEH le había hablado a él.

[45] Y Josué [Y'shúa] regresó en ese tiempo a Hazor y la golpeó con la espada y destruyó a toda alma allí, y la quemó con fuego, y de Hazor, Josué [Y'shúa] pasó a Shimron, y la golpeó y la destruyó totalmente.

[46] De allí él pasó a Ajshaf y él hizo a ella como había hecho a Shimron.

[47] De allí pasó a Adulam y golpeó a toda la gente allí, y él hizo a Adulam co mo había hecho a Ajshaf y Shimron.

[48] Y de allí pasó a todas las ciudades de los reyes que él había golpeado, y golpeó a toda la gente que quedaban en ella y las destruyó totalmente.

[49] Sólo su botín y ganado Yisra'el tomó para ellos, pero a todo ser humano ellos golpearon, no dejaron un alma vivir.

[50] Como YAHWEH había ordenado a Moshe así hicieron Josué [Y'shúa] y todo Yisra'el, no fallaron en nada.

[51] Así Josué [Y'shúa] y todos los hijos de Yisra'el golpearon toda la tierra de Canaán como YAHWEH les había ordenado a ellos, y golpearon a todos sus reyes, siendo 31 reyes, y los hijos de Yisra'el tomaron toda la tierra.

[52] Aparte de los reinos de Sihon y Og que están del otro lado del Yarden, de los cuales Moshe había golpeado muchas ciudades, y Moshe los ha bía dado a los Reuvenim, los Gadim y a la media tribu de Menasheh.

[53] Y Josué [Y'shúa] golpeó a todos los reyes que estaban de este lado del Yarden al oeste, y los dio por herencia a las nueve tribus y media de Yisra'el.

[54] Y por cinco años Josué [Y'shúa] llevó la guerra a esos reyes, y él dio sus ciudades a los Yisra'elim, y La Tierra se tornó tranquila de batallas por todas las ciudades de los Emorim y los Cananeos.

90 - Josué Divide la Tierra

(Josué 14-21)

[1] En ese tiempo en el quinto año que los hijos de Yisra'el habían cruzado el Yarden, después que los hijos de Yisra'el habían descansado de sus guerras con los Cananeos, en ese tiempo grandes y severas batallas se levantaron entre Edom y los hijos de Kittim, y los hijos de Kittim pelearon contra Edom.

[2] Y Abianus rey de Kittim salió en ese año, esto es el tercer año de su reino, y una gran fuerza con él de hombres poderosos de los hijos de Kittim, y él fue a Seir para pelear contra los hijos de Esaú.

[3] Y Hadad el rey de Edom oyó este reporte y él salió para encontrarlos con un pueblo fuerte y una fuerza poderosa, y trabó batalla con él en el campo de Edom.

[4] Y la mano de Kittim prevaleció contra los hijos de Esaú, y los hijos de Kittim mataron de los hijos de Esaú a 22,000 hombres, y todos los hijos de Esaú huyeron delante de ellos.

[5] Y los hijos de Kittim los persiguieron y llegaron al rey Hadad rey de Edom, quien estaba corriendo delante de ellos y ellos lo atra paron vivo, y lo trajeron a Abianus rey de Kittim.

[6] Y Abianus ordenó que él fuera muerto, y Hadad rey de Edom murió en el año 48 de su reino.

[7] Y los hijos de Kittim continuaron en persecución de Edom, y ellos los golpearon con una gran derrota, y Edom fue sometido a los hijos de Kittim.

[8] Y los hijos de Kittim reinaron sobre Edom, y Edom fue bajo la mano de los hijos Kittim y se convirtió en un reino desde ese día.

[9] Y desde ese tiempo ya ellos no pudieron alzar sus cabezas, y su reino se convirtió en uno con los hijos de Kittim.

[10] Y Abianus puso oficiales en Edom y todos los hijos de Edom fueron súbditos y tributarios de Abianus, y Abianus se volvió y regresó a su propia tierra, Kittim.

[11] Y cuando él regresó él renovó su gobierno y se edificó un espacioso y fortificado palacio para residencia real, y reinó en seguridad sobre los hijos de Kittim y sobre Edom.

[12] Y en esos días, después que los hijos de Yisra'el habían echado a todos los Cananeos y los Emorim, Josué [Y'shúa] estaba viejo y avanzado en años.

[13] Y YAHWEH le dijo a Josué [Y'shúa]: Tú estás viejo y avanzado en la vida, y una gran parte de La Tierra queda para ser poseída.

[14] Ahora, por lo tanto, divide esta tierra para herencia de las 9 tribus y la media tribu de Menasheh, y Josué [Y'shúa] se levantó e hizo como YAHWEH le había hablado a él.

[15] Y él dividió toda La Tierra a la tribus de Yisra'el de acuerdo a sus divisiones.

[16] Pero a la tribu de Levi él no dio herencia, las ofrendas de YAHWEH son su herencia como YAHWEH había hablado de ellos por la mano de Moshe.

[17] Y Josué [Y'shúa] dio la montaña de Hevron a Kalev el hijo de Yefuneh, una porción por encima de sus hermanos, como YAHWEH había hablado a Moshe.

[18] Por lo tanto, Hevron se volvió herencia de Kalev y todos sus hijos hasta este día.

[19] Y Josué [Y'shúa] dividió toda La Tierra por suertes entre todo Yisra'el por herencia, como YAHWEH le había ordenado a él.

[20] Y los hijos de Yisra'el dieron ciudades a los Levi'im para su propia herencia y suburbios para su ganado, y propiedad, como YAHWEH había ordenado a Moshe así hicieron los hijos de Yisra'el, y ellos dividieron La Tierra por suertes a pequeños y grandes.

[21] Y ellos fueron a heredar su tierra de acuerdo a sus fronteras, y los hijos de Yisra'el dieron a Josué [Y'shúa] el hijo de Nun una herencia entre ellos.

[22] Y po r La Palabra de YAHWEH ellos le dieron la ciudad que él pidió, Tmnat-Seraj en las montañas de Efrayim, y él edificó la ciudad y vivió en ella.

[23] Y esas son las herencias cuales Eleazar el kohen y Josué [Y'shúa] el hijo de Nun y los cabezas de los padres de las tribus dividieron para los hijos de Yisra'el por suertes en Shiloh, delante de YAHWEH, a la puerta del Tabernáculo, y ellos terminaron de dividir La Tierra.

[24] Y YAHWEH dio La Tierra a los Yisra'elim, y ellos la poseyeron como YAHWEH había hablado a ellos, y YAHWEH había jurado a sus padres.

[25] Y YAHWEH dio a los Yisra'elim descanso de todos los enemigos alrededor de ellos, y ningún hombre se levantó contra ellos, y YAHWEH entregó a todos sus enemigos en sus manos, y ni una cosa falló de todo el bien que YAHWEH había hablado a los hijos de Yisra'el, sí, YAHWEH cumplió todo.

[26] Y Josué [Y'shúa] llamó a los hijos de Yisra'el y él los bendijo, y les ordenó a servir a YAHWEH, y después él los despidió, y ellos fueron cada hombre a su ciudad, y cada hombre a su herencia.

[27] Y los hijos de Yisra'el sirvieron a YAHWEH todos los días de Josué [Y'shúa], y YAHWEH les dio descanso todo alrededor de ellos, y ellos vivieron en seguridad en sus ciudades.

[28] Y vino a suceder en esos días que Abianus rey de Kittim murió, en el año 38 de su reino, esto es, el séptimo año de su reino sobre Edom, y ellos lo sepultaron en su lugar que él se había edificado, y Latinus reinó en su lugar por 50 años.

[29] Y durante su reino él edificó su ejército, y él fue y peleó contra los habitantes de Britania y Kernania, los hijos de Elishah hijo de Yavan, y él prevaleció sobre ellos y los hizo tributarios.

[30] después él oyó que Edom se había rebelado de debajo de la mano de Kittim, y Latinus fue y los golpeó y los sometió, y los puso bajo la mano de los hijos de Kittim, y Edom se hizo un reino con los hijos de Kittim todos los días.

[31] Y por muchos años no había rey en Edom, y su gobierno estaba con los hijos de Kittim y su rey.

[32] Y era el año 26 después que los hijos de Yisra'el habían cruzado el Yarden, esto es, el año 66 después que los hijos de Yisra'el habían salido de Mitzrayim, que Josué [Y'shúa] estaba viejo y avanzado en años, siendo de 108 años de edad en esos días.

[33] Y Josué [Y'shúa] llamó a todo Yisra'el, a sus ancianos sus jueces y oficiales, después que YAHWEH había dado descanso de todos los enemigos de alrededor, y Josué [Y'shúa] dijo a los

ancianos de Yisra'el y a los jueces: He aquí que yo estoy viejo, avanzado en años, y ustedes han visto lo que YAHWEH ha hecho a todas las naciones a quienes El ha echado de delante de ustedes, porque es YAHWEH quien ha peleado por ustedes.

[34] Ahora, por lo tanto, fortalézcanse para guardar y hacer todas las palabras de la Toráh de Moshe , y no se desvíen de ella ni a la derecha ni a la izquierda, no vengan a esas naciones que quedan en La Tierra; ni mencionarán el nombre de sus dioses; pero se agarrarán a YAHWEH su Elohim, como han hecho hasta este día.

[35] Y Josué [Y'shúa] grandemente exhortó a los hijos de Yisra'el servir a YAHWEH todos los días.

[36] Y todos los Yisra 'elim dijeron: Nosotros serviremos a YAHWEH nuestro Elohim, todos nuestros días, nosotros y nuestros hijos, y los hijos de nuestros hijos, y nuestra zera para siempre.

[37] Y Josué [Y'shúa] hizo un pacto con el pueblo ese día, y él despidió a los hijos de Yisra'el, y cada hombre se fue a su herencia y a su ciudad.

[38] Y fue en esos días, cuando los hijos de Yisra'el estaban viviendo en seguridad en sus ciudades, ellos sepultaron los ataúdes de sus tribus de sus padres, cuales habían traído de Mitzrayim, cada hombre en la herencia de sus hijos, a los doce hijos de Ya'akov Yisra'el sepultó, cada hombre en la posesión de sus hijos.

[39] Y esos son los nombres de las ciudades donde están sepultados los doce hijos de Ya'akov.

[40] Y ellos sepultaron a Reuven y Gad en este lado del Yarden, en Romia, que Moshe había dado a sus hijos.

[41] Y a Shimeon y Levi ellos sepultaron en la ciudad de Mauda, cual él había dado a los hijos de Shimeon, y el suburbio de la ciudad era para los hijos de Levi.

[42] Y a Yahudáh ellos sepultaron en la ciudad de Binyamin opuesto a Beit-Lejem.

[43] Y los huesos de Yissajar y Zevulun fueron sepultados en Tzidon, en la porción que cayó a sus hijos.

[44] Y Dan fue sepultado en la ciudad de sus hijos en Eshtael; y Naftali y Asher ellos sepultaron en Kadesh-Naftali, cada hombre en su lugar donde se les había dado a sus hijos.

[45] Y los huesos de Yosef fueron sepultados en Shejem, en la parte del campo que Ya'akov había comprado de Hamor, y que vino a ser herencia de Yosef.

[46] Y ellos sepultaron a Binyamin en Yerushalayim opuesto a los Yebusi, que fue dado a los hijos de Binyamin; los hijos de Yisra'el sepultaron a sus padres cada hombre en la ciudad de sus hijos.

[47] Y al término de dos años, Josué [Y'shúa] el hijo de Nun murió, a los 110 años, y el tiempo que Josué [Y'shúa] juzgó a Yisra'el fue de 28 años, y Yisra'el sirvió a YAHWEH todos los días de su vida.

[48] Y los otros asuntos de Josué [Y'shúa] y sus batallas y sus reprensiones con las cuales reprendió a Yisra'el, y todo lo que él les ordenó, y los nombres de las ciudades que los hijos de Yisra'el poseyeron en sus días, he aquí que están escritas en el libro de las palabras de Josué [Y'shúa] a todos los hijos de Yisra'el, y en el libro de las guerras de YAHWEH, cual Moshe y Josué [Y'shúa] y los hijos de Yisra'el habían escrito.

[49] Y los hijos de Yisra'el sepultaron a Josué [Y'shúa] en el borde de su herencia, en Timnah-Seraj, cual fue dado a él en las montañas de Efrayim.

[50] Y Eleazar el hijo de Aharon murió en esos días, y ellos lo sepultaron en la colina perteneciente a Pinjas su hijo, cual le fue dada a él en las montañas de Efrayim.

91 – El Gobierno de Los Ancianos

(Jueces 1)

[1] En ese tiempo, después de la muerte de Josué [Y'shúa], los hijos de los Cananeos aun estaban en la tierra, y los Yisra'elim resolvieron echarlos.

[2] Y los hijos de Yisra'el le preguntaron a YAHWEH, diciendo: ¿Quién ira primero a los Cananeos a pelear con ellos? Y YAHWEH dijo: Yahudáh irá.

[3] Y los hijos de Yahudáh dijeron a Shimeon: Vengan con nosotros en nuestro grupo y nosotros pelearemos contra los Cananeos, y nosotros asimismo iremos con ustedes en su grupo, así que los hijos de Shimeon fueron con los hijos de Yahudáh.

[4] Y los hijos de Yahudáh subieron y pelearon contra los Cananeos, así que YAHWEH entregó a los Cananeos en las manos de los hijos de Yahudáh, y ellos los golpearon en Bezek, 10,000 hombres.

[5] Y ellos pelearon con Adonibezek en Bezek, y él huyó de delante de ellos, y ellos lo persiguieron y lo atraparon, y ellos lo agarraron y cortaron sus dedos pulgares de las manos y de los pies.

[6] Y Adonibezek dijo: Setenta reyes que tenían sus pulgares de las manos y los pies cortados, recogían su comida debajo de mi mesa, como yo he hecho, así el Todopoderoso me ha pagado, y ellos lo trajeron a Yerushalayim y él murió allí.

[7] Y los hijos de Shimeon fueron con los hijos de Yahudáh, y ellos golpearon a los Cananeos con el filo de la espada.

[8] Y YAHWEH estaba con los hijos de Yahudáh, y ellos poseyeron la montaña, y los hijos de Yosef fueron a Beit-El, lo mismo que Luz, y YAHWEH estaba con ellos.

[9] Y los hijos de Yosef espiaron la ciudad y ellos vieron a un hombre salir de la ciudad, y ellos lo atraparon y le dijeron: Muéstranos la entrada a la ciudad y nosotros te mostraremos bondad a ti.

[10] Y ese hombre les mostró la entrada a la ciudad, y los hijos de Yosef vinieron y golpearon a la ciudad con el filo de la espada.

[11] Y al hombre con su familia ellos mandaron fuera, y él fue a los Hittim y edificó una ciudad, y él llamó el nombre de la ciudad Luz, así que todos los Yisra'elim vivían en sus ciudades , y los hijos de Yisra'el vivían en sus ciudades, y los hijos de Yisra'el sirvieron a YAHWEH todos los días de Josué [Y'shúa], y todos los días de los ancianos, que alargaron sus días después de Josué [Y'shúa], y vieron la gran obra de YAHWEH que El había hecho a Yisra'el.

[12] Y los ancianos juzgaron a Yisra'el después de la muerte de Josué [Y'shúa] por 17 años.

[13] Y todos los ancianos también pelearon las batallas de Yisra'el contra los Cananeos y YAHWEH echó a los Cananeos de delante de los hijos de Yisra'el, para poner a los Yisra'elim en su tierra.

[14] Y El cumplió todas las palabras que El había hablado a Abraham, Yitzjak y Ya'akov, y el juramento que El había jurado, de darles a ellos y a sus hijos la tierra de los Cananeos.

[15] Y YAHWEH dio a los hijos de Yisra'el toda la tierra de Canaán, como El había jurado a sus padres, y YAHWEH les dio descanso a todo alrededor de ellos, y los hijos de Yisra'el vivieron con seguridad en todas sus ciudades.

[16] Bendito sea YAHWEH para siempre amein, amein.

[17] Fortalézcanse, y que todos ustedes que confían en YAHWEH sean de buen valor.

Esto concluye el libro de Yashar.

*Apéndice A

*Estas fechas provienen del sitio web Biblefacts.org, dirigido por el Dr. Ken Johnson©
Nacimiento y Muerte

0001-0930 Adán (930)

0130-1042 Set (912)

0235-1140 Enós (905)

0325-1235 Cainán (910)

0395-1290 Mahalaleel (895)

0460-1422 Jared (962)

0622-0987 Enoc* (365)

0687-1656 Matusalén (969)

0874-1651 Lamec (777)

0974-???? Naamá

1056-2006 Noé (950)

1556-???? Jafet

1558-2158 Sem (600)

1656 Diluvio

1658-2096 Arfaxad (438)

1693-2126 Sela (433)

1723-2187 Heber (464)

1757-1996 Péleg (239)

1787-2026 Reú (239)

1819-2048 Serug (205)

1849-1997 Nacor I (148)

1878-2083 Taré (205)

1908-2123 Nimrod (215)

1948-2123 Abraham (175)

1958-2085 Sara (127)

1947-2087 Lot (140)

2034-2172 Ismael (138)

2048-2228 Isaac (180)

2075-2208 Rebeca (133)

2108-2255 Jacob (147)

2108-2255 Esaú (147)

2164-2214 Lea (50)

2164-2209 Raquel (45)

2188-???? Reuel (Esaú 80)

2193-2317 Rubén (124)

2193-2313 Simeón (120)

2194-2331 Leví (137)

2195-2324 Judá (129)

2196-2310 Zabulón (114)

2196-2321 Gad (125)

2197-2319 Isacar (122)

2197-2320 Aser (123)

2198-2318 Dan (120)

2199-2309 José (110)

???? -2208 Labán

2209-2318 Benjamín (109)

2216-2349 Coat (133)

2225-???? Fares y Zéraj

2233-???? Efraín, Manasés

2298-2488 Balaam II (190)

2338-2379 Jocabed (141) Leví

2364-2488 Miriam (124)

2365-2488 Aarón (123)

2368-2488 Moisés (120)

2406-2516 Josué (110)

2445-???? Gersón (Moisés)

2446-???? Eliezer (Moisés)

2188 Reunión de Esaú (80)

2193 Jacob (85) se casa con Lea (29) y Raquel (29)

2193 Rubén nace de Jacob (85) y Lea (29)

2193 Simeón nace de Jacob (85) y Lea (29)

2194 Leví nace de Jacob (86) y Lea (30)

2195 Judá nace de Jacob (87) y Lea (31)

2196 Zabulón nace de Jacob (88) y Lea (32)

2196 Gad nace de Jacob (88)

2197 Isacar nace de Jacob (89) y Lea (33)

2197 Aser nace de Jacob (89)

2198 Dan nace de Jacob (90)

2199 José nace de Jacob (91) y Raquel (35)

2206 Jacob (98) regresa a casa con Isaac (158)

2207 Jacob (99) va a Betel

2208 Rebeca muere (133)

2208 Labán muere

2209 Raquel muere (45) al dar a luz a Benjamín, hijo de Israel (Jacob) (101)

2214 Lea muere (50)

2216 José (17) es vendido en Egipto

2216 Leví (22) se casa con Adía (hija de Joctán, hijo de Heber)

2216 Coat nace de Leví (22)

2216 José (17) es encarcelado

2225 Fares y Zéraj nacen de Judá (30)

2226 José (27) interpreta dos sueños

2228 Isaac muere (180)

2228 José (29 o 30) comienza a gobernar en Egipto

2233 Manasés nace de José (34)

2233 Efraín nace de José (34)

2238 Israel (130) va a Egipto

2238 Jocabed nace de Leví (44) camino a Egipto

2255 Israel muere (147)

2255 Esaú muere (147)

2270 Magrón se convierte en faraón

2298 Balaam II nace de Beor II

2309 José muere (110)

2310 Zabulón muere (114)

2313 Simeón muere (120)

2317 Rubén muere (124)

2318 Dan muere (120)

2319 Isacar muere (122)

2320 Aser muere (123)

2321 Gad muere (125)

2324 Judá muere (129)

2331 Leví muere (137)

2332 Comienza la esclavitud de los israelitas en Egipto

2353 Melol se convierte en faraón

2364 Miriam nace de Amram y Jocabed

2365 Aarón nace de Amram y Jocabed

2368 Moisés nace de Amram y Jocabed

2406 Josué nace de Nun

2445 Moisés (77) se casa con Séfora

2447 Moisés ve la zarza ardiente

2447 La vara de Moisés se convierte en serpiente

2448 Comienzan las plagas contra Egipto

2448 Los israelitas salen de Egipto (15° día del primer mes)

2448 Dios da los 10 Mandamientos (6° día del 3° mes) (terminan los 430 años, Gál. 3:16-17)

2448 Maná del cielo (15° día del segundo mes)

2448 Los israelitas construyen el Tabernáculo (durante 5 meses)

2448 Aarón (83) se convierte en sumo sacerdote el 23° día del 12° mes

2449 El Tabernáculo es dedicado (1° día del primer mes)

2449 Los israelitas celebran la primera Pascua (13° día del primer mes)

2449 La nube se eleva del Tabernáculo (20° día del primer mes)

2488 Los israelitas regresan a la tierra de Canaán (1° día del primer mes)

2488 Miriam muere (124)

2488 Aarón muere (123) en el Monte Hor (1° día del quinto mes)

2488 Balaam II muere (190) en Moab

2488 Moisés muere (120) en el Monte Nebo

2489 Josué (82) cruza el río Jordán (10° día del primer mes)

2489 Primera Pascua en Canaán (14° día del primer mes)

2489 Dios instruye a Josué sobre Jericó

2494 Los israelitas conquistan la tierra de Canaán

2503 La tierra de Israel es repartida entre las 12 tribus

2514 Josué bendice a Israel

2516 Josué muere (110)

2517 Comienzan 17 años de gobierno bajo los ancianos

Anexo B

Notas sobre Cronología:

Gálatas 3:16 indica que los 430 años abarcan desde la promesa dada a Abraham hasta el Éxodo o el Día de la Liberación del Pueblo. Esta cronología, basada en fechas estimadas, coincide con el nacimiento de Jocabed, madre de Moisés, ocurrido mientras Jacob y sus hijos se trasladaban a Egipto, y con Adia, hija de Joctán, hijo de Éber, quien se casó con Leví.

Al combinar los relatos del Libro de Jasher con los de Flavio Josefo, historiador hebreo, se concluye que Moisés mató a un egipcio a los 18 años y huyó a una región conocida como el Bajo Egipto o Pathros, según lo describe el profeta Isaías (Isa. 11:11). Sin embargo, debido a una rebelión en Etiopía, fue llamado para comandar su ejército. Después de sofocar la rebelión, al enterarse de que en el Bajo Egipto (Pathros) aún buscaban matarlo, permaneció en el Alto Egipto y se convirtió en rey de Etiopía, gobernando desde los 27 hasta los 66 años. Posteriormente, renunció voluntariamente al poder y se dirigió a Madián, como se relata en Éxodo 2:11–21.

Mientras gobernaba Etiopía durante 40 años, libró batallas con varios reyes, y todos los hijos de Cush (incluidos los egipcios) temían grandemente a Moisés. Parece que se rebeló contra Egipto al hacer independiente a Etiopía. Esto hace que los 40 años mencionados por Esteban, vividos en Egipto y fuera de él (Hechos 7:23–30), coincidan con los relatos del Libro de Jasher y Josefo.

Estas fechas relacionadas con esta etapa de su vida no afectan otros aspectos de este calendario. Por lo tanto, en ambos casos, todas las demás fechas permanecen intactas. Aunque la Septuaginta (traducción griega de la Biblia) contiene fechas completamente diferentes en comparación con las versiones hebreas, tanto la Septuaginta como la Biblia hebrea describen al Libro de Jasher como un libro históricamente exacto. Los tres calendarios simultáneos en el Libro de Jasher concuerdan con las versiones hebreas (Génesis hebreo, Talmud y Seder Olam, etc.).

Por lo tanto, la cronología de la versión hebrea debe ser correcta al menos hasta la muerte de Josué en 2516. Al sumar 480 años desde Josué hasta el Templo, podemos situar la dedicación del Templo de Salomón en el año 2,935 después de la Creación.

Tabla de Naciones

La información de esta tabla proviene del sitio web *Biblefacts.org*, organizado por el Dr. Ken Johnson©.

La Tabla de Naciones se basa en Génesis 10, con información adicional de Jasher 7 y 10. Los detalles de Josefo 1:6 se presentan en cursiva.

Jafet

- Gómer (Galos o Gálatas)
- N. Francum, L. Franza, R. Franza, R. Senah
- Askenaz – G. Rejinos
- Rifat – N. Bartones y Ripheos, G. Paflagonios
- L. Bartonia, L. Ledah
- Togarma (Armenia)
- G. Frigios, R. Hithlah, R. Itatac, Buzar, Elicanum, Ragbib, Tarki, Bid, Zebuc, Yilmaz – R. Hithlah Ongal (Angolia), Balgar, Parzunac – R. Dubnee
- Magog
- N. Magogitas, G. Escitas
- Elichanaf, Lubal
- Maday
- N. Orelum, G. Medos, L. Curson, Achon, Zeelo, Chazoni, Lot
- Javán
- N. Javanitas, G. Griegos e Ionios, L. Macedonia
- Elisa – G. Eolios, N. Almanitas, entre el Monte Job y Shibathmo. Entre ellos están los Lombardos, quienes conquistaron Italia.
- Tarsis – L. Cilicia, ciudad capital es Tarso
- Quitim (Roma) – N. Romanos, V. Canopia, R. Tíber. Antes de llegar a Italia, se detuvieron en la isla de Quitim o Chipre.
- Dodanim (¿Troyanos?) – L. Bordna, Mar de Guijón

Cam

- Cush (Etiopía)
- Nimrod
- Seba – G. Sabeos
- Havila – G. Getuli
- Sabta – N. Sabtenos, G. Astaboranos
- Raama – Seba y Dedán (Arabia Saudita)
- Sabteca – Sabactenos
- Mizraim
- G. Egipto, R. Sihor – un río en Egipto
- Anamim
- Ludim

- Estos tres migraron hacia el sur, hacia Libia.
- Naftuhim, Caftorim
- Los caftoritas fueron derrocados en la guerra etíope.
- Canaán
- Sidón – C. Sidón
- Arodí – Isla de Aradus y Arce en el Líbano
- Amoritas – C. Amatín o Amate, G. Epifanía
- Sem
- Elam (Persas)
- N. Elamitas
- Susa
- Machul
- Harmon
- Arpacsad (Babilonios)
- G. Caldeos
- Sélah – Éber, Péleg y Joctán

Almodad, Selef, Hazar-mavet, Jera, Adorám, Uzal, Diclá, Obal, Abimael, Seba, Ofir, Havila y Jobab.
R. = Río, L. = Tierra, Mts. = Montañas, V. = Valle, C. = Ciudad, N. = Número de pueblo hebreo, G. = Número de griego

*Anexo C

Lista de Reyes Gentiles (Gobernantes no Israelitas)
De los Registros de Jasher

Detalles de los eventos obtenidos de Biblefacts.org, organizados por el Dr. Ken Johnson©

Year	Events
1557	**Noé engendra a Cam.**
1656	El diluvio de Noé.
????	Cam engendra a Mizraim. Mizraim establece Egipto.
????	Mizraim engendra a Anom (Anom se convierte en la deidad conocida como Amón-Ra). *Jasher 7:11.*
????	Anom engendra a Oswiris (Oswiris se convierte en la deidad Osiris). *Jasher 14:2.*
????	Rikayon asciende al trono y se convierte en el primer faraón. *Jasher 14.*
2018	Dios hace Su promesa a Abraham (comienzan los 430 años; Gál. 3:16, 17).
2023	Abraham visita Egipto y conoce a Rikayon y Oswiris. *Jasher 14, 15.*
2039	Comienza la guerra entre Quitim (o Chittim) y Tubal (incursiones sabinas).
2047	Terminan las guerras sabinas.
????	Rikayon engendra descendientes... Un intervalo de 209-212 años.
2216	José es vendido a Egipto. *Jasher 59.*
2228	José interpreta los sueños del faraón. *Jasher 59.*
2238	Jacob (de 130 años) se traslada a Egipto.
2255	Jacob muere; Zefo es encarcelado. *Jasher 56-57.*
2270	Magrón (hijo de José con la hija del faraón) se convierte en faraón. *Jasher 58.*
2288	Los hijos de Jacob luchan contra los descendientes de Esaú.
2309	José muere.
2310	Magrón muere. Zefo huye de Egipto hacia Angeas en África.
????	Angeas en África libra una guerra contra Turno de Bibentus. *Jasher 60.*
????	Un faraón no identificado reina desde 2310 hasta 2340 (30 años).
2313	Zefo huye de Angeas en África y se dirige a Quitim.

Year	Events
????	Angeas construye un canal importante.
????	Zefo unifica Italia y se convierte en el primer rey romano. *Jasher 62:1.*
2329	África ataca a Quitim. *Jasher 62:25.*
2340	Zefo derrota la flota de invasión africana. *Jasher 63.*
????	Angeas y Lucas atacan Quitim; Edom se niega a asistir a Quitim. Zefo ora.
????	Quitim (Zefo) y Edom atacan Egipto, pero son derrotados.
2353	Melol se convierte en faraón. *Jasher 63:4, 9.*
2367	Janeas se convierte en rey de Roma.
2368	Nace Moisés.
2386	Moisés mata a un egipcio y huye a Cush. *Jasher 71.*
2395	Muere el rey Kikianus de Cush; Moisés se convierte en rey de Cush. *Jasher 73.*
2411	Muere Angeas de África; su hijo Asdrúbal asume el trono. *Jasher 74.*
2417	Muere Janeas, rey de Roma, y Latino I se convierte en rey. *Jasher 74.*
2421	Latino de Roma ataca a Asdrúbal en África. Asdrúbal muere; su hermano Aníbal se convierte en rey.
2421	Aníbal libra guerra contra Roma. *Jasher 74.*
2437	Melol está enfermo durante diez años. *Jasher 77:3.*
2444	Adicam (hijo de Melol) se convierte en faraón. *Jasher 77:1, 3.*
2448	Adicam no regresa a Egipto. *Jasher 81:40, 41.*
2448	El Éxodo.
2448	Dios entrega los Diez Mandamientos (terminan los 430 años; Gál. 3:16, 17).
2462	Muere Latino I de Roma. *Jasher 74.*
2463	Abiano se convierte en rey de Roma.
2488	Israel entra en Canaán bajo Josué.
2494	Abiano captura Edom.
2501	Abiano muere, y Latino II se convierte en rey de Roma. *Jasher 90:28, 29.*
2505	Comienza el período de los Jueces en Israel.
2551	Muere Latino II.

Anexo D: Análisis de Contradicciones

El Libro de Jasher arroja luz sobre muchos pasajes de las Sagradas Escrituras, aunque ciertos elementos en el libro pueden generar preguntas.

¿Nieve antes del Diluvio?

Muchos estudiosos conservadores enseñan que no hubo lluvia antes del Gran Diluvio, basándose en pasajes como Génesis 2:5-6 y 7:4. Solo un rocío regaba las plantas. La lluvia apareció por primera vez con el Gran Diluvio. Esto podría haber sido normal o anormal en diferentes partes del mundo. Al examinar de cerca el texto, se menciona nieve cerca de la montaña que Enós ascendió antes de ser llevado al cielo. Incluso si solo hubiera rocío y no lluvia antes del diluvio, el vapor de agua que se enfriaba en las cimas de las montañas podría haberse cristalizado formando hielo o nieve.

¿Dominio sobre los espíritus?

Un pasaje afirma que Kenán gobernaba sobre espíritus y demonios. Esto no es magia. El texto simplemente significa que Kenán, al igual que los cristianos temerosos de Dios hoy, tenía poder sobre todas las fuerzas del adversario. Además, Dios le dijo a la humanidad a través de Adán: "Sean fructíferos y multiplíquense; llenen la tierra y sométanla. Dominen sobre los peces del mar, las aves del cielo y todos los seres vivos que se mueven sobre la tierra." (Génesis 1:28). Dios no hizo ninguna excepción para los espíritus malignos como algo que los humanos no pudieran dominar.

¿Tomó 120 años o 5 años construir el arca?

La Biblia enseña que Noé predicó el arrepentimiento durante 120 años y construyó el arca. Nunca afirma explícitamente que construir el arca en sí tomara 120 años, sino que todo el proceso abarcó 120 años. Jasher informa que Noé predicó durante 120 años. Cinco años antes del final de este período, Jasher dice que Dios instruyó a Noé que comenzara finalmente a construir el arca.

¿Un lobo que habla?

El SEÑOR hizo que un lobo hablara con Jacob en Jasher 43:40-46. Otros dos animales son registrados hablando con humanos en las Sagradas Escrituras: una burra habló con Balaam en Números 22:28-30 después de la caída del hombre, y antes de la caída, la serpiente habló con Eva en Génesis 3:1-7. Jasher no informa nada que contradiga la Palabra de Dios, sino que relata lo que le sucedió a Jacob tras reflexionar sobre lo que creía que había sucedido con José.

Abram se estableció en Canaán a los 75 años

Génesis 12:4 declara que Abram tenía 75 años cuando dejó Harán y entró en la tierra de Canaán. Jasher 13:5 dice que Abram fue a Canaán cuando tenía 50 años. Inicialmente, esto parece una contradicción, pero Jasher explica que Abram regresó a Harán después de su primer viaje. Más tarde, a los 75 años, Abram se estableció efectivamente en Canaán. Las Sagradas Escrituras también registran que después de los 75 años, Abram se mudó a Egipto por un tiempo debido a una hambruna, para luego regresar. Del mismo modo, esta información no contradice, sino que proporciona un contexto adicional, mostrando que Abram tuvo momentos de duda, pero el SEÑOR fue paciente con él, al igual que lo es con nosotros cuando nos llama.

¿Dios o un ángel profetizando a Abram?

Jasher 18:9 afirma que uno de los ángeles le dijo a Abram que Sara tendría un hijo, mientras que Génesis 17:16 dice que Dios le habló a Abram. Génesis 18 continúa la historia donde tres ángeles visitaron a Abram. Cuando uno de ellos habló con Abram, las Escrituras declaran: "El SEÑOR dijo." Esto es una aparición preencarnada de Jesucristo. La palabra hebrea para "ángel" puede significar simplemente "mensajero."

¿Jacob en Padan-Aram o en la casa de Labán?

Génesis 28:5 declara que Isaac envió a Jacob a Padan-Aram (Mesopotamia) a la casa de Labán. Jasher 29:11 dice que Jacob se escondió en la casa de Heber durante 14 años. Dado que las Sagradas Escrituras no proporcionan cronologías para estos eventos, es plausible y apropiado que Jacob fuera a la casa de Heber antes de viajar a la de Labán. Las Escrituras solo registran los eventos más destacados del momento, mientras que Jasher ofrece detalles adicionales.

¿La demanda del faraón antes o después de conocer a Moisés?

El faraón proclamó que no se daría más paja a los hebreos, pero que aún debían producir el mismo número de ladrillos antes de que Moisés confrontara al faraón, según Jasher 78:12-13. Éxodo 5:1,7-8 registra el mismo evento sucediendo después de que Moisés confrontó al faraón. En este caso, Jasher presenta la información antes, lo cual es preciso, pero fue porque el faraón cambió la cuota diaria dos veces. La Biblia se centra en el evento más significativo, que ocurrió después de que Moisés habló con el faraón. Ambos relatos son importantes, pero los autores, bajo la guía del Espíritu Santo, decidieron qué era más relevante en ese momento.

¿Se practicó necromancia?

En Jasher 42:30-41, Raquel le habla a José, y una voz emana de la tumba. Esto podría parecer necromancia, una abominación ante el SEÑOR según Deuteronomio 18:11-12. Cuando esto ocurrió, José estaba asombrado. De manera similar, en las Escrituras, el espíritu del profeta Samuel regresó y profetizó a Saúl en 1 Samuel 28. En ambas historias, Dios permitió que el espíritu de Raquel y el de Samuel aparecieran para cumplir un propósito, al igual que los espíritus de Moisés y Elías aparecieron para hablar con Jesús con un propósito (Lucas 9:29-30). Independientemente de las creencias sobre 1 Samuel 28, un evento similar ocurrió anteriormente en Jasher 42.

¿Se practicó adivinación?

Según Jasher 53:18-22, Benjamín utilizó un "mapa estelar" y la copa de adivinación de José para encontrar a José. Deuteronomio 18:10 prohíbe la adivinación. The Gospel in the Stars de Joseph A. Seiss proporciona una explicación detallada del uso de las estrellas por los sabios para encontrar al Mesías, lo cual era completamente diferente de la astrología o cualquier forma de adivinación, ya sea en la historia de Jasher o en Mateo (Mateo 2:1-2). El evento en Jasher se asemeja al uso del Urim y Tumim por los sacerdotes, lo cual fue ordenado por Dios y no era adivinación.

¿Plaga de moscas o de animales?

En Éxodo 8:24, se mencionan moscas como la plaga enviada por Dios, pero Jasher 80 dice que fue una plaga de animales. Jasher la describe como una plaga de animales, pero los egipcios se encerraron en sus hogares, lejos de la mayoría de los animales. En este punto, solo los mosquitos y las moscas podían entrar en sus casas, por lo que la plaga llegó a conocerse como la plaga de moscas. Ambos relatos son precisos, pero los autores se centraron en lo necesario para transmitir el poder de Dios.

Moisés dejando Egipto a los 18 o 40 años

El capítulo 71 de Jasher afirma que Moisés tenía 18 años cuando dejó Egipto. (¿Podría ser una tradición rabínica?) No fue a Madián, sino a Cus y se convirtió en rey (72:34-36). Gobernó Cus durante 40 años (73:2). Después de esto, fue a Madián, donde Reuel lo encarceló durante diez años, sospechando que los cusitas querían matar a Moisés. En Hechos 7:23-30, Esteban, inspirado por el Espíritu Santo, declara que Moisés estuvo en Egipto durante 40 años antes de ir a Madián durante otros 40 años. Jasher y Josefo parecen estar equivocados sobre esta cronología, o la única forma en que ambos podrían ser correctos es:

Jasher y Josefo describen a Moisés matando al egipcio a los 18 años y huyendo del Bajo Egipto (Egipto estaba dividido en Bajo y Alto Egipto; Moisés vivió en el Bajo Egipto antes de matar al egipcio). Luego, tomó control de la nación cusita en Etiopía, bajo el control del Bajo Egipto. Años más tarde, Moisés lideró una rebelión contra Egipto, haciendo que el Imperio Cusita fuera independiente. Moisés luego partió hacia Madián y, a los 80 años, regresó para liberar a los israelitas de Egipto. Esta rebelión durante su gobierno en Etiopía permite que la declaración de Esteban en Hechos 7:23-30 sea completamente precisa, ya que Moisés pasó 40 años en Egipto y 40 años fuera, mientras que Jasher y Josefo también son correctos al decir que Moisés pasó 18 años en el Bajo Egipto, 49 años en Etiopía, 12 años en Madián, y luego, a los 80 años, ¡liberó a Israel de Egipto!

Esclavitud de 210 años o 430 años

Jasher 81:3-4 afirma que los israelitas estuvieron en Egipto solo 210 años. Éxodo 12:40-41 dice que estuvieron 430 años. Gálatas 3:16-18 explica esta diferencia. Los 430 años comenzaron cuando Dios le dio la profecía a Abraham a los 75 años. Así, los 430 años abarcan desde Abraham hasta el Éxodo. Usando la cronología de Génesis, el tiempo real pasado en Egipto fue de unos 210 años.

¿Murió el faraón en el Mar Rojo o fue a Nínive?

Jasher 81:40-41 dice que todos excepto el faraón perecieron en el Mar Rojo. El faraón alabó al SEÑOR, y un ángel lo envió a Nínive, donde gobernó durante mucho tiempo. Éxodo 14:23 dice que el ejército del faraón pereció, pero no afirma explícitamente que el faraón muriera con ellos. Esta historia podría ser verdadera o simplemente una exageración, pero no afecta nada significativo.

¿Un vestido mágico?

Jasher 7:24-30 dice que la piel que Dios hizo para Adán y Eva fue transmitida a Enoc, Matusalén, Noé, luego robada por Cam, quien la dio a Cus. Más tarde terminó en manos de Nimrod, quien se volvió fuerte al usar el "vestido mágico". Sin embargo, la Biblia registra un evento en la vida de Jacob. En Génesis 30:32-42, Jacob usó ramas de árboles para influir en la cría de los animales. Así como Jacob entendió algo sobre atraer animales más saludables, el vestido podría haber sido algo que repelía a ciertos depredadores. No era magia; Dios lo tenía destinado para un propósito.

¿Aves comiendo serpientes?

Jasher 73 menciona a Moisés, como rey de Cus, criando cigüeñas para devorar serpientes que guardaban la ciudad cusita. Este evento también se encuentra en las Antigüedades de Josefo 2:10. Por lo tanto, es probable que sea una historia verdadera.

¿El Mar Rojo se partió una vez o 12 veces?

Jasher 81:38 dice que las aguas se dividieron en 12 secciones durante el cruce del Mar Rojo. El idioma hebreo podría implicar 12 secciones o expresar que las 12 tribus de Israel pasaron por el Mar Rojo al mismo tiempo, en lugar de una tras otra.

¿Bestias terribles?

Jasher 36:30-35 describe 120 bestias terribles atacando a los burros de Anán. Sus formas eran mitad humanas de la cintura para arriba y mitad animales de la cintura para abajo. Algunas se parecían a osos, o keephas, con colas que se extendían desde sus hombros hasta el suelo. Estas podrían haber sido criaturas reptilianas atacando caballos como lo harían los leones.

¿Criatura mitad humana, mitad reptil?

Jasher 61:15 describe a Zéfo matando a una criatura que era mitad humana, mitad bestia. "De la cintura para arriba, parecía un hombre, y de la cintura para abajo, se parecía a una bestia." Esto podría haber sido un gran reptil o un pequeño dinosaurio que caminaba erguido como un humano.

Otros eventos extraños

En Jasher 8, una estrella especial marcó el nacimiento de Abraham. En Jasher 44:62-68, un bebé de once meses habló. Estos pueden parecer extraños, pero no contradicen la Biblia. Como saben, los profetas realizaron actos extraños bajo la instrucción de Dios en el pasado. Muchos milagros realizados por el SEÑOR fueron extraordinarios, como la burra de Balaam hablando, Isaías caminando desnudo durante tres años, Jesús convirtiendo el agua en vino, el pañuelo del apóstol Pablo sanando a los enfermos, y Ezequiel acostándose sobre su lado izquierdo durante 390 días y sobre su lado derecho durante 40 días.

Conclusión

No hay nada en Jasher que contradiga directamente las Sagradas Escrituras. Este libro ofrece una visión de muchos pasajes bíblicos y es altamente recomendado por las Sagradas Escrituras.

*Apéndice E:
Prefacio a la Edición de 1840

PREFACIO

Es un placer para mí presentar al público estadounidense la traducción del Libro de Jasher, tal como se menciona en Josué y Segundo de Samuel, que, después de varios años de negociación con el propietario y traductor de la obra en Inglaterra, he logrado obtener. Muchos de los libros mencionados en el Antiguo Testamento ahora se clasifican entre los libros perdidos, o se supone que se han perdido en medio de las numerosas revoluciones ocurridas en Judea. Estos libros no están incluidos en el Cánon Judío, y es cuestionable si alguno falta de aquellos considerados como emanados de escritores inspirados; pues, cuando los libros de la Biblia no pudieron ser descubiertos tras la más diligente investigación, la conclusión es que sus nombres fueron aplicados a otras obras o versiones diferentes de los mismos escritos. Por ejemplo, el Libro del Pacto (Éxodo 24:7) era una simple colección de mandatos e instituciones entregadas por el Todopoderoso a Moisés. Lo mismo puede decirse del Libro de la Ley (Deuteronomio 31:9). El Libro de las Guerras del Señor (Números 21:14) no puede encontrarse ahora y es universalmente referido como uno de los libros perdidos. El Dr. Lightfoot, en sus Crónicas, considera que Moisés se refiere a su propio libro compuesto bajo mandato divino (Éxodo 17:14). Sin embargo, creemos que el Libro de los Jueces es el referido como el Libro de las Guerras del Señor, ya que contiene todos los hechos de los hebreos en detalle y largo.

En Crónicas y Reyes, encontramos numerosas referencias a libros que ahora están desaparecidos. Los actos del rey David se mencionan en el Libro de Samuel el Vidente, así como en el Libro de Natán el Profeta y el Libro de Gad el Vidente. Los actos de Salomón se mencionan en el Libro de Natán el Profeta y el Libro de Ahías el Silonita. Los actos de Roboam se registran en el Libro de Semaías el Profeta. Los actos de Josafat están en el Libro de Jehú. Las Crónicas de los Reyes de Judá e Israel, los tres mil cinco cánticos y un tratado sobre botánica y la naturaleza animal del sabio rey Salomón están perdidos. También lo están "Los Hechos de Manasés". Estas obras, no recuperadas por Esdras, no pudieron ser incorporadas al Antiguo Testamento y, en consecuencia, no fueron consideradas escrituras divinamente inspiradas. Sin embargo, sería presuntuoso afirmar que no había otros escritos durante el tiempo de Esdras además de aquellos considerados divinamente inspirados. San Agustín afirma: "Ciertas cosas fueron escritas por los escritores sagrados tal como eran, por conocimiento histórico y diligencia, y otras fueron escritas como profetas por inspiración divina." Así, tenemos una clasificación de escritos, tanto como historiadores como profetas.

La negligencia de los judíos en tiempos anteriores, combinada con sus continuas transiciones de un país a otro, resultó en la pérdida de muchos escritos sagrados. El propio Libro de Deuteronomio estuvo perdido durante mucho tiempo. Numerosos libros rechazados por el Cánon siguen siendo objetos de curiosidad y veneración debido a su antigüedad. La Oración de Manasés, Bel y el Dragón, los dos Libros de Esdras, los Libros de los Macabeos y el Libro de Enoc, recientemente descubierto y traducido del idioma etíope, son ejemplos. El Libro de Jasher, referido en Josué y Segundo de Samuel, ha sido durante mucho tiempo un objeto de gran curiosidad. Algunos escritores hebreos han mantenido que el libro contiene relatos de las vidas y acciones de Abraham, Isaac, Jacob y otros patriarcas, colectivamente llamados Jasherim, que significa los justos. El Dr. Lightfoot cree que es el Libro de las Guerras de Dios, lo que lleva al lector a considerar varias batallas descritas dentro. Grocio lo refiere como un poema triunfante. Josefo dice: "Por este libro se entienden ciertos registros preservados en un lugar seguro, proporcionando expresamente una cuenta de lo que ocurrió entre los hebreos año tras año, y el libro se llamó Jasher, o recto, debido a la fidelidad de sus anales."

Es bien sabido que ha habido mucha curiosidad y ansiedad por descubrir el libro perdido, lo que ha llevado a varias falsificaciones bajo este nombre de vez en cuando. El Rev. Sr. Horne, en su Introducción al Estudio de las Escrituras, se tomó el tiempo de compilar una historia de los diferentes Libros de Jasher falsificados. El más notable fue publicado por primera vez en Inglaterra en 1750 por un individuo llamado Illivc, quien afirmó ser una traducción de una obra hebrea con este nombre encontrada en Persia por Alcuin. Fue republicado en Bristol en 1829, y ahora tengo una copia. Es una falsificación mal ejecutada de solo sesenta y dos páginas, que incluye muchas notas, haciendo que Jasher aparezca como uno de los Jueces, mientras que la traducción de la palabra significa "el recto" o "el registro recto". La misma obra del Dr. Horne menciona brevemente el Libro de Jasher, escrito en hebreo rabínico y que se dice fue descubierto en Jerusalén cuando fue capturada por Tito y impresa en Venecia en 1613. Este es el libro ahora traducido al inglés por primera vez.

Antes de la destrucción de Jerusalén, los judíos ya se habían establecido en diversas partes de España e Italia. Comercializaban en el Estrecho de Gibraltar, como lo confirman los historiadores, desde los primeros períodos de la historia. Basnage menciona el descubrimiento en Sagunto, una ciudad en España, de una lápida que llevaba esta inscripción hebrea: "Esta es la tumba de Adoniram, un oficial del rey Salomón, que vino a recaudar impuestos y murió _____ día," etc. No cabe duda de que España, y probablemente Francia e Italia, pagaron tributo a Salomón. Sin embargo, es cierto que los judíos trajeron con ellos a España, durante su dispersión, un número significativo de manuscritos y rollos sagrados, que permanecieron allí durante muchos años. Para el siglo XI, habían sido colocados en los grandes colegios de Córdoba, y desde allí, transportados a Venecia con la llegada de la imprenta. El prefacio hebreo de Jasher impresa indica que fue una transcripción meticulosa de un registro hebreo muy antiguo y casi ilegible, impresa con el consentimiento del gran Consistorio Rabínico de Venecia, que solo tenía la autoridad para publicar tales obras de manuscritos hebreos considerados auténticos. De la edición veneciana de Jasher, se publicó otra edición años después en Lemberg, Galicia. Ambas ediciones hebreas están ahora en mi posesión. Cuando la Sociedad Asiática de Calcuta obtuvo una copia de Jasher, ordenaron que se tradujera. Sin embargo, esta orden fue rescindida al notar el notable progreso en Inglaterra en la traducción de esta obra. Una carta de su secretario al traductor refleja el alto respeto que la sociedad tenía por el proyecto.

SOCIETY REAL ASIÁTICA

Casa de Grafton St., Bond St., Londres, 2 de septiembre de 1831.

Estimado señor:

Estoy muy agradecido de que me haya permitido leer la carta del Sr. Noah. En respuesta a su carta, quiero informarle que el Comité de Traducción Oriental no considera que tenga ningún reclamo sobre su trabajo, y si el Rev. Sr. Adams llegara a traducir el Libro de Jasher, no sería antes de varios años. Espero que sus importantes y valiosos esfuerzos en este interesante trabajo pronto sean presentados al público de una forma u otra.

Atentamente,

WM. HUTTMAN.

Todo lo que se ha escrito o publicado por los comentaristas acerca de los falsos Libros de Jasher, estoy seguro, no se refiere a este trabajo, aunque el Dr. Horne menciona esto cuando habla de las publicaciones de Venecia durante el temprano período del descubrimiento de la imprenta. Sin embargo, en cuanto al origen e historia de este libro, no sabía nada más que rumores de que originalmente se trajo de Jerusalén. Hay ciertos eventos registrados en Jasher que se asemejan a los encontrados en el Talmud, sin duda copias de Jasher. Aunque encontramos muchas parábolas e historias imaginarias en el Talmud, la Mishná y la Guemará por razones morales y religiosas, todo lo que está en Jasher también aparece en la Biblia, pero con más detalles.

Prólogo del Traductor

Nuestra era se caracteriza por un gran interés en comprender el conocimiento y las artes de tiempos pasados. Varios estudiantes e investigadores han visitado monumentos antiguos en países como Egipto, Babilonia, Asiria y otros a través de sus exploraciones; y es entre estos monumentos de grandeza humana en ruinas donde valientes y esclarecidos viajeros han encontrado grandes recompensas por su trabajo, lleno de peligro y esfuerzo arduo; pues, entre los restos de la grandeza humana, han logrado reunir pruebas sólidas que confirman varias de las verdades más importantes de la historia sagrada. La historia secular realmente nos ha transmitido algunos relatos de estos reinos y los poderosos reyes que los gobernaron a lo largo de muchas generaciones; pero los eventos narrados están claramente mezclados con exageraciones y llenos de leyendas. Así, independientemente del reconocimiento que puedan tener los autores o de lo atractivos que sean sus escritos, el estudiante religioso y filosófico a menudo se apartará insatisfecho para buscar respuestas en los anales divinos que autentican los registros hebreos. Solo en estos se puede encontrar la verdad sobre el origen, el esplendor glorioso, el declive y las verdaderas causas de la caída de estos antiguos imperios.

En la historia sagrada, encontramos la única información auténtica, que es indudablemente invaluable, sobre el origen del universo, de la humanidad y de todas las demás criaturas vivientes, extendiéndose gradualmente a través de la humanidad, y el diluvio que ocurrió en el año 1656 de la creación. Este colosal evento aún tiene evidencias que existen hoy en día, evidencias tan universales y fuertes que ningún conocimiento geológico, por más sospechoso que sea, podría hacerlas desaparecer para dar paso a hipótesis aparentemente plausibles. Los eventos memorables y transacciones en las Escrituras, junto con muchas otras realidades muy interesantes, están incluidas en el Libro de Jasher. Todo está presentado en un estilo de simple majestad, sin adornos excesivos, lo que es una característica particular del idioma hebreo.

Esto, junto con muchas otras pruebas internas, probablemente convencerá al estudiante hebreo de que este libro, excepto por algunas partes dudosas, es un monumento venerado de tiempos antiguos. Aunque puede haber algunas adiciones realizadas en tiempos modernos, aún hay suficiente evidencia para demostrar que es una copia del libro mencionado en el capítulo 10 de Josué y el capítulo 1 de 2 Samuel. No hay más de siete u ocho palabras a lo largo de todo el libro que, por construcción, puedan derivarse del idioma caldeo. La copia del libro en hebreo que el traductor tiene no contiene puntos. Cuando lo leyó por primera vez, surgieron algunas confusiones y dudas en su mente sobre su autenticidad; pero cuanto más estudió el libro, más evidencia irresistible lo convenció de que el libro contiene un tesoro de información sobre esos tiempos antiguos, donde la historia de otras naciones permanece en silencio o no arroja ninguna luz real.

Se complace especialmente al ver que todo el contenido del libro sirve para ilustrar y confirmar las grandes y preciosas verdades de la historia divina, hasta algunos años después de la muerte de Josué, el período cuando el libro termina. En este libro excepcional, el lector encontrará modelos de virtud, devoción y la más alta generosidad, que no pueden hacer otra cosa que elevar su admiración y, al mismo tiempo, despertar en él un sentimiento de emulación para seguir los gloriosos ejemplos presentados. Con estas observaciones preliminares, el traductor ahora busca explicar algunos comentarios sobre el contenido del libro para los lectores.

El título ספר הישר literalmente significa "el relato de lo recto o correcto," pero como el libro no era conocido, se llamó El Libro de Jasher. Esto llevó a algunas personas, que no estaban familiarizadas con el idioma hebreo, a suponer que Jasher era el nombre de un profeta o juez en Israel. Un ejemplo de esta suposición apareció en una publicación a mediados del siglo pasado, donde se suponía que era una traducción al inglés de un manuscrito hebreo sobre Jashar encontrado en Gaza, en Persia. Se suponía que esta traducción había sido traída por Alcuin.

Cuando el traductor escribió al editor del London Courier en noviembre pasado, no estaba al tanto de que la copia de Jashar, que había sido anunciada en la Bristol Gazette como un importante descubrimiento, se refería a este libro ficticio, que tuvo la oportunidad de consultar gracias a la amabilidad de un amigo. Rápidamente se convenció de que todo el libro era una obra de sátira en Inglaterra, imitando el lenguaje de las Escrituras. Este libro fue publicado sin ninguna mención del impresor, el editor, el distribuidor o el editor; y está claro que las personas involucradas en su redacción, que hicieron de Jashar el nombre de un juez en Israel, eran ignorantes incluso de los rudimentos del idioma en el que decían haber traducido el texto, como es bien sabido, incluso por un principiante en hebreo, que el artículo definido ה nunca se agrega a los nombres propios.

Importantes transacciones narradas con notable brevedad en la Biblia, en el Libro de Jashar se detallan con mayor precisión; por ejemplo, respecto al asesinato de Abel por su hermano Caín, hay un relato especial sobre el desacuerdo que surgió antes de este acto y el pretexto que Caín buscó para cometer el crimen.

También muestra que cuando el juicio divino lo condenó a convertirse en un nómada que vagaría por la tierra, su esposa lo acompañó, pero no a la tierra de Nod, ya que tal lugar no se menciona; más bien, parece que la palabra "Nod" en las Escrituras significa el participio del verbo נדד ("viajar" o "medir"). Jashar lo explica de la siguiente manera: "Y en ese tiempo, Caín salió de la presencia del Señor, del lugar donde había estado; y comenzó a viajar y vagar por la tierra, al lado este del Edén, él y todos los que estaban con él."

En el pasaje sobre el nacimiento de Caín y Abel, también se mencionan tres mujeres. Según Jashar, el arte de escribir parecía ser conocido y practicado desde tiempos antiguos; menciona que Caín había sido advertido por Dios sobre la inminente destrucción de la humanidad en el diluvio, lo cual había grabado en varias tablas de piedra y guardado en su tesoro. Este libro proporciona un relato más detallado de las terribles circunstancias que rodearon el comienzo del diluvio y el comportamiento de Noé ante la multitud, que temerosa parecía reunirse alrededor del arca cuando llegó el momento fatal, y sus destinos quedaron irrevocablemente sellados.

Una descripción particular de la vida y el carácter de Enoc muestra que, debido a su sabiduría, lideró a los hijos de los hombres, enseñándoles siempre la verdad, la justicia y el conocimiento, a menudo ante el rey. Jashar nos informa que, en tiempos de Peleg, no solo se dividió y dispersó la raza humana, sino que la propia tierra fue dividida; y se supone que aún existe suficiente evidencia hoy en día para probar la veracidad de estas realidades. Este libro también ofrece un relato más detallado de las generaciones de los descendientes de Jafet, Sem y Cam, y las diversas partes de la tierra donde colonizaron.

En este período de la historia, hay una historia sobre Nimrod, cuyo carácter arbitrario y violento destaca. El punto debatido sobre si Nimrod fue o no el fundador del Imperio Asirio se aclara aquí. La causa de la disputa entre los comentaristas proviene de la palabra אשור en el capítulo 10 de Génesis, verso 11, que podría significar tanto el nombre de una persona como el nombre del país Asiria. Jashar lo describe de la siguiente manera: "Y Assur, el hijo de Sem, salió con sus hijos y su casa, etc., y construyeron la ciudad de Nínive."

Jashar aclara claramente una serie de dificultades genealógicas y cronológicas que aparecen en la Biblia; un ejemplo se da aquí con la generación de Seir, el jorita, de quien la Biblia guarda silencio. El erudito comentarista Aben Ezra observa: "De Seir, no sabemos su generación"; y se asume que la palabra חרי proviene de חור, que significa un noble; pero Jashar nos da los descendientes de Seir (explicando por qué se le llamaba el jorita) con estas palabras: "Y Seir, el hijo de Hur, el hijo de Hivi, el hijo de Canaán, etc."; por lo tanto, lo llamaron el jorita, debido a Hur, su padre.

El carácter de Abraham, por su devoción, verdadera dignidad y hospitalidad, parece sin igual; pero el relato más conmovedor y hermoso de este libro es el referente al sacrificio de Isaac por parte de Abraham. El afecto mutuo entre padre e hijo, y su devoción junto con su obediencia a los mandamientos del Creador, se describe con tal precisión profunda que es difícil no sentirse profundamente conmovido por esta narración. La conducta de Sara, relacionada con este evento glorificado e inédito, muestra claramente que ella fue la verdadera esposa de Abraham y la madre de Isaac. En ese momento, Sara murió en Quiriat-Arba. Su entierro se describe como magnífico; se menciona específicamente que estuvo acompañada por Sem, el hijo de Noé, Eber su hijo, el rey Abimelec, junto con Anar, Escol, Mamré y otras figuras importantes de la tierra.

En la Biblia, Sara es la única mujer cuya edad al morir se menciona; pero sería interesante para el lector saber que Jashar generalmente proporciona la edad de todas las mujeres mencionadas a lo largo de la historia. En este libro, aprendemos que Noé y Abraham fueron contemporáneos. ¡Qué hermosa reflexión sobre un encuentro entre estos dos patriarcas! Uno fue un monumento de la misericordia de Dios, mientras que el otro tenía la promesa del favor y la gracia de Dios, no solo para él, sino también para sus descendientes.

Este hecho podría probarse en las Escrituras; pero dado que en el verso 32 del capítulo 11 de Génesis, la mayoría de los comentaristas cristianos, lamentablemente, datan el nacimiento de Abraham 60 años después de lo que realmente ocurrió; generalmente especifican que nació en el año 2008 de la creación, mientras que los cálculos regulares de la Biblia nos llevan 60 años antes, lo que significa el año 1948 de la creación.

Este libro proporciona un relato especial de las instrucciones que Abraham, Isaac y Jacob recibieron de Sem y Eber, lo que los hizo excelentes en devoción y sabiduría. Estos hombres se convirtieron en sus mentores, ya que vivieron hasta una edad avanzada; especialmente Sem, quien, al estar al tanto de todo lo conocido antes del Diluvio, pudo reforzar sus principios virtuosos, la verdadera adoración de Dios y la necesidad de depender únicamente de Él, mientras relataba los terribles eventos que había presenciado.

La historia de José sigue siendo considerada uno de los relatos más admirables e interesantes. Está escrita en un estilo simple y elocuente que toca el corazón de todos los lectores. En Jashar, esta historia entra en más detalles sobre el asunto de la esposa de Potifar, Zelikah; la magnífica procesión de José por las ciudades egipcias cuando alcanzó el poder; el lujo que lo acompañaba con carros, oficiales y el pueblo de Faraón cuando fue a encontrarse con su padre; la escena emocional que ocurrió en ese momento, junto con otros incidentes notables.

Este libro incluye la historia de vida y los eventos memorables de todas las figuras importantes de la historia sagrada, desde Adán hasta la época de los Antiguos, que siguió inmediatamente a Josué.

THE END

www.ingramcontent.com/pod-product-compliance
Lightning Source LLC
Chambersburg PA
CBHW080946120626
46546CB00010B/2848